KLAUS HERDZINA

# Wirtschaftliches Wachstum, Strukturwandel und Wettbewerb

QUAESTIONES OECONOMICAE

Herausgegeben von Prof. Dr. Hans Besters

Band 7

# Wirtschaftliches Wachstum, Strukturwandel und Wettbewerb

Von

**Klaus Herdzina**

DUNCKER & HUMBLOT / BERLIN

Als Habilitationsschrift auf Empfehlung der Wirtschafts- und
Sozialwissenschaftlichen Fakultät der Universität Hohenheim
gedruckt mit Unterstützung der Deutschen Forschungsgemeinschaft


Gedruckt 1981 bei Berliner Buchdruckerei Union GmbH., Berlin 61
Printed in Germany

ISBN 3 428 04992 6

# VORWORT DES HERAUSGEBERS

Die Entwicklung der Nationalökonomie – wie die anderer Wissenschaften – läßt eine ständig zunehmende Spezialisierung erkennen. Dadurch wird unsere Disziplin immer weiter aufgefächert und jedes der verselbständigten oder neu erschlossenen Teilgebiete zwar mit an sich löblicher Akribie ausgestaltet, jedoch unter der restriktiven ceteris paribus-Annahme aus dem Zusammenhang mit dem Ganzen herausgelöst. Angesichts dieser nicht unproblematischen Entwicklung verdient jeder Versuch, die vorgenommene Detailarbeit wieder zu einem konsistenten und zugleich realitätsbezogenen Ganzen zusammenzufügen, besondere Aufmerksamkeit.

Der Verfasser hat sich die Aufgabe gestellt, die heute weitgehend verselbständigten drei Sachverhalte ‚Wachstum', ‚Struktur' und ‚Wettbewerb' in ihren Entwicklungsphasen nachzuzeichnen und im Lichte neuerer Erkenntnisse wieder zusammenzufügen. Folgende Aspekte verdienen m.E. besondere Beachtung:

(1) Jedem der drei von ihm behandelten Problembereiche widmet der Verfasser eine ausführliche Darstellung der theoretischen Grundlagen, die dazu dient, die jeweils relevanten Determinanten abzuleiten und aufzulisten. Dieser systematische Ansatz weist ihn als profunden Kenner der Entwicklungslinien von Wachstums-, Struktur- und Wettbewerbstheorie aus.

(2) Ein Vergleich der einzelnen Determinantengruppen ergibt vielfältige Überschneidungen; zugleich wird erkennbar, daß sich die einzelnen Sachverhalte in mehr oder minder starkem Maße gegenseitig bedingen. Bei dieser Verflochtenheit im Sinne einer zirkularen Interdependenz beläßt es der Verfasser jedoch für die beabsichtigte Integration nicht; vielmehr versucht er, eine Hauptwirkungsrichtung im Kausalprozeß von Wachstum, Struktur und Wettbewerb zu bestimmen. Dabei stößt er auf die umgekehrte Reihenfolge: Der Wettbewerb als dynamischer Prozeß löst den Strukturwandel aus, der im Wege der Reallokation des Faktoreinsatzes das Wirtschaftswachstum bestimmt (vgl. Abb. 7, S. 286).

(3) Die Nachzeichnung des historischen Erkenntnisprozesses in seinen einzelnen Etappen zeigt, daß dieser nicht gradlinig verlaufen ist, sondern auch Fehlentwicklungen aufweist. Diese sind vor allem auf den lange Zeit beherrschenden Einfluß der Wohlfahrtsökonomie zurückzuführen, die zunächst ‚das Produktionsoptimum' bestimmen wollte, dann das ‚Verteilungsoptimum' in die Betrachtung einbezog und schließlich in ein wirtschaftspolitisches Zielbündel

mündete, das der moderne Interventionsstaat verwirklichen soll. Dieser wohlfahrtsökonomische Ansatz steht im Konflikt zum kompetitiven und hat die Wettbewerbspolitik zunehmend zugunsten einer zielbezogenen Wachstumspolitik und neuerdings einer eigenständigen Strukturpolitik zurückgedrängt. Demgegenüber legen es die vom Verfasser aufgedeckten Zusammenhänge nahe, wieder von der Wettbewerbspolitik auszugehen, Hemmnisse im Reallokationsprozeß des strukturellen Wandels aufzulösen und dem daraus resultierenden Wirtschaftswachstum zum Durchbruch zu verhelfen. Insofern enthält die vorliegende Arbeit auch eine wichtige Weichenstellung für die Wirtschaftspolitik.

Bochum, im September 1980

Hans Besters

## VORWORT DES VERFASSERS

Die vorliegende Arbeit wurde im Frühjahr 1978 abgeschlossen und im gleichen Jahr von der Wirtschafts- und Sozialwissenschaftlichen Fakultät der Universität Hohenheim als Habilitationsschrift angenommen. Die in der Einleitung formulierte Feststellung, daß es angesichts zunehmender Spezialisierung in der ökonomischen Theorie an Versuchen mangelt, die einzelnen Theoriekomplexe zusammenzufügen und insbesondere die Wachstumstheorie, die Theorie des Strukturwandels und die Wettbewerbstheorie in einer einzigen Entwicklungstheorie zu vereinigen, scheint mir trotz einiger bemerkenswerter Ansätze in der Innovations- und Strukturforschung weiterhin Gültigkeit zu haben. Ich halte es daher für vertretbar, die Arbeit im wesentlichen in der ursprünglichen Fassung zu publizieren. Allerdings war es notwendig, sie zu kürzen und einige technische Veränderungen vorzunehmen.

Besonderen Dank möchte ich meinem Lehrer, Herrn Prof. Dr. Helmut Walter, sagen. Er hat mich dazu angeregt, die hier angesprochenen Fragen zu stellen, und er hat mich gelehrt, den Paradigmen der Nationalökonomie mit kritischem Engagement zu begegnen. Auch Herr Prof. Dr. Hans Besters gab mir zahlreiche wertvolle Ratschläge. Dafür sei ihm gedankt, ferner für die Aufnahme der Arbeit in die Schriftenreihe „Quaestiones oeconomicae". Danken möchte ich weiterhin der Deutschen Forschungsgemeinschaft, durch deren Hilfe die Drucklegung ermöglicht wurde. Nicht zuletzt danke ich Bernd Körner und Roland Sommer für vielfältige Hilfe.

Stuttgart-Hohenheim, September 1980

K. Herdzina

# INHALT

## Zweiter Teil

## Strukturwandel und Determinanten des Strukturwandels

## Dritter Teil

## Wettbewerb und Wettbewerbsdeterminanten

## Vierter Teil

## Wachstum, Strukturwandel und Wettbewerb als interdependenter Prozeß

# EINFÜHRUNG

Die ökonomische Theorie unserer Tage unterliegt zweifellos der Gefahr der überzogenen Spezialisierung ihrer Vertreter auf einzelne, voneinander mehr oder weniger isolierte Teilgebiete. Die für jede Wissenschaft unvermeidliche Spezialisierung ist in der Volkswirtschaftslehre zwar „Vorbedingung des großen wissenschaftlichen Fortschritts in unserem Fache gewesen, aber auch wir haben den Preis für diesen Fortschritt zahlen müssen. Die Gefahr, daß mit dem immer weiteren Eindringen in die Tiefe . . . der Blick für das Ganze verloren geht, zeichnet sich deutlich ab, und es sieht nicht so aus, als würde sich so bald wieder ein in sich geschlossenes Lehrgebäude wie zu Zeiten der Klassiker herausbilden oder als wollte es nochmals gelingen, das Zusammenspiel aller Kräfte in einem umfassenden Gleichgewichtsmodell zu erfassen, wie dies die Lausanner Schule getan hat“[1].

Auch wenn man – aus verschiedenen Gründen – die Meinung vertreten kann, daß es ein derart geschlossenes Lehrgebäude nicht mehr geben wird bzw. nicht mehr geben kann, so sollte uns das nicht daran hindern, unseren Blick für das Zusammenspiel der ökonomischen Kräfte zu schärfen und den Versuch zu unternehmen, einzelne Theorieblöcke, die sich auseinanderentwickelt haben, wieder einander anzunähern.

Den Ausgangspunkt aller Überlegungen über das Zusammenspiel der ökonomischen Kräfte muß die Erkenntnis bilden, daß die wirtschaftliche Wirklichkeit durch ständige Veränderungen der wirtschaftlichen Bedingungen und durch wirtschaftliche Entwicklung gekennzeichnet ist. Veränderungen und Entwicklungen zu untersuchen und ihre Determinanten aufzuspüren, ist Aufgabe der Prozeßanalyse[2]. Gegenstand der folgenden Untersuchung sind drei prozessuale ökonomische Phänomene, nämlich

- das Wachstum der Wirtschaft,
- der Wandel wirtschaftlicher Strukturen,
- der wirtschaftliche Wettbewerb.

Zwei dieser Phänomene sind Gegenstand weit ausgebauter ökonomischer Theorien. Es existiert eine Theorie des wirtschaftlichen Wachstums sowie eine Wettbewerbstheorie. Demgegenüber kann von einer Strukturtheorie bzw. einer

---

1 G. Bombach (1964b) S. 399.

2 Zum Begriff der ökonomischen Prozesse und der Prozeßanalyse vgl. H. Arndt (1976) S. 2 ff.

Theorie des Wandels wirtschaftlicher Strukturen noch kaum gesprochen werden. Es dominieren Beschreibungen des Strukturwandels, während sich Erklärungsversuche nur in Ansätzen finden. Dabei dominieren wiederum Versuche, Verbindungen zwischen Strukturwandel und Wirtschaftswachstum aufzuzeigen, während die Zusammenhänge zwischen Strukturwandel und Wettbewerb vernachlässigt werden[3].

Trotz des Vorliegens integrierender Ansätze erfolgt die Behandlung der drei Arten von Prozessen seitens der ökonomischen Theorie zu einem großen Teil in einer Weise, die den Interdependenzen zwischen ihnen gar nicht bzw. nicht in ausreichendem Maße Rechnung trägt. Hinsichtlich der Wachstumstheorie und der Wettbewerbstheorie entsteht zuweilen der Eindruck, als handele es sich um grundverschiedene Sachverhalte, die keinerlei Bezug zueinander aufweisen. Wie stark die Trennung das Bewußtsein vieler Ökonomen geprägt hat, zeigt sich an dem von ihnen vertretenen Paradigma[4]. So akzeptieren eine Reihe von Wachstumstheoretikern für dieses Teilgebiet der ökonomischen Theorie ein derart eingeschränktes Untersuchungsobjekt sowie Methoden und Abstraktionen[5], daß ein Bezug zur Wettbewerbstheorie gar nicht mehr herstellbar erscheint. Gleiches gilt insbesondere für jene Wettbewerbstheoretiker, welche dem durch die Preistheorie abgesteckten Argumentationsrahmen verbunden bleiben. Dann kann es nicht ausbleiben, daß Integrationsversuche zuweilen auf Unverständnis stoßen, wenn sich der gewählte Ansatz nicht mit dem allgemein anerkannten Paradigma deckt[6].

Eine der sowohl in der Wachstumstheorie als auch in der Wettbewerbstheorie weitgehend als legitim angesehenen Abstraktionen besteht darin, daß in den relevanten Modellen der Wandel wirtschaftlicher Strukturen ex definitione ausgeschlossen bleibt. Damit wird aber nicht nur die Möglichkeit der Gewinnung vertiefter Erkenntnis des Wachstums- sowie des Wettbewerbsprozesses selbst verbaut, sondern es bleiben auch die Interdependenzen zwischen beiden ökonomischen Phänomenen ausgeklammert.

Bei der Analyse der wechselseitigen Beziehungen zwischen ökonomischen Variablen kann es sinnvoll sein, sich zunächst die logisch möglichen Beziehun-

---

3 Das gilt auch für die durch den Auftrag des Bundesministers für Wirtschaft initiierten Forschungsprojekte der wissenschaftlichen Forschungsinstitute über die Konzeption einer Strukturberichterstattung in der Bundesrepublik Deutschland. Vgl. u.a. Ch. Thoben (1977) S. 24 ff., E.-J. Horn; K.-D. Schmidt; W.-D. Zumpfort (1977) S. 14 ff., W. Gerstenberger u.a. (1977) S. 86 ff.

4 Zu den Paradigmen der Wachstumstheorie vgl. N. Blattner (1976a) S. 308 ff.

5 Vgl. dazu H. König (1968) S. 15 f.: „Die moderne Wachstumstheorie ... setzt die Existenz eines dynamischen Gleichgewichts voraus und fragt nach den Bedingungen, unter denen dieses gleichgewichtige Wachstum eintritt".

6 Vgl. den Diskussionsbericht von G. Fleischmann zum Beitrag von E. Kaufer (1976b) S. 199 ff. auf S. 224 f., nach welchem mehrere Diskussionsteilnehmer die Frage aufwarfen, ob es sich bei der vorgetragenen Theorie überhaupt um eine Wettbewerbstheorie handele.

gen zwischen den Variablen zu verdeutlichen. Hinsichtlich zweier Variabler lassen sich die denkbaren Zusammenhänge wie folgt darstellen[7]:

(1) Variable A beeinflußt Variable B,
(2) Variable B beeinflußt Variable A,
(3) A und B beeinflussen sich gegenseitig,
(4) zwischen A und B besteht kein Wirkungszusammenhang,
(5) A und B sind von einer oder mehreren dritten Variablen abhängig.

Bei einer Ausdehnung auf drei Variable erhöht sich die Zahl der logischen Möglichkeiten allerdings so erheblich, daß eine systematische Auflistung sowie eine Diskussion anhand eines solchen Katalogs unfruchtbar erscheint, dies vor allem im Hinblick auf die vielfachen Wiederholungen, die ein derartiges Verfahren impliziert. Im folgenden sollen daher nicht alle logischen Möglichkeiten durchgespielt werden. Es wird vielmehr der Versuch unternommen, zunächst getrennt die Determinanten der drei ökonomischen Prozeßphänomene aufzuzeigen. Dabei wird eine entsprechende Überprüfung der einschlägigen ökonomischen Theorien von Nutzen sein. Die Diskussion der einzelnen Theoriekomplexe wird zeigen, welche Hypothesen hinsichtlich der Wachstums-, Strukturwandlungs- und Wettbewerbsdeterminanten dominieren und in welchem Ausmaß Wirkungsinterdependenzen zwischen ihnen bzw. Abhängigkeiten von gemeinsamen Determinanten angenommen werden.

Damit ist der Ablauf der Untersuchung skizziert. In drei Teilen der Arbeit werden die mutmaßlichen Determinanten des Wachstums, des Strukturwandels sowie des Wettbewerbs nacheinander dargestellt. Dabei wird in jedem der drei Teile zunächst der entsprechende Begriff zu klären sein. Anschließend werden jeweils die wichtigsten Beiträge der ökonomischen Theorie zur Erforschung der Determinanten von Wachstum, Strukturwandel und Wettbewerb vorgestellt. Auf der Basis der dabei gewonnenen Erkenntnisse wird dann versucht, eine Systematik der Determinanten zu erstellen und das Ausmaß an Interdependenz zu analysieren. Auch bei dieser Vorgehensweise lassen sich Überschneidungen und Wiederholungen nicht völlig vermeiden. Da sich das Ausmaß der Interdependenz zwischen Wachstum, Strukturwandel und Wettbewerb sowie die Abhängigkeit von gemeinsamen Determinanten im Laufe der Untersuchung immer deutlicher herauskristallisieren wird, sollen die zuvor aufgezeigten Wirkungszusammenhänge in einem kurzen vierten Teil nur noch einmal knapp umrissen werden. Diese Zusammenfassung kann darüber hinaus lediglich Grundlage für weitergehende Analysen und wirtschaftspolitische Folgerungen sein.

Eine Untersuchung, die sich drei ökonomische Theoriekomplexen widmet, kann nicht beanspruchen, hinsichtlich aller drei Komplexe vollständig zu sein. Die vergleichende und integrierende Betrachtung gebietet es geradezu, die Theorien nicht in ihrem gesamten Umfang und allen Ausprägungen darzustel-

7 Diese Auflistung entspricht der Darstellung von E. Görgens, der die logisch möglichen Beziehungen zwischen Wettbewerb und Wirtschaftswachstum aufzeigt. Vgl. E. Görgens (1969) S. 19 ff.

len, sondern vor allem jenen Ansätzen nachzugehen, die für eine Integration einen Beitrag zu leisten vermögen. Andererseits kann das nicht bedeuten, daß wichtige Ausprägungen von Theorien, zuweilen sogar der Hauptstrom einer Theorie, nicht erwähnt werden müssen, wenn sie für das Verständnis der Interdependenz nichts hergeben. So wird im einzelnen anzusprechen, allerdings nicht in extenso zu begründen sein, warum der Beitrag einzelner Theorieansätze für die Integration der drei Theoriekomplexe mehr oder weniger unbedeutend ist[8].

8 Diese Aussage gilt auch für einzelne Ansätze, in denen von der Themenstellung her eine Integration zu erfolgen scheint. Eine umfangreiche Darstellung und Kritik insbesondere von Wachstumsmodellen, in denen strukturelle Aspekte berücksichtigt werden, findet sich bei H. Enke, H. Gschwendner, M. Körber-Weik, H. Lindner (1980) S. 325 ff. Auf diesen Band sei auch bezüglich jener Beiträge verwiesen, die aus Platzgründen hier nicht berücksichtigt werden konnten.
Eine Kritik der modernen Wachstumstheorie liefert u.a. B. Gahlen (1972a). Zur Kritik an der Preistheorie vgl. G. Kade (1962) sowie G. Gerdsmeier (1972).

*Erster Teil*

# WIRTSCHAFTLICHES WACHSTUM UND WACHSTUMSDETERMINANTEN

## A. Der Begriff des wirtschaftlichen Wachstums und die Aufgaben der Wachstumstheorie

### I. Zum Begriff des wirtschaftlichen Wachstums

Von den drei zu behandelnden ökonomischen Prozessen scheint der des Wachstums auf den ersten Blick der begrifflich am klarsten erfaßbare Vorgang zu sein. Während sich in einer stationären Wirtschaft die Kreislaufgrößen stets auf dem gleichen Niveau reproduzieren, bedeutet Wachstum eine Durchbrechung des stationären Zustandes im Sinne einer Aufwärtsentwicklung. Die Frage ist allerdings, welche ökonomischen Variablen den stationären Zustand durchbrechen. In diesem Punkte finden sich mehr oder weniger starke Abweichungen in den Aussagen, die auf divergierende Fragestellungen innerhalb der Wachstumstheorie hindeuten.

Indiz für jene Unklarheiten und Abweichungen ist der Tatbestand, daß eine Definition des Wachstums zuweilen ganz vermieden und statt dessen von Indikatoren des Wachstums gesprochen wird[1]. Als überwiegend akzeptierter Indikator des Wirtschaftswachstums erscheint dabei die Entwicklung des realen Sozialprodukts[2], doch weisen die Aussagen der Autoren hinsichtlich der Aufgabenstellung der Wachstumstheorie darauf hin, daß die Entwicklung weiterer Variabler einbezogen werden kann oder sogar einbezogen werden muß. „Gegenstand der Wachstumstheorie ist die Erforschung der Gesetze, die die langfristige Entwicklung des Sozialprodukts und seiner Hauptkomponenten bestimmen“[3]. Demgemäß bezieht sich der Wachstumsvorgang nicht nur auf die Outputgröße Sozialprodukt, sondern auch auf die Entwicklung von Inputgrößen[4].

Mit der Einbeziehung von Inputfaktoren können hinsichtlich der begrifflichen Erfassung des Wachstumsprozesses zwei Absichten verbunden sein. Die

---

1 Vgl. u.a. B. Gahlen (1973) S. 5, K. Rose (1971) S. 9 ff. sowie G. Bombach (1965) S. 767.

2 Zur Frage, ob es sich empfiehlt, das Brutto- oder das Nettokonzept zu verwenden, vgl. G.M. Meier; R.E. Baldwin (1957) S. 3.

3 G. Bombach (1965) S. 767.

4 Vgl. ähnliche Aussagen bei B. Gahlen (1973) S. 4, G.M. Meier; R.E. Baldwin (1957) S. 2, W. Vogt (1968) S. 3, G. Schmitt-Rink (1975) S. 1.

erste Absicht besteht darin, Steigerungen des Sozialprodukts, die aus Beschäftigungserhöhungen, d.h. aus verbesserter Auslastung des vorhandenen Faktorenpotentials resultieren, von Steigerungen, die infolge Erhöhung des Potentials selbst entstehen, abzugrenzen[5]. In diesem Sinn wird der Wachstumsvorgang auf die Inputseite des Systems verlagert und als Zunahme des gesamtwirtschaftlichen Produktionspotentials definiert[6]. Allerdings kann der vorhandene Faktorenbestand in eine potentielle Ausstoßgröße, etwa ein potentielles Bruttoinlandsprodukt, umgerechnet werden, wobei jedoch das Problem zu lösen ist, welcher Auslastungsgrad einer solchen Umrechnung zugrunde gelegt wird[7].

Solange – in klassischer Tradition – Vollbeschäftigung unterstellt wird, erübrigt es sich, zwischen einer Steigerung des effektiven und des potentiellen Sozialprodukts zu unterscheiden[8]. Gibt man die Vollbeschäftigungshypothese jedoch auf, so sind Abweichungen zwischen der Entwicklung des Produktionspotentials und der Wachstumsrate des effektiven Sozialprodukts die Folge. Die angesprochene Unterscheidung ist daher ohne Zweifel nützlich. Andererseits ist die Steigerung des Produktionspotentials die Voraussetzung für einen dauerhaften Anstieg des Sozialprodukts. Eine Analyse der Entwicklung der Inputgrößen und ihrer Determinanten ist daher – abgesehen von der begrifflichen Erfassung des Wachstumsprozesses – erforderlich, wenn sich die Wachstumstheorie als Versuch einer Erklärung des Wachstums versteht.

Die zweite Absicht, die mit der Einbeziehung von Inputgrößen in den Wachstumsbegriff verbunden ist, ergibt sich aus der Tatsache, daß eine isolierte Ausstoßbetrachtung hinsichtlich der Frage der Wohlstandswirkungen noch nicht ausreichend ist. Wohlstandssteigerung kann sinnvollerweise nur als eine auf die Einsatzmengen, Einsatzzeiten bzw. Einsatzintensitäten des Faktors ‚menschliche Arbeit' relativierte Ausstoßsteigerung interpretiert werden. Demgemäß werden als weitere Wachstumsindikatoren die Steigerung des realen Sozialprodukts pro Arbeitsstunde, pro Beschäftigten bzw. pro Kopf der Bevölkerung genannt[9], auch wenn sie in der wirtschaftspolitischen Tagesdiskussion (bislang noch) mehr oder weniger zurücktreten.

Interpretiert man wirtschaftliches Wachstum in diesem Sinne als Steigerung des globalen Sozialprodukts bzw. des Sozialprodukts pro Faktoreinsatzgröße, so zeigt es sich, daß bereits die begriffliche Erfassung des Wachstumsvorganges eine erste Aussage über die grundsätzlichen Möglichkeiten einer Sozialproduktsteigerung erforderlich macht, auch wenn hier noch keine vertiefende Analyse der Wachstumsursachen beabsichtigt ist. Neben der dauerhaften Steigerung des

5 Vgl. K. Stern; P. Münch; K.-H. Hansmeyer (1972) S. 130.
6 Vgl. u.a. H. Giersch (1971) S. 66.
7 Vgl. Deutsche Bundesbank (1973) S. 28 ff.
8 Vgl. H. Giersch (1971) S. 66.
9 Vgl. K. Rose (1971) S. 9 f. Zur Frage weiterer Wachstumsindikatoren vgl. N. Blattner (1976a) S. 298 ff,

Sozialprodukts durch Erhöhung des Produktionspotentials und der kurz- bzw. mittelfristigen Sozialprodukterhöhung durch vollständigere Auslastung des vorhandenen Produktpotentials sind auch Sozialproduktsteigerungen möglich durch Verbesserung der Einsatzrelationen eines gegebenen Faktorenbestandes[10]. Wirtschaftliches Wachstum läßt sich demgemäß in gewissen Grenzen auch durch einen Reallokationsprozeß, bei welchem sich Angebotszusammensetzung und Faktoreneinsatz der aktuellen Bedürfnisstruktur und ihren jeweiligen Änderungen anpassen, herbeiführen.

Wirtschaftliches Wachstum als wirtschaftspolitische Zielvariable ist in jüngerer Zeit zum Gegenstand einer umfassenden wissenschaftlichen sowie wirtschaftspolitischen Diskussion geworden. Diese Diskussion berührt vor allem die beiden Fragen, ob sich das Sozialprodukt als Wohlstandsindikator eignet und ob ein dauerhaftes Wirtschaftswachstum, das von entsprechendem Bevölkerungswachstum begleitet ist, angesichts steigender Umweltbelastungen und rapide sinkender Rohstoffvorräte auf die Dauer möglich und damit mittelfristig überhaupt erwünscht sein kann[11]. Beiden Fragen kann hier nicht im einzelnen nachgegangen werden. Bezüglich der Frage des adäquaten Wohlstandsmaßes werden Versuche unternommen, den Indikator ‚Sozialprodukt‘ durch Revision der Berechnungstechnik zu verbessern bzw. durch Systeme sozialer Indikatoren zu ergänzen[12]. Bezüglich der Frage der Wachstumsgrenzen scheint sich eine Annäherung der Positionen abzuzeichnen[13]. Wirtschaftliches Wachstum kann in Zukunft weniger als rein quantitativer Sozialproduktsteigerungsprozeß verstanden werden, sondern ist durch die Vorstellung eines ressourcensparenden qualitativen Wachstums zu ersetzen. Damit gewinnen die zuvor angedeuteten Varianten des Wachstumsbegriffs an Bedeutung: Wachstum als qualitativer Fortschrittsprozeß im Sinne einer Verbesserung von Angebotszusammensetzung und Faktorallokation, im Sinne einer auf den Ressourceneinsatz relativierten Steigerung des Ausstoßes an Sachgütern und Dienstleistungen.

Die bislang vorgestellten Versionen des Wachstumsbegriffs verstehen Wachstum ausschließlich als gesamtwirtschaftlichen Vorgang. Es gehört nach diesem Verständnis in den Bereich der makroökonomischen Theorie[14]. Eine solche

---

10 Ferner durch Abbau sog. X-inefficiencies (vgl. H. Leibenstein (1966) S. 392 ff., insb. S. 408) sowie durch technischen Fortschritt.

11 Vgl. D. Meadows u.a. (1972).

12 Vgl. Ch. Leipert (1975) S. 153 ff. sowie die Beiträge von G. Bruckmann, Ch. Leipert, H. Brüngger und W.J. Mückl in: Ausgewählte Probleme der Wachstumspolitik (Hrsg. G. Bombach; B. Gahlen; A.E. Ott), Tübingen 1976, S. 23 ff.

13 Zur Diskussion vgl. u.a. H.v. Nussbaum (1973), D. Meadows u.a. (1974), M. Mesarovic; E. Pestel (1974). Zur Kritik am zweiten Bericht des Club of Rome vgl. C. Clark (1976) S. 333 ff. Vgl. ferner die Beiträge von G. Bombach, M.J. Beckmann, K.H. Oppenländer und L. Beinsen in: Ausgewählte Probleme der Wachstumspolitik, a.a.O., S. 135 ff.

14 Vgl. z.B. die Abhandlung dieser Thematik durch R.G.D. Allen (1972) S. 194 ff.

Betrachtung läßt außer acht, daß gesamtwirtschaftliche Vorgänge nur als Reflex einzelwirtschaftlicher Entwicklungen entstehen. Einzelwirtschaftliches Wachstum im Sinne von Unternehmens-, Markt-, Branchen- sowie Sektorenwachstum wird im zweiten und dritten Teil dieser Untersuchung angesprochen.

## II. Zur Aufgabenstellung der Wachstumstheorie

Zentrale Aufgabe der Wirtschaftswissenschaften ist die Erklärung des Wirtschaftsprozesses. Jede Erklärung kann allerdings nur eine Teilerklärung sein. Abgesehen von der Schwierigkeit, die Determinanten ökonomischer Variabler angesichts der allgemeinen ökonomischen Interdependenz auch nur annähernd vollständig zu erfassen, ergibt sich für den Theoretiker das Problem, daß jede Determinante ihrerseits auf weitere Bestimmungsfaktoren zurückzuführen ist und infolge kreislaufmäßiger Interdependenz ein unendlicher Regreß erforderlich wäre. Da ein unendlicher Regreß nicht durchführbar ist, sind bestimmte Erklärungsvariable stets als momentan nicht weiter erklärbare Variable hinzunehmen. Sie bleiben im jeweiligen Erklärungszusammenhang unabhängig bzw. exogen, während die zu erklärenden Variablen als abhängige bzw. endogene Variable bezeichnet werden. Im Rahmen eines Erklärungszusammenhanges können einzelne Variable sowohl exogene als auch endogene Variable sein, sofern durch die Bildung weiterer Hypothesen auch ihre Erklärung versucht wird. So ist z.B. in den folgenden Gleichungen

$$a = a \quad (b_1, b_2), \tag{1.1}$$
$$b_1 = b_1 \quad (c_1, c_2), \tag{1.2}$$
$$b_2 = b_2 \quad (c_3, c_4), \tag{1.3}$$
$$c_1 = c_1 \quad (d_1, d_2), \tag{1.4}$$

die Variable $a$ ausschließlich endogen, $b_1$, $b_2$ und $c_1$ sind sowohl exogen als auch endogen, während $c_2$, $c_3$, $c_4$ sowie $d_1$ und $d_2$ ausschließlich exogene Variable sind. Nur die Letztgenannten sind im Rahmen des gesamten Erklärungszusammenhanges exogen. Welche Variablen als endogen und welche als exogen betrachtet werden, hängt von der jeweiligen Fragestellung, also vom Ziel der Untersuchung ab[15].

Nach diesen Vorbemerkungen können die möglichen Aufgabenstellungen der Wachstumstheorie diskutiert und eingeordnet werden. Als zentrale Grundfragestellungen der Wachstumstheorie sind die folgenden drei anzusehen[16]:

1. In welcher Weise beeinflußt das Wachstum andere ökonomische bzw. außerökonomische Variable? Im Rahmen dieser Fragestellung erscheint das Wachstum als exogene Variable, d.h. als Determinante anderer (Ziel)Variabler.

15 Vgl. R. Jochimsen (1966b) S. 31 ff.

16 Es handelt sich um Grundfragestellungen, an die sich eine Reihe von Detailfragen anschließen müssen. Zu derartigen Detailfragen vgl. z.B. H.-J. Vosgerau (1972) S. 287.

Im oben dargestellten Gleichungssystem erschiene Wachstum etwa als Variable $b_1$ in (1.1), und es wäre zu klären, welchen Beitrag das Wachstum zur Realisierung weiterer ökonomischer (etwa Vollbeschäftigung) oder außerökonomischer Ziele (etwa Freiheit oder Sicherheit) zu leisten vermag. Die Beantwortung dieser Frage könnte als Wachstumsrechtfertigungstheorie bezeichnet werden.

2. Welches sind die Determinanten des Wachstums und wie groß ist ihre jeweilige Bedeutung für das Wachstum? Dabei kann zwischen unmittelbaren und mittelbaren Bestimmungsgründen unterschieden werden. Im Rahmen dieser Fragestellung wird versucht, den Wachstumsprozeß zu erklären. In dem oben angeführten Gleichungssystem erschiene das Wachstum wiederum als Varibale $b_1$, diesmal in Gleichung (1.2).

3. Welches sind die Bedingungen für das Eintreten bestimmter Verlaufsformen des wirtschaftlichen Wachstums? In diesem Fall wird nicht so sehr nach den Bestimmungsgründen des Wachstums schlechthin, sondern nach den Bedingungen spezifischer Wachstumsprozesse, etwa eines stetigen, angemessenen oder gleichgewichtigen Wachstums gefragt. Diese Fragestellung läßt sich im genannten Gleichungssystem noch nicht erfassen, da die gewünschte spezifische Verlaufsform erst zu definieren ist, formal etwa in folgender Weise:

$$\bar{b}_1 = z \cdot \bar{c}_1 . \tag{1.5}$$

Die Formulierung spezifischer Verlaufsformen enthält in der Regel normative Elemente und kann auf Vorstellungen zurückzuführen sein, die in der ersten Frage anklangen, wenn diese Verlaufsformen als geeignet zur Realisierung anderer Ziele angesehen werden.

Alle drei Fragestellungen haben in der geschichtlichen Entwicklung der Wachstumstheorie eine Rolle gespielt, allerdings haben sich die Gewichte, die den einzelnen Problemen beigemessen worden sind, im Laufe der Entwicklung verschoben. Während der Frage der Wachstumsrechtfertigung in den früheren Epochen nationalökonomischen Denkens noch eine erhebliche Bedeutung beigemessen wurde, trat sie später immer mehr in den Hintergrund und tauchte nur sporadisch wieder auf, so z.B. in jüngster Zeit im Zuge der Diskussion über die Grenzen des Wachstums. Demgegenüber wurde die Behandlung der Frage nach den Wachstumsdeterminanten eigentlich immer als eine zentrale Aufgabenstellung der Wachstumstheorie angesehen, da es Aufgabe einer Erfahrungswissenschaft ist, reale Vorgänge zu erklären[17]. „The purpose of a theory of economic growth is to show the nature of the non-economic variables which ultimately determine the rate at which the general level of production of an economy is growing“[18].

17 Vgl. J. Heubes (1972) S. 27.
18 N. Kaldor (1957) S. 591.

Allerdings ist dies der Wachstumstheorie nicht immer gelungen, vor allem wohl deshalb, weil sie sich – und das gilt insbesondere für die moderne Wachstumstheorie – stärker auf die dritte Frage nach den Bedingungen gleichgewichtigen Wachstums konzentriert hat. Hinsichtlich bestimmter Teile der modernen Wachstumstheorie wird daher zuweilen bezweifelt, ob es sich dabei überhaupt schon um eine Wachstumstheorie handelt[19].

Die Beschränkung des Hauptstroms der modernen Wachstumstheorie auf die dritte Fragestellung hat noch zu einer weiteren Einschränkung geführt. Wenn lediglich nach den Bedingungen für gleichgewichtiges Wachstum gefragt wird, liegt es nahe, sich auf die Herausarbeitung der unmittelbaren Wachstumsdeterminanten und deren Verlaufsformen zu beschränken, während die Bestimmungsgründe dieser unmittelbaren Determinanten weniger interessieren. Das bedeutet, daß der unendliche Regreß sehr früh abgebrochen wird – etwa bereits bei Gleichung (1.2) – und Variable als exogen deklariert werden, auf deren Erklärung für das Verständnis des Wachstumsprozesses eigentlich nicht verzichtet werden kann. So gehen in viele Wachstumsmodelle nur die unmittelbaren Wachstumsdeterminanten wie Bevölkerungsentwicklung, Kapitalbildung und technischer Fortschritt ein. Ihre Determinanten, so vor allem institutionelle, politische und psychologische Faktoren, bleiben dagegen ausgeklammert[20]. Das war in der Geschichte der Wachstumstheorie nicht immer so. Als diese Theorie noch nicht ihre derzeitige formale Eleganz besaß, wurden jene weiteren, überwiegend qualitativen Determinanten durchaus in die Analyse einbezogen.

Über die Relevanz von wissenschaftlichen Fragestellungen sind wissenschaftliche Aussagen nicht möglich. Auch die Festlegung von Begriffen kann nicht Inhalt solcher Auseinandersetzungen sein. Sie unterliegt allein dem Kriterium der Zweckmäßigkeit. Wenn für Teile der modernen Wachstumstheorie diese Etikettierung in Frage gestellt wird, so wohl deshalb, weil die exklusive Behandlung von Gleichgewichtsprozessen der Hauptaufgabe einer Theorie, Erklärungsansatz für die wirtschaftliche Wirklichkeit zu sein, nicht mehr gerecht wird.

Ein umfassender Theoriebegriff würde verlangen, daß eine Theorie die Beantwortung aller drei genannten Fragestellungen nach Wirkung, Determinanten

19 Vgl. K. Rose (1971) S. 20 bezüglich des Domar-Modells: „Streng genommen handelt es sich also nicht um eine Theorie des Wachstums, sondern um eine Theorie der Erfordernisse für gleichgewichtiges Wachstum". Demgegenüber bezeichnen andere Autoren nur diesen Teil der Wachstumsforschung als Theorie, von der „empirisch-statistische Analyse" und „historisch-deskriptive Betrachtung" abzugrenzen seien. Vgl. G. Bombach (1965) S. 764.

20 Auch diese Faktoren zählt Abramovitz noch zu den „immediate determinants of output". Er unterscheidet dann vier levels der theoretischen Analyse. Auf level 1 wird der Einfluß einer Determinante untersucht, auf level 2 der mehrerer bzw. aller Determinanten. Auf level 3 gilt es, die Bestimmungsgründe der unmittelbaren Determinanten zu erforschen, level 4 bildet schließlich die Zusammenfassung von level 1 bis 3 und ermöglicht Aussagen über den spezifischen Einfluß einzelner Wachstumsdeterminanten bzw. ihrer jeweiligen Bestimmungsgründe. Vgl. M. Abramovitz (1952) S. 134 f.

und speziellen Verlaufsformen des zu analysierenden Gegenstandes zu ihrer Aufgabe macht. Für die Fragestellung dieser Arbeit reicht es aus, wenn nach den Determinanten und der relativen Bedeutung ihres Einflusses auf jene Größe, mit der die Theorie begrifflich etikettiert wird, gefragt wird. Demgemäß soll von Wachstumstheorie (Theorie des Strukturwandels, Wettbewerbstheorie) gesprochen werden, wenn die Theorie primär versucht, die Determinanten des Wachstums (des Strukturwandels, des Wettbewerbs) zu ermitteln. Dabei kann zweifellos auch die Frage nach spezifischen Verlaufsformen angesprochen werden, doch sollte sie nicht im Vordergrund stehen bzw. sollte sich ein theoretischer Ansatz nicht auf ihre Beantwortung beschränken.

## B. Der Beitrag der Wachstumstheorie zur Erforschung der Wachstumsdeterminanten

Im folgenden soll gezeigt werden, welchen Beitrag die Wachstumstheorie im Laufe ihrer historischen Entwicklung zur Erforschung der Determinanten des Wachstums und ihrer jeweiligen Bedeutung geleistet hat. Dabei wird – wie auch später bei der Analyse des Strukturwandels und des Wettbewerbs – mit der klassischen Theorie begonnen. Allerdings wäre es gerade bezüglich der Wachstumstheorie durchaus reizvoll, die wachstumstheoretischen Vorstellungen der Merkantilisten und der Physiokraten einer genaueren Prüfung zu unterziehen, da sich bei ihnen bemerkenswerte Aussagen über den Einfluß einzelner Wachstumsdeterminanten finden.

So wird für die Merkantilisten die Höhe des Sozialprodukts zunächst durch die verfügbaren Einsatzmengen der Faktoren Arbeit, Boden und Kapital bestimmt. Ihre Produktivität ergibt sich aus dem jeweiligen Stand der Technik, der Angebotsstruktur, der Wirtschaftsgesinnung und der Wirtschaftsordnung. Darüber hinaus sind jene Komponenten von Bedeutung, welche die effektive Auslastung der Faktoren bestimmen[1], d.h. die Höhe der Nachfrage, besonders hervorgehoben die Höhe des Exportüberschusses.

Für die Physiokraten gilt neben dem Boden der Einsatz an Sachkapital als Wachstumsdeterminante. Demgegenüber ist die Arbeit als Wachstumsfaktor nicht relevant, wohl auch deshalb, weil die Zielsetzung der Physiokraten in einer Steigerung des Pro-Kopf-Sozialprodukts besteht. Da anzunehmen ist, daß die Physiokraten im Rahmen ihrer Forderung nach „grande culture“ auch die Erzielung technischer Verbesserungen unterstellt haben, ist als Produktivitätskomponente auch der Stand der Technik auszuweisen. Als weitere Komponenten erscheinen das Wettbewerbsverhalten, die Wirtschaftsordnung sowie die Höhe der Nachfrage und die Nachfragestruktur[2].

1 Die Zuordnung einzelner Faktoren zur Gruppe der Produktivitäts- und Auslastungskomponenten schließt nicht aus, daß auch Produktivitätskomponenten (etwa der Stand der Technik) auf die Auslastung der Faktoren einwirken bzw. Auslastungskomponenten (etwa die Nachfrageentwicklung) Produktivitätseffekte nach sich ziehen.

2 Im einzelnen vgl. insbesondere J.J. Spengler (1960b) S. 3 ff.

Trotz dieser Identifizierung maßgeblicher, auch qualitativer Wachstumsdeterminanten kann von einer ausgearbeiteten Wachstumstheorie noch nicht gesprochen werden. Aber auch in späteren Phasen der Theoriebildung fehlen häufig präzise Hypothesen über die Einwirkungen der einzelnen Determinanten. Es ist daher oft nur möglich, die jeweiligen Wachstumsdeterminanten zu identifizieren. Ferner kann mangels präziser theoretischer Aussage häufig keine exakte Trennung in unmittelbare und mittelbare Wachstumsdeterminanten (als Bestimmungsgründe der unmittelbaren Determinanten) vorgenommen werden. Daraus folgt, daß dann nur eine additive Aufzählung von Bestimmungsgründen möglich ist.

Insbesondere bei den älteren Ansätzen ist die Identifizierung einzelner Determinanten nicht unabhängig von der spezifischen Definition des Wachstums als wirtschaftspolitischem Ziel sowie von den Vorstellungen der Autoren bezüglich der Chancen für die Aufrechterhaltung eines dauerhaften Wirtschaftswachstums. Insoweit ist es zweckmäßig, in diesen speziellen Fällen auch die Zielformulierung und die jeweilige Wachstumsprognose anzusprechen.

## I. Der wachstums- und allokationstheoretische Ansatz der Klassik und der älteren Neoklassik

### 1. Die klassische Wachstumstheorie

#### *a) Fragestellung und Wachstumsprognose*

Die klassischen Nationalökonomen fragen nach den Ursachen des Wohlstandes der Nationen und nach den Möglichkeiten und Bedingungen seines Wachstums. „... their main topic is economic development“[3]. Diesem wirtschaftspolitischen Grundsatz steht das Hauptergebnis der klassischen Theorie allerdings diametral gegenüber, daß nämlich alle wirtschaftliche Entwicklung aufgrund ertragsgesetzlich bedingten Sinkens der Gewinne in einen Zustand der Stagnation einmünden müsse, daß Wachstum auf die Dauer nicht möglich sei. So lautet zumindest die gängige neuzeitliche Interpretation der Thesen der klassischen Nationalökonomen, die sich vorrangig auf die diesbezüglichen Aussagen von D. Ricardo, Th. R. Malthus und J. St. Mill stützt. Dabei wird zwar nicht übersehen, aber doch weit weniger häufig erwähnt, daß die Klassisker für überschaubare Zeiträume durchaus optimistisch waren.

Nach Smith besteht die Möglichkeit, daß die Tendenz zur Gewinnsenkung durch andere Kräfte verzögert, neutralisiert oder sogar überkompensiert wird. Er denkt vor allem an das Entstehen neuer Absatzmärkte und neuer, profitabler Industriezweige, welche Kapital aus den alten Branchen abziehen, so daß selbst dort der Gewinn wieder ansteigt[4]. Darüber hinaus baut er auf die Kräfte

3 G.M. Meier; R.E. Baldwin (1957) S. 19. Vgl. auch I. Adelman (1961) S. 25.
4 Vgl. A. Smith (1937) S. 93 sowie die Darstellung bei S. Hollander (1973) S. 183 ff.

des wirtschaftlichen Fortschritts, welcher speziell im industriellen Sektor Preissenkungen ermöglicht[5]. Auch Ricardo baut auf einen strukturellen Wandel zugunsten des produktiveren industriellen Sektors. Die weitere Bedingung lautete allerdings, daß sich die Einkommensverteilung zugunsten der Kapitalisten entwickelt, da nur durch Expansion der Gewinne die für die Investitionen erforderlichen Ersparnisse aufgebracht werden können[6].

Demgegenüber besteht nach Smith sogar in Zeiten sinkender Gewinne und Zinsen eine Tendenz zur Aufnahme unternehmerischer Betätigung[7], welche die Investitionstätigkeit nicht nur nicht erlahmen läßt, sondern sogar verstärkte Anstrengungen der Kapitalisten nach sich zieht mit dem Ziel, die jeweilige Einkommensposition zu behaupten[8]. Dies gilt zumindest so lange, wie der Gewinn ein allerdings nicht näher definiertes Minimum überschreitet[9]. Damit erwähnt Smith neben den rein ökonomischen Determinanten Kapitalbildung, Fortschritt, Strukturwandel und Nachfrageentwicklung auch einen sozioökonomischen Faktor, den man mit Motivation oder Einstellung oder Wirtschaftsgesinnung bezeichnen könnte.

Derartigen sozioökonomischen Determinanten gilt auch das besondere Augenmerk von J. St. Mill. „His theory of development was therefore socio-economic, rather than economic, in character"[10]. Die wichtigsten Kräfte, die zur Steigerung der Faktorqualitäten führen, sind nach Mills Auffassung einmal die Erziehung und die Ausbildung der Menschen, worunter er nicht nur die Förderung ihrer rein technischen Fähigkeiten, sondern auch ihrer geistigen und moralischen Qualitäten im Sinne größerer Weitsicht und Energie versteht[11]. Ferner tragen der wissenschaftliche, technische und organisatorische Fortschritt, insbesondere die Ausweitung der Spezialisierung sowie die Verbesserung der wirtschaftlichen Organisationsformen zur qualitativen Verbesserung des Faktorenpotentials bei[12]. Im Fehlen dieser Kräfte sieht Mill das größte Hindernis für den Beginn eines durchgreifenden Wachstumsprozesses in den unterentwickelten Regionen der Welt. Aber auch in den Industrienationen können Tradition, Gewohnheit und Glaube die volle Entfaltung der Wettbewerbskräfte und die weitere Steigerung des Wohlstandes verhindern[13].

5 Vgl. A. Smith (1937) S. 242 ff.
6 Vgl. J. M. Letiche (1960) S. 76 ff.
7 Vgl. A. Smith (1937) S. 96.
8 Etwa in dem Sinne, daß die Erweiterung des Kapitalstocks ausreicht, den Fall der Profitrate auszugleichen, so daß (mindestens) ein konstantes Einkommen der Kapitalisten resultiert. Vgl. E. McKinley (1960) S. 101 FN 32. Vgl. auch I. Adelman (1961) S. 36.
9 Vgl. I. Adelman (1961) S. 97.
10 J.J. Spengler (1960a) S. 149. Vgl. auch H. Lampert (1963) insb. S. 304 f. und 315 f.
11 Vgl. J.St. Mill (1888) S. 63 ff., wo er die Ursachen unterschiedlicher Produktivität der Faktoren darstellt.
12 Vgl. dazu Mills Ausführungen zur Large-scale-Produktion, a.a.O., S. 81 ff.
13 Vgl. dazu seine Ausführungen über Competition and Custom, a.a.O., S. 147 ff.

### *b) Die Wachstumsdeterminanten im einzelnen*

In den Aussagen der Nationalökonomen der klassischen Epoche findet man ein System von Wachstumsdeterminanten vor, aus dem sich trotz gewisser Unterschiede im Detail ein geschlossenes Bild der klassischen Wachstumstheorie zeichnen läßt.

1. Das Wachstum der Güterproduktion unterliegt zunächst den Bedingungen einer durch die ertragsgesetzlichen Restriktionen gekennzeichneten Produktionsfunktion. Die Ausdehnung des Faktors Arbeit erfolgt so lange, bis der bei steigender Beschäftigtenzahl linear ansteigende Wert der volkswirtschaftlichen Lohnsumme (Existenzminimumentlohnung unterstellt) den degressiv ansteigenden Wert der Güterproduktion abzüglich der Grundrente erreicht, d.h. zu einer vollständigen Aufzehrung der Gewinne führt.

Die Bevölkerungsvermehrung und die mit ihr einhergehende Zunahme des Faktors Arbeit ist keine exogene Variable, sondern abhängig von der Entwicklung des Marktlohnes bzw. der zur Verfügung stehenden Lohnsumme[14], welche ihrerseits von der Höhe der Kapitalausstattung abhängt und bei einer Vergrößerung des Kapitalstocks steigt[15]. Folglich wird die Entwicklung des Arbeitspotentials von der Höhe der Investitionen bestimmt. Auch die Veränderung des genutzten Bodenpotentials ist endogen bestimmt, da sie ihrerseits von der Entwicklung der Bevölkerung abhängt. Sie ist somit indirekt ebenfalls eine Funktion der Kapitalakkumulation.

Variable und wachstumsinduzierende Faktoren des klassischen Systems sind demnach alle drei Produktionsfaktoren, wobei dem Kapital die Schlüsselrolle zufällt, da es das Wachstum des Arbeitskräfte- und des genutzten Bodenpotentials erst nach sich zieht[16].

Bei gegebenem Stand der Technik muß der Wachstumsmotor mit zunehmender Kapitalakkumulation allerdings permanent schwächer werden, da die Investitionen gewinnabhängig sind und sich der Gewinnspielraum bei zunehmender Kapitalakkumulation und zunehmendem Arbeitspotential ständig einengt, bis selbst bei Existenzminimumentlohnung keine Gewinne mehr erzielt werden und demzufolge auch eine weitere Ausdehnung des Kapitalstocks und des Arbeitspotentials unterbleibt. Wichtigster limitierender Faktor des Sozialproduktwachstums ist dabei die im Zuge steigenden Kapital- und Arbeitseinsatzes erforderliche Nutzbarmachung bislang brachliegender, qualitativ schlechterer Böden, woraus steigende Produktionskosten und steigende Nahrungsmittelpreise resultieren. Demgegenüber erzielen die intramarginalen Böden steigende Renteneinkommen, und es vergrößert sich der Anteil der Renten am Sozialprodukt.

14 Vgl. E. McKinley (1960) S. 96 und G.M. Meier; R.E. Baldwin (1957) S. 26.
15 Vgl. die Darstellung bei I. Adelman (1961) S. 30 f. und S. 47 ff.
16 Vgl. G.M. Meier; R.E. Baldwin (1957) S. 35 sowie J.M. Letiche (1960) S. 76.

Der Zeitpunkt, zu dem die Wachstumsgrenze erreicht wird, ergibt sich aus der Geschwindigkeit der Kapitalakkumulation und des Bevölkerungswachstums. Je größer das Wachstum des Kapitalstocks und je schneller die Bevölkerungsentwicklung, um so eher mündet das System in den Zustand der Stagnation. Gewinnhöhe, Investitionen und damit das Wachstum sind also abhängig von dem bereits erreichten Ausmaß der Nutzung des Faktorenpotentials, insbesondere des Bodens.

2. Die Gewinnhöhe ist allerdings nicht ausschließlich durch das Ausmaß der Faktorennutzung determiniert. Der Terminus ‚Gewinn' steht stark vereinfachend für den Ersparnis- und Investitionsfonds der Gesellschaft. Dieser wird nach Mill definiert als das Nettoprodukt eines Landes, welches sich als Differenz von Nettosozialprodukt und „notwendigem" Konsum aller Einkommensklassen ergibt. Der Ersparnisfonds ist damit, ebenso wie die Höhe des Existenzminimumlohns[17], nicht rein physisch definiert. Er ist abhängig von der Sparneigung $s$ („disposition to save" nach Mill). Die durchschnittliche Sparneigung der Gesellschaft wird ihrerseits bestimmt von der Profitrate ($g$), der Akkumulationsbereitschaft ($b$) sowie von der Einkommensverteilung ($V$).

Die Akkumulationsbereitschaft $b$ („effective desire of accumulation" nach Mill) einer Gesellschaft ist eine Funktion ihrer Wirtschaftsgesinnung, also ihrer subjektiven Einstellung zum Wirtschaften ($E$) sowie der wirtschaftlichen und politischen Rahmenbedingungen ($O$), insbesondere der Sicherheit des Eigentums[18]. Das Symbol $g$ (Gewinnrate) soll hier vereinfachend für den Überschuß der tatsächlichen Gewinnrate über die Minimumrate $\bar{g}$, welche als Risikoprämie des Kapitaleinsatzes unbedingt erwirtschaftet werden muß, verwendet werden. Die Höhe der für erforderlich gehaltenen Risikoprämie hängt ebenfalls von subjektiven Faktoren, etwa der Risikobereitschaft sowie von den wirtschaftspolitischen Bedingungen[19] ab. Somit wird auch $g$ von diesen Faktoren beeinflußt.

3. Die Aussage, daß alle wirtschaftliche Aktivität in einen Zustand der Stagnation einmünden müsse, gilt jedoch nur bei unveränderbarem Stand der Technik. Die Klassiker haben die Möglichkeit einer Steigerung des „state of the arts" aber nicht nur gesehen, sondern ausdrücklich zur Grundlage ihrer wachstumstheoretischen Überlegungen gemacht. Sie haben erkannt, daß mit steigendem Arbeitseinsatz und zunehmendem Kapitalstock das Ausmaß der Arbeitsteilung erhöht und technischer Fortschritt realisiert werden kann, wodurch der faktorproduktivitätssenkenden und gewinnschmälernden Tendenz des Ertragsgesetzes entgegengewirkt wird. Die Gewinnhöhe hängt dementsprechend nicht nur von den bisher genannten Determinanten, sondern darüber hinaus auch vom Stand der Technik ($T$) ab.

17 Vgl. D. Ricardo (1923) S. 85.
18 Vgl. J. St. Mill (1888) S. 100 ff.
19 Vgl. I. Adelman (1961) S. 35.

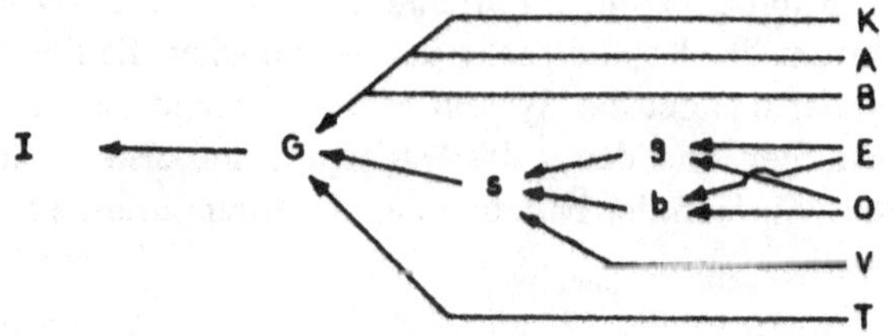


Abb. 1 Determinanten der Investitionstätigkeit aus klassischer Sicht

Nunmehr wird deutlich, daß durch erhöhte Investitionstätigkeit die Wachstumsgrenze keineswegs schneller erreicht werden muß, sondern daß sie sogar weiter hinausgeschoben werden kann[20]. Die Frage, ob und bei welcher Höhe des Sozialprodukts die Wachstumsgrenze im Rahmen des interdependenten Funktionssystems erreicht wird, läßt sich nur bei Kenntnis aller Funktionsverläufe beantworten.

Wenn Investitionen in einem Ausmaß und einer Qualität vorgenommen werden, daß ein aus ihnen erwachsender technischer Fortschritt die ertragsgesetzlichen Wachstumshemmnisse ständig überkompensiert und wenn keine überproportionale Bevölkerungszunahme den Ersparnisfonds ausschöpft und somit den Akkumulationsprozeß vorzeitig stoppt, ist Wachstum weiterhin möglich.

4. Die Voraussetzung für die Nutzung aller Wachstumschancen und das Hinausschieben der Wachstumsgrenze sehen die Klassiker in möglichst günstigen Bedingungen hinsichtlich der „exogenen" Größen Einkommensverteilung, Wirtschaftsgesinnung und Wirtschaftsordnung[21]. So gilt es zunächst, die Einstellung zum Wirtschaften zu verbessern, woraus bereits direkte Steigerungen der Produktivität resultieren können. Insbesondere ist aber die Sparneigung bzw. die Akkumulationsbereitschaft zu stärken. In dieser Hinsicht waren die Klassiker jedoch überwiegend optimistisch. Sie glaubten – mit gewissen Einschränkungen bei Mill –, daß zumindest in den entwickelten Ländern sowohl ein ausreichendes Streben nach Reichtum, Prestige und Macht[22] als auch eine Neigung, aus Gründen der Zukunftsfürsorge zu sparen[23], vorhanden sei. Dem Staat

20 Vgl. auch die mathematische Ableitung dieses Zusammenhanges bei H. Geyer (1958) S. 27 ff.

21 Am Beispiel Chinas zeigt Smith, daß ein Land aufgrund unzureichender institutioneller Bedingungen den Zustand der Stagnation erreicht, bevor alle seine natürlichen Wachstumsmöglichkeiten ausgeschöpft sind. Vgl. A. Smith (1937) S. 95.

22 Vgl. J.M. Letiche (1960) S. 68.

23 Vgl. z.B. J. St. Mill (1888) S. 107 f.

fällt dann lediglich die Aufgabe zu, diesem Streben durch Schaffung wirtschaftlicher Freiheit seinen Lauf zu lassen und darüber zu wachen, daß der Freiheitsspielraum aller erhalten bleibt. Dann werden sich wettbewerbliche Wachstumsprozesse auf den einzelnen Märkten der Volkswirtschaft entwickeln.

Damit ist eine zentrale Wachstumsdeterminante der Klassiker angesprochen, die bislang noch nicht ausdrücklich genannt worden ist. Aus einer positiven Wirtschaftsgesinnung und wirtschaftlicher Freiheit resultieren nicht nur hohe Akkumulationsbereitschaft und Sparneigung, sondern es entwickelt sich jener Mechanismus, durch den bei Verfolgung individueller Interessen gleichzeitig dem Interesse aller gedient wird, nämlich freier Wettbewerb auf allen Märkten der Volkswirtschaft. Der freie Wettbewerb ist das Instrument, durch das sich eine natürliche Ordnung in Freiheit, Gleichheit und mit einem Höchstmaß an sozialer Harmonie realisiert und das zugleich alle Voraussetzungen für die Durchsetzung des technischen Fortschritts und die Steigerung des wirtschaftlichen Wohlstands schafft.

5. Die Klassiker schenken der Nachfrage als wachstumsauslösendem oder wachstumslimitierendem Faktor insgesamt nur wenig Beachtung. Dies überrascht um so mehr, als von A. Smith die These stammt, daß das Ausmaß der Arbeitsteilung von der Größe des Marktes abhängt[24]. Allerdings war Smith hinsichtlich der Konsequenzen dieser Erkenntnis keineswegs pessimistisch. Für ihn war das gesamtwirtschaftliche Wachstum ein Prozeß, bei dem Angebots- und Nachfrageimpulse sich gegenseitig bedingen und zu einer spiralenförmigen Aufwärtsentwicklung beitragen[25]. Aber der in jenem Satz dennoch ausgesprochene Gedanke einer wachstums**begrenzenden** Wirkung der Güternachfrage[26] wird in der Folgezeit durch Says Theorie der Absatzwege, nach der sich jedes Angebot seine Nachfrage schafft, verschüttet. Lediglich Malthus, dessen Aufmerksamkeit ohnehin mehr auf die kurzfristigen Bewegungsabläufe des wirtschaftlichen Entwicklungsprozesses gerichtet ist[27] und der Teile der Keynes'schen Argumentation vorwegnimmt, diskutiert die Gefahren einer nicht ausreichenden Nachfrage sowie negative Auswirkungen von Nachfrageverschiebungen.

In der Regel wird der Wandel der Nachfragestruktur von den Klassikern aber positiv bewertet. Sie stellen sich diesen Wandel vor allem als Strukturverschiebung zugunsten des industriellen Sektors vor, der in der Lage sein könnte, das in der Landwirtschaft wirkende Ertragsgesetz durch technischen Fortschritt zu suspendieren[28]. Ein derartiger Strukturwandel wird begünstigt, wenn die Ar-

24 Vgl. A. Smith (1937) S. 17 ff.

25 Vgl. H.C. Recktenwald, Würdigung des Werkes. In: A. Smith (1974) S. LX f. Vgl. auch G.M. Meier; R.E. Baldwin (1957) S. 22.

26 Die Originalformulierung lautet: „That the Division of Labour is *limited* by the Extent of the Market" (im Original nicht kursiv gedruckt), A. Smith (1937) S. 17.

27 Vgl. E. McKinley (1960) S. 105 und 109 f.

28 Vgl. A. Smith (1937) S. 232 ff. Zu den diesbezüglichen Äußerungen Ricardos vgl. J.M. Letiche (1960) S. 76-78 u. 80.

beiter bei steigendem Reallohn mehr Industrieprodukte nachfragen und nicht durch Bevölkerungsexpansion und entsprechende Mehrnachfrage von Nahrungsmitteln Produktionsfaktoren in der Landwirtschaft binden.

6. Unter Einbeziehung des soeben genannten Aspekts sollen die Wachstumsdeterminanten der Klassiker abschließend in einer Produktions- und Wachstumsfunktion zusammengefaßt werden. In ihr sind neben den Produktionswirkungen alternativer Faktoreinsatzmengen auch die produktivitätssteigernden und -hemmenden Einflußgrößen sowie jene Determinanten aufzunehmen, welche die Auslastung des quantitativen Faktorenpotentials bestimmen oder gegebenenfalls seine Erweiterung ermöglichen. Ohne Zweifel immer noch vereinfacht, muß die Funktion dann in der allgemeinen Form

$$P = P\,(A, K, B, T, W, StN, V, E, O) \tag{1.6}$$

geschrieben werden, wobei *StN* für die Nachfragestruktur und *W* für die Wettbewerbsintensität des Systems steht, welche von den oben genannten Determinanten *E* und *O* abhängt. *E* und *O* werden aber noch einmal gesondert ausgewiesen, da sie nicht nur das Wettbewerbsverhalten, sondern z.B. auch die Nachfragestruktur und das Spar- und Investitionsverhalten beeinflussen. Die Wirtschaftsordnung ist dabei nach klassischer Auffassung die entscheidende Determinante. Das Wachstum des Sozialprodukts ergäbe sich dann als Summe der quantitativen Änderungen aller Determinanten nach Maßgabe ihrer jeweiligen Grenzproduktivitäten, die aber nicht durchweg positive Werte aufweisen müssen[29].

## 2. *Wachstumstheoretische Ansätze der älteren Neoklassik*

### a) Das allokationstheoretische Konzept

Nachdem die vermuteten negativen Auswirkungen der klassischen Bremsfaktoren Bodenknappheit und Bevölkerungswachstum ausgeblieben bzw. durch den technischen Fortschritt des 19. Jahrhunderts überkompensiert worden waren, bestand für die dem klassischen Gedankengut weiterhin verbundenen Theoretiker kein Anlaß mehr, eine (streng) endogene Bestimmung des mengenmäßigen Einsatzes der quantitativen Produktionsfaktoren Arbeit und Kapital in Betracht zu ziehen. Das Bevölkerungswachstum konnte kaum noch aus der Steigerung des individuellen Wohlstandes abgeleitet werden[30], und die Investitionstätigkeit schien in hohem Maße von einem rasanten, allen mutmaßlichen

29 Vgl. im einzelnen die ähnliche Darstellung bei I. Adelman (1961) S. 25 ff., die allerdings nur die Theorien von Smith und Ricardo analysiert und eine geringere Zahl von Wachstumsdeterminanten diskutiert.

30 Allerdings wurde die Malthus'sche Lehre nicht völlig verworfen. „Malthusian fears" wurden für eine entfernte Zukunft immer noch geäußert. Vgl. G.M. Meier; R.E. Baldwin (1957) S. 77 sowie J.A. Schumpeter (1965) S. 1085.

Zinssenkungstendenzen entgegenwirkenden Fortschritt der Technik stimuliert zu werden, für den es seinerseits keine wirtschaftsendogene Erklärung gab[31]. Eine neoklassische Wachstumstheorie dieser Epoche konnte daher lediglich den Wirkungen von exogenen Veränderungen des Faktorenangebots nachgehen[32]. Bezüglich derartiger Untersuchungen wurde allerdings zuweilen festgestellt, daß „they lack the grandeur of classical development theory"[33].

Es ist daher kaum verwunderlich, daß die älteren Neoklassiker den Problemen des wirtschaftlichen Wachstums weniger Beachtung schenkten und sich eher Allokationsfragen zuwandten. Weniger die langfristige Entwicklung des Faktorangebots stand im Mittelpunkt der Überlegungen als vielmehr die Frage, wie ein gegebener Faktorbestand in seine optimale Verwendung gebracht werden könne. Das Ergebnis ist bekannt: eine pareto-optimale Situation wird bei vollständiger Konkurrenz auf allen Märkten der Volkswirtschaft erreicht.

Die Betonung des Allokationsaspekts sowie die fast exklusive Verwendung eines streng statischen Apparates haben den Eindruck entstehen lassen, als hätten die älteren Neoklassiker Fragen des wirtschaftlichen Wachstums völlig übersehen. Dieser Eindruck ist jedoch falsch. Die Verwendung der deduktiven statischen Analyse hinderte sie nicht daran, Wachstumsphänomene zu behandeln[34], zumal sich ihre Vorstellungen vom Wirtschaftsablauf mit denen der Klassiker weitgehend deckten[35] und sie statische Modelle nur als Hilfsmittel ansahen, über die man eines Tages zu einer dynamischen Betrachtung gelangen müsse[36].

#### b) Wachstumstheorie und Wachstumsdeterminanten

1. Zunächst ist bereits das allokationstheoretische Facit wachstumstheoretisch auswertbar; denn es besagt, daß ein höheres Sozialprodukt durch Reallokation der Produktionsfaktoren, d.h. durch Umstrukturierung des Angebots zu erreichen ist. Dies kann bewirkt werden durch eine Annäherung an die Marktform der vollständigen Konkurrenz und den damit angenommenen höheren Wettbewerbsdruck[37]. Die Angebotsstruktur bzw. die Wettbewerbsintensität können daher als – allerdings durch den gegebenen Faktorenbestand eng begrenzte – Wachstumsdeterminanten angesehen werden. Davon zu unterscheiden, wenn auch in diesem Zusammenhang erwähnenswert, sind die wohlfahrtstheoretischen Aussagen der Neoklassiker, nach denen zwar nicht unbedingt das materielle Sozialprodukt, wohl aber die volkswirtschaftliche Wohlfahrt gestei-

31 Vgl. G.M. Meier; R.E. Baldwin (1957) S. 65 f.
32 Vgl. J. Buttrick (1960) S. 158.
33 G.M. Meier; R.E. Baldwin (1957) S. 66.
34 Vgl. dazu J.A. Schumpeter (1965) S. 1021 bezüglich des Vorgehens von Marshall.
35 Vgl. ebenda, S. 1087.
36 Vgl. Sh. Peterson (1957) S. 65 ff.
37 Vgl. J. Buttrick (1960) S. 159 f.

gert werden kann. Nach Marshall ergibt sich z.B. durch Besteuerung der decreasing-returns-Industrien und Subventionierung der increasing-returns-Industrien eine Nettoerhöhung der Konsumentenrente[38], nach Pigou steigt die Wohlfahrt unter anderem durch Einkommensumverteilung zugunsten der einkommensschwächeren Schichten[39].

2. Darüber hinaus ist wirtschaftliches Wachstum auch nach neoklassischer Auffassung durch eine Erweiterung des Faktorenbestandes möglich. Die gedanklich einfachste und zudem ein gleichgewichtiges Wachstum implizierende Konstellation bildet das extensive Wachstum[40], bei dem die streng proportionale Ausdehnung aller Produktionsfaktoren einen ebenfalls proportionalen Anstieg des Sozialprodukts bewirkt. Diese von G. Cassel als „gleichmäßig fortschreitende Wirtschaft" apostrophierte Wachstumsform[41] führt allerdings nicht zu einer Steigerung des Sozialprodukts pro Kopf. Hinsichtlich einer Steigerung des Pro-Kopf-Einkommens ist Cassel pessimistisch, zumal er sie sich nur infolge einer „Erhöhung der quantitativen Arbeitsleistung pro Person"[42] vorstellen kann.

3. Optimistischer in diesem Punkt ist A. Marshall, der die Smith'sche Argumentation über die produktivitätssteigernden Wirkungen der Arbeitsteilung wieder aufnimmt und die Auffassung vertritt, daß bei sog. Skalenwachstum (proportionale Faktorenausdehnung) in bestimmten Branchen, vor allem im industriellen Sektor ‚economies of scale' auftreten, die insbesondere auf Verbesserungen der menschlichen Fertigkeiten und des maschinellen Apparates zurückzuführen sind[43]. Während man in der modernen Literatur heute den Versuch unternimmt, analytisch zwischen Skaleneffekten und der produktivitätssteigernden Wirkung des technischen Fortschritts zu unterscheiden[44], werden beide Effekte in der älteren Neoklassik, teils durchaus in richtiger Einsicht ihrer Untrennbarkeit, teils aber auch infolge mangelnder gedanklicher Präzision[45], vermengt. Nach Marshall führt eine proportionale Ausdehnung des Arbeits- und Kapitaleinsatzes zu einer ‚improved organization'[46], d.h. zumindest zu einem Fortschritt der angewandten Technik innerhalb der Unternehmungen (sog. interne Ersparnisse). Darüber hinaus entstünden aber noch externe Ersparnisse, die aus der Größe der Branche bzw. der Größe des Produktionsvolumens der gesamten zivilisierten Menschheit resultieren und die mit der

38 Vgl. A. Marshall (1890) S. 467 ff.
39 Vgl. G. Stavenhagen (1964) S. 373.
40 Vgl. G. Schmitt-Rink (1975) S. 1.
41 Vgl. G. Cassel (1918) S. 28 ff.
42 G. Cassel S. 28.
43 Vgl. A. Marshall (1890) insb. S. 240 ff., S. 266 und S. 278. Hinsichtlich der Verbesserung der menschlichen Fertigkeiten vgl. auch Marshalls Ausführungen zur Bedeutung von Erziehung und Bildung (S. 204 ff.), insb. seine Aussage über „Education as a national investment" (S. 216 f.).
44 Vgl. E. Helmstädter (1967) S. 1961 ff.
45 Vgl. J. Buttrick (1960) S. 181.
46 Vgl. A. Marshall (1890) S. 318.

Steigerung von Bildung und Wissen sowie dem Fortschritt der Technik zusammenhängen[47]. Allerdings ist mit Clapham wohl der mangelnde empirische Bezug der Marshall'schen Kategorien zu bemängeln. Trotz der analytisch sauberen Unterscheidung dieser verschiedenen economies sowie zwischen increasing- und decreasing-returns-Industrien finden sich kaum Aussagen darüber, wo die einzelnen Branchen konkret einzuordnen sind[48].

4. Immerhin wird die Möglichkeit des Entstehens eines sich selbst nährenden Wachstumsprozesses angedeutet, auch wenn Marshall selbst diesen Gedanken durch seine Betonung wachstumsbegrenzender Tendenzen innerhalb der Unternehmen und das Konzept der repräsentativen Firma wieder abschwächt[49]. Demgegenüber baut A. Young den Gedanken weiter aus, indem er die Wechselwirkungen zwischen Marktgröße und Arbeitsteilung beschreibt. Auslösendes Moment für ein Skalenwachstum möge die Ausdehnung der Nachfrage sein. Die Erweiterung des Marktes führt dann nicht nur zu increasing returns innerhalb der Firma und der Branche, sondern zur Erweiterung und Teilung von Branchen durch zunehmende Spezialisierung. Das Entstehen neuer Güter, Märkte und Branchen, d.h. ein Wandel der ökonomischen Struktur, begleitet den Wachstumsprozeß und ermöglicht weitere Produktivitätssteigerungen und weiteres Wachstum der Produktion und der Nachfrage. Die Arbeitsteilung hängt von der Größe des Marktes ab, aber die Größe des Marktes hängt ihrerseits von der Arbeitsteilung ab[50]. Damit ist der statische Rahmen der neoklassischen Theorie verlassen, ebenso wie die Vorstellung vom Wachstum als einem exogen determinierten und zudem noch gleichgewichtigen Prozeß. Allerdings bleibt Youngs Beitrag eher die Ausnahme.

5. Die empirische Beobachtung eines im Vergleich zur Rate der Kapitalakkumulation historisch zurückbleibenden Bevölkerungswachstums ermöglicht den Neoklassikern die Analyse einer weiteren Form des Wirtschaftswachstums. Wachstum des Sozialprodukts pro Kopf kann nicht nur durch Skalenwachstum (capital widening) und damit verbundene increasing returns erreicht werden, sondern auch durch capital deepening, also die Erhöhung der Kapitalintensität. Insoweit kann die klassische Annahme einer langfristig konstanten Kapitalintensität aufgegeben werden[51]. Die Theorie der Kapitalakkumulation wird zuweilen als wichtigster Beitrag der älteren Neoklassik zur Wachstumstheorie angesehen[52]. Dabei haben die Ökonomen mit der Kapitalakkumulation auch ständig die Einschleusung von technischem Fortschritt in Verbindung gebracht. Denn ohne technischen Fortschritt hätte die Kapitalakkumulation infolge ab-

47 „Connected with the growth of knowledge and the progress of the arts". A. Marshall (1890) S. 266.
48 Vgl. J.H. Clapham (1922) S. 305 ff.
49 Vgl. seine Parallele zwischen Unternehmenswachstum und biologischem Wachstum (Bäume-Beispiel). A. Marshall (1890) S. 315 ff.
50 Vgl. A. Young (1928) S. 299.
51 Vgl. G.M. Meier; R.E. Baldwin (1957) S. 67.
52 Vgl. G.M. Meier; R.E. Baldwin (1957) S. 67.

nehmender Ertragszuwächse des Kapitals und sinkenden Zinses sich selbst den Boden entziehen müssen. Die älteren Neoklassiker glaubten demgegenüber an ein kontinuierliches Wachstum des technischen Wissens und eine permanente, durch Wettbewerbsmechanismen bewirkte Adaption dieses Wissens in der Wirtschaft. Nach Schumpeter ist wirtschaftlicher Fortschritt für die Neoklassiker ein nahezu automatischer Prozeß, „der keine eigenen Phänomene oder Probleme aufwirft"[53], insbesondere erfolgt er nie abrupt, so daß die Wirksamkeit des Preismechanismus nicht gefährdet ist[54].

6. Damit können die von den älteren Neoklassikern hervorgehobenen Wachstumsdeterminanten zusammengefaßt werden. Wirtschaftliches Wachstum wird ermöglicht durch wettbewerbsbedingte Reallokation der Ressourcen, durch Skalenwachstum, das zu einer proportionalen (extensiven) Sozialproduktsteigerung (Cassel), möglicherweise sogar zu einer überproportionalen (intensiven) Sozialprodukterhöhung (Marshall, Young u.a.) führt, durch Erweiterung der Märkte bzw. der Nachfrage (Young), schließlich durch Steigerung der Kapitalintensität und – sowohl mit Skalenwachstum als auch mit Kapitalintensivierung verbunden – durch organisatorischen und technischen Fortschritt. Es gilt

$$P = P(A, K, T, W, N). \tag{1.7}$$

Die ältere Neoklassik hebt also einige zentrale Wachstumsdeterminanten, welche bereits die Klassiker herausgearbeitet hatten, besonders hervor, wobei diese Determinanten weniger alternative, sondern sich vielmehr gegenseitig bedingende und stimulierende Faktoren darstellen.

## II. Sozioökonomische Ansätze in den Theorien der wirtschaftlichen Entwicklung

Die Gemeinsamkeit der in diesem Abschnitt behandelten Theorieansätze liegt darin, daß sie das Wachstum der Wirtschaft als einen sehr langfristigen historischen Entwicklungsprozeß verstehen, in welchem der Veränderung der sozioökonomischen Gegebenheiten eine besondere Bedeutung als Wachstumsimpuls zukommt. Dabei glauben viele Autoren, eine stufenförmige Entwicklung der Wirtschaft diagnostizieren zu können. Die Zusammenfassung der Autoren in diesem Abschnitt soll aber nicht verwischen, daß es sich dennoch um eine sehr heterogene Gruppe von Ökonomen verschiedener Zeitabschnitte

---

53 J.A. Schumpeter (1965) S. 1089. Zur optimistischen Einstellung Marshalls vgl. A. Marshall (1890) S. 223. Ein zu schneller Fortschritt, insb. aber ein zu schneller Wandel der Produktionsstruktur, wirft s.E. allerdings Probleme auf. Vgl. A. Marshall S. 248 f.

54 Vgl. J. Buttrick (1960) S. 177.

mit unterschiedlichem methodischem Vorgehen und divergierenden wirtschafts- und gesellschaftspolitischen Vorstellungen handelt. Überdies können hier nur einige der entwicklungstheoretischen Ansätze analysiert werden, und zwar die Wachstumstheorie von Karl Marx sowie die wachstumstheoretischen Vorstellungen von Friedrich List und einiger Vertreter der deutschen historischen Schule und ihrer modernen Nachfolger. Darüber hinaus ist ein kurzer Blick auf den derzeitigen Stand der Entwicklungstheorie zu werfen.

### *1. Die marxistische Wachstumstheorie*

#### a) Fragestellung und Wachstumsprognose

Marx beschreibt die seines Erachtens gültigen historischen Entwicklungsgesetze der Menschheit, die zu einer stufenförmigen Entwicklung der Produktionsbedingungen durch die Phasen des primitiven Kommunismus, der Skalenwirtschaft, des Feudalsystems und des Kapitalismus geführt haben. Der Übergang von Stufe zu Stufe erfolgt durch einen revolutionären Prozeß, welcher durch die steigenden Widersprüche im jeweiligen System ausgelöst wird. Entscheidend für die Erklärung des Entwicklungsprozesses innerhalb jeder Stufe und von einer Stufe zur anderen ist die materialistische Geschichtsinterpretation, nach welcher die materiellen Produktivkräfte einer Gesellschaft deren ökonomische Struktur, d.h. die sog. Produktionsverhältnisse bzw. deren juristischen Niederschlag, die Eigentumsverhältnisse, determinieren. Über dieser realen Basis des sozialen Seins erhebt sich der geistige und politische Überbau, das Bewußtsein, das vom jeweiligen Sein bestimmt wird[55].

Da die technischen Produktionsbedingungen sich aber permanent wandeln, in der Stufe des Kapitalismus insbesondere ein sich steigernder Konzentrationsprozeß stattfindet, geraten die sich nicht anpassenden Eigentumsverhältnisse in immer stärkeren Widerspruch zu den materiellen Produktivkräften. Während die jeweiligen Eigentumsverhältnisse zunächst Voraussetzung bzw. durch den am Anfang einer Stufe stehenden revolutionären Akt sofort erfüllte Nebenbedingung für die Entwicklung der Stufe sind, werden sie später zum Hindernis für eine weitere Entwicklung. „Aus Entwicklungsformen der Produktivkräfte schlagen diese Verhältnisse in Fesseln derselben um. Es tritt dann eine Epoche sozialer Revolution ein“[56].

Marx' historische Entwicklungstheorie macht primär Aussagen über die Entwicklung von Produktions- und Eigentumsverhältnissen und nur indirekt Aussagen über das Wachstum des Sozialprodukts. Dennoch ist es zweifellos berechtigt, seine Theorie auch als Wachstumstheorie zu bezeichnen, da die Entwicklung der technischen Produktionsbedingungen als produktivitätssteigernder Akkumulationsprozeß beschrieben wird.

---

55 Vgl. K. Marx (1975 b) S. 838 f.
56 K. Marx (1975 b) S. 839.

**b) Wachstumstheorie und Wachstumsdeterminanten**

1. Um die für den Kapitalismus wesentlichen Wachstumsdeterminanten abzuleiten, sollen die für diese Stufe relevanten Beziehungen zwischen der Entwicklung der materiellen Produktivkräfte und den Produktions- und Eigentumsverhältnissen kurz angesprochen werden. Nach Marx setzt sich das Sozialprodukt zusammen aus dem konstanten Kapital, dem variablen Kapital und dem Mehrwert. Seine Höhe ist abhängig von der Höhe des Einsatzes an Arbeit, an Sachkapital sowie der Technik[57].

Die Definition des Standes der Technik bereitet Schwierigkeiten. In ihm drückt sich zunächst die jeweilige Entwicklungsstufe der materiellen Produktivkräfte aus. Sie bestimmt die Produktions- und Eigentumsverhältnisse, also die ökonomische Struktur der Gesellschaft einschließlich der Klassenstruktur. In einer weiten Interpretation könnte der Stand der Technik auch die Struktur der Gesellschaft umfassen[58]. Da insbesondere die Eigentumsverhältnisse aber in Widerspruch zu den materiellen Produktivkräften geraten, ist es zweckmäßiger, sie gesondert auszuweisen (im folgenden Symbol $V$ für die Verteilung und $O$ für die Wirtschaftsordnung). Das Symbol $O$ steht allerdings nicht allein für die Eigentumsordnung, sondern auch für das dieser Eigentumsordnung entsprechende marktwirtschaftliche Steuerungsprinzip. Es gilt also zunächst

$$P = P(A, K, T, V, O), \qquad (1.8)$$

wobei $A, K, T$ die materiellen Produktivkräfte und den Stand ihrer Entwicklung, $V, O$ die Verteilungs- und Eigentumsverhältnisse bzw. die Wirtschaftsordnung dokumentieren.

Der Beginn des kapitalistischen Systems ist nun durch den Übergang von der handwerklichen zur industriellen Produktionstechnik ($A, K, T$) gekennzeichnet, welche von der vollständigen Aneignung der Produktionsmittel durch die Bourgeoisie ($V, O$) begleitet wird. Beide Vorgänge schlagen sich nieder in der Errichtung der kapitalistischen Wirtschaftsordnung, der Sicherung des Privateigentums an den Produktionsmitteln und der marktwirtschaftlichen Steuerung durch den freien Wettbewerb ($O$).

Innerhalb dieses Systems sind die Kapitalisten zum Wettbewerb gezwungen[59], welcher angesichts des durch die Kapitalakkumulation bedingten Falls der Profitrate zum letztlich erfolglosen Kampf ums Überleben wird. Die Einführung verbesserter technischer Verfahren bringt einzelnen Kapitalisten lediglich kurzfristige Entlastung in Form eines temporären Vorsprungsgewinns (ei-

57 Vgl. I. Adelman (1961) S. 70. Vgl. auch hier die Darstellung bei B. Higgins (1959) S. 77 ff.

58 Diese Darstellung wählt I. Adelman (1961) S. 61 f.

59 „Was aber . . . als individuelle Manie erscheint, ist beim Kapitalisten Wirkung des gesellschaftlichen Mechanismus, worin er nur ein Triebrad ist". K. Marx (1975a) S. 704 f.

nen „relativen Mehrwert"), der aber verschwindet, sobald durch die Imitation seitens der Konkurrenten die gesellschaftlich notwendige Arbeitszeit abnimmt und Wert und Preis der Güter sinken[60].

2. Für die Entwicklung der materiellen Produktivkräfte ist die Rate der Kapitalakkumulation entscheidend. Von ihr hängt die Zahl der beschäftigten Arbeitskräfte ab, welche bei überschüssigem Arbeitsangebot (industrielle Reservearmee) allein von der Arbeitsnachfrage bestimmt wird[61]. Ferner erfolgt die Einführung technischer Verbesserungen durch Investitionen[62], wodurch die Kapitalintensität (organische Zusammensetzung des Kapitals $c/v$) und damit die Arbeitsproduktivität steigt.

Die Determinanten der Akkumulationsrate sind die Höhe des Mehrwerts sowie die Spar- und Akkumulationsneigung der Kapitalisten. Die Mehrwertmasse $G$ wächst mit steigender Arbeitsproduktivität, da durch sie die Ausbeutungsrate erhöht werden kann. Da die Arbeitsproduktivität ihrerseits vom Stand der Technik abhängt, damit durch Kapitalakkumulation gesteigert werden kann, steigt in einer wachsenden Wirtschaft der Mehrwert und damit die Möglichkeit zur Kapitalakkumulation kumulativ[63].

Die Spar- und Akkumulationsneigung der Kapitalisten ist aufgrund des systemimmanenten Zwangs zum Wettbewerb hoch. Zwar fällt bei steigender Akkumulation die Profitrate, doch wird dadurch der Akkumulationsprozeß nicht beeinträchtigt. Der Fall der Profitrate bewirkt im Gegenteil eine Verschärfung des Wettbewerbs und damit eine Steigerung der Akkumulation, die aus einer wachsenden Mehrwertmasse auch möglich ist[64].

3. Diesen kumulierenden Wachstumsimpulsen der Angebotsseite stehen jedoch die zu Beginn der kapitalistischen Epoche günstigen, nunmehr aber zur Fessel werdenden Verteilungs- und Eigentumsverhältnisse entgegen. Durch steigende Akkumulation, Konzentration und Zentralisation[65] wächst die indu-

---

60 Vgl. G.M. Meier; R.E. Baldwin (1957) S. 55 f.

61 Vgl. I. Adelman (1961) S. 72 ff. und S. 78.

62 Dabei geht Marx von den Bruttoinvestitionen aus. „Bald aber ergreift die ... technische Umgestaltung mehr oder minder alles alte Kapital, das seinen Reproduktionstermin erreicht hat und daher neu ersetzt wird". K. Marx (1975a) S. 756 f. Im folgenden soll jedoch vereinfachend die Akkumulationsrate, d.h. die Nettokapitalbildung diskutiert werden.

63 „Aber alle Methoden zur Steigerung der gesellschaftlichen Produktivkraft der Arbeit ... sind zugleich Methoden der gesteigerten Produktion des Mehrwerts oder Mehrprodukts ... zugleich Methoden der Produktion von Kapital durch Kapital oder Methoden seiner beschleunigten Akkumulation". K. Marx (1975a) S. 750. Vgl. auch I. Adelman (1961) S. 80.

64 Zuweilen werden bei der Marx-Interpretation auch eine aus der sinkenden Profitrate resultierende Verminderung der Akkumulationsrate und daraus erwachsende Stagnationstendenzen nicht ausgeschlossen. Vgl. G.M. Meier; R.E. Baldwin (1957) S. 54 und 56 sowie W. Hofmann (1966) S. 82.

65 „Die Konkurrenz ... endet stets mit Untergang vieler kleinerer Kapitalisten, deren Kapitale teils in die Hand des Siegers übergehen, teils untergehen". K. Marx (1957a) S. 753.

strielle Reservearmee, es steigt das Ausmaß der Verelendung, es kommt zu Absatzkrisen (Unterkonsumtionstheorie) und schließlich zur Revolution durch die „Empörung der ... geschulten, vereinten und organisierten Arbeiterklasse“[66]. Aus den Verteilungs- und Eigentumsverhältnissen resultieren also, durch den kapitalistischen Wettbewerb noch verschärft, ein Nachfragedefizit sowie eine auf Systemveränderung ausgerichtete Wirtschaftsgesinnung der Arbeiter.

Es mag nun nicht ganz eindeutig sein, ob mit dieser Einstellung der Arbeiter bzw. dem Verhaltensmuster der Kapitalisten, d.h. ihrer Sparneigung, ihrem Profitstreben[67], ihrem „psychological make-up“[68] und dem daraus resultierenden Wettbewerbsverhalten nicht möglicherweise doch Faktoren den Wachstumsprozeß beeinflussen, die nicht ausschließlich materiell bedingt sind[69]. Eine streng materialistische Interpretation könnte allein eine Wachstumsfunktion vom Typ

$$\dot{P} = \dot{P}\,(\dot{K}, K_0, A_0, T_0, V_0, O_0) \text{ bzw.} \tag{1.9}$$

$$\dot{P} = \dot{P}\,(K_0, A_0, T_0, V_0, O_0; t)$$

nahelegen, da sich das System bei Anlage bestimmter Ausgangsparameter nach Maßgabe eines Zeittrends deterministisch entwickelt. Will man dagegen die Frage, ob ein strenger Determinismus vorliegt, noch offenhalten, so empfiehlt es sich, auch das Wettbewerbsverhalten der Kapitalisten ($W$), die Wirtschaftseinstellung ($E$) sowie die Höhe der gesamtwirtschaftlichen Nachfrage ($N$) in die Funktion aufzunehmen[70].

## *2. Die Stufentheorien von Friedrich List und der historischen Schule*

### a) Der stufentheoretische Ansatz

Obwohl die Bedeutung der Stufentheorien Friedrich Lists und der historischen Schule für die Wachstumstheorie zuweilen als gering angesehen wird, sind drei Aspekte offensichtlich von Bedeutung[71].

Einmal beziehen sich die Stufentheorien (überwiegend) auf die wirtschaftliche Entwicklung von Nationalstaaten. Daraus folgt, daß eine wirtschaftspoli-

66 K. Marx S. 926 f.
67 Vgl. E. Görgens (1969) S. 62.
68 I. Adelman (1961) S. 80.
69 Die materialistische Geschichtsinterpretation „besagt ... nicht, daß ausschließlich ökonomische Momente das menschliche Verhalten bestimmen, sondern daß die ökonomischen Faktoren auf die übrigen Faktoren wirken und diese beeinflussen“. G. Stavenhagen (1964) S. 143.
70 Man denke an die periodisch auftretenden Entwertungen des konstanten Kapitals und die mit ihnen verbundenen Konjunkturschwankungen.
71 Vgl. B.F. Hoselitz (1960b) S. 234. Zur kritischen Würdigung der Stufentheorien vgl. auch H. Giersch (1956) S. 61 ff.

tische Zielsetzung, welche dem wirtschaftlichen Wachstum eine Priorität einräumt, ausdrücklich anerkannt wird. Materielle Prosperität und politische Macht der Nation sind nach List die Zielsetzungen, auf die das wirtschaftspolitische Handeln ausgerichtet sein muß[72], wobei die Prosperität der Nation allerdings nicht Selbst- oder Endzweck sein kann. Vielmehr ist es die „geistige und körperliche Wohlfahrt der Individuen", welche durch „Einigung der individuellen Kräfte"[73] gesteigert wird. Insoweit besteht Verwandtschaft zum individuellen Wohlfahrtskonzept der klassischen Lehre, wenn auch ein Akzent anders gesetzt wird: „die Kraft, Reichtümer zu schaffen ist ... wichtiger als der Reichtum selbst"[74].

Damit ist der zweite Aspekt angesprochen. Als Kriterien zur Kennzeichnung der einzelnen Stufen dienen in hohem Maße qualitative sowie außerwirtschaftliche Faktoren[75], welche als Wachstumsvoraussetzungen interpretierbar sind.

Der dritte Aspekt sei nur kurz angedeutet. Im Gegensatz zur merkantilistischen, physiokratischen und klassischen Lehre und unter dem Einfluß der Grenznutzenschule wird der Wohlstandsbegriff nicht mehr ausschließlich materiell definiert. Neben das Problem der Gütererzeugung tritt das ihrer Verteilung. Schließlich wird die Möglichkeit einer wissenschaftlichen Klärung des Wohlstandsbegriffs verneint, da es keine objektiven Kriterien für die Erfassung des Wohlstandsniveaus gebe[76].

#### b) Die Wachstumsdeterminanten

Die Stufentheorien bleiben der klassischen Lehre trotz aller Kritik insoweit verbunden, als sie die Bedeutung der quantitativen Produktionsfaktoren Arbeit, Boden und Kapital nicht in Zweifel ziehen. List beruft sich ausdrücklich auf A. Smith' Hervorhebung der Arbeit als Quelle des Reichtums, moniert jedoch, daß dieser allein dem Phänomen der Teilung der Arbeit Aufmerksamkeit geschenkt und den Gedanken ihrer qualitativen Verbesserung, obwohl angedeutet, nicht weiter verfolgt habe[77]. Hinsichtlich des Faktors Kapital bemerkt List, daß ausdrücklich zwischen materiellem und geistigem Kapital unterschieden werden müsse[78].

---

72 Vgl. F. List (1841) S. 152.
73 F. List S. 38 (im Original z.T. kursiv).
74 F. List S. 144 (im Original z.T. kursiv).
75 Vgl. G. Stavenhagen (1964) S. 191.
76 Vgl. dazu die Diskussion über den Wohlstands- und Produktivitätsbegriff auf der Tagung des Vereins für Socialpolitik im Jahre 1909 zwischen Sombart, Philippovich und M. Weber, vgl. G. Stavenhagen (1964) S. 369 ff.
77 Vgl. F. List (1841) S. 144 ff.
78 Vgl. F. List S. 212.

Auch für List bilden die Steigerung des Kapitaleinsatzes, die Realisierung von technischem Fortschritt, die Schaffung einer wachstumsbegünstigenden Angebotsstruktur („Harmonie der produktiven Kräfte")[79] sowie Überwindung nachfragebedingter Expansionshindernisse durch Vergrößerung der Märkte, die ökonomischen Wachstumsvoraussetzungen der Volkswirtschaft. Für eine Übergangsphase fordert er die Einführung von Schutzzöllen, um speziell reifen Agrarstaaten die Chance zur Entwicklung ihrer produktiven Kräfte zu eröffnen. Zwar erfordere dies ein „temporäres Opfer an Werten", doch werde dieses Opfer durch „die Erwerbung einer Produktivkraft vergütet", die der Nation für die Zukunft eine größere Gütermenge und wirtschaftliche Unabhängigkeit sichere[80].

List fragt darüber hinaus nach den „tiefer liegenden Ursachen"[81] der Produktivkraft der Arbeit. Seine Antwort ist eindeutig: „Was kann es anders sein als der Geist, der die Individuen belebt, als die gesellschaftliche Ordnung, welche ihre Tätigkeit befruchtet . . ."[82]. Zunächst kommt besondere Bedeutung der Entwicklung des geistigen Kapitals zu. Das geistige Kapital ist die „Folge der Anhäufungen aller Entdeckungen, Erfindungen, Verbesserungen, Vervollkommnungen und Anstrengungen aller Generationen, die vor uns gelebt haben"[83]. Von seiner Höhe wird auch die ökonomische Motivation der Wirtschaftssubjekte einschließlich ihrer Spar- und Investitionsbereitschaft beeinflußt. „In allen diesen Beziehungen hängt jedoch das meiste von den Zuständen der Gesellschaft ab", wozu die „Sicherheit der Person und des Eigentums, Freiheit und Recht"[84] gehören. List bekennt sich also zur marktwirtschaftlichen Ordnung und – zumindest für die Binnenwirtschaft – zur Institution des freien Wettbewerbs[85].

Damit deutet List Interdependenzen zwischen ökonomischen Aktivitäten, geistigem Potential, Motivation und ordnungspolitischen Voraussetzungen an, die auch von den Autoren der historischen Schule immer wieder hervorgehoben werden[86], wobei diese vor allem den sozioökonomischen und institutionellen Voraussetzungen der wirtschaftlichen Entwicklung Aufmerksamkeit schenken[87]. Nach K. Bücher bewirkte das Entstehen neuer politischer Institutionen den Übergang von der Haus- zur Stadtwirtschaft und weiter zur Nationalwirtschaft[88]. Die Vertreter der „jüngsten historischen Schule"[89], M. Weber und

79 F. List (1841) S. 164 (im Original kursiv).
80 F. List S. 153 (im Original z.T. kursiv).
81 F. List S. 145.
82 F. List S. 146.
83 F. List S. 149.
84 F. List S. 146.
85 Vgl. F. List u.a. S. 173.
86 Vgl. G. Stavenhagen (1964) S. 195 f.
87 Vgl. B.F. Hoselitz (1960b) S. 230.
88 Vgl. B.F. Hoselitz S. 212 f.
89 So die Einordnung von J.A. Schumpeter (1965) S. 996.

W. Sombart, betonen Motivation und geistiges Potential als Voraussetzungen der wirtschaftlichen Entwicklung. Nach Weber führte die religiöse Revolution des Protestantismus zur Entwicklung eines kapitalistischen Geistes[90], nach Sombart ist die „Wirtschaftsgesinnung" eines der konstitutiven Elemente jeden Wirtschaftslebens[91], wobei die kapitalistische Wirtschaft durch das Entstehen eines „aus Unternehmungsgeist und Bürgergeist" erwachsenen kapitalistischen Geistes geschaffen worden ist[92]. Dazu gehört die Bejahung des Konkurrenzprinzips, auch wenn sich Sombart hinsichtlich der Bedeutung des Wettbewerbs für die wirtschaftliche Entwicklung eher zurückhaltend äußert[93]. Grundsätzlich schafft seiner Ansicht nach aber der Staat durch die Ausgestaltung seiner Gewerbe- und Handelspolitik, seiner Münz- und Währungspolitik usw. die Vorbedingungen zur Förderung der wirtschaftlichen Entwicklung[94].

### *3. Die jüngeren Entwicklungstheorien*

Unter dem gemeinsamen Anliegen, in einer sehr langfristigen Perspektive die wirtschaftliche Entwicklung der Volkswirtschaften, die sich unter einem permanenten quantitativen wie qualitativen Wandel von Strukturen, Institutionen und Verhaltensweisen vollzieht, zu erforschen, präsentiert sich die jüngere Entwicklungstheorie in mehreren Ausprägungen. Einmal unterscheiden sich die einzelnen Ansätze durch ihr Erkenntnisobjekt. So konzentrieren sie sich teilweise ganz auf das Wachstum von Entwicklungsländern, teilweise mehr auf das der Industrienationen, teilweise sind sie allgemeingültig konzipiert. Zweitens unterscheiden sich die Ansätze dadurch, welche Wachstumsdeterminanten sie betonen. Während die einen den ökonomischen Wandel einschließlich des Wandels der ökonomischen Strukturen hervorheben, stellen andere den sozialen Wandel in den Vordergrund. Eine dritte Gruppe versucht schließlich, beide Aspekte zu verbinden.

#### a) Take-off-Determinanten für Entwicklungsländer

Einzelne Ausprägungen der Entwicklungstheorie lassen sich direkt als Weiterführung stufentheoretischer Konzeptionen interpretieren. Da die Mehrzahl der Stufentheorien in ihrer ursprünglich konzipierten Form weniger zur Erklärung des Wachstums in bereits entwickelten Volkswirtschaften erstellt worden war, sie ihre Hauptaufgabe vielmehr darin gesehen hatten, die Ursachen und Bedingungen für den Wandel vom Agrar- zum Industriestaat zu analysieren,

90 Vgl. J.A. Schumpeter (1965) S. 996 f., FN 26.
91 W. Sombart (1928), Erster Band, S. 13 sowie Zweiter Band S. 23 ff.
92 W. Sombart Erster Band, S. 329 (im Original gesperrt).
93 Vgl. W. Sombart Dritter Band, S. 558.
94 Vgl. W. Sombart Erster Band, S. 339 ff.

bilden sie den Ausgangspunkt für die Erforschung der Möglichkeiten eines wirtschaftlichen Aufstiegs der Entwicklungsländer[95]. Moderne Entwicklungstheoretiker, die zum Teil ebenfalls Stufentheorien aufgestellt haben[96], versuchen, die Liste der Voraussetzungen für den wirtschaftlichen take-off der Entwicklungsländer zu komplettieren und die Modalitäten des Industrialisierungsprozesses zu erforschen. Dabei haben sie sich die Erkenntnis der Stufentheoretiker zu eigen gemacht, daß wirtschaftliches Wachstum in diesen Landern nicht allein durch Vermehrung der quantitativen Einsatzfaktoren, wobei angesichts des Arbeitskräfteüberangebots ohnehin nur eine Kapitalintensivierung sinnvoll wäre, sowie durch Verbesserungen der Technik induziert werden kann, sondern daß es eines Wandels ökonomischer Strukturen sowie eines tiefgreifenden kulturellen und sozialen Wandels bedarf, um Wachstumsimpulse auszulösen und wirksam werden zu lassen[97]. Es hat sich offensichtlich die Erkenntnis durchgesetzt, daß sowohl sozialer und kultureller Wandel als auch der Wandel ökonomischer Strukturen als gleichrangige Voraussetzungen für die wirtschaftliche Entwicklung anerkannt werden müssen[98], wobei aus dem Vorauseilen bzw. Nachhinken des kulturellen, sozialen oder ökonomischen Bereichs gravierende Disparitäten und Wachstumshindernisse u.U. aber auch Wachstumsimpulse resultieren können[99].

Diese Erkenntnis schließt allerdings nicht aus, daß einzelne Autoren eher den ökonomischen Wandel betonen, so etwa die Anhänger der als alternative Wachstumsstrategien stark diskutierten Konzepte des balanced und des unbalanced growth[100]. Während balanced growth ein Gesamtkonzept aufeinander abgestimmter Investitionen impliziert, die nach Maßgabe einer ex ante festgelegten, gewünschten Produktionsstruktur gleichzeitig realisiert werden sollen (big push)[101], vertreten die Anhänger des unbalanced growth die Auffassung, daß es in jedem Land beim jeweiligen Entwicklungsstand Engpässe gebe, die es vorrangig zu überwinden gelte. Der Entwicklungsprozeß entzünde

---

95 Vgl. G. Bombachs Aussage, daß die Theorie der Entwicklungsländer von einem Autor wie F. List auch heute noch mehr profitieren könnte als von hochaggregierten Wachstumsmodellen. G. Bombach (1965) S. 765.

96 So etwa W.W. Rostow (1960)

97 Wobei praktische Mißerfolge mit einer ausschließlich auf Kapitalintensivierung ausgerichteten Politik allerdings mitgeholfen haben.

98 Vgl. etwa W.A. Lewis (1956) S. 12 ff.

99 Woraus sich z.B. sog. "cultural leads" bzw. "cultural lags" ergeben. Vgl. E. Tuchtfeldt (1975) S. 207 f.

100 Hauptvertreter der Strategie des balanced growth sind P.N. Rosenstein-Rodan, R. Nurkse, T. Scitovsky und bedingt auch W.A. Lewis. Vgl. A.O. Hischman (1958) S. 50 f., während neben Hirschman auch P. Streeten das Konzept des unbalanced growth vertritt. Zur weiteren Übersicht über die Diskussion vgl. E. Tuchtfeldt (1975) S. 210 ff., sowie H. Besters (1966a) S. 281 ff.

101 Vgl. H. Besters (1966a) S. 283 f.

sich an jenen „nützlichen Unausgewogenheiten ... der Produktionsstruktur, die ... als Anreiz- und Druckmittel für die private oder öffentliche Unternehmerinitiative wirken"[102] und die sich im Prozeßverlauf einerseits abbauen, die andererseits aber immer wieder neu auftreten.

In beiden Konzepten bilden demzufolge die Investitionstätigkeit sowie der Wandel ökonomischer Strukturen den entscheidenden Wachstumsimpuls. Demgegenüber richten andere Autoren ihr Augenmerk eher auf den sozialen Wandel[103]. Eine Vereinigung beider Aspekte erfolgt in dem Konzept des sog. community development, das als weitere, wenn auch weniger spektakuläre Wachstumsstrategie diskutiert wird[104].

#### b) Wachstumsdeterminanten für entwickelte Länder

Die Theorie der wirtschaftlichen Entwicklung ist jedoch nicht auf Entwicklungsländer beschränkt. Bei ihrer Suche nach den Ursachen des ökonomischen Wandels waren die Stufentheoretiker auf eine Reihe von Faktoren gestoßen, die auch für die Erklärung des Wachstums von entwickelten Volkswirtschaften relevant sind. Zuweilen nicht einmal als Teilgebiet der Wachstumstheorie anerkannt, sondern neben Theorie und historisch-deskriptiver Betrachtung des Wachtstums als dritte Variante der Wachstumsforschung apostrophiert, erscheint die statistisch-empirische Analyse des Entwicklungsprozesses. Autoren wie W.G. Hoffmann, S.S. Kuznets, R. Goldsmith, F. Perroux und andere untersuchen Richtung und Intensität der die Entwicklung des Kapitalismus begleitenden Strukturverschiebungen, wobei sie durchaus „bereits wachstumstheoretische Fundamentalzusammenhänge aufgezeigt haben"[105]. Diese Forschungsrichtung gipfelt schließlich in der Aufstellung von Hypothesen über den Ablauf gegenwärtiger und zukünftiger wachstumsbedingter und wachstumsbedingender Strukturverschiebungen in den Industrieländern durch A.G.B. Fisher, C. Clark, J. Fourastié und M. Wolfe[106]. Diesen Ansätzen soll im zweiten Teil dieser Ar-

102 H. Besters (1966a) S. 284 f.

103 Zur Theorie des sozialen Wandels vgl. u.a. das Sammelwerk von W. Zapf (Hrsg.), Theorien des sozialen Wandels, 2. Aufl., Köln-Berlin 1970. Einen Überblick über die von E. Durkheim, R.K. Merton, R. Dubin und T. Parsons entwickelte Theorie der sozialen Abweichung liefert M.B. Clinard (1964) S. 1 ff. Zum Werk von B.F. Hoselitz vgl. die beiden Aufsatzsammlungen „Sociological Aspects of Economic Growth" New York-London 1960 und „Wirtschaftliches Wachstum und Sozialer Wandel", Berlin 1969. Zur Charakterisierung der kreativen und innovatorischen Persönlichkeit und ihrem Einfluß auf das Wachstum vgl. vor allem E.E. Hagen (1962).

104 Vgl. E. Tuchtfeldt (1975) S. 214 f. Von diesen drei evolutionären Strategien werden dann noch revolutionäre Strategien unterschieden. Vgl. E. Tuchtfeldt (1975) S. 216 ff.

105 G. Bombach (1965) S. 764. Zur Darstellung der Wachstumspolkonzepte vgl. I. Schilling-Kaletsch (1976).

106 Zur Verwandtschaft der Sektoreneinteilungen von Fisher und Clark mit den stufentheoretischen Vorstellungen von F. List vgl. B.F. Hoselitz (1960b) S. 202 ff.

beit, der den Determinanten des Strukturwandels gewidmet ist, nachgegangen werden.

Während die genannten Autoren die mit wirtschaftlichem Wachstum einhergehenden Strukturwandlungsprozesse analysieren, heben andere die Bedeutung sozioökonomischer und geistiger Voraussetzungen hervor[107]. Insbesondere die Person des dynamischen, kapitalistischen Unternehmers ist von J.A. Schumpeter zum zentralen Wachstumsmotor deklariert und von F. Redlich umfassend beschrieben worden[108]. Motivation und Leistungsstreben der wirtschaftlichen Führungspersonen als Wachstumsstimulator wird von D.C. McClelland untersucht und unter anderem von P.S. Florence zur Erklärung unterschiedlicher Entwicklungsprozesse verwendet[109]. Neben dem Bevölkerungswachstum und dem technischen Fortschritt als den wachstumsauslösenden Prozeßimpulsen beschreibt S. Klatt die Bedeutung gesellschaftlicher und kultureller Faktoren als sog. Prozeßregler, welche den Industrialisierungsprozeß hemmen oder fördern[110]. Mit der Verknüpfung von Unternehmertypen und Marktentwicklungsphasen verbindet auch E. Heuß sozioökonomische und ökonomische Aspekte und schlägt überdies eine Brücke zwischen Wachstums- und Wettbewerbstheorie[111]. Auch auf diese Beiträge ist im folgenden noch zurückzukommen.

### c) Allgemeine Entwicklungs- und Wachstumsdeterminanten

Eine das Wachstum von vorindustriellen Volkswirtschaften und modernen Industriewirtschaften gleichermaßen umfassende und außerdem sowohl den sozialen Wandel als auch den ökonomischen Wandel umfassende Wachstums- und Entwicklungstheorie liefern W.A. Lewis und W.W. Rostow. Nach Lewis hängt das Wachstum einer Volkswirtschaft von ihren natürlichen Ressourcen sowie vom menschlichen Verhalten ab, wobei ihn vor allem der Einfluß des Verhaltens interessiert, da auch zwischen Volkswirtschaften mit ähnlichem Potential an Ressourcen erhebliche Wachstumsunterschiede auftreten. Ein für wirtschaftliches Wachstum günstiges Verhalten dokumentiert sich in einem hohen Willen zu wirtschaftlicher Leistung, steigendem Wissensniveau und steigendem Kapitaleinsatz pro Kopf[112], drei Komponenten, die nur für analytische Zwecke getrennt werden, da sie sich ergänzen und wechselseitig beeinflussen[113]. Die Ursachen für unterschiedliche Verhaltensmuster sieht Lewis in den

107 Vgl. auch hier B.F. Hoselitz (1967) S. 122 ff. sowie E.E. Hagen (1962) S. 86 ff.
108 Vgl. J.A. Schumpeter (1965) S. 110 ff. und F. Redlich (1964).
109 Vgl. D.C. McClelland (1966), P.S. Florence (1953).
110 Vgl. S. Klatt (1959b) S. 62 ff.
111 Vgl. E. Heuß (1965).
112 Lewis legt allerdings weniger Gewicht auf den Wandel der Wirtschaftsstruktur, sondern erwähnt sie nur sporadisch. Vgl. z.B. W.A. Lewis (1965) S. 227 ff.
113 Vgl. W.A. Lewis S. 3 f.

jeweiligen institutionellen Gegebenheiten sowie in den Glaubenssätzen einer Gesellschaft, wobei wiederum Rückkopplungen etwa mit dem Leistungswillen auftreten[114].

Während Lewis den Gedanken einer stufenförmigen Entwicklung der Volkswirtschaften ausdrücklich zurückweist[115], nimmt Rostow diese Vorstellung wieder auf und beschreibt das wirtschaftliche Wachstum von der vorindustriellen Phase der traditionellen Gesellschaft bis „jenseits des Konsumzeitalters" als Abfolge von Wachstumsstadien. Von einem Stadium zum anderen erlangen jeweils andere Wachstumsdeterminanten zentrale Bedeutung. Beim Übergang von der traditionellen Gesellschaft zum zweiten, die Voraussetzungen für den take-off schaffenden Stadium dominiert die Änderung der sozialen und politischen Struktur sowie die Veränderung der Wirtschaftsgesinnung. Diese Faktoren lösen den sich anschließenden ökonomischen Strukturwandel erst aus[116]. Die dritte Phase des wirtschaftlichen Aufstiegs wird durch einen tiefgreifenden technologischen Wandel eingeleitet und von kumulativ ansteigender Spar- und Investitionstätigkeit begleitet. Ein rascher Wandel der sozialen, politischen und ökonomischen Struktur ist die Folge[117]. Das vierte Stadium, die Entwicklung zur Reife, ist durch die Verbreitung des technischen Wissens und starke Differenzierung der Wachstumsintensität in den einzelnen Branchen, die einen weiteren Wandel der ökonomischen Struktur impliziert, gekennzeichnet[118]. In diesem Stadium eröffnen sich den Volkswirtschaften drei Möglichkeiten der Schwerpunktbildung. Entweder kann die erreichte Reife in politische Macht umgesetzt oder zur Errichtung eines Wohlfahrtstaates genutzt werden oder aber sie ermöglicht den Übergang zum Massenkonsum[119]. Nun schließen sich die drei Varianten nicht gegenseitig aus. Eine mehr oder weniger starke Tendenz zu einem Stadium des Massenkonsums ist in den USA und in vielen Ländern Westeuropas zu beobachten. Dieses fünfte Stadium wird wiederum durch Änderungen der Wirtschaftsgesinnung ausgelöst. Eine qualifiziertere Arbeitnehmerschaft hat sich organisiert, an die Stelle des Eigentümerunternehmers ist der Manager getreten und das Ziel einer weiteren Ausdehnung der Technik und einer weiteren Industrialisierung tritt zurück gegenüber der Bereitschaft, mehr Mittel für die soziale Sicherheit einzusetzen[120]. Die Aufmerksamkeit der Gesellschaft richtet sich weniger auf die Probleme der Produktion, sondern mehr auf die des Konsums und der Wohlfahrt, sie geht über vom Angebot auf die Nachfrage[121]. Diese Verlagerung impliziert einen Wandel der öko-

---

114 Vgl. W.A. Lewis (1965) S. 4 und S. 56.
115 Vgl. W.A. Lewis S. 11.
116 Vgl. W.W. Rostow (1960) S. 19 ff. und S. 33 ff.
117 Vgl. W.W. Rostow S. 22 ff und S. 54 ff.
118 Vgl. W.W. Rostow S. 24 f. und S. 78 ff.
119 Vgl. W.W. Rostow S. 94 f.
120 Vgl. W.W. Rostow S. 91 f.
121 Vgl. W.W. Rostow S. 94.

nomischen Struktur zugunsten der Produktion langlebiger Konsumgüter und zugunsten des Dienstleistungssektors.

Die Veränderung der sozialen und politischen Struktur, der technische Fortschritt sowie Wandlungen in der Wirtschaftsgesinnung sind nach Rostow die bislang durchschlagenden Wachstumsdeterminanten. Auch auf den weiteren Verlauf des Wachstumsprozesses wird seiner Ansicht nach die Wirtschaftsgesinnung einen entscheidenden Einfluß ausüben. Es sei nicht auszuschließen und deute sich zum Teil schon an, daß aufgrund einer veränderten Einstellung zum Wirtschaften die Nachfrage nach langlebigen Konsumgütern nur noch unterproportional ansteigt und außerökonomische Werte in den Vordergrund rücken, so daß einmal von einer sechsten Phase „jenseits des Konsumzeitalters" gesprochen werden könne[122].

## III. Makroökonomische Theorien des gleichgewichtigen Wachstums: die sogenannte ‚moderne' Wachstumstheorie

Zuweilen wird der Beginn der Wachstumstheorie schlechthin, zumindest aber der der ‚modernen' Wachstumstheorie auf das Erscheinungsjahr von R. Harrods Artikel[123], also 1939, datiert. Inzwischen wird festgestellt, daß die Theorie seitdem in drei historisch aufeinanderfolgende Hauptrichtungen eingeteilt werden könne, nämlich eine postkeynesianische, eine neoklassische und eine neokeynesianische bzw. neoricardianische Linie[124]. Insoweit scheint der Begriff ‚moderne Wachstumstheorie' durch historisch-zeitliche Einordnung belegt.

Hier soll aber weniger die chronologische Entwicklung interessieren als vielmehr der methodische Ansatz sowie die Fragestellung der Autoren. Die Gemeinsamkeit der postkeynesianischen, neoklassischen und in gewisser Hinsicht auch der neokeynesianischen Richtung liegt einmal in der eindeutig makroökonomischen Orientierung. Untersucht wird vorrangig die Entwicklung einiger zentraler makroökonomischer Größen wie der gesamtwirtschaftlichen Nachfrage, des gesamtwirtschaftlichen Angebots bzw. Outputs und aggregierter Inputgrößen wie Arbeit, Kapital und Stand der Technik. Diese Betrachtungsweise entspringt dem Anliegen, aus Vereinfachungsgründen zunächst nur globale, quantitative Größen in die Untersuchung einzubeziehen und die Analyse des Einflusses qualitativer Determinanten zurückzustellen[125]. Auch die qualitative Komponente Technik erscheint in der neoklassischen Theorie zunächst nur als quantitative Restgröße. Eine weitere, wenn auch nicht so eindeutige und unumstrittene Gemeinsamkeit liegt in der Fragestellung der Theoretiker. Im Mittel-

122 Vgl. W.W. Rostow (1960) S. 27 f. und S. 112 ff.
123 Vgl. R.F. Harrod (1939) S. 14 ff., vgl. auch H. König (1968) S. 18.
124 Vgl. G. Schmitt-Rink (1976) S. 370 ff. und S. 420 ff. sowie ders. (1975) S. V f.
125 Vgl. E.D. Domar (1952) S. 481.

punkt des postkeynesianischen, aber auch im neoklassischen Ansatz angesprochen, steht die Frage nach der Stabilität des Wachstums. Zwar wird auch das Problem seiner Existenz keineswegs ignoriert, die Frage nach den Bedingungen eines gleichgewichtigen Wachstums erscheint aber ungleich wichtiger.

Anhand der genannten Kriterien (makroökonomischer Ansatz, quantitative Analyse und Priorität der Stabilitätsfrage) scheint es sinnvoll, hier lediglich die postkeynesianische Theorie und die Anfänge der neoklassischen Wachstumstheorie einzuordnen. Die Weiterentwicklung der postkeynesianischen Theorie (neokeynesianische Theorie) sowie die jüngsten Ausprägungen der neoklassischen Theorie sind demgegenüber durch Disaggregationsversuche, durch Versuche des Einbaus sozioökonomischer Faktoren wie etwa der Verteilungsabhängigkeit der Spar- und Investitionsquote, insbesondere aber durch Versuche, die Restgröße technischer Fortschritt aufzuspalten und seinen Ursachen in einer wieder mehr mikroökonomisch orientierten Analyse nachzuspüren, gekennzeichnet. Da vor allem den Versuchen der Komponentenzerlegung des technischen Fortschritts (wobei auch sozioökonomische Komponenten zutage treten) höchste Bedeutung zukommt, sollen sie zunächst noch ausgeklammert und als jüngste Entwicklung der Wachstumsforschung im nächsten Abschnitt diskutiert werden.

### *1. Die postkeynesianische Wachstumstheorie*

#### a) Die Erfordernisse gleichgewichtigen Wachstums

Nachdem die Klassiker die Möglichkeit eines dauerhaften Wachstums in Frage gestellt und einzelne Neoklassiker das Auftreten erheblicher Wachstumsschwankungen mit Überbeanspruchung bzw. Unterauslastung der Kapazitäten konstatiert haben[126], aus denen sich Wachstumsverluste ergeben, gelingt es Harrod und Domar, die Bedingungen für ein schwankungsfreies, gleichgewichtiges Wachstum aufzuzeigen[127].

Aus der Bedingung, daß Einkommenssteigerung ($\dot{Y} = dY/dt$) und Kapazitätswachstum ($\dot{P} = dP/dt$), d.h. Nachfrage- und Angebotssteigerung, identisch sein müssen, leitet Domar die gleichgewichtige Wachstumsrate der Investitionen ab:

$$\text{(1.10)} \qquad \dot{I}/I = s/v,$$

wobei $s$ die Spar- bzw. Investitionsquote und $v$ den Kapitalkoeffizienten darstellt[128]. Aus der Bedingung der Gleichheit von freiwilliger Ersparnis ($S$) und

126 Zur neoklassischen Konjunkturtheorie vgl. insb. den Beitrag von K. Wicksell (1898) S. 73 ff.

127 Vgl. auch N. Blattner (1976a) S. 314 ff.

128 Vgl. E.D. Domar (1946) S. 137 ff.

geplanter Investition (*I*) entwickelt Harrod die gleichgewichtige Wachstumsrate des Einkommens

$$(1.11) \qquad \dot{Y}/Y = s/r,$$

wobei *r* den Akzelerator darstellt[129]. Wegen der genannten Bedingungen und der weiteren Prämissen einer konstanten Sparquote und eines konstanten Kapitalkoeffizienten ergibt sich die formale Übereinstimmung beider Konzepte sowie die Gleichheit der Wachstumsraten aller makroökonomischen Aggregate in der Zeit

$$(1.12) \qquad \dot{I}/I = \dot{S}/S = \dot{Y}/Y = \dot{P}/P = \dot{K}/K = s/v = s/r$$ [130]

Störungsfreies Wachstum ist demnach möglich, wenn die Wachstumsraten aller Variablen im Zeitablauf konstant sind.

Die Formeln enthalten die Bedingungen für gleichgewichtiges Wachstum. Eine Interpretation in der Weise, daß eine Erhöhung der Investitionsquote bzw. Senkung des Kapitalkoeffizienten jeweils proportionale Steigerungen der Wachstumsrate induzieren, ist „entweder tautologisch oder unzulässig“[131], da eine Gleichgewichtsbedingung Aussagen über die Realität weder enthält noch beabsichtigt[132]. Die Problematik derartiger Interpretationen wird auch daraus deutlich, daß Abweichungen vom Gleichgewicht nicht etwa zu neuen Gleichgewichtsraten, sondern zu ungleichgewichtigen kumulativen Prozessen führen und konjunkturelle Instabilität begründen. Gleichgewichtiges Wachstum ist zwar möglich, aber unwahrscheinlich (Messerschneidentheorem). Ferner ist die unterstellte Konstanz des Kapitalkoeffizienten allenfalls ein langfristiges Phänomen. Kurzfristig kann kaum angenommen werden, daß Steigerungen der Investitionsquote den Kapitalkoeffizienten nicht tangieren[133].

Harrods Ansatz zeigt darüber hinaus die Bedingung für ein gesamtwirtschaftliches Gleichgewicht auf, das auch ein Gleichgewicht auf dem Arbeitsmarkt impliziert. Es liegt vor, wenn die durch $s/v$ gekennzeichnete Wachstumsrate von Investition, Ersparnis, Sozialprodukt und Kapitalstock auch mit der Wachstumsrate des Arbeitsangebots übereinstimmt[134]. Die Berücksichtigung der Wachstumsrate des Arbeitsangebots, die gemeinsam mit der Rate des techni-

---

129 Vgl. R.F. Harrod (1939) sowie ders. (1949) S. 97 ff.

130 $\dot{I}/I = \dot{S}/S$ wegen $I = S$, $\dot{S}/S = \dot{Y}/Y$ wegen $s = S/Y =$ const., $\dot{Y}/Y = \dot{P}/P$ wegen $\dot{Y} = \dot{P}$, $\dot{P}/P = \dot{K}/K$ wegen $v = K/P =$ const. und $s/v = s/r$ wegen $\dot{P} = \dot{Y}$. Vgl. K. Rose (1971) S. 27 f. und S. 42.

131 H. Walter (1967) S. 230. Tautologisch insoweit, als (1.12) auch durch rein tautologische Erweiterung hergeleitet werden kann, z.B. $s/v = S/Y : K/Y = S/K = I/K = \dot{K}/K$.

132 Vgl. auch die Darstellung von K. Rose (1956) S. 327 ff. sowie ders. (1962) S. 202.

133 Vgl. H. Walter (1967) S. 223 sowie E. Dürr (1970) S. 2.

134 Vgl. K. Rose (1971) S. 54 ff.

schen Fortschritts die natürlichen Wachstumsbedingungen einer Volkswirtschaft umreißt[135], bewirkt jedoch nicht nur das Entstehen eines neuen – säkularen – Stabilitätsproblems, sondern ermöglicht Aussagen über den langfristigen Wachstumsspielraum einer Volkswirtschaft. Die natürliche Wachstumsrate $G_n$ determiniert nach Harrod jenen maximalen Gleichgewichtspfad, der auch durch eine Steigerung der Investitionsquote auf die Dauer nicht überschritten werden kann[136]. Aber auch bezüglich $G_n$ entwickelt Harrod eine Gleichgewichtsvorstellung. Das natürliche Wachstum wird determiniert durch einen Strom von Erfindungen, der bei konstantem Zins den Kapitalkoeffizienten nicht tangiert[137] und einen Wachstumsverlauf impliziert, der durch identische Steigerungsraten von Arbeitsproduktivität und Kapitalintensität bei konstanten Verteilungsquoten gekennzeichnet ist (neutraler technischer Fortschritt). Harrods Darstellung jenes komplizierten Prozesses eines natürlichen Wachstums beinhaltet daher genaugenommen „die Formulierung der logischen Bedingungskonstellationen eines fiktiven Ablaufs von Gleichgewichtszuständen"[138], auch wenn Harrod möglicherweise der Ansicht ist, mit diesem Ablauf die sog. stylized facts der wirtschaftlichen Entwicklung grob zu skizzieren[139].

#### b) Ansatzpunkte zur Formulierung einer explikativen Wachstumstheorie

Die Theorien von Harrod und Domar zeigen demnach keine Determinanten des wirtschaftlichen Wachstums und deren Einfluß auf die Entwicklung des Sozialprodukts, sondern allein die Bedingungen für gleichgewichtiges Wachstum auf[140]. Ihre Wachstumstheorie ist insoweit Bedingungstheorie[141]. Folglich liefern sie zunächst auch keine Ansatzpunkte für wachstumsbeeinflussende wirtschaftspolitische Maßnahmen, wobei Harrod das spätere neoklassische Ergebnis, daß wirtschaftliches Wachstum über die durch Bevölkerungswachstum und technischen Fortschritt vorgegebenen Grenzen hinaus auf die Dauer nicht möglich ist, vorwegnimmt.

Allerdings steht nichts dem Versuch entgegen, die im Rahmen dieses Theorieansatzes formulierten Bedingungs- bzw. Definitionsgleichungen in Funktionsgleichungen umzuwandeln[142]. So könnte zum Beispiel die Hypothese aufgestellt werden, daß das Wachstum im Rahmen der durch $G_n$ fixierten Grenzen mittels Erhöhung der Investitionsquote bzw. Senkung des Kapitalkoeffizienten gesteigert werden kann. Darüber hinaus wären die Determinanten der Investi-

135 Die natürliche Wachstumsrate ist exogen bestimmt. Vgl. R.F. Harrod (1960) S. 277 ff.
136 Vgl. R.F. Harrod (1949) S. 109.
137 Vgl. F.R. Harrod S. 34 f.
138 H. Walter (1967) S. 226.
139 Vgl. H. Walter S. 225.
140 Vgl. auch W. Weber (1970) S. 159.
141 Vgl. K. Rose (1971) S. 33.
142 Vgl. E. Dürr (1970) S. 2 f.

tionsquote und des Kapitalkoeffizienten aufzuzeigen sowie die Interdependenzen zwischen beiden zu analysieren[143]. Als Determinanten dieser Größen kämen dann beispielsweise die Geschwindigkeit des volkswirtschaftlichen Strukturwandels oder die Intensität des Wettbewerbs in Frage[144]. Alle derart gewonnenen Hypothesen sind einer empirischen Überprüfung prinzipiell zugänglich. Doch mit diesem Verfahren wäre der engere Rahmen der postkeynesianischen Wachstumstheorie, wie er von Harrod und Domar abgesteckt worden ist, bereits verlassen. Immerhin zeigt dieses Verfahren, daß auch ein „System ökonomischer Begriffe ..., die zwar über Tatsachen nichts aussagen, weil sie nicht von Tatsachen handeln, ... nützlich (sein kann) bei der geistigen Durchdringung der Wirklichkeit"[145], indem es den Anstoß zur Bildung empirisch testbarer Hypothesen liefert. Dies gilt auch insoweit, als die postkeynesianische Theorie die Aufmerksamkeit auf die Nachfrage als wachstumsbestimmende Größe lenkt, ein Aspekt, der in der folgenden neoklassischen Theorie vernachlässigt wird.

### *2. Das neoklassische Grundmodell und seine ersten Erweiterungen*

Die Darstellung des wachstumstheoretischen Grundmodells der zweiten neoklassischen Phase[146] soll sich auf drei Aspekte konzentrieren, auf den produktionstheoretischen Ansatz, auf die Modalität des Einbaus des technischen Fortschritts sowie auf die Frage nach der Berücksichtigung weiterer Wachstumsdeterminanten.

#### a) Der produktionstheoretische Ansatz und die quantitativen Wachstumsdeterminanten

Grundlage der Theorie ist der rein produktionstheoretische Ansatz, der aus dem Versuch von R.M. Solow resultiert, den Stabilitätspessimismus der postkeynesianischen Wachstumstheorie dadurch zu überwinden, daß er die den Postkeynesianern unterstellte linear-limitationale Produktionsfunktion durch eine substitutionale Funktion ersetzt[147].

Arbeitet man mit der Cobb-Douglas-Funktion

$$P = \gamma A^{a} K^{1-a}, \tag{1.13}$$

143 Vgl. E. Dürr (1964) S. 387.

144 Vgl. E. Görgens (1969) S. 72.

145 K. Rose (1956) S. 330.

146 Zum Begriff des neoklassischen Grundmodells vgl. H.G. Johnson (1969) S. 156 ff. Vgl. auch H. König (1968) S. 21, der vom Grundtyp des neoklassischen Modells spricht.

147 Vgl. R.M. Solow (1956) S. 65 ff. Allerdings ist nicht unbestritten, daß der Gegensatz zwischen postkeynesianischer und neoklassischer Theorie in diesem Punkt zu suchen ist. Vgl. die Diskussion anläßlich des Wirtschaftswissenschaftlichen Seminars Ottobeuren 1971: Probleme der Wachstumstheorie, a.a.O., S. 100. Zu den weiteren Prämissen des Modells vgl. B. Gahlen (1972a) S. 49 f., ders. (1973) S. 48 sowie H. Walter (1977) S. 571.

so ergibt sich das Wachstum des Sozialprodukts (zunächst ohne technischen Fortschritt) als Summe der mit den partiellen Produktionselastizitäten gewogenen Wachstumsraten von Arbeit und Kapital

$$G_P = \alpha \cdot G_A + \beta \cdot G_K . \quad (1.14)$$

Die neoklassische Wachstumstheorie unterstellt nun eine exogen vorgegebene Wachstumsrate der Bevölkerung[148], an die sich die Wachstumsrate des Kapitals über Variationen der Faktorpreise, Faktorintensitäten und Faktorproduktivitäten anpaßt[149]. Gleichgewichtiges Wachstum ohne technischen Fortschritt ergibt sich demgemäß, wenn Arbeitseinsatz, Kapitalstock und Sozialprodukt mit gleicher Rate wachsen (Cassels gleichmäßig fortschreitende Wirtschaft).

#### b) Der Einbau des technischen Fortschritts

Hinsichtlich des Einbaus des technischen Fortschritts in die Wachstumsanalyse lassen sich möglicherweise vier Fragen stellen:

(a) nach der Höhe bzw. Intensität des Fortschritts,
(b) nach den Wirkungen des Fortschritts einschließlich der konkreten Fortschrittsrichtung,
(c) nach den Medien oder Vehikeln des Fortschritts,
(d) nach den Ursachen des Fortschritts (den Fortschrittsdeterminanten).

Bei der Beantwortung der Frage nach der Intensität des Fortschritts ergeben sich aus Solows allgemein akzeptierter Fortschrittsumschreibung[150], die dem Anliegen entspringt, den Einfluß des Fortschritts erst einmal zu messen[151], einige weitreichende Konsequenzen. Stellt man den Fortschritt lediglich als Verschiebung der Produktionsfunktion dar, so klammert man den Produktfortschritt ex definitione aus und reduziert die Betrachtung auf den Verfahrensfortschritt[152]. Der Fortschritt dokumentiert sich dann in einer Zunahme der globalen Faktorproduktivität[153]. Diese ist prinzipiell meßbar als Differenz zwischen der tatsächlichen und der ohne Fortschritt erwarteten Wachstumsrate des Sozialprodukts[154],

---

148 Eine Ausnahme bildet hier J. Niehans (1963) S. 349 ff.

149 Eine kurze Darstellung des Anpassungsmechanismus gibt G. Schmitt-Rink (1976) S. 373.

150 „I am using the phrase ‚technical change' as a shorthand expression for any kind of shift in the production function" (im Original z.T. kursiv) R.M. Solow (1957) S. 312. Von einer Definition des Fortschritts kann dabei allerdings noch nicht gesprochen werden. Vgl. H. Walter (1969b) S. 234.

151 Vgl. H. Walter (1970) S. 31.

152 Vgl. H. Walter S. 32.

153 Vgl. H. Walter (1969b) u.a. S. 115, 119 und 234.

154 Vgl. H. Walter S. 117. Nach Gahlen mißt man mit der Restgröße technischer Fortschritt die Abweichung der Realität von der Theorie. Vgl. B. Gahlen (1972b) S. 208. Vgl. auch den Diskussionsbericht von A.E. Ott, S. 236.

(1.15) $$G_{P_{\text{tats.}}} - G_{P_{\text{erw.}}} = G_T$$

wobei die erwartete Rate neoklassisch bestimmt wird, also

(1.16) $$G_{P_{\text{tats.}}} - (a \cdot G_A + \beta \cdot G_K) = G_T .$$

Daraus folgt aber, daß die Höhe des Fortschritts anhand seiner Wirkungen identifiziert wird, d.h. der Fortschritt wird nicht als Inputfaktor, sondern mithilfe der Outputsteigerung gemessen[155]. Die o.a. Fragen (a) und (b) werden durch dieses Verfahren vermengt, die Produktions- und Wachstumsfunktion ist tautologisiert. Die Identifikation des Fortschritts anhand seiner Wirkungen hat weiterhin zur Folge, daß die Fragen (c) nach den Medien und (d) nach den Ursachen des Fortschritts zuweilen gar nicht gestellt werden. Der Fortschritt ist irgendwie gegeben (Manna-Hypothese) und tritt ohne Bindung an die quantitativen Produktionsfaktoren auf. Er ist rein organisatorisch, er ist autonom und unembodied.

Bei Vorliegen einer *CD*-Funktion und Auftreten eines gleichermaßen Hicks-, Harrod- und Solow-neutralem Fortschritts ergibt sich gemäß (1.16) die tatsächliche Wachstumsrate des Sozialprodukts als

(1.17) $$G_P = G_T + a \cdot G_A + \beta \cdot G_K \qquad \text{bzw.}$$

(1.18) $$G_P = G_T + G_A + \beta \cdot G_x ,$$

bzw. unter Abzug der Wachstumsrate der Arbeit die Wachstumsrate der Arbeitsproduktivität[156]

(1.19) $$G_y = G_T + \beta \cdot G_x .$$

Diese Darstellungen erwecken den Eindruck, daß eine eindeutige Komponentenzerlegung des Wachstums mit $G_A$ als Skalenkomponente, $\beta G_x$ als Substitutionskomponente und $G_T$ als Fortschrittskomponente[157] möglich sei. Dabei darf aber nicht übersehen werden, daß sie einmal das neoklassische Gewichtungsverfahren der quantitativen Faktoren enthält[158] und zweitens auf einer

---

155 Vgl. H. Walter (1969b) S. 120. Nach Niehans besteht allerdings keine andere Möglichkeit als die, den Fortschritt entweder anhand seiner unmittelbaren Wirkungen oder anhand seiner unmittelbaren Ursachen zu erfassen. Vgl. J. Niehans (1954) S. 151.

156 Dabei ist $y = P/A$ und $x = K/A$. Zu den einzelnen Beziehungen vgl. B. Gahlen (1973) S. 88 f. und S. 202 f.

157 Zur Komponentenzerlegung vgl. E. Helmstädter (1967) S. 1961 f. sowie ders. (1965) S. 90 ff., insb. S. 97.

158 Die eindeutige Abgrenzung und „richtige" Messung der Fortschrittskomponente setzt die „richtige" Messung des Beitrags der quantitativen Produktionsfaktoren voraus. Vgl. H. Walter (1972) S. 182 f.

Fortschrittshypothese aufbaut, die von vornherein auf eine Unabhängigkeit des Fortschritts von den quantitativen Faktoren abzielt.

Gleichgewichtiges Wachstum liegt demgegenüber erst vor, wenn der Kapitalstock mit der gleichen Rate wächst wie das Sozialprodukt, also bei

$$G_P = G_K = \frac{G_T}{a} + G_A. \tag{1.20}$$

Diese Wachstumsrate des Sozialprodukts entspricht Harrods natürlicher Wachstumsrate als Summe der Wachstumsrate der Arbeit und des Harrod-neutralen technischen Fortschritts. Sie kann durch Investitionen nicht dauerhaft erhöht werden.

Neben den Fragen nach Höhe und Wirkungen des Fortschritts ist die Frage nach den Medien oder Vehikeln zu stellen, da es jeder Erfahrung widerspricht, daß der Fortschritt unabhängig vom Wachstum der quantitativen Produktionsfaktoren wirksam wird[159]. Die Embodiment-Hypothese lautet daher, daß das (weiterhin autonome) technische Wissen durch Sachinvestitionen in den jeweils neuesten Maschinenjahrgang (vintage) einfließt. Daraus resultieren zwei wesentliche Unterschiede gegenüber dem zuvor beschriebenen Wirkungskonzept: zunächst gewinnen die Investitionen ihre entscheidende Bedeutung für das Wachstum zurück[160] und darüber hinaus ist der erste Schritt zu einer Disaggregation der makroökonomischen Produktionsfunktion getan. Das Sachkapital kann nicht mehr als homogener Produktionsfaktor betrachtet werden, auch wenn man sich formal mit dem Konzept eines äquivalenten Kapitalstocks[161] hilft, bei dem die einzelnen Kapitaljahrgänge mit einem dem Fortschrittstrend entsprechenden Effizienzindex gewichtet werden[162]. Eines bleibt gegenüber dem Wirkungskonzept aber unverändert: der Fortschritt des technischen Wissens ist weiterhin autonom, lediglich die Einschleusungsmenge ist von einer modell-endogenen Größe, den Investitionen, abhängig[163]. Durch Investitionen kann aber nicht mehr an Fortschritt eingeschleust werden, als exogen vorgegeben ist[164]. Der Fortschritt ist demgemäß weiterhin autonom, er ist lediglich embodied, in diesem Fall kapitalgebunden. Allerdings ist mit der simplen Einschleusungshypothese die Frage nach den konkreten Motiven für den Einsatz qualitativ besserer Investitionsgüter nicht beantwortet. Ihr Einsatz setzt ihre Produktion voraus, doch die Frage nach den Determinanten des Produktfortschritts der Investitionsgüter bleibt weiterhin offen.

---

159 Vgl. R.M. Solow (1959) S. 91.
160 Vgl. B. Gahlen (1973) S. 157.
161 Vgl. R.M. Solow (1962) S. 77.
162 Vgl. H. Walter (1969b) S. 132 ff., insb. S. 136.
163 Vgl. B. Gahlen (1973) S. 156 und S. 158 sowie H. Walter (1969b) S. 176.
164 Vgl. H. Walter (1969b) S. 151.

Abgesehen von allen vorgetragenen Einwänden gegen das Konzept des kapitalgebundenen Fortschritts ist zu fragen, ob die Embodiment-Hypothese allein auf den Faktor Sachkapital anwendbar ist. Versuche eines Analogieschlusses auf den Faktor Arbeit bzw. die Erweiterung des Kapitalbegriffs unter Einbeziehung eines „human capital" sind, wenn auch nicht unproblematisch[165], so doch wohl prinzipiell berechtigt. An dem Tatbestand, daß der Faktor Arbeit nicht homogen ist und daß sich Bildungsinvestitionen in einer Steigerung seiner Qualität niederschlagen, ist kaum zu zweifeln. In diesem Sinne versucht Denison, den Einfluß der Ausbildung an der Qualitätssteigerung der Arbeit zu ermitteln. Mithilfe eines Qualitätssteigerungsindex, den er u.a. aus der gestiegenen Ausbildungszeit errechnet[166], ermittelt er den prozentualen jährlichen Anstieg der Arbeitsqualität in den USA u.a. für die Zeit von 1929 bis 1957, gewichtet ihn ebenso wie die quantitative Veränderung des Arbeitseinsatzes (neoklassisch) mit der Lohnquote und bezeichnet das Ergebnis als den Anteil der Ausbildung am Produktionszuwachs. Daneben errechnet er den Anteil weiterer, den Arbeitseinsatz betreffender Einflußfaktoren wie Arbeitszeitverkürzung und Änderung der Alters- und Geschlechterstruktur sowie den Einfluß von Kapitalakkumulation und Skaleneffekten. Bemerkenswert an Denisons Meßergebnis ist der erhebliche Anteil, welcher der Ausbildung (23 %) sowie der gestiegenen Beschäftigung (34 %) zukommt, während der Anteil der Kapitalbildung mit 15 % nur gering ist. Als unerklärten Rest weist Denison schließlich 20 % des Sozialproduktwachstums aus, den er als „advance of knowledge" bezeichnet[167]. Dieses Ergebnis erklärt sich allerdings aus dem neoklassischen Meßansatz, nach dem sowohl die quantitative Zunahme des Arbeitseinsatzes als auch der Anstieg der Arbeitsqualität mit der Lohnquote von 73 % mehr als doppelt so hoch gewichtet werden wie die Steigerung des Kapitaleinsatzes. Überdies analysiert er nur die quantitative Steigerung des Kapitaleinsatzes. Die hieraus erwachsende ungleiche Behandlung der Faktoren versucht R.R. Nelson zumindest dadurch zu vermeiden, daß er auch die Qualitätsverbesserungen des Sachkapitals einbezieht[168]. Die Folge ist, daß nach seiner Berechnung die fortschrittsbedingten Qualitätssteigerungen beider Faktoren je zur Hälfte zur Steigerung der globalen Faktorproduktivität beitragen, welche ihrerseits etwa zwei Drittel der Wachstumsrate des Sozialprodukts ausmacht[169]. Nelsons Versuch, das Embodiment-Konzept auf beide Faktoren gleichermaßen anzuwenden, ist allerdings, obwohl zweifellos ein Fortschritt gegenüber den einseitigen Konzepten von Solow und Denison, dem gleichen Einwand hinsichtlich der Gewich-

165 Zum Konzept des arbeitsgebundenen bzw. ausbildungsgebundenen Fortschritts vgl. H. Walter (1969b) S. 156 ff. sowie die dort angegebene Literatur.

166 Vgl. u.a. E.F. Denison (1962) S. 124 ff. sowie ders. (1964) S. 13 ff.

167 Vgl. E.F. Denison (1964) S. 15. Zur prozentualen Aufteilung vgl. H. Walter (1969b) S. 169.

168 Vgl. R.R. Nelson (1964) S. 575 ff.

169 Vgl. auch B. Gahlen (1971) S. 168 ff., insb. S. 171.

tungsfrage ausgesetzt wie diese. Nelson zeigt selbst auf, wie stark alternative Gewichtungen das Meßergebnis tangieren[170]. Sowohl hinsichtlich der Höhe des Fortschritts als auch bezüglich seiner Aufteilung auf eine arbeits- bzw. eine kapitalgebundene Komponente ist die Frage nach den echten Produktionselastizitäten der Faktoren von entscheidender Bedeutung. Sie bleibt allerdings unbeantwortet.

Alle vorgestellten Verfahren liefern daher letztlich keine empirische Bestimmung der Wachstumsbeiträge einzelner Wachstumsdeterminanten, sie sind durchweg gewonnen aus Modellprämissen. Die Bedeutung, insbesondere des Beitrags von Denison, liegt daher allein in der Auflistung relevanter Wachstumsdeterminanten; daß ihre jeweiligen Beiträge quantitativ richtig wiedergegeben werden, muß angesichts der empirischen Irrelevanz der Modellprämissen bezweifelt werden. Aus diesen kritischen Einwendungen gegen die Verfahren der sog. Komponentenzerlegung[171] folgt, daß sie die Frage (d) nach den Fortschrittsursachen noch nicht zu beantworten vermögen.

#### c) Die Berücksichtigung struktureller Aspekte

Mit der Erörterung des kapital- und ausbildungsgebundenen Fortschritts ist die Frage nach der Berücksichtigung weiterer Wachstumsdeterminanten bereits angesprochen. Es ist zu überprüfen, ob neben dem Bevölkerungswachstum, der Kapitalakkumulation und dem technischen Fortschritt nicht noch weitere Determinanten – möglicherweise nur implizit – in den Modellen enthalten sind. Da die Konzepte des kapital- und ausbildungsgebundenen Fortschritts Ansätze einer Disaggregation der Produktionsfaktoren darstellen, ist zu fragen, inwieweit die im Rahmen der neoklassischen (wie auch der keynesianischen[172]) Theorie entwickelten Disaggregationsmodelle geeignet sind, den Einfluß weiterer Determinanten, insbesondere den Einfluß von strukturellem Wandel, auf das wirtschaftliche Wachstum aufzeigen[173].

Eine Disaggregation des neoklassischen Grundmodells ist zumindest in zweierlei Hinsicht möglich, als Aufspaltung der homogenen Inputgrößen sowie als Aufspaltung des homogenen Ausstoßes in mehrere Güterkategorien[174].

---

170 Vgl. R.R. Nelson (1964) S. 599 f.

171 Zum Begriff der Komponentenzerlegung vgl. auch D. Schröder (1971) S. 312 ff.

172 Vgl. z.B. H.-R. Hemmer (1972).

173 Eine Übersicht über disaggregierte Wachstumsmodelle findet sich bei H. Enke u.a. (1980) S. 325 ff.

174 Wobei sich Überschneidungen insoweit ergeben, als Kapitalgüter sowohl Einsatz- als auch Ausstoßgrößen darstellen. Weitere Disaggregationsmöglichkeiten bestehen hinsichtlich der Eigenschaften der Produktionsfunktionen (i.d.R. als Eigenschaft der Technologie bezeichnet) und der Verhaltenshypothesen. Vgl. H.-J. Vosgerau (1972) S. 308 ff. Vgl. auch W. Scheper (1970) S. 17 ff.

Von der Anlage der Modelle her besteht offenbar die Chance, wachstumsrelevante Auswirkungen des strukturellen Wandels zu analysieren[175]. Es zeigt sich jedoch, daß derartige Fragen gar nicht thematisiert werden. Auch die Diskussion der Fortschrittsvehikel wird vorwiegend im Hinblick auf das Gleichgewichtsproblem eines langfristigen steady-state-Wachstums geführt[176]. Der Schluß, daß durch eine Steigerung der Investitionsquote die Einschleusung des technischen Wissens beschleunigt werden kann, ist zwar richtig, doch sind derartigen Aktivitäten durch die exogene Begrenztheit des technischen Wissens und durch die Tatsache, daß eine permanente Steigerung der Investitionsquote nicht möglich ist, enge Grenzen gesetzt[177]. Auch der Schluß, daß durch Ausbildungsinvestitionen die Qualität des Arbeitseinsatzes erhöht werden kann, ist plausibel, wird aber etwa im Meßkonzept von Denison nicht modellmäßig durchgespielt oder gar empirisch nachgewiesen, sondern als richtig vorausgesetzt[178].

Die Disaggregation des Ausstoßes ermöglicht unter anderem die Aufspaltung von privaten und öffentlichen Gütern und damit die Berücksichtigung des Staates sowie den Einbau des monetären Sektors[179]. Vorrangig diskutiert wird jedoch die Aufspaltung in einen Kapital- und einen Konsumgüterbereich sowie deren weitere Zerlegung[180].Doch auch hier steht die Frage nach der Existenz und Stabilität eines gleichgewichtigen Wachstumspfades im Vordergrund der Überlegungen[181], und es wird gezeigt, daß ein gleichgewichtiges Wachstum unter bestimmten, allerdings mit steigendem Disaggregationsgrad schwieriger werdenden[182] Voraussetzungen möglich ist[183].

Helmstädter hat demgegenüber darauf aufmerksam gemacht, daß ein ungleichmäßiges Wachstum einzelner Produktionsstufen notwendig ist, um gleich-

175 Nach Vosgerau sind Mehrsektorenmodelle unabdingbar, „wenn die Analyse des Phänomens Strukturwandel im Wachstum vorangetrieben werden soll", H.-J. Vosgerau (1972) S. 291.

176 Vgl. u.a. W. Vogt (1968) S. 127 ff. sowie H. Walter (1969b) S. 151.

177 Vgl. H. Walter S. 151 f.

178 Vgl. etwa Denisons Hypothese, daß 60 % der Einkommensdifferenzierung auf die unterschiedliche Länge der Ausbildungszeit zurückzuführen sei. Vgl. a.a.O., S. 168.

179 Vgl. H.-J. Vosgerau (1972) S. 289. Zur Bedeutung der Fiskalpolitik im neoklassischen Wachstumsmodell vgl. u.a. R. Sato (1963) S. 16 ff. Zum Einfluß des Geldes vgl. u.a. H.G. Johnson (1969) S. 155 ff.

180 Eine Übersicht über die wichtigsten Beiträge zur Mehrsektorenanalyse findet sich bei H.-J. Vosgerau (1972) S. 314 f. sowie bei W. Vogt (1968) S. 193 f. Zur weiteren Aufspaltung des Kapital- bzw. des Konsumgütersektors vgl. die Literaturhinweise bei W. Scheper; W. Henrichsmeyer (1970) S. 434 FN 11 und FN 12.

181 Vgl. H. König (1966) S. 28. W. Vogt (1968) S. 155 ff., insb. S. 170 ff.

182 Vgl. H. König (1966) S. 28. W. Scheper (1972) S. 17. Vgl. auch den Diskussionsbericht von M. Beckmann in: Probleme der Wachstumstheorie, a.a.O., S. 319.

183 Eine kurze Darstellung findet sich bei K. Rose (1971) S. 122 ff. Vgl. auch F.H. Hahn; R.C.O. Matthews (1964) S. 812 ff.

gewichtiges Gesamtwachstum sicherzustellen[184]. Ferner wird darauf hingewiesen, daß angesichts fallender Konsumneigungen für einzelne Güter Produktinnovationen erforderlich sind, um die für ein gleichgewichtiges Wachstum notwendige Konstanz der Konsum- bzw. Sparquote zu gewährleisten. Gleichgewichtiges Wachstum und Strukturwandel sind demnach kompatibel; bei sinkender Konsumneigung für alte Güter ist struktureller Wandel sogar erforderlich[185].

Grundsätzlich gilt aber ebenso wie im Ein-Sektor-Modell, „daß bei gegebenem technischen Fortschritt das autonome Wachstum des Arbeitspotentials die Kapitalakkumulation bestimmt, die ihrerseits ... die Wachstumsrate des Volkseinkommens ... determiniert"[186]. „Die Bewegung der Modellvariablen entlang einem Anpassungspfad ... zum – stabilen – steady state hin ist mit Proportionsveränderungen verbunden, die man als Strukturwandel bezeichnen kann"[187]. Allerdings lassen sich viel mehr als derartige reaktive Strukturveränderungen bislang nicht erfassen[188]. Insoweit stellen die Modelle nur Denkschemata dar, die zur Erklärung historischer Abläufe nicht verwendet werden können[189]. Aufgrund der bisherigen Konzentration auf stabile Gleichgewichtssituationen und der mangelnden Analyse ungleichgewichtiger Prozesse[190] ist dem eigentlichen Anliegen multisektoraler Modelle, die Strukturwandlungen einer wachsenden Wirtschaft erklären zu können, bislang noch nicht entsprochen worden[191].

Einen auf aktive Strukturveränderungen ausgerichteten Ansatz stellt demgegenüber das von Dorfman, Samuelson und Solow entwickelte Turnpike-Theorem dar. Die Autoren zeigen auf, daß der allokationstechnisch optimale Entwicklungspfad einer Volkswirtschaft unabhängig von der im Ausgangszeitpunkt gegebenen und auch unabhängig von der im Endzeitpunkt gewünschten Güterstruktur dem sog. von Neumann-Pfad maximalen proportionalen Wachstums folgt[192]. Temporäre Veränderungen der Güterstruktur, d.h. die Wahl eines Entwicklungsumweges durch einen Effizienztrichter [193] hindurch erweisen

184 Vgl. E. Helmstädter (1958) S. 173 ff.

185 Vgl. M. Neumann (1968) S. 39 f.

186 H. König (1966) S. 47.

187 H.-J. Vosgerau (1972) S. 306.

188 H.-J. Vosgerau S. 306 f.

189 Vgl. H. König (1966) S. 47. Zur Aussagefähigkeit der Modelle vgl. auch A. Vossen (1967).

190 Auch die bislang entwickelten Ungleichgewichtsmodelle bleiben zumindest teilweise der Gleichgewichtsanalyse verhaftet. Vgl. H. Schuster; H. Biermann (1970) S. 24.

191 Vgl. den Diskussionsbericht von M. Beckmann, in: Probleme der Wachstumstheorie, a.a.O., S. 318.

192 Vgl. R. Dorfman; P.A. Samuelson; R.M. Solow (1958) S. 307 ff., insb. S. 329 ff. Vgl. auch die Darstellung bei E. Sohmen (1976) S. 196 ff.

193 Vgl. E. Sohmen (1976) S. 202.

sich als wachstumsbeschleunigend. Dieser Umweg empfiehlt sich selbst dann, wenn Ausgangs- und angestrebte Endstruktur identisch sind und nicht der Struktur des von Neumann-Pfades entsprechen. So einleuchtend das Theorem auch sein mag, in einer Welt sich ständig ändernder technischer Gegebenheiten dürfte es sich als unmöglich erweisen, den von Neumann-Pfad zu ermitteln und die entsprechenden strukturellen Anpassungen vorzunehmen. Unter den äußerst restriktiven Modellprämissen (konstante Technik mit linear-homogener Produktionsfunktion) ergibt sich darüber hinaus, daß es zweckmäßig ist, möglichst lange, d.h. bei unendlicher Zeitdimension für immer, auf dem von Neumann-Pfad zu verbleiben. Damit wird Strukturwandel wiederum ausgeschlossen. Insoweit scheint die empirische Relevanz des Modells bislang noch nicht allzu groß zu sein[194]. Versuche, den Beitrag struktureller Veränderungen zum wirtschaftlichen Wachstum zu ermitteln, lassen sich daher mithilfe der in der neoklassischen Theorie entwickelten Ansätze bislang kaum unternehmen. Soweit solche Versuche heute vorliegen, finden sie sich außerhalb des engeren Rahmens dieser Theorie[195]. Auf sie wird später zurückzukommen sein.

#### d) Der Wettbewerb im neoklassischen Grundmodell

Als weitere Wachstumsdeterminante im Rahmen der neoklassischen Theorie kommt der Wettbewerb infrage. Explizit erscheint der Wettbewerb im neoklassischen Grundmodell, indem vollständige Konkurrenz auf Produkt- und Faktormärkten postuliert wird. Der Schluß, daß die Wettbewerbsintensität damit als Wachstumsdeterminante figuriert, ist jedoch verfehlt. Rein formal hat die Prämisse vollständiger Konkurrenz allein die Aufgabe, die Verbindung zwischen dem Produktions- und dem Verteilungsaspekt herzustellen, denn nur bei vollständiger Konkurrenz (und konstanten Skalenerträgen) entsprechen die partiellen Produktionselastizitäten den Verteilungsquoten, können die Beiträge der Faktoren mithilfe dieser Quoten gemessen werden und läßt sich demgemäß auch der Beitrag des Residuums bestimmen[196]. Aussagen über den Einfluß der Wettbewerbsintensität bzw. möglicher Abweichungen von der vollständigen Konkurrenz auf das Wachstum sind damit nicht impliziert.

Immerhin läßt sich hinter der Prämisse der vollständigen Konkurrenz aber die Hypothese vermuten, daß die Realisierung dieser Marktform als Grundbedingung für maximale Effizienz und für Wachstum der Wirtschaft angesehen

194 Vgl. auch die kritische Wertung durch J. Niehans (1964) S. 22 f.

195 Vgl. z.B. G. Bombach (1959) S. 154 ff. sowie Sachverständigenrat zur Begutachtung der gesamtwirtschaftlichen Entwicklung (1965) S. 125 ff.

196 Die Problematik des Meßkonzepts wird damit noch einmal deutlich. In der Realität herrscht keine vollständige Konkurrenz, folglich geben die Verteilungsquoten die Faktorenbeiträge nicht richtig wieder. Demgemäß kann auch der Beitrag des Residuums nicht richtig gemessen werden.

wird. Wie problematisch die Hypothese ist, zeigt jedoch die seit Sraffa im Bereich der Wettbewerbstheorie geführte Dilemma-Diskussion[197]. Angesichts des Auftretens steigender Skalenerträge ist nicht sichergestellt, daß jedes beliebige Wohlfahrtsmaximum durch vollständige Konkurrenz erreicht wird. Darüber hinaus ist mit Schumpeter die Erkenntnis zu berücksichtigen, daß eine Wirtschaft, die zu jedem Zeitpunkt ihre Möglichkeiten optimal ausnutzt, damit keineswegs auch ihre optimale Leistung im Zeitablauf erreicht[198]. Eine fundamentale Schwäche der neoklassischen Wachstumstheorie ist folglich darin zu sehen, daß sie statische Maximierungskonzepte auf eine wachsende Wirtschaft überträgt. Genaugenommen sind „ihre Hypothesen zur Erfassung von Wachstumsprozessen inadäquat“[199].

Insoweit bleibt zu konstatieren, daß die Wettbewerbsintensität als Wachstumsdeterminante im neoklassischen Grundmodell keine Rolle spielt. Eine Verbindung ließe sich aber herstellen, wenn nach den Determinanten der neoklassischen Produktions- bzw. Wachstumsfaktoren gefragt wird. Wo immer der Versuch unternommen wird, den Wettbewerb in den neoklassischen Argumentationsrahmen einzuschleusen, geschieht das in Bezug auf den dritten Faktor der Produktionsfunktion, den technischen Fortschritt[200]. Die Intensität des technologischen Fortschritts wie dessen Anwendung könnte unter anderem von der Intensität des Wettbewerbs abhängen. Inwieweit das zutrifft, kann nur im Rahmen einer Theorie des technischen Fortschritts ermittelt werden.

Eine abschließende Würdigung des Beitrags der jüngeren Neoklassik zur Ermittlung der Determinanten des Wirtschaftswachstums kann – abgesehen von allen bereits angedeuteten kritischen Einwendungen – jenen Mangel nicht ignorieren, daß aufgrund einer Reihe äußerst restriktiver Prämissen Wachstumsdeterminanten übersehen oder aus heuristischen Gründen vernachlässigt werden, die in früheren Phasen der ökonomischen Analyse berücksichtigt, wenn auch formal weniger elegant vorgetragen worden sind. Vor allem überrascht es, daß die dynamischen Ansätze der Endphase der älteren Neoklassik (insbesondere bei Young) völlig verloren gehen und daß in einer Wachstumstheorie, die sich neoklassisch nennt, Strukturwandel und Wettbewerb (noch) keinen Platz finden.

Dem gegenüber ist aber auch der positive Beitrag der neoklassischen Theorie hervorzuheben. Indem sie sich – zwar einseitig – der Angebotsseite des ökonomischen Systems widmet und das Konzept einer makroökonomischen Produktionsfunktion verwendet, entwickelt sie damit ein Instrumentarium, mit

---

197 Vgl. K. Herdzina (1975) S. 18 ff.
198 Vgl. J.A. Schumpeter (1950) S. 138.
199 H. Riese (1972) S. 385. Vgl. auch S. 386 ff.
200 Vgl. z.B. W. Weber (1970) S. 161 ff., J. Werner (1970) S. 57, E. Görgens (1969) S. 74 ff.

dem zumindest nach Ansicht eines Teils ihrer Kritiker weitergearbeitet werden kann, sofern diese Funktion nicht gleichzeitig Verteilungsfunktion ist[201]. Die neoklassische Theorie lenkt darüber hinaus das Augenmerk wieder auf den technischen Fortschritt, der in der engeren Harrod-Domar-Theorie ein „Stiefkind"[202] war. Auch wenn die neoklassische Theorie bezüglich der Analyse des Fortschritts bislang kaum mehr als begriffliche Klassifikationen entwickelt hat und ihn insoweit nur „als Appendix in der Analyse mitschleppt"[203], so muß sie doch als Ausgangsbasis weiterer Forschung, die den Determinanten des technischen Fortschritts gewidmet ist, angesehen werden.

## IV. Ansätze einer mikroökonomisch fundierten Wachstumstheorie: die Theorie des technischen Fortschritts

Die Theorie des technischen Fortschritts steckt trotz ihrer langen Tradition bis zurück zu A. Smith noch immer in den Anfängen. Weiterhin sind die Ursachen des Fortschritts größtenteils unbekannt, und die bisherigen Versuche, seine Determinanten zu erfassen, sind unvollkommen und weitgehend spekulativ[204]. Immerhin scheinen sie im wesentlichen in fünf Richtungen zu zielen. Die Entstehung des Fortschritts wird erklärt als Folge

(1) von Verschiebungen der Faktorpreisstruktur bzw. aus der Verteilungsrelation: faktorpreis- bzw. faktoreinkommensinduzierter Fortschritt[205],

(2) der Bruttoinvestitionstätigkeit bzw. der kumulativen Bruttoinvestitionen: investitionsinduzierter Fortschritt,

(3) von Forschungs- und Entwicklungsaktivitäten: forschungsinduzierter Fortschritt,

(4) der Entwicklung der Nachfrage und der Verschiebung der Nachfragestruktur: nachfrageinduzierter Fortschritt,

(5) von Angebotskomponenten wie etwa der unternehmerischen Motivation, der Unternehmensgröße und -organisation sowie der Marktstruktur,

---

201 So jedenfalls die Auffassung von Gahlen. Vgl. den Diskussionsbericht von A.E. Ott in: Probleme der Wachstumstheorie, a.a.O., S. 235.

202 G. Bombach (1959) S. 185.

203 H. Walter (1967) S. 242.

204 Vgl. H. Walter (1969b) S. 176. Nach Niehans muß die ökonomische Theorie ohnehin „von vornherein darauf verzichten, diesen (technischen Fortschritt, K.H.) in seiner Gesamtheit aus seinen Ursachen zu erklären, die Gesamtheit seiner Wirkungen zu erfassen, denn diese Aufgabe würde die beschränkten Mittel der Sozialökonomie weit übersteigen". J. Niehans (1954) S. 147.

205 Da die Theorie des faktorpreis- und faktoreinkommensinduzierten Fortschritts weniger nach den Determinanten des Fortschritts selbst, sondern eher nach den Bestimmungsgründen einer bestimmten Fortschrittsrichtung fragt, soll sie hier nicht weiter angesprochen werden. Eine ausführliche Darstellung findet sich bei H. Walter (1969b) S. 178 ff.

so daß von motivations-, größen- bzw. organisations- sowie strukturinduziertem Fortschritt oder kurz nur von angebotsinduziertem Fortschritt gesprochen werden kann.

In dieser Reihenfolge läßt sich in den Erklärungsansätzen eine zunehmende Gewichtsverlagerung von der Makro- zur Mikroebene hin beobachten. Allerdings stellen die fünf Erklärungsansätze keineswegs einander ausschließende Alternativen dar. Sie lassen sich möglicherweise verbinden zu einer allgemeinen Theorie des einzelwirtschaftlichen Wachstums und des Wettbewerbs, so daß die Entwicklung eines Konzepts des wettbewerbsinduzierten Fortschritts möglich erscheint.

### *1. Investitionsinduzierter Fortschritt*

#### a) Autonomer Fortschritt und Fortschrittseffekte von Investitionen

Die mutmaßliche Bindung des Fortschritts an Kapitalbildung und Mechanisierung steht im Mittelpunkt der Hypothese eines investitionsinduzierten Fortschritts. Nach Kaldor und Arrow ist nicht nur die Anwendung, sondern auch die Erweiterung des technischen Wissens auf die Investitionstätigkeit zurückzuführen[206]. Allerdings werden alle bislang vorgetragenen Vorstellungen eines ungebundenen wie eines an die Kapitalbildung gebundenen Fortschritts weiterhin berücksichtigt und lediglich um den Aspekt der Wissenvergrößerung erweitert, so daß sich die folgenden fünf Effekte unterscheiden lassen.

1. Zunächst kann das Pro-Kopf- Sozialprodukt unabhängig von der Kapitalbildung wachsen[207]. Jener vorwiegend organisatorische Fortschritt[208], der autonom und unembodied ist, dokumentiert sich im absoluten Glied von Kaldors technical progress function.

2. Darüber hinaus steigt das Pro-Kopf-Sozialprodukt durch Erhöhung der Kapitalintensität bei gleichzeitigem Einschleusen von technischem Wissen[209], dessen Entwicklung aber weiterhin autonom bleibt. Lediglich die Anwendung dieses Wissens erfolgt im Zuge des Investitionsprozesses und ist an die Sachkapitalbildung gebunden, ist also induziert und embodied. In der Lage und Gestalt der Fortschrittsfunktion drückt sich zunächst die Höhe jenes exogenen „constant flow in the rate of new ideas over time"[210] aus, darüber hinaus aber auch die Fähigkeit und Bereitschaft, diese Ideen umzusetzen. „Inventiveness" und „readiness to change or to experiment" faßt Kaldor zusammen zur Vorstellung des 'technical dynamism' einer Gesellschaft[211]. Da er in der Aufrechterhaltung des Ideen-

206 Zu den Modellen von Kaldor und Arrow vgl. auch K.H. Oppenländer (1976) S. 34 ff.
207 Vgl. N. Kaldor (1961) S. 209.
208 Vgl. N. Kaldor (1957) S. 596.
209 N. Kaldor (1961) S. 207
210 N. Kaldor (1957) S. 596. Vgl. dazu auch F.H. Hahn; R.C.O. Matthews (1964) S. 847.
211 N. Kaldor (1961) S. 208

stroms offenbar kein Problem sieht, sei die „readiness to absorb technical change combined with the willingsness to invest capital in business ventures" der wichtigste Auslösungsfaktor („prime mover") im Prozeß des wirtschaftlichen Wachstums[212].

3. Darüber hinaus kann durch Investitionstätigkeit auch das technische Wissen selbst erhöht werden, wobei dieses 'improving knowledge' aber offenbar noch nicht im Sinne einer Erstentwicklung neuen Wissens (die ideas sind exogen), sondern nur als Verbreitung dieses Wissens zu verstehen ist. Das Wissen einer Gesellschaft steigt auch dadurch, daß eine größere Zahl von Mitgliedern darüber verfügt. Kaldor legt insgesamt aber weniger Gewicht auf diesen Aspekt der Wissensverbreitung, da der Fortschritt für ihn eine vorwiegend technische Komponente hat[213]. Der Aspekt der Wissensverbreitung (und -vermehrung) steht dagegen im Mittelpunkt der Theorie von Arrow. Er möchte eine „endogenous theory of the changes in knowledge"[214] vorlegen. Den Erwerb von Wissen bezeichnet man üblicherweise als Lernvorgang. Lernen „is the product of experience" und „takes place during activity"[215]. Derartiges Lernen im Arbeitsprozeß kann in zweierlei Hinsicht auftreten, woraus sich weitere Möglichkeiten der Erzielung von Fortschrittseffekten ergeben.

4. Bereits während eines technisch gleichbleibenden Arbeitsvorganges steigt das technische Wissen (wiederum zunächst im Sinne von Wissensverbreitung) infolge einer zunehmenden Erfahrung mit dem gleichbleibenden Produktionsverfahren[216]. Nach Arrow ergibt sich ein Lerneffekt aus der ständigen „repetition of essentially the same problem"[217]. Kaldor bezeichnet einen derartigen Lernvorgang („increasing know-how in the use of existing machinery") als disembodied, da er nicht direkt an einen Investitionsprozeß gebunden ist[218]. Demgegenüber sind für Arrow nicht die laufenden, sondern die kumulierten Bruttoinvestitionen der Index für die Stärke des Lernprozesses[219]. So kann die Produktivität aufgrund vorheriger Investitionstätigkeit selbst dann steigen, wenn gerade keine verbesserten Maschinen und Anlagen errichtet werden, allerdings unterliegt dieser Lernprozeß „sharply diminishing returns"[220].

5. Während bislang ausschließlich die Verbreitung von technischem Wissen diskutiert wird, verweist Arrow darüber hinaus auf den Tatbestand, daß durch

---

212 N. Kaldor (1957) S. 599. Vgl. auch K.H. Oppenländer (1963) S. 198.
213 N. Kaldor; J.A. Mirrlees (1962) S. 188.
214 K.J. Arrow (1962) S. 155.
215 K.J. Arrow S. 155.
216 Vgl. E. Kaufer (1970) S. 37.
217 K.J. Arrow (1962) S. 155.
218 N. Kaldor, J.A. Mirrlees (1962) S. 176 FN 1.
219 K.J. Arrow (1962) S. 157.
220 Vgl. K.J. Arrow S. 155. Dieser Aspekt wird in der Literatur unter der Bezeichnung der 'learning curves' bzw. der 'firm progress ratios' diskutiert. Einen ähnlichen Sachverhalt beschreibt der sog. 'Horndal-Effekt'. Vgl. K.J. Arrow S. 156.

Investitionen auch neues Wissen entwickelt wird. Durch Kapitalakkumulation erhöht sich das technische Wissen (im Sinne einer echten Erstentwicklung von Wissen), denn „Each new machine produced and put into use is capable of changing the environment in which production takes place, so that learning is taking place with continually new stimuli"[221] und „the very activity of production... gives rise to problems for which favorable responses are selected over time"[222]. Die Investitionstätigkeit hebt demgemäß nicht nur die gegenwärtige Produktionskapazität und Produktivität, sondern sie erhöht auch die zukünftige Produktivität, indem sie über steigende technische Perfektion ein steigendes Problembewußtsein schafft, welches neue Lösungsmöglichkeiten und damit neues Wissen produziert.

#### b) Implikationen und Grenzen der Modelle

Die Modelle von Kaldor und Arrow lassen, obwohl sie einen ersten Schritt auf dem Wege zur Entwicklung einer Theorie des induzierten Fortschritts darstellen, eine Reihe von Fragen offen. So bedarf es bei beiden nur der Vornahme von Sachinvestitionen, um technischen Fortschritt einzuschleusen bzw. zu produzieren. Bei Kaldor bleibt die Entwicklung der „ideas" unerklärt, bei Arrow ist es schwierig, sich den Ablauf des Lernprozesses im einzelnen vorzustellen[223]. In beiden Modellen bedarf es keiner besonderen Forschungs- und Entwicklungsanstrengungen, um technisches Wissen zu produzieren[224]. Kaldor erfaßt ohnehin nur den Innovationsprozeß, „bei Arrow erscheinen Invention und Innovation als Nebenprodukt des kumulativen Vorgangs der Bruttoinvestition"[225].

Diese ungeklärten Probleme resultieren nicht zuletzt aus den Fragestellungen der Autoren. Nach Kaldor muß ein leistungsfähiges Wachstumsmodell die sog. „stylized facts" berücksichtigen, d.h. die historische Konstanz von Einkommensquoten, Kapitalkoeffizient und Profitrate als Folge endogener Wirkungsmechanismen aufzeigen[226]. Insoweit bleibt sein Modell der postkeynesianischen Tradition verhaftet und fragt nach den Bedingungen und der Stabilität eines langfristigen Gleichgewichtswachstums. Die im langfristigen Gleichgewicht erreichbare Wachstumsrate bleibt exogen vorgegeben und drückt sich in Lage und Gestalt der Fortschrittsfunktion aus. Die Fortschrittsfunktion zeigt lediglich die „Auswirkung" des Einflusses der exogenen Determinanten an[227]. Systemimmanente Kräfte, dargestellt durch die In-

221 K. J. Arrow (1962) S. 157.
222 K.J. Arrow S. 156.
223 Vgl. N. Blattner (1976a) S. 330.
224 Vgl. H. Walter (1970) S. 35.
225 E. Kaufer (1968) S. 401 f. bzw. S. 402 FN 5.
226 Vgl. N. Kaldor (1957) S. 591 ff. sowie ders. (1961) S. 178 f.
227 Vgl. K.H. Oppenländer (1963) S. 198.

vestitionsfunktion, drängen zur Übereinstimmung von Investitions- und Produktivitätswachstum und damit zur Erfüllung eines den stylized facts entsprechenden Gleichgewichtswachstums[228]. Auch Arrow will gar nicht die Einzelheiten und Abläufe des Lernprozesses aufzeigen, er setzt die Richtigkeit der Lernhypothese voraus und behandelt lediglich ihre „Economic Implications". Dennoch lassen sich aus den Modellen einige bedeutsame Konsequenzen herleiten. Speziell Kaldor zeigt, daß der technische Fortschritt „ein Konglomerat verschiedenster, aber untrennbar miteinander verbundener Erscheinungsformen"[229] ist. Wichtigste Fortschrittsdeterminanten sind jedoch die Investitionsbereitschaft und eine positive Einstellung gegenüber technischem Wandel, kurz: der 'technical dynamism' der Gesellschaft. Damit werden sozioökonomische Determinanten des Fortschritts wie Erfolgsmotivation, Erfindergeist und Fortschrittsneigung immerhin formal berücksichtigt, allerdings noch nicht erklärt[230].

Nach Arrow steigt durch die Investition das technische Wissen und damit die Möglichkeit zu weiterer produktivitätssteigernder Investitionstätigkeit. Damit ist die Möglichkeit einer kumulativen Aufwärtsentwicklung angedeutet[231]. Dieser gesamtwirtschaftliche Effekt kommt aber zustande aufgrund des Zusammenwirkens einzelwirtschaftlicher Investitionsentscheidungen und deren Folgen. Wenn private Unternehmer durch ihre Bruttoinvestitionstätigkeit den Realkapitalbestand und damit induziert das Wissensniveau der Volkswirtschaft erhöhen, geben sie offenbar permanent Wissen an die Gesellschaft ab. Zwar ziehen sie durchaus kurzfristigen Nutzen aus ihrer Investition, aber die sozialen Erträge übersteigen die privaten, da von dem erhöhten Wissensstand auch andere, insbesondere andere Unternehmer profitieren[232]. Diese können von der erhöhten Wissensbasis aus noch bessere Anlagen schaffen, womit sie ihrerseits einen Wissensteigerungsprozeß auslösen. Damit ist aber die Verbindung zu einer Vorstellung geknüpft, die in der modernen Wettbewerbstheorie sehr geläufig ist: Vorstoßaktionen einzelner Unternehmen durch Innovationen ermöglichen kurzfristige Sondergewinne, die durch die Reaktionen seitens der gefährdeten Konkurrenten aufgezehrt werden. Die Konkurrentenreaktionen müssen nun nicht nur reine Imitationsvorgänge darstellen, vielmehr besteht vom erhöhten Wissensniveau aus die Möglichkeit des neuerlichen Überholens des ursprünglichen Innovators und des Erzielens eigener Vorsprungsgewinne. Durch die Berücksichtigung dieser Aspekte ist eine Modifikation der Analyse des Fortschritts im Sinne eines Herabsteigens auf die

---

228 Vgl. N. Blattner (1976a) S. 320. Zur Entwicklung der Investionsfunktion bei Kaldor vgl. K.H. Oppenländer (1963) S. 202 ff. und S. 228 ff.
229 H. Walter (1969b) S. 212.
230 Vgl. ders. (1977) S. 44.
231 Vgl. zum folgenden insb. H. Walter (1969b) S. 224 ff., insb. S. 226 f.
232 Vgl. K.J. Arrow (1962) S. 168.

einzelwirtschaftliche Ebene und eine Verbindung der Wachstumstheorie mit der Theorie der dynamischen Wettbewerbsprozesse eingeleitet. Zugleich ist die Konsequenz angedeutet, daß durch Monopolisierung von Wissen die Dynamik des Fortschrittsprozesses gebremst wird. Diese Schlußfolgerung, wenn auch tendenziell richtig, berücksichtigt allerdings noch nicht, daß die Entwicklung des neuen technischen Wissens, d.h. zunächst der neuen Ideen, in der Regel nicht kostenlos anfällt. Der technische Fortschritt umfaßt auch die kostenintensive und risikoreiche Phase der Forschung und Entwicklung. Die Theorien des investionsinduzierten Fortschritts beantworten trotz ihrer Versuche, Kostenüberlegungen im Rahmen der Investitionsfunktion zu berücksichtigen[233], noch nicht die Frage, welche Motivationen für die Aufnahme von FE-Tätigkeit ausschlaggebend sind.

### 2. *Forschungsinduzierter Fortschritt*

In den bisher vorgestellten jüngeren Wachstumsmodellen dominieren die Fragen nach Existenz, Merkmalen und Stabilität eines langfristigen gleichgewichtigen Wachstums. Selbst in den Modellen des investitionsinduzierten Fortschritts bleiben die Fortschrittsursachen weitgehend im Dunkeln. Der jeweilige Investor übernimmt die verbesserte Technologie vom Vorproduzenten. Die Frage, wie die neue Technologie entsteht, wird nicht beantwortet, auch die Einzelheiten der Lernprozesse werden nicht herausgearbeitet. Die Frage der Kosten des Fortschritts wird vernachlässigt. Der Fortschritt scheint den Charakter eines freien Gutes zu haben[234]. Demgegenüber zeigt die Realität, daß der Fortschritt nicht kostenlos anfällt[235]. Abgesehen von Zufallserfindungen und -entdeckungen, die im Rahmen der ökonomischen Theorie unerklärbar sind, setzt die Realisierung von Fortschritt die Suche nach Verbesserungsmöglichkeiten voraus. Der Fortschritt entsteht als Ergebnis eines Suchprozesses, als Resultat von Forschungs- und Entwicklungstätigkeit[236].

Diese Erkenntnis wird in der Literatur heute allgemein akzeptiert, und sie kann als Grundlage aller weiteren Überlegungen hinsichtlich der Fortschrittsdeterminanten dienen[237]. Wenn es dennoch im Einzelfall abweichende Aussagen gibt, so haben diese im wesentlichen zwei Ursachen.

---

233 Vgl. z.B. die Version der Investitionsfunktion im New Model. N. Kaldor; J.A. Mirrlees (1962) S. 101 f.

234 Vgl. N. Blattner (1976a) S. 353.

235 Vgl. auch J. Niehans (1954) S. 153 ff.

236 Ob es sich hierbei um eine systematische Suche oder lediglich einen trial-and-error-Prozeß handelt, ist unerheblich. Vgl. dazu E. Kaufer (1970) S. 40. Ferner sei hier bereits eine weitere Beziehung zur Wettbewerbstheorie angedeutet. Vgl. F.A. v. Hayek (1968).

237 Vgl. z.B. E. Kaufer (1970) S. 11 und S. 33 oder P. Oberender (1973) S. 14.

### a) Definitorische Probleme des FE-Konzepts

Der Prozeß der terminologischen Abklärung ist in diesem Bereich, obwohl er keineswegs erst in jüngster Zeit eingesetzt hat, noch nicht abgeschlossen. Zwar werden die relevanten Aktivitäten prinzipiell im Rahmen der seit Schumpeter üblichen Begriffssequenz Erfindung (Invention), Innovation und Verbreitung der Innovation (Diffusion, Imitation) diskutiert[238], doch die Begriffsinhalte, die Zuordnung der FE-Aktivitäten innerhalb dieser Sequenz sowie die Definition des technischen Fortschritts selbst variieren in der Literatur[239]. So wird der Forschungsbereich einmal ausdrücklich begrifflich von den nachgelagerten Aktivitäten der Invention, der Innovation und der Diffusion abgegrenzt[240]. Dann ist unschwer nachweisbar, daß Inventions- und Entwicklungstätigkeiten zuweilen unabhängig von vorgelagerten Forschungsaktivitäten auftreten[241]. Andererseits wird argumentiert, daß FE-Aktivität auf Invention, Innovation und Imitation ausgerichtet sein kann[242]. Diesem Konzept ist dann zuzustimmen, wenn die dritte Phase nicht als reiner Imitationsvorgang interpretiert wird, sondern angesichts der Tatsache, daß jeder Imitator bei der Übernahme von Neuerungen unternehmensspezifische Probleme zu lösen hat, ihrerseits spezielle Entwicklungsaktivitäten erfordert. Darüber hinaus ist zu berücksichtigen, daß in Diffusionsprozessen häufig Ansätze zu neuerlichem Überholen des Innovators auftreten, die in der Regel wieder FE-Aktivitäten erfordern. Somit scheint der Begriff der Imitation genaugenommen zu eng.

Auch die Zuordnung des Fortschrittsbegriffs zu den einzelnen Phasen der Sequenz ist in der Literatur nicht völlig einheitlich, doch kann hier bereits von einer herrschenden Meinung hinsichtlich der terminologischen Einordnung gesprochen werden. So bezeichnet man das Ergebnis der Forschungsaktivität als wissenschaftlichen Fortschritt, das Ergebnis der Inventionsphase als technologischen Fortschritt, zuweilen auch beide zusammen als technologischen Fortschritt, während durch Innovation und Diffusion technischer Fortschritt im engeren Sinn entsteht[243].

### b) Empirische Probleme des FE-Konzepts

Zweifel an der generellen Gültigkeit der Sequenz Invention – Innovation – Diffusion ergeben sich ferner daraus, daß sie sich trotz mutmaßlicher gesamt-

---

238 Vgl. J.A. Schumpeter (1961) S. 91 ff. und S. 140. Vgl. auch W.R. Maclaurin (1953) S. 97 f.

239 Einen Überblick über die Inhalte der wichtigsten Begriffe gibt F.H. Fleck (1973) S. 14 ff. Zu den begrifflichen Unklarheiten vgl. auch V.W. Ruttan (1959) S. 596 ff.

240 Vgl. J. Schmookler (1966) S. 5 ff.

241 Vgl. J. Schmookler S. 8 und S. 199 f.

242 Vgl. P. Oberender (1973) S. 16. Zwischen diesen Extremen liegen die Definitionen G. Prosi (1966) S. 9 f., K. Grefermann; K.H. Oppenländer u.a. (1974) S. 4 ff. und E. Kaufer (1968) S. 403 FN 9.

243 Vgl. K. Grefermann; K.H. Oppenländer (1974) S. 6. Vgl. auch H. Walter (1970) S. 37 f.

wirtschaftlicher Gültigkeit einzelwirtschaftlich nicht in jedem Fall nachweisen läßt[244]. Es ist zu konstatieren, daß es erhebliche zeitliche sowie „personelle" Differenzen zwischen den einzelnen Fortschrittsaktivitäten geben kann. Erfolgreiche Forschungsarbeit, die das technische Wissen erweitert, muß nicht unmittelbar zur Invention, d.h. zur Entwicklung von konkreten Konzepten der Nutzung des Wissens, führen. Entsprechend kann bei der Entwicklung derartiger Konzepte auf länger zurückliegende Forschungsergebnisse zurückgegriffen werden. Ebenso müssen Forscher, Erfinder und Innovator nicht personell zusammenfallen. Nach Schmookler ist für seine begriffliche Trennung von Forschungs- und Inventionsaktivität entscheidend, daß Forscher und Erfinder nicht nur „different individuals", sondern in der Regel sogar „different kinds of individuals" sind[245]. Auch eine Verbindung von Erfinder und Innovator in dem Sinne, daß beide Aktivitäten in einem Unternehmen vereinigt sind, ist keineswegs zwingend. Unternehmungen müssen Inventionen nicht selbst tätigen, sie können sie käuflich erwerben. Ein Auseinanderfallen von Technologie produzierenden und Technologie verwendenden Unternehmen, Industrien[246], sogar Volkswirtschaften ist durchaus möglich und gängig[247]. Dieser Tatbestand erschwert allerdings in erheblichem Ausmaß die Chancen einer empirischen Überprüfung der Hypothese von der Forschungsabhängigkeit des technischen Fortschritts, insbesondere im einzelwirtschaftlichen Bereich.

Daraus erklärt sich, daß die genaue Gestalt der Funktionsbeziehung zwischen FE-Aktivitäten (etwa gemessen an den FE-Ausgaben) und der Rate des technischen Fortschritts (etwa gemessen an der Steigerung der Globalproduktivität) umstritten ist. Je nachdem, welche produktionstheoretischen Hypothesen man über die Gestalt einer um die FE-Aktivität erweiterten Produktionsfunktion aufstellt (z.B. ertragsgesetzlicher Verlauf bei partieller FE-Variation sowie konstante Skalenerträge bei Niveauvariation aller Faktoren einschließlich der FE-Aktivität), resultieren alternative Aussagen hinsichtlich der Möglichkeiten einer dauerhaften Steigerung der Wachstumsrate durch Forschung und Entwicklung[248]. Allerdings bewegt man sich hier teilweise wieder in makroökonomischen Dimensionen, steady-state-Überlegungen und golden-rule-Problemen,

---

244 Vgl. J. Schmookler (1966) S. 200.

245 J. Schmookler S. 8 („kinds" im Original kursiv).

246 Vgl. dazu die Überlegungen bezüglich einer ‚Erfindungsindustrie' bei M. Neumann (1969) S. 310 ff. Vgl. auch R. Eisen (1973) S. 100, der den Begriff ‚Forschungsindustrie' verwendet.

247 Vgl. H. Walter (1970) S. 41 f.

248 Vgl. die alternativen Modellprämissen entsprechender Modelle von E. Phelps, H. Uzawa und K. Shell. Vgl. dazu den Übersichtsartikel von C.Ch. v. Weizsäcker (1969) S. 454 ff. Vgl. auch Ch. Bauer (1976) S. 378 ff. In diesen Zusammenhang gehören auch die divergierenden Hypothesen einer sich beschleunigenden bzw. einer abnehmenden Erfindungstätigkeit. Vgl. dazu F. Machlups Unterscheidung von agenda-increasing inventions und agenda-reducing inventions. F. Machlup (1962) S. 161. Vgl. auch F.H. Fleck (1973) S. 31 ff.

indem nach der optimalen Aufteilung der Ressourcen zwischen FE und anderen Aktivitäten gefragt wird[249].

Der Versuch einer empirischen Klärung, welche Art von funktionaler Beziehung zwischen FE-Ausgaben und technischem Fortschritt auf einzelwirtschaftlicher Ebene vorliegt, muß letzten Endes aus zwei Gründen scheitern. Erstens sind FE-Aktivitäten in ihrer Eigenschaft als Suchprozesse prinzipiell dem Risiko des Scheiterns ausgesetzt und jeglicher Art von Einzelvoraussage nicht zugänglich[250]. FE-Aktivität induziert nicht in jedem Fall technischen Fortschritt; sofern sie ihn induziert, können seine Ausmaße sehr stark divergieren. Zweitens existiert technischer Fortschritt, der nicht aus FE-Aktivität entspringt. Selbst bei weitester Definition des FE-Bereichs verbleiben jene Zufallserfindungen als unerklärbare, und das heißt, auch keiner sonstigen, von der FE-Aktivität abgrenzbaren Determinante zuzuordnende Fortschrittsphänomene. Angesichts dieser Erkenntnis und der Tatsache, daß die Hypothese einer prinzipiell positiven Einwirkung von FE auf den technischen Fortschritt von beeindruckender Plausibilität ist, darüber hinaus in der Tat einige, die Hypothese stützende empirische Untersuchungen vorliegen[251], ist es nicht verwunderlich, daß sie fast schon axiomatischen Charakter angenommen hat und als quasi gesicherte Erkenntnis den Ausgangspunkt weiterer Überlegungen bildet[252]. Die Frage nach den Determinanten des technischen Fortschritts erfährt dann insoweit eine Variation, als nunmehr nach den Determinanten der FE-Tätigkeit gefragt wird.

### c) Die Determinanten der FE-Tätigkeit

Gemäß der angedeuteten Sequenz kann getrennt nach den Determinanten jedes einzelnen Gliedes der Sequenz gefragt werden. Weiterhin können jeweils Input- oder Outputvariable (z.B. Umfang der FE-Ressourcen bzw. FE-Ausgaben als Inputgrößen oder Zahl der Erfindungen als Outputgröße[253]) zum Gegenstand der Frage gemacht werden.

---

249 Vgl. R. Eisen (1973) S. 100. Vgl. auch das Modell von W.D. Nordhaus (1969) S. 16 ff. Vgl. auch Ch. Bauer (1976) S. 372 ff.

250 Auch hier ergibt sich eine Parallele zu der in der jüngeren Wettbewerbstheorie geführten Diskussion über die Unterscheidung zwischen Einzelvoraussagen und Muster-Voraussagen. Vgl. F.A. von Hayek (1972) sowie E. Hoppmann (1973) S. 161 ff.

251 Vgl. J.R. Minasian (1962) S. 93 ff. Zu weiteren amerikanischen Untersuchungen vgl. Ifo-Institut für Wirtschaftsforschung (1971) S. 75 ff.

252 Vgl. z.B. die Aussage von R. Eisen (1973) S. 100: „Technischer Fortschritt wird ‚produziert'. Damit wird bewußt eine methodische Position bezogen, ohne diese zu diskutieren", oder beispielhaft für viele ähnliche Aussagen Y. Brozen (1951) S. 251: „Most innovations are applications of preceeding inventions". Vgl. auch L. Jüttner-Kramny (1975) S. 9.

253 Vgl. dazu F.H. Fleck (1973) S. 30 f.

Da eine intensive Diskussion aller Aspekte an dieser Stelle noch nicht beabsichtigt ist, soll nur ein Überblick über die wichtigsten in der Literatur genannten Determinanten der FE-Aktivität gegeben werden. Dabei handelt es sich z.T. um Aufzählungen der FE-Determinanten generell, sehr häufig jedoch um Inventionstheorien im engeren Sinn[254]. Abgesehen von der Vorstellung des heroischen Erfinders scheinen als FE-Determinanten bzw. Determinanten der Inventionstätigkeit die folgenden Einflußfaktoren in Frage zu kommen:

(1) das Ausgabengebaren des Staates für FE bzw. die staatlichen Förderungsmaßnahmen und Aufträge,
(2) die erwartete Rentabilität der Projekte, womit Gewinnerwartungen und damit Nachfrageaspekte in den Vordergrund rücken (social-need-Vorstellung, demand-pull-Theorie),
(3) das technologische Potential einer Industrie, womit Kostenüberlegungen einschließlich der Betriebsgrößenstruktur und damit Angebotsaspekte angesprochen sind (technological-possibility- bzw. technology-push-Hypothese),
(4) die Risikofreudigkeit der Unternehmer sowie die Wettbewerbsintensität.

Im folgenden soll zunächst die Nachfragehypothese vorgestellt werden, wobei bereits eine erste Auseinandersetzung mit der technology-push-Hypothese erfolgt. Im Anschluß daran wird die Angebotshypothese in Verbindung mit den Aspekten der Risikofreudigkeit und der Wettbewerbsintensität behandelt. Auf eine Darstellung der staatlichen Einflüsse wird verzichtet. Soweit die staatliche Nachfrage angesprochen ist, gelten die im Zuge der Nachfragehypothese vorzutragenden Zusammenhänge analog[255].

### *3. Nachfrageinduzierter Fortschritt*

#### a) Zur Konkurrenz von Nachfrage- und Angebotshypothesen

Die These, daß der technische Fortschritt einer Industrie nachfrageinduziert sei, ist insbesondere von Schmookler vorgetragen und durch Zeitreihenvergleiche von Inventionstätigkeit und Nachfrageentwicklung empirisch untermauert worden[256]. Der Ausgangspunkt der Überlegungen ist, daß Inventionstätigkeit

254 Zu den Determinanten der FE-Tätigkeit vgl. insb. Ifo-Institut für Wirtschaftsforschung (1971) S. 79 ff., zu den Inventionstheorien vgl. die Aufzählung bei F.H. Fleck (1973) S. 16 sowie die ausführliche Darstellung bei E. Kaufer (1968) S. 403 ff. sowie ders. (1970) S. 35 ff. Vgl. auch die kurze Übersicht bei V.W. Ruttan (1959) S. 599 ff., der im Gegensatz zu Schumpeter und Schmookler die Unterscheidung von Invention und Innovation für „increasingly artificial" hält (a.a.O., S. 602).

255 Die folgenden Ziffern werden trotz der entsprechenden Herleitung nicht als Unterpunkte des forschungsinduzierten Fortschritts behandelt, da sich nicht alle der dort vorgetragenen Argumente ausschließlich auf die Determinanten der FE-Aktivität beziehen.

256 Vgl. J. Schmookler (1966) S. 18 ff., S. 73 ff., S. 94 ff., S. 119 ff.

risikoreich ist und Kosten verursacht[257]. Erhebliche Anstrengungen werden aber nur unternommen und Risiken werden nur eingegangen, wenn zu erwarten ist, daß sich die Aufwendungen rentieren. Das Ausmaß eigener FE-Aktivität bzw. des Ankaufs von Erfindungen wird daher durch die Gewinnerwartungen der Unternehmen bestimmt. Mit steigenden Gewinnerwartungen nimmt das Ausmaß der Inventionsaktivität zu. Daraus folgt die nach marktwirtschaftlicher Logik so einleuchtende Hypothese, daß die Produktion neuen technischen Wissens „prinzipiell den gleichen Bestimmungsgründen unterliegt wie die Produktion anderer Güter auch“[258].

Die Anhänger der Nachfragehypothese sprechen aber ausdrücklich nur von einem dominierenden Einfluß der Nachfrageentwicklung auf die Inventionstätigkeit. Zweifellos spielen auch die in der technology-push-Hypothese anklingenden Angebotsfaktoren eine Rolle. Schmookler sieht demgemäß auch keinen grundlegenden Widerspruch zwischen beiden Hypothesen[259]. Fragt man, welche Industrien die meisten Erfindungen im Sinne einer Produkttechnologie hervorbringen, so sind es ohne Zweifel jene, die über das größte technologische Potential verfügen. Fragt man jedoch, warum bestimmte Erfindungen überhaupt getätigt werden bzw. warum Erfindungsaktivität ausgelöst wird, so erscheint die Nachfrage der folgenden Produktionsstufe und die von ihr anwendbare Prozeßtechnologie als bestimmender Faktor[260].

In welchem Ausmaß FE-Aktivitäten zu Inventionen führen, dürfte daher auch vom technologischen Potential einer Industrie abhängen, d.h. von den dort gegebenen Möglichkeiten und Fähigkeiten, Inventionen zu realisieren[261]. Daran kann es aber trotz hoher Nachfrage möglicherweise fehlen, so daß Nachfrageexpansionsphase und technologische Expansionsphase im Sinne der S-förmigen Entwicklung nicht zwangsläufig synchron verlaufen. So muß eine hohe bzw. relativ ansteigende Konsumgüternachfrage – wie etwa im Dienstleistungssektor – nicht unbedingt zu einer steigenden, spezielle FE-Aktivitäten ihrer Zulieferer auslösenden Investitionsgüternachfrage führen, wenn in diesem Sektor selbst die Fähigkeit und Bereitschaft, technischen Fortschritts zu realisieren, gering ist[262]. Insoweit ist die Nachfrageexpansion sicher keine hinreichende Bedingung für Inventionstätigkeit[263]. Andererseits kann die Innovationsrate einer Branche sehr stark von der Fortschrittsrate vorgelagerter Stufen bestimmt werden, wie z.B. in der Landwirtschaft[264].

---

257 Vgl. E. Kaufer (1970) S. 33 f.

258 H. Walter (1970) S. 44. Zu den Grenzen der Gemeinsamkeit vgl. E. Kaufer (1970) S. 100 f.

259 Vgl. auch Ch. Bauer (1976) S. 467 f.

260 Vgl. J. Schmookler (1966) S. 165 f.

261 Vgl. H. Walter (1970) S. 46.

262 Vgl. den Diskussionsbericht von G. Fleischmann zum Referat von E. Kaufer (1976b) S. 223 f.

263 Vgl. H. Walter (1970) S. 46.

264 Vgl. Ch. Bauer (1976) S. 411 f.

#### b) Nachfragestrukturwandel und Produktfortschritt

Bei dem hiermit angedeuteten Zusammenspiel von Angebots- und Nachfragedeterminanten kommt der Veränderung der Nachfragestruktur eine erhebliche Bedeutung zu. Wenn sich die Nachfrage im Wachstumsprozeß aufgrund hoher Einkommenselastizitäten auf solche Branchen konzentriert, deren eigenes technologisches Potential bzw. das ihrer Zulieferer hoch ist, dann können die von der Nachfrage ausgelösten FE-Aktivitäten zu erheblichem technischem Fortschritt und damit zu weiterem Wirtschaftswachstum führen. Fortschrittbedingte Qualitätsverbesserungen und/oder Preissenkungen können ihrerseits nachfragestimulierende Wirkungen zeitigen, so daß kumulative Expansionsprozesse die Folge sind. Damit wird eine Hypothese formuliert, die in der Nationalökonomie sehr alt ist und die im Laufe der historischen Entwicklung dieses Faches immer wieder – von A. Smith über A. Young – vertreten worden ist. Wenn sich die Nachfrage andererseits auf Branchen konzentriert, deren technologisches Potential niedrig ist, so sind relativ niedrigere Wachstumsimpulse zu erwarten.

Muß die Hypothese von der Nachfrageabhängigkeit des technischen Fortschritts auch ein wenig relativiert werden, so bleibt als positives Ergebnis dieses Theorieansatzes doch festzuhalten: er enthält gegenüber den zuvor behandelten Modellen des investitionsinduzierten Fortschritts in mehreren Punkten entscheidende Verbesserungen, unter anderem durch folgende Aussagen und Implikationen: Fortschritt ist im allgemeinen nicht erreichbar ohne Fortschrittsaktivitäten, d.h. ohne Forschung und Entwicklung. Investitionstätigkeit schafft weniger einen nur vage erklärten Fortschritt auf der jeweiligen Produktionsstufe, sondern löst vielmehr FE-Aktivitäten auf der vorhergehenden Produktionsstufe aus. Damit wird die bislang so einseitige Konzentration auf den Verfahrensfortschritt aufgegeben und der Produktfortschritt in die Analyse einbezogen. Dieser Schritt ist von nicht zu unterschätzender Bedeutung, da der technische Fortschritt überwiegend Produktfortschritt ist. Der Verfahrensfortschritt einer Produktionsstufe resultiert im wesentlichen aus dem Produktfortschritt der vorhergehenden Stufe. Technischer Fortschritt im Sinne der Anwendung neuer und verbesserter Produktionsverfahren entsteht vorwiegend aus der Entwicklung neuer und verbesserter Investitionsgüter. Nicht zuletzt bleibt anzumerken, daß nicht die Investitionsgüternachfrage allein, sondern die Nachfrage generell als fortschrittsauslösende Determinante in Frage kommt.

### *4. Angebotsinduzierter Fortschritt*

#### a) Die Schumpetersche Entwicklungstheorie

Im Zuge der Bemerkungen zum forschungs- und nachfrageinduzierten Fortschritt klang bereits an, daß auch Angebotsfaktoren die Höhe der FE-Aktivitäten und des technischen Fortschritts beeinflussen. Der Terminus „Angebotsfaktoren“ oder auch „Angebotsstruktur“ ist allerdings so vage, daß er einer Interpretation bedarf. Als synonymer Begriff findet sich darüber hinaus noch der des „technologischen Potentials“ eines Unternehmens, eines Industriezweiges bzw. einer Volkswirtschaft, worunter der Stand des technischen Wissens, die Qualität der Wissenschaftler und Ingenieure und der Umfang der vorhandenen Forschungseinrichtungen[265] zu verstehen wäre. So besagt die Angebotshypothese in ihrer einfachsten Version, daß ein einmal erreichtes Niveau des technischen Wissens weitere Entdeckungen und Erfindungen stimuliert[266]. Eine derartige Position läuft allerdings auf einen Zirkelschluß hinaus und verführt dazu, den Fortschritt als eine mit ökonomischen Variablen nur schwach verknüpfte Größe anzusehen[267] und daher weiterhin als exogen zu betrachten. Will man das vermeiden, so ist nach den Determinanten des technologischen Potentials, soweit sie die Angebotsseite betreffen, zu fragen. Nun ist es im Rahmen dieser Untersuchung nicht möglich, alle denkbaren Determinanten umfassend zu würdigen. Hier soll es genügen, sich auf jene, allerdings heterogenen Faktoren zu beschränken, welche als Konzentrat der Schumpeterschen Wachstums- und Entwicklungstheorie heute in diversen sogenannten Neo-Schumpeter-Hypothesen diskutiert werden[268].

Auch die Schumpetersche Theorie soll hier nur in ihren Grundzügen dargestellt werden[269]. Nach Schumpeter kann das Produktionsergebnis durch Mehreinsatz der ursprünglichen Produktionsfaktoren Arbeit und Boden sowie der produzierten Produktionsmittel[270] gesteigert werden. Diesem Wachstumsvorgang mißt Schumpeter allerdings nur periphere Bedeutung bei, da er keine qualitative Veränderung des Produktionsprozesses impliziert[271]. Qualitative Veränderung, d.h. wirtschaftliche Entwicklung, resultiert aus Änderungen der Technik und wird durch neue Kombinationen[272] oder Innovationen[273] bewirkt, worunter Schumpeter auch die Erschließung neuer Rohstoffquellen sowie die Veränderung der Marktstruktur subsumiert[274]. Nutzbares technisches Wissen

265 Vgl. Ifo-Institut für Wirtschaftsforschung (1971) S. 83.
266 Vgl. E. Kaufer (1968) S. 404 sowie ders. (1970) S. 38.
267 Vgl. E. Kaufer (1970) S. 38.
268 Zum Begriff der Neo-Schumpeter-Hypothese vgl. J. Tabbert (1974) S. 2 ff.
269 J.A. Schumpeter präsentierte seine Theorie insb. in seinen drei Werken „Theorie der wirtschaftlichen Entwicklung“ (1911), „Konjunkturzyklen“ (1961) und „Kapitalismus, Sozialismus und Demokratie“ (1950). Als Literatur über die Schumpeter-Theorie vgl. I. Adelman (1961) S. 94 ff., B. Higgins (1959) S. 88 ff., G.M. Meier; R.E. Baldwin (1957) S. 85 ff. sowie E. Görgens (1969) S. 66 ff. und E. Dürr (1977) S. 100 ff.
270 Den Kapitalbegriff verwendet Schumpeter ausschließlich im Sinne von Geldkapital. Vgl. J.A. Schumpeter (1911) S. 165 ff.
271 Vgl. a.a.O., S. 96 sowie ders. (1961) S. 90 f.
272 Vgl. ders. (1911) S. 100 f.
273 Vgl. ders. (1961) S. 91 und S. 94 ff.
274 Vgl. ders. (1911) S. 101.

ist allerdings in Form von Erfindungen stets vorhanden, so daß es exogen vorgegeben bleibt[275]. Motor des Fortschritts ist der Unternehmer, den Schumpeter jedoch nicht als Angehörigen einer sozialen Klasse, sondern als den Träger der Funktion, Innovationen durchzuführen, versteht[276]. Es handelt sich demgemäß um einen Verhaltenstypus[277], um Personen, die sich durch erfolgsorientierte Geisteshaltung und Motivation auszeichnen[278].

Die Bedingungen für das Auftreten dynamischer Unternehmer werden von Schumpeter nur vage umschrieben. Äußerungen, in denen er das Durchsetzen neuer Kombinationen insbesondere für eine Konkurrenzwirtschaft illustriert[279], legen den Schluß nahe, daß sein Auftreten von der Ausgestaltung des Wirtschaftssystems abhängig ist[280], andererseits hebt er aber hervor, daß Unternehmer in jedem System denkbar sind[281]. Allerdings treten die Unternehmer diskontinuierlich auf, so daß die wirtschaftliche Entwicklung sich als ungleichgewichtiger, disharmonischer, in bestimmten Phasen kumulativer Expansionsprozeß präsentiert[282]. Demgemäß sieht Schumpeter auch keine Stagnationstendenzen für das System, seine Theorie enthält jedoch einen „Marxian twist"[283]: Die Unternehmer schaffen Bedingungen, in denen weitere Innovationen leichter vollziehbar sind und von bürokratischen Managern routinemäßig durchgeführt werden können[284]. Der von ihnen vorangetriebene technische Fortschritt dokumentiert sich in economies of scale, so daß das Entstehen von Großunternehmen unvermeidlich wird. Der daraus erwachsende Konzentrationsprozeß ist nun insoweit noch nicht bedenklich, als er die Progressivität des Systems keineswegs lähmt. Im Gegenteil, Schumpeter ist der Auffassung, daß vor allem die Großunternehmen mit monopolistischer Marktmacht bereit und in der Lage sind, die Risiken des Innovationsprozesses einzugehen. Sie treiben den Prozeß der schöpferischen Zerstörung voran, sie sind die Hauptträger des technischen Fortschritts[285]. Andererseits unterminiert der Konzentrationsprozeß das marktwirtschaftliche System von wirtschaftlicher Freiheit und

---

275 Vgl. demgegenüber die These von G. Mensch, daß gegenwärtig eine historische Situation vorliege, die durch einen Mangel an sog. Basisinnovationen, durch ein sog. „technologisches Patt" gekennzeichnet sei. Vgl. G. Mensch (1975). Zur Diskussion der These vgl. u.a. L. Scholz (1976) S. 13 und die anschließenden Erwiderungen.

276 Vgl. J.A. Schumpeter (1911) S. 111.

277 Vgl. J.A. Schumpeter S. 119 FN 20.

278 Vgl. J.A. Schumpeter S. 136 ff.

279 Vgl. J.A. Schumpeter S. 101.

280 Vgl. E. Görgens (1969) S. 68, I. Adelman (1961) S. 101 spricht vom socio-cultural environment, B. Higgins (1959) S. 94 f. vom social climate, das u.a. durch die Verteilungsrelation repräsentiert werde.

281 Vgl. J.A. Schumpeter (1911) S. 111.

282 Vgl. G.M. Meier; R.E. Baldwin (1957) S. 91.

283 G.M. Meier; R.E. Baldwin S. 86.

284 Vgl. J.A. Schumpeter (1950) S. 213 ff.

285 Vgl. J.A. Schumpeter S. 134 ff.

Privateigentum, so daß die Transformation des Systems in eine sozialistische Gesellschaft zwangsläufig wird.

### b) Die Neo-Schumpeter-Hypothesen

Schumpeters Ausführungen zum Wachstums- und Entwicklungsprozeß sind in seiner Nachfolge zur Bildung von drei verschiedenen Hypothesen über die Determinanten des Fortschritts herangezogen worden[286].

1. Der technische Fortschritt wird durch das Auftreten dynamischer Unternehmer vorangetrieben, er ist also abhängig von der Motivation der Wirtschaftssubjekte, von ihrem Leistungsstreben, ihrer Risikofreudigkeit, kurz ihrer Wirtschafts- und Wettbewerbsgesinnung (Motivationshypothese[287]). Dieser Gedanke wird vor allem von der zuvor angesprochenen Entwicklungstheorie sowie in der modernen Markt- und Wettbewerbstheorie aufgegriffen und verfeinert. Dabei richten die Entwicklungstheoretiker ihr Augenmerk vorwiegend auf die subjektiven Aspekte der Wirtschafts- und Wettbewerbsgesinnung, d.h. auf die Innovations-, Wachstums- und Wettbewerbsneigung[288], und sie versuchen, daraus erste wirtschaftspolitische Schlußfolgerungen zur Formulierung wachstumspolitischer Rezepte abzuleiten[289]. Die jüngere Markt- und Wettbewerbstheorie betont darüber hinaus die objektiven Aspekte der Innovations-, Wachstums- und Wettbewerbsmöglichkeit und beschreibt den Ablauf von Fortschrittsprozessen. Dabei nutzt sie die durch die Empirie gestützte Erkenntnis, daß die Güter Marktphasen durchlaufen, welche durch divergierende Wachstumsraten und offenbar auch durch divergierende Wettbewerbsbedingungen gekennzeichnet sind[290], und daß Wettbewerb als ein Prozeß zu verstehen ist, in dem dynamische Unternehmer Vorstoßaktionen durchführen, dabei Pioniergewinne erzielen, schließlich aber durch Nachahmer eingeholt und möglicherweise wieder überholt werden[291]. Für die Erklärung des Wachstumsprozesses wird es daher notwendig, zwischen prozessualen und dauerhaften Monopolpositionen zu unterscheiden. Als wachstumspolitische Konsequenz folgt, Marktzugangsbeschränkungen für dynamische Unternehmer auf den Gütermärkten sowie auf

---

286 J. Tabbert (1974) S. 2 ff. unterscheidet nur zwei Neo-Schumpeter-Hypothesen, und zwar die hier unter 2. und 3. genannten.

287 Der Begriff Motivationshypothese wird hier anders verwendet als bei G. Fleischmann (1972) S. 37 ff. Dort besagt sie in engerer Interpretation, daß die Furcht vor Verlust einen größeren Einfluß auf die Innovationsneigung hat als die Hoffnung auf Gewinn.

288 Vgl. die Werke von D.C. McClelland (1966) sowie von E.E. Hagen (1962), vgl. auch E. Dürr (1964) S. 537.

289 So etwa der Versuch, die Leistungsmotivation von Erwachsenen zu steigern. Vgl. D.C. McClelland; D.G. Winter (1969).

290 Zum Marktphasenkonzept vgl. M. Abramovitz (1937/38) S. 191 ff. und E. Heuß (1965).

291 Vgl. F.A. v. Hayek (1952) S. 122 ff., H. Arndt (1952) insb. S. 33 ff.

dem Kapitalmarkt[292] abzubauen und eine Konzeption des Innovationsschutzes (Patentgesetzgebung) zu entwickeln, die einerseits dem Innovator Anreize schafft, andererseits einen Diffusionsprozeß, in welchem prozessuale Monopolstellungen wieder abgebaut werden, ermöglicht[293].

2. Die zweite Neo-Schumpeter-Hypothese lautet, daß vor allem die Großunternehmen als Träger des Fortschrittes figurieren, der Fortschritt also eine Funktion der Unternehmensgröße ist (Unternehmensgrößenhypothese)[294]. Die Begründung für die Hypothese ergibt sich aus der Vermutung, daß ein erheblicher Teil moderner Innovationstätigkeit einmal kostspielig[295] und zum anderen mit erheblichen Risiken verbunden ist. Der Kostenaspekt impliziere, daß bei FE-Projekten gewisse Minimalaufwendungen erforderlich sind, daß sich Größenersparnisse auch in den FE-Abteilungen realisieren lassen und daß Größenvorteile aus anderen Unternehmensbereichen (Fertigung, Absatz, Beschaffung, insbesondere aber Finanzierung) auch auf die FE-Aktivitäten positiv einwirken. Der Risikoaspekt bewirke demgegenüber, daß Großunternehmen im Rahmen hoher FE-Aufwendungen zur Streuung der FE-Aktivitäten in der Lage sind und damit Verluste auffangen können, daß andererseits FE-Erfolge in diversifizierten Großunternehmen auf breitere Anwendungsmöglichkeiten treffen, so daß die potentiellen Vorteile erheblich höher sind als im Kleinunternehmen[296].

Im Zusammenhang mit der Unternehmensgröße wird auch die Frage nach den Auswirkungen alternativer Unternehmensorganisationsformen auf den technischen Fortschritt gestellt, da mit wachsender Unternehmensgröße in der Regel Änderungen in der Organisationsform einhergehen[297]. Während in der klassischen Unternehmenstheorie die Hypothese der zweifachen Personalunion (Unternehmer gleich Eigentümer sowie Unternehmer gleich Unternehmen) vertreten wird, diskutiert die Theorie des „Managerial Capitalism“ in verschiedenen Modellgruppen die Konsequenzen, die sich aus der Auflösung der Personalunion ergeben[298]. Auch wenn die Aufhebung der Personalunion zu sehr unterschiedlichen Organisationsstrukturen führen kann, so scheint eine Tendenzaussage doch einige Zustimmung zu finden, daß nämlich managerialistische Sy-

292 Auf die Bedeutung des Kredits für die Finanzierung von Innovationen hatte schon Schumpeter (1911) S. 140 ff. hingewiesen.
293 Zur Grundsatzdiskussion vgl. P. Hennipman (1954) S. 421 ff.
294 Vgl. E. Kantzenbach (1970) S. 220 ff.
295 Vgl. J.K. Galbraith (1952) S. 84 ff.
296 Zur Übersicht über die Vielzahl von Argumenten und Diskussionsbeiträgen vgl. insb. J. Tabbert (1974) S. 4 ff., L. Jüttner-Kramny (1975) S. 27 ff., E. Kaufer (1968) S. 445 ff., H. Petry (1969) S. 271 ff. sowie H. Giesel (1975) S. 80 ff.
297 Vgl. Ch. Bauer (1976) S. 449.
298 Vgl. N. Blattner (1976a) S. 341 ff. sowie ders. (1976b) S. 227 ff. Ferner H.J. Ramser (1976) S. 299 ff. sowie die in diesen Beiträgen angegebene Literatur, insb. die Arbeiten von R. Marris und O.E. Williamson. Vgl. auch den Sammelband: The Corporate Economy (Hrsg. R. Marris; A. Wood) London-Basingstoke 1971.

steme aufgrund umsatzorientierter Zielfunktionen höhere Wachstumsimpulse entwickeln[299]. Dennoch ist das Wissen über die Bedingungen einer innovationsfördernden Unternehmensorganisation aber noch zu gering, um über Maßnahmen zur diesbezüglichen Verbesserung der Unternehmensorganisation zu spekulieren[300].

3. Während sich Kosten- und Risikoargumente sowohl auf die Möglichkeit als auch auf die Neigung zur Entfaltung von FE-Aktivitäten beziehen und zur Hypothese einer mit der absoluten Unternehmensgröße positiv korrelierten FE-Tätigkeit führen, wird speziell der Risikoaspekt in einem weiteren Argument noch einmal aufgegriffen. Schumpeter differenziert nicht zwischen absoluter und relativer Unternehmensgröße, d.h. zwischen Großunternehmen und Monopolen[301]. Da eine solche Unterscheidung aber einmal aus systematischen sowie nicht zuletzt angesichts der zunehmenden Bedeutung der Diversifikation auch aus sachlichen Gründen geboten scheint, empfiehlt es sich, eine dritte Neo-Schumpeter-Hypothese zu formulieren. Sie lautet, daß insbesondere die FE-Neigung mit der relativen Größe eines Unternehmens, also seinem Marktanteil, wächst (Marktstrukturhypothese). Das bedeutet, daß Marktkonzentration nach dieser Auffassung die FE-Tätigkeit und den technischen Fortschritt begünstigt.

Schumpeter und die Anhänger dieser Neo-Schumpeter-Hypothese argumentieren insbesondere, daß monopolistische Marktmacht ihrem Inhaber einen Schutz vor allzu rascher Imitation ihrer Innovation durch nachfolgende Wettbewerber gewährt[302]. Daraus eine mit steigendem Monopolgrad wachsende FE-Neigung abzuleiten, wäre aber nur gerechtfertigt, wenn die in der Hypothese angesprochene Furcht, die Früchte erfolgreicher, aber aufwendiger FE-Tätigkeit mit Imitatoren, deren Aufwendungen erheblich niedriger sind, teilen zu müssen, die alleinige Determinante der FE-Neigung wäre. Dies scheint aber nicht der Fall zu sein, woraus sich die Formulierung entsprechender Gegenhypothesen[303] und modifizierter Hypothesen[304] sowie die in den einschlägigen

---

299 Vgl. W.J. Baumol (1959) sowie H.J. Ramser (1977) S. 47 ff. Bezüglich der Auswirkungen der Organisationsstruktur auf den technischen Fortschritt vgl. auch noch Ch. Bauer (1976) S. 445 ff.

300 Vgl. G. Fleischmann (1972) S. 44.

301 Vgl. J.A. Schumpeter (1911) S. 135.

302 Vgl. J.K. Galbraith (1952) S. 88. Ein Paradoxon ergibt sich daraus, daß ein von einzelnen Unternehmen getragener Fortschrittsprozeß nur dann zustande kommt, wenn sie vor Fortschrittsprozessen anderer geschützt sind. Vgl. W. Kraus (1955) S. 12 f.

303 Die Gegenhypothese lautet, daß die FE-Tätigkeit in polypolistischen Marktformen am höchsten ist. Sie basiert letztlich auf neoklassischen Wettbewerbsvorstellungen und geht davon aus, daß eine hohe Wettbewerbsintensität den primären Auslöser für technischen Fortschritt bildet. Vertreter dieser Auffassung sind neben vielen anderen J. Jewkes; D. Sawers; R. Stillerman (1969). Sie betonen vor allem die Bedeutung der Einzelforscher. Zur Literatur in Deutschland vgl. insb. H. Schmidbauer (1974).

304 Die Anhänger modifizierter Hypothesen nehmen eine mittlere Position ein und propagieren insbesondere oligopolistische Marktformen, ebenfalls weil sie dort die höch-

Diskussionen auftretenden Meinungsverschiedenheiten erklären. Insbesondere zwei weitere Determinanten der FE-Neigung werden herausgestellt, und zwar das Verlust- und Existenzrisiko bei Unterlassung von Forschung und Entwicklung sowie die Hoffnung auf Expansion und Gewinnsteigerung als Folge von Forschung und Entwicklung[305]. Während gemäß der Neo-Schumpeter-Hypothese im Monopol die Furcht vor allzu rascher Imitation am geringsten ist und somit FE-steigernd wirken kann, sind im Polypol die Hoffnung auf Expansion durch FE, im Oligopol das Existenzrisiko bei Unterlassung von FE am höchsten[306]. Welche der drei, jeweils eine der Marktformen positiv hervorhebenden Determinanten der FE-Neigung dominiert, läßt sich jedoch a priori nicht beantworten und kann nur durch empirische Untersuchungen geklärt werden.

Kennzeichnend für die gesamte Diskussion der Frage, welche Marktstruktur bzw. welcher Konzentrationsgrad die höchste FE-Aktivität auslöst, ist allerdings der mehr oder weniger deutliche Konsens der Autoren, daß die jeweilige Marktstruktur den Grad der Wettbewerbsintensität determiniert[307], so daß die Frage nach der Enge des Zusammenhangs zwischen Konzentration und FE in die Frage nach der Korrelation von Wettbewerbsintensität und FE-Aktivität überführt werden kann. Hier herrscht nun erstaunliche Einigkeit unter den Autoren, da sie überwiegend die Meinung vertreten, daß die FE-Tätigkeit mit der Intensität des Wettbewerbs zunimmt. Sie unterscheiden sich allerdings dadurch, daß sie unterschiedliche Hypothesen über die Abhängigkeit der Wettbewerbsintensität von der Marktstruktur vertreten und erst dadurch auch hinsichtlich ihrer Aussage über die Abhängigkeit der FE-Tätigkeit von der Marktstruktur voneinander abweichen.

Auf die Frage nach den Determinanten des Wettbewerbs wird im dritten Teil dieser Arbeit zurückzukommen sein. Hinsichtlich der Determinanten der FE-Aktivität ist jedoch noch anzumerken, daß die Verschmelzung mit der Frage der Wettbewerbsintensität nicht nur bei der Diskussion der Marktstrukturhypothese, sondern auch bei der Größenhypothese sowie bei der Motivationshypothese erfolgt. Die Motivationshypothese in der spezifischen Ausprägung des Marktphasenansatzes besagt, daß bestimmte Unternehmertypen den einzelnen Marktphasen zuzuordnen sind bzw. daß sie die jeweiligen Marktphasen erst schaffen und daß sie damit auch die für die einzelne Marktphase typischen Wettbewerbsbedingungen herbeiführen[308]. Die Hypothese der Abhängigkeit

ste bzw. optimale Wettbewerbsintensität vermuten. Ansätze finden sich bei vielen Autoren, z.B. bei H.H. Villard (1958) S. 491, A. Phillips (1962) S. 25 ff., E. Kantzenbach (1966) S. 38 ff., W. Zohlhöfer (1968) S. 7 f. und S. 13. Zu den Einzelheiten und weiteren Autoren vgl. K. Herdzina (1973a) S. 270 ff.

305 Vgl. G. Fleischmann (1972) S. 37 ff. und J. Tabbert (1974) S. 23 ff. Vgl. auch S. Klatt (1976) S. 99 f.

306 Vgl. J. Tabbert (1974) S. 26 ff.

307 Zur Kritik dieser Position vgl. K. Herdzina (1973a) S. 272 ff.

308 Vgl. E. Heuß (1965) S. 14 ff., S. 105 ff. und S. 133 ff.

der Wettbewerbsintensität von der absoluten Unternehmensgröße geht letztlich auf Schumpeter zurück[309] und erhält durch die weitgehend akzeptierte Erkenntnis, daß gerade dem potentiellen Wettbewerb höchste Bedeutung für das Marktverhalten der am Markt tätigen Teilnehmer zukommt, sowie durch die Fähigkeit großer, diversifizierter Unternehmen, schnell in andere Märkte einzudringen, besonderes Gewicht. Daraus folgt, daß alle drei Schumpeterschen Komponenten – Unternehmerpersönlichkeit bzw. Motivation, Unternehmensgröße sowie die Marktstruktur – in Beziehung zur Stärke des Wettbewerbs gebracht werden können. Vermutlich kommt dem Motivationsaspekt dabei die entscheidende Bedeutung zu, woraus sich auch die weitgehende Übereinstimmung der Autoren in diesem Punkt erklärt[310]. Demgegenüber scheinen bezüglich des Größen- sowie des Marktstrukturaspekts bereits divergierende analytische Ansätze (etwa die Neigung zu eher statischer oder eher dynamischer Analyse) sowie voneinander abweichende Zielfunktionen alternative Hypothesen nach sich zu ziehen[311]. So ist es nicht verwunderlich, daß die Autorenmeinungen hier stark voneinander abweichen.

Die enge Korrespondenz zur Frage der Wettbewerbsintensität gilt jedoch nicht allein für die soeben beschriebenen Komponenten des angebotsinduzierten Fortschritts, sondern für die Determinanten des technischen Fortschritts schlechthin. Versteht man den Wettbewerb als einen Marktprozeß, dessen Wirkungen im wesentlichen darin bestehen, die Anpassung des Güterangebots und des Faktoreneinsatzes an die Veränderungen der Nachfrage- und der Faktorpreisstruktur herbeizuführen (Anpassungsfunktion) sowie laufende Verbesserungen des Güterangebots und der Produktionstechnik zu bewirken (Fortschrittsfunktion)[312], so hat der Wettbewerb die Aufgabe, auch auf Faktorpreisänderungen und Nachfrageänderungen hin Fortschrittsprozesse zu induzieren bzw. solche Prozesse eigenständig auszulösen. Dazu wird die Aufnahme von FE-Aktivität sowie Investitionstätigkeit erforderlich sein. Insoweit schließen sich die genannten Ansätze zur Erarbeitung einer Theorie des technischen Fortschritts keineswegs gegenseitig aus. Sie ergänzen sich vielmehr und lassen sich integrieren in eine allgemeine Theorie des Wettbewerbs, des einzelwirtschaftlichen Wachstums und der dabei auftretenden Wachstumsdifferenzen, welche strukturellen Wandel implizieren.

---

309 Schumpeter hielt den Wettbewerb der Großunternehmen für wesentlich intensiver als die Konkurrenz der vielen Kleinen. Vgl. J.A. Schumpeter (1950) S. 139 f.

310 Vgl. G. Fleischmann (1972) S. 41.

311 Vgl. etwa Kantzenbachs Aussage, daß die optimale Marktform je nachdem, ob man den statischen oder den dynamischen Wettbewerbsfunktionen die Priorität einräumt, eher im Polypol bzw. eher im Oligopol liegt. Vgl. E. Kantzenbach (1966) S. 48.

312 Vgl. K. Herdzina (1970) S. 131 ff. sowie S. 187. Vgl. ders. (1973b) S. 56 f.

# C. Die Determinanten des wirtschaftlichen Wachstums: Versuch einer Systematik

Der Überblick über die Aussagen der Wachstumstheorie hat eine Fülle von mutmaßlichen Wachstumsdeterminanten zutage gefördert. Die Beziehungen der einzelnen Determinanten zueinander waren dabei allerdings nicht immer ganz eindeutig angesprochen. Insbesondere wurde nicht immer klargestellt, welche der Determinanten als unmittelbare und welche als mittelbare Wachstumsdeterminanten zu gelten haben. Ohne Zweifel werden sich diese Fragen auch nicht in dem Sinne klären lassen, daß eine Einordnung der Faktoren nach Maßgabe einer eindeutigen Kausalbeziehung möglich wird. Im folgenden soll jedoch der Versuch unternommen werden, eine Systematik in den Katalog der Wachstumsdeterminanten zu bringen. Dabei ist, der Thematik dieser Arbeit entsprechend, die Frage nach dem Einfluß von strukturellem Wandel und Wettbewerb auf das wirtschaftliche Wachstum von besonderem Interesse.

## I. Grundlegung der Theorie des wirtschaftlichen Wachstums: Produktionsfunktion und Wachstumsfunktion

Bei dem Versuch, einen systematischen Katalog der Wachstumsdeterminanten aufzustellen, kommt man nicht umhin, auf ein analytisches Konzept zu rekurrieren, das im Zuge der Ausbreitung der neoklassischen Wachstumstheorie in den letzten Jahren vorrangig verwendet worden ist. Die neoklassische Wachstumstheorie ist – wie zuvor gezeigt – im wesentlichen eine gesamtwirtschaftliche Produktionstheorie[1]. Ihr analytisches Instrument ist die makroökonomische Produktionsfunktion.

Das Konzept der Produktionsfunktion als Erklärungsinstrument des Wachstums weist jedoch eine Reihe von schwerwiegenden Mängeln auf. Aufgrund dieser Mängel, wie sie insbesondere von J. Robinson und N. Kaldor aufgedeckt worden sind, könnte argumentiert werden, daß sich die weitere Verwendung dieses Instruments verbietet[2]. Offensichtlich hat sich in der Nationalökonomie aber die Auffassung durchgesetzt, daß die Kritikpunkte trotz aller Relevanz nicht so gravierend sind, um es zu rechtfertigen, das Instrument völlig aufzugeben, zumal es möglich sein sollte, seine Schwächen zumindest teilweise zu beseitigen oder zu mildern. Insbesondere dürfte die Produktionsfunktion nicht zugleich Verteilungsfunktion sein, und sie dürfte nicht nur die leichter quantifizierbaren unmittelbaren Determinanten des Produktionsergebnisses einbeziehen.

---

1 Vgl. W. Krelle (1969) S. 199 und S. 212.

2 Zur Vorlage eines Alternativkonzepts vgl. W. Krelle (1964) S. 289 ff. sowie ders. (1969) S. 204 ff. Den Anstoß gab J. Robinson (1953/54) S. 81 ff. Einen Überblick über die anschließende Kontroverse gibt G.C. Harcourt (1969) S. 369 ff.

So kann es wohl nicht darum gehen, auf die Produktionsfunktion als Erklärungselement zu verzichten. Es ist vielmehr erforderlich, sie zu erweitern. Von diesem Verfahren wurde zuvor bei der Darstellung der klassischen und der marxistischen Wachstumstheorie bereits Gebrauch gemacht. Der Versuch einer Berücksichtigung weiterer Determinanten läßt es angesichts des Kaldor-Einwandes bezüglich des Einbaus des technischen Fortschritts allerdings notwendig erscheinen, den Vorgang des Einbaus etwas genauer zu untersuchen. Dabei zeigt sich, daß die bisher übliche Abgrenzung zwischen einer statischen und einer den technischen Fortschritt umfassenden dynamischen Produktionsfunktion problematisch ist und daß es sich empfiehlt, eine von diesem Schema abweichende Einteilung vorzunehmen. Im folgenden soll zwischen der maximal möglichen, der effektiv realisierbaren und der tatsächlich realisierten Produktion unterschieden werden.

## *1. Die maximal mögliche Produktion: Die TW-Produktionsfunktion*

### a) Die Produktionsfunktion und das Vier-Phasen-Konzept des technischen Fortschritts

1. Die maximal mögliche Produktion wird üblicherweise mit Hilfe einer statischen Produktionsfunktion

$$x = f\,(r_1, r_2, \ldots, r_n), \qquad (1.21)$$

bzw. in der aggregierten Form

$$P = f\,(A, K\,), \qquad (1.22)$$

ausgedrückt. Um Veränderungen der Technik berücksichtigen zu können, wird als zusätzliches Argument der Stand der Technik einbezogen. Die dann so genannte dynamische Produktionsfunktion lautet

$$P = f\,(A, K, T\,). \qquad (1.23)$$

Angesichts des Kaldor-Einwandes, daß die mengenmäßige Variation des Kapitaleinsatzes untrennbar mit Veränderungen der Produktionstechnik verbunden ist, bietet es sich an, nicht den gesamten Produktionszusammenhang in die Analyse einzubeziehen, sondern sich auf die partielle Produktionsfunktion

$$P = f\,(A\,) \qquad (1.24)$$

zu beschränken. In ihr bewirken sowohl Erhöhungen des Kapitalstocks als auch Verbesserungen der Technik eine Verschiebung der Funktion.

Die Schlußfolgerung, daß mit der Formulierung einer partiellen Produktionsfunktion (1.24) Bewegungen auf der Funktion und Verschiebungen in jedem Falle trennbar sind, ist jedoch verfrüht. Zunächst impliziert eine Variation des Faktors Arbeit bei konstantem Kapitaleinsatz ohne Zweifel eine Veränderung der angewandten Technik. Allerdings ist ein derartiger Vorgang nur möglich bei vollständig verformbarem Kapital. Zwar ist dies in der ex post-Betrachtung ein praktisch nicht relevanter Fall, aber ex ante ist eine solche Funktion vorstellbar als Abfolge alternativer technischer Verfahren. Es ändert sich also der Stand der angewandten Technik. Wenn man daher unter den Tatbestand einer Änderung der Technik (insbesondere des Fortschritts der Technik) auch Änderungen der angewandten Technik subsumiert, sind Bewegungen auf der Kurve und Kurvenverschiebungen selbst bei der Funktion (1.24) nicht trennbar.

Ein weiteres Problem ergibt sich aus der Tatsache, daß selbst Änderungen des technischen Wissens im Zuge von Kapitalakkumulation und der Ausdehnung des Faktors Arbeit auftreten können. Während das Phänomen der Arbeitsteilung bereits seit A. Smith geläufig ist[3], haben Kaldor und Arrow darauf hingewiesen, daß das technische Wissen im Zuge der Kapitalakkumulation steigen kann, zunächst im Sinne einer Wissensverbreitung, durchaus aber auch im Sinne eines Hervorbringens von neuem Wissen. Während allerdings jede Änderung der Kapitalintensität die angewandte Technik tangiert, besteht zwischen Kapitalintensivierung und technischem Wissen kein derart enger Zusammenhang. Kapitalintensivierung – wie auch Skalenwachstum – kann das technische Wissen steigern, muß es aber nicht. Nicht aus jeder Vermehrung des Einsatzes von Arbeit und Kapital resultiert neues technisches Wissen. Definiert man den technischen Fortschritt daher im Sinne einer Erhöhung des technischen Wissens, dann sind zwar simultane Faktorexpansions- und Fortschrittsprozesse denkbar, aber keineswegs zwangsläufig.

2. Damit ist die Frage einer zweckmäßigen Definition des technischen Fortschritts angesprochen. Bei ihrer Beantwortung ist die Erkenntnis zu berücksichtigen, daß der Fortschritt nicht etwa einen abrupten Produktivitätssteigerungseffekt auslöst (Manna-Hypothese), sondern sich als ein wissenschaftlicher, technischer und ökonomischer Prozeß darstellt, der in verschiedene Phasen zerfällt. Die Phasen des Prozesses des technischen Fortschritts können wie folgt umrissen werden[4] (vgl. dazu auch Abb. 2):

*1. Phase:* Erkenntnisprozeß mit dem Ergebnis der Steigerung des technischen Wissens im Sinne eines Hervorbringens neuer Erkenntnisse; Addition von technischem Wissen; wissenschaftlicher Fortschritt.

*2. Phase:* Inventionsprozeß mit dem Ergebnis der Umsetzung des technischen

3 Wobei jedoch die Frage auftaucht, ob Smith hier Änderungen des technischen Wissens oder der angewandten Technik gemeint hat.

4 Zu einer ähnlichen Einteilung, die insbesondere auch die Informationsphase enthält, vgl. G. Prosi (1966) S. 124. Zur Sequenz „wissenschaftlicher-technologischer-technischer Fortschritt" vgl. K.H. Oppenländer (1974) S. 6 f., der die Phasen inhaltlich aber etwas anders festlegt. Vgl. auch K. Grefermann; K.H. Oppenländer u.a. (1974) S. 4 ff.

Wissens im Sinne der Entwicklung technischer bzw. anwendungsreifer Prototypen (Verfahrens- oder Produkttechnologie); technologischer Fortschritt.

*3. Phase:* Informations- und Lernprozeß mit dem Ergebnis der Verbreitung des technischen Wissens durch theoretische Ausbildung bzw. praktisches Lernen; Multiplikation von technischem Wissen; Informationsfortschritt.

*4. Phase:* Innovations- und Diffusionsprozeß mit dem Ergebnis der erstmaligen Anwendung und Verbreitung des technischen Wissens im Produktionsprozeß; Verfahrens- oder Produktfortschritt; technischer Fortschritt im engeren Sinn.

In diesem Schema umfassen die ersten drei Phasen die Vergrößerung, Umsetzung und Verbreitung des technischen Wissens, während in der vierten Phase seine Anwendung im Produktionsprozeß erfolgt. Dabei enthalten die erste und dritte Phase den geistigen Vorgang der Wissenssteigerung und Wissensverbreitung. Sie bewirken eine Erhöhung der technischen Qualität des Faktors Arbeit im weitesten Sinn[5]. Die dritte Phase wird in der Literatur zum technischen Fortschritt bislang noch ein wenig vernachlässigt. Ausdrücklich hervorgehoben wird die Wissensverbreitung z.B. von Schmookler, nach dem die Wachstumsrate der Technologie, des „social pool of knowledge", abhängt von der Wachstumsrate neuen Wissens und der Rate der Verbreitung des Wissens, der „rate of replication"[6]. Demgegenüber enthalten die zweite und vierte Phase den technisch-stofflichen Vorgang[7] der Steigerung der Qualität des Faktors Kapital (Verfahrensfortschritt) und der Produktion neuer und besserer Güter (Produktfortschritt).

Die Phasen eins und zwei sowie der Innovationsprozeß in Phase vier können als Kreationsprozeß bezeichnet werden, Phase drei und der Diffusionsprozeß in Phase vier bilden den Diffusionsprozeß im weiteren Sinn[8]. Die Hauptaktivität in Phase eins liegt in der Suche nach neuem Wissen, d.h. in der Forschung, die Phasen zwei und vier sind durch Entwicklungstätigkeit gekennzeichnet[9], während die Phase drei die Lehrtätigkeit umfaßt. Forschung, Entwicklung und Lehre können damit systematisch in den Fortschrittsprozeß eingeordnet werden.

Auch wenn die Phaseneinteilung prinzipiell die Richtung des Kausalprozesses andeutet, so sind doch Rückkoppelungen in dem Sinne möglich, daß während des Inventions-, des Informations- und des Innovations- und Diffusionsprozesses neue Erkenntnisse gewonnen werden können, die den Prozeßverlauf

5 Zur Unterscheidung von technischer und ökonomischer Qualität von Produktionsfaktoren vgl. ebenfalls G. Prosi (1966) S. 15 FN 3.

6 J. Schmookler (1966) S. 2.

7 Der Hinweis auf das geistige und das technisch-stoffliche Element findet sich bei H. Walter (1969b) S. 237.

8 Zur Trennung von Kreations- und Diffusionsprozeß vgl. H. Walter (1970) S. 38.

9 Dabei sind die Übergänge fließend, wie die zuweilen übliche Trennung in eine (problemorientierte) Grundlagenforschung und eine (projektorientierte) angewandte Forschung, deren Ergebnis die Inventionen darstellen, zeigt. Vgl. L. Jüttner-Kramny (1975) S. 9 ff., insb. S. 13.

| Ergebnisse / Hauptaktivitäten | Fortschritt des technischen Wissens<br>Steigerung der technischen Qualität der Arbeit<br>gedanklich-geistiger Vorgang | Fortschritt der Technik<br>Steigerung der technischen Qualität des Kapitals<br>technisch-stofflicher Vorgang |
|---|---|---|
| Forschung und Entwicklung | 1 Steigerung des technischen Wissens<br>Theoretische Erfindungen, Entdeckungen durch Erkenntnisprozeß<br>*Wissenschaftlicher Fortschritt* | 2 Umsetzung des technischen Wissens in anwendbare Technik – Invention – (Verfahrens- und Produkttechnologie)<br>*Technologischer Fortschritt* |
| Entwicklung und Lehre | 3 Verbreitung des technischen Wissens durch ausbildungs- und praxisinduzierte Informations- und Lernprozesse<br>*Bildungs-, Informations-, Lernfortschritt* | 4a Verwendung des technischen Wissens zur Güterproduktion. Transformation der Invention zur Marktreife – Innovation –<br>4b Verbreitung der Innovation durch Imitation bzw. Diffusion<br>*Technischer Fortschritt* i.e.S. |

Abb. 2. Phasen des technischen Fortschritts – Hauptaktivitäten und Ergebnisse –

von neuem in Gang setzen. Dies impliziert ferner, daß einzelne Phasen nicht unbedingt nacheinander, sondern gleichzeitig durchlaufen werden können, insbesondere Phase drei und vier, wenn die in der Regel mit Investitionstätigkeit verbundenen Innovations- und Diffusionsprozesse von Lernvorgängen der Arbeitskräfte begleitet werden. Möglicherweise kann Phase drei der Phase vier auch zeitlich folgen, denn „der ständige Prozeß der Qualitätssteigerung des Faktors Arbeit ist doch vor allem ein adaptiver Vorgang, eine Anpassung des Menschen an die gegebenen Veränderungen der technischen Umwelt“[10].

### b) Die TW-Produktionsfunktion und die Determinanten des technischen Wissens

1. Aus der genannten Phaseneinteilung wird deutlich, daß die geläufige Gegenüberstellung einer statischen Produktionsfunktion ohne technischen Fortschritt und einer den technischen Fortschritt enthaltenden, dynamischen Produktionsfunktion der Komplexität des Fortschritts nicht gerecht wird. Wissenschaftlicher und technologischer Fortschritt allein bewirkt noch keine Verschiebung der Produktionsfunktion, sofern man diese als Ausdruck der funktionalen Abhängigkeit der effektiv realisierbaren Produktionsergebnisse von den Einsatzmengen der Produktionsfaktoren interpretiert. Wissenschaftlicher und technologischer Fortschritt erhöht lediglich die objektiv bestehenden, maximalen Produktionsmöglichkeiten im Sinne eines potentiellen Produkt- oder Verfahrensfortschritts[11]. Auch der Informationsfortschritt erhöht noch nicht die effektiv realisierbaren Produktionsergebnisse, ist aber für die jeweilige Wirtschaftseinheit (Volkswirtschaft, Branche, Unternehmen) die unabdingbare Voraussetzung dafür, daß das objektiv Mögliche auch subjektiv möglich wird[12]. Die Erhöhung der effektiv realisierbaren Produktionsergebnisse erfolgt erst durch den Innovations- und Diffusionsprozeß, wobei der Innovationsprozeß zwar unabdingbar ist, dem Diffusionsprozeß aber das größere Gewicht zukommt. Erst die Verbreitung neuer Technologien im gesamten potentiellen Anwendungsbereich führt zur Übereinstimmung von theoretischer Möglichkeit und effektiver Realisierbarkeit. Aber auch der Innovations- und Diffusionsprozeß allein erhöht nicht in jedem Fall die empirisch realisierbaren Produktionsergebnisse, und zwar dann nicht, wenn der Informations- und Lernprozeß ausbleibt bzw. nicht mit ihm Schritt hält, wie die Erfahrungen verschiedener Entwicklungsländer zeigen.

---

10 H. Walter (1969b) S. 189.

11 G. Prosi (1966) S. 8 unterscheidet zwischen potentiellem und realisiertem Fortschritt. So auch A.E. Ott (1959b) S. 302 und M. Neumann (1968) S. 19. Vgl. ferner Ch. Bauer (1976) S. 363 f.

12 Wissenschaftlicher und technologischer Fortschritt an irgendeinem Punkt der Welt erhöht die objektiven Produktionsmöglichkeiten auf der ganzen Welt. Für die einzelne Wirtschaftseinheit sind aber Information und Lernen die Voraussetzungen dafür, daß sich auch ihr die objektiv gegebene Möglichkeit eröffnet.

Es dürfte daher zweckmäßig sein, nicht zwischen einer statischen und einer dynamischen Produktionsfunktion zu unterscheiden, sondern zwischen einer Produktionsfunktion

$$(1.25) \qquad P = f(A, TW),$$

welche die maximalen Produktionsmöglichkeiten aufgrund des neuesten technischen Wissens ausweist (Abkürzung: TW-Produktionsfunktion)[13], und einer zweiten Produktionsfunktion, welche die effektiv realisierbaren Produktionsergebnisse in Abhängigkeit von den Faktoreinsatzmengen beim jeweiligen Stand der angewandten Technik ausdrückt (Abkürzung: TA-Produktionsfunktion). Das Niveau der TA-Produktionsfunktion weist zugleich den Abstand zur TW-Produktionsfunktion aus[14], zeigt also auf, inwieweit ein unzureichender Informations- und Lernprozeß (niedriges Bildungsniveau) sowie ein unzureichender Innovations- und Diffusionsprozeß (insb. niedriges Niveau des Sachkapitalbestandes) ein Erreichen des maximal möglichen Produktionsergebnisses verhindert hat[15].

2. Die Frage nach den Bestimmungsfaktoren der Lage und des Verlaufs der TW-Produktionsfunktion mündet in die Frage nach den Determinanten des Erkenntnis- und Inventionsprozesses bzw., da die Hauptaktivitäten dieser Phasen in der Forschungs- und Entwicklungstätigkeit liegen, nach den Determinanten von FE. Der Rückgriff auf die zuvor dargestellten Inventionstheorien zeigt, daß die Neigung sowie die Möglichkeit zur Realisierung von wissenschaftlichem und technologischem Fortschritt von Nachfragefaktoren wie Marktgröße, tatsächlicher und vermuteter Marktentwicklung, also von den Gewinnerwartungen, abhängen. Ferner sind Angebotsfaktoren wie das technologische Potential, die Unternehmensgröße, die Risikobereitschaft und Motivation, außerdem das Bildungsniveau, die Freiheit zur Aufnahme derartiger Aktivitäten sowie unter Umständen auch der äußere Druck und insoweit die ordnungspolitischen Gegebenheiten und die Wettbewerbssituation von maßgeblichem Einfluß. Auf diese Faktoren wird bei der Analyse der TA-Produktionsfunktion im folgenden noch einmal zurückzukommen sein.

---

13 W.E.G. Salter (1960) S. 15 spricht von einer „fundamental production function", W. Krelle (1969) S. 14 f. bezeichnet sie als theoretische Produktionsfunktion.

14 Vgl. dazu J. Niehans (1954) S. 152.

15 Zusätzliche Unterscheidungen sind denkbar, sollen hier aber nicht weiter ausgeführt werden. So etwa folgende:

1. Produktionsfunktion nach Maßgabe des neuesten Standes des technischen Wissens.
2. Produktionsfunktion nach Maßgabe des erreichten Niveaus des Informations- und Lernprozesses, durch Mängel im Innovations- und Diffusionsprozeß nicht realisiert (vgl. Nachkriegssituation in Deutschland).
3. Produktionsfunktion nach Maßgabe des erreichten Niveaus des Innovations- und Diffusionsprozesses, durch Mängel im Informations- und Lernprozeß nicht realisiert (vgl. einzelne Entwicklungsländer).
4. Produktionsfunktion beim jeweiligen Niveau beider Prozesse.

## *2. Die effektiv realisierbare Produktion: die TA-Produktionsfunktion*

### a) Ursachen der Abweichung vom Stand des technischen Wissens

1. Zur Darstellung einer TA-Produktionsfunktion bietet es sich an, als Argument der Funktion zunächst den Stand des technischen Wissens (TW) auszuweisen. Man erhält die TW-Produktionsfunktion[16], welche das maximale Produktionsergebnis bei den jeweiligen Faktoreinsatzmengen und beim neuesten Stand des technischen Wissens angibt. Zu den effektiv realisierbaren Ergebnissen gelangt man, wenn man darüber hinaus weitere Argumente für das Ausmaß der Verbreitung und Anwendung des aktuellen technischen Wissens in die Produktionsfunktion aufnimmt, denn man wird kaum unterstellen können, daß der Fortschritt des technischen Wissens ständig voll adaptiert wird[17]. Bei den zusätzlichen Argumenten einer TA-Produktionsfunktion handelt es sich demzufolge um Maße für die Abweichung der angewandten Technik vom Stand des technischen Wissens.

Da das effektiv realisierbare Produktionsergebnis das nach Maßgabe des neuesten Standes des technischen Wissens maximal mögliche aus verschiedenen Gründen nicht erreicht, liegt die TA-Produktionsfunktion unterhalb der TW-Funktion. Die effektiv realisierbaren Produktionswerte befinden sich nicht auf den Höhenlinien des Produktionsgebirges, sondern unterhalb der jeweiligen Maximalpunkte, sozusagen innerhalb des Berges[18].

2. Es gilt nunmehr, die Ursachen für die Abweichungen der angewandten Technik vom Stande des technischen Wissens zu identifizieren. Dabei ist eine Antwort auf zwei Fragen zu finden: (1) Warum entstehen Diskrepanzen zwischen dem neuesten Stand des technischen Wissens und dem tatsächlich vorhandenen Wissen? (2) Warum entsprechen die angewandten technischen Verfahren nicht dem neuesten Stand der Technologie?

Was die erste Frage betrifft, so sind die Ursachen in Mängeln bei der Verbreitung des technischen Wissen, also im Informations- und Lernprozeß zu suchen. Dieser Prozeß bezieht sich sowohl auf den dispositiven Faktor[19] als auch auf den Faktor „ausführende Arbeit". Er findet ferner auf zwei Ebenen statt, und zwar ist zwischen der grundlegenden, eher theoretischen Ausbildung, welche das Schul- und Bildungssystem vermittelt, und der betriebsprakti-

---

16 Vgl. W. Krelle (1969) S. 14 und S. 117 ff. So auch die Vorstellung von J. Niehans (1954) S. 148. Vgl. auch die Darstellung bei E. Helmstädter (1970) S. 23.

17 Vgl. dazu H. Walter (1969b) S. 206 f.

18 Vgl. auch die ähnliche Darstellung bei N. Kaldor (1961) S. 204 f.: „The system does not move *along* the curve, but *inside* it".

19 S. Klatt (1959b) S. 143 ff. beschreibt primär die Träger von Unternehmensfunktionen als „Impulsempfänger" des Fortschritts.

schen Ausbildung und Erfahrung am Arbeitsplatz zu unterscheiden. Wenn der dispositive Faktor den neuesten Stand des technischen Wissens nicht aufnimmt, so können mangelnde Markttransparenz bzw. generell Mängel im Informationssystem[20], aber auch fehlende Bereitschaft, Neuerungen zu adaptieren, also eine dem Fortschritt weniger aufgeschlossene Wirtschaftsgesinnung[21] die Ursachen sein. Bezüglich des Faktors „ausführende Arbeit" hängt die betriebliche Aus- und Weiterbildung zunächst davon ab, inwieweit den Arbeitskräften Möglichkeiten zur Erweiterung ihres Wissens eingeräumt werden. Diese ergeben sich in der Regel im Rahmen der generellen unternehmerischen Rentabilitätsüberlegungen, welche nicht nur das Ausmaß ihrer Sach-, sondern auch ihrer Bildungsinvestitionen determinieren. Betriebliche Ausbildung dürfte vorgenommen werden und ist erforderlich, wenn Sachinvestitionen beabsichtigt sind, welche neues technisches Wissen inkorporieren, ist also insoweit abhängig vom Ausmaß des Innovations- und Diffusionsprozesses. Der Informations- und Lernprozeß wird dabei teilweise vor, teilweise während bzw. als Folge von Innovationen ablaufen, denn der Erwerb bestimmter Fähigkeiten ist zum Teil Voraussetzung, um im Produktionsprozeß mitwirken zu können, zum Teil werden solche Fähigkeiten aber erst durch den Produktionsprozeß vermittelt (learning by doing). Darüber hinaus ist auch beim Faktor „ausführende Arbeit" eine Neigung, neues technisches Wissen zu adaptieren, erforderlich. Auswirkungen der theoretischen Ausbildung auf diese Neigung wie überhaupt Wechselwirkungen zwischen theoretischer und praktischer Ausbildung sind denkbar[22].

Was die zweite der oben gestellten Fragen betrifft, so werden die angewandten technischen Verfahren dem neuesten Stand der Technologie nicht entsprechen infolge von Mängeln im Innovations- und Diffusionsprozeß. Damit stellt sich die Frage nach den Determinanten des Innovations- und Diffusionsprozesses. Innovationen erfolgen, wenn bei den Unternehmen eine Innovationsneigung sowie Innovationsmöglichkeiten[23] gegeben sind. Die Determinanten der Innovationsneigung sind die Gewinnerwartung aus einer Innovation bzw. das Verlustrisiko bei Unterlassung der Innovation[24] sowie die Risikobereitschaft[25].

---

20 Zu den Mängeln im Informationswesen vgl. D. Schröder (1971) S. 60 und S. 376.

21 Carter und Williams bezeichnen derartige Unternehmen als „parochial". Vgl. C.F. Carter; B.R. Williams (1957) S. 108 f. Vgl. auch die Darstellung von G. Fleischmann (1972) S. 31 f.

22 Vgl. dazu auch die jüngste Diskussion über den Vorschlag, Phasen theoretischer Ausbildung in den Arbeitsprozeß einzufügen. Vgl. F. Edding (1976) S. 287 ff. und H.-J. Bodenhöfer (1976) S. 203 ff.

23 Vgl. E. Kantzenbach (1966) S. 43.

24 Vgl. ders. (1967/68) S. 216 f. sowie G. Fleischmann (1972) S. 37.

25 Vgl. Ifo-Institut für Wirtschaftsforschung (1971) S. 80 in Bezug auf die FE-Ausgaben insgesamt.

Mit der Risikobereitschaft eng verbunden ist die Stärke des Erfolgsstrebens der Unternehmensleitung[26]. Die Gewinnerwartungen werden von der mutmaßlichen Nachfrageentwicklung, d.h. von der Marktgröße oder der Expansionsfähigkeit des Marktes[27] bzw. vom Ausmaß der erwarteten Chance, auf dem Markt einen Vorsprungsgewinn, der die Entwicklungs- und Innovationskosten übersteigt[28], oder sogar eine nachhaltige Verbesserung der eigenen Marktposition zu erzielen, bestimmt. Dieser Aspekt ist um so entscheidender, je höher die Innovationskosten sind. Ein Verlust- oder sogar Existenzrisiko entsteht im Ausmaß der durch Wettbewerber hervorgerufenen Bedrohung der Marktstellung des Unternehmens[29]. Als Determinanten der Innovationsmöglichkeit ist zunächst die objektiv bestehende Freiheit, Innovationen durchzuführen, zu nennen. Dazu zählen das Fehlen rechtlicher Beschränkungen sowie alle infrastrukturellen Voraussetzungen für unternehmerische Expansionsvorhaben[30]. Darüber hinaus müssen die Unternehmen die subjektive Fähigkeit zur Innovation besitzen, welche sich in erster Linie auf ihre Kapitalbeschaffungsfähigkeit bezieht[31]. Diese Fähigkeit besitzen vor allem Großunternehmen, doch sie kann mit Hilfe einer gezielten Politik der staatlichen Förderung und der Kreditvergabe auch kleineren Unternehmen vermittelt werden. Neben der Kapitalbeschaffungsfähigkeit erhöhen jedoch auch vorhandene Ressourcenreserven in Form von freien Kapazitäten bzw. sog. „organizational slack" die Innovationsfähigkeit der Unternehmen[32]. Damit ist das zentrale Problem der ökonomischen Bewertung derartiger Reserven anzusprechen. Solche Reserven können, wie übrigens auch ein hoher Gewinnspielraum, Indiz für Fehlallokation und Ineffizienz sein, sie können aber auch ein rationales Verfahren zur Steigerung der Innovationsfähigkeit darstellen[33].

Imitationen und damit die Diffusion technologischer Neuerungen erfolgt, wenn bei den Unternehmen eine Imitationsneigung und Imitationsmöglichkeiten bestehen. Wie bei der Innovationsneigung sind auch für die Imitationsneigung Risikobereitschaft, Gewinnerwartungen und Verlustrisiko von Bedeutung. Im Gegensatz zur Innovation fallen hier jedoch technische Risiken weniger ins Gewicht. Allerdings ist der Imitator gegenüber dem Innovator bereits ins Hintertreffen geraten, so daß für seinen Erfolg die tatsächliche Markt-

26 So ist es möglich, daß technisches Wissen zwar erworben wurde, aber nicht angewendet wird. Vgl. H. Leibenstein (1966) S. 405.

27 Vgl. E. Kaufer (1970) S. 72.

28 Zur Furcht, nur die Kosten des Innovationsprozesses zu tragen, die Gewinne aber mit anderen teilen zu müssen, vgl. J. Tabbert (1974) S. 24 ff.

29 E. Kaufer (1970) S. 58 spricht von kompetitiver Bedrohung.

30 Zur Bedeutung der Infrastruktur vgl. J. Werner (1970) S. 61 ff. und die dort zitierte Literatur.

31 Vgl. E. Kantzenbach (1967/68) S. 217, der vom Finanzierungsspielraum des Unternehmens spricht.

32 Zum Konzept des „organizational slack" vgl. E. Kaufer (1971) S. 323 ff. und die dort angegebene Literatur. Vgl. ferner ders. (1973) S. 629 ff.

33 Vgl. ders. (1971) S. 326.

entwicklung entscheidende Bedeutung erhält. Auf expandierenden Märkten wird auch ein spontan imitierender Unternehmer[34] noch Gewinnchancen haben, während auf engen Märkten für ihn weniger Spielraum besteht. Hier könnten ihm weniger Gewinnerwartungen als vielmehr der Grad seiner Bedrohung, d.h. sein Verlust- und Existenzrisiko, zur Imitation drängen. Sein Erfolg wird aber ihn hohem Maße durch die Nachfrageentwicklung beeinflußt[35]. Die Imitationsmöglichkeit hängt ebenso wie die Innovationsmöglichkeit von der Freiheit der Anbieter und ihren subjektiven Fähigkeiten ab, wobei zwischen der Freiheit zur Innovation und der Freiheit zur Imitation mit Hilfe gesetzlicher Regelungen des Patentwesens ein den Innovations- und Imitationsprozeß als Ganzes fördernder Kompromiß gefunden werden muß.

### b) Zusammenfassung: Die Determinanten des Standes der angewandten Technik

Damit sind die Hauptdeterminanten sowohl des Informations- und Lernprozesses als auch des Innovations- und Diffusionsprozesses angesprochen. Wenn alle Prozeßbedingungen günstig sind, wird ein Informations- und Lernprozeß dafür sorgen, daß die Verbreitung des technischen Wissens ohne Verzögerung erfolgt, und ein Innovations- und Diffusionsprozeß wird bewirken, daß das technische Wissen zur Anwendung gelangt. Als Vehikel der Verbreitung und Anwendung des Wissens dienen Investitionen, trennbar in Bildungs- und in Sachinvestitionen. Sind dagegen einzelne oder alle Prozeßbedingungen nicht erfüllt, so ergeben sich Abweichungen der angewandten Technik vom Stand des technischen Wissens. Zusammenfassend sollen die Determinanten noch einmal in die folgenden Hauptgruppen eingeordnet werden[36].

1. Die Anwendung des technischen Wissens dann durch eine unzureichende Sachkapitalausstattung, wobei zwischen dem direkt produktiven Kapital und dem Sozialkapital bzw. der „materiellen Infrastruktur" unterschieden werden kann[37], sowie durch eine unzureichende Sachkapitalbildung im Rahmen eines zu langsam ablaufenden Innovations- und Diffusionsprozesses hinausgezögert werden. Auf die Bedeutung der Höhe des Sachkapitalbestandes als einer Komponente, welche die ökonomische Qualität des Faktors Arbeit beeinflußt, ist zuvor schon hingewiesen worden. Hier erscheint das Sachkapital (Symbol $K$) als eine Größe, welche an der Einschleusung des technischen Wissens beteiligt ist und diese angesichts zu geringen Umfangs und zu geringer Steigerungsrate nur in begrenztem Ausmaß zuläßt.

---

34 Vgl. E. Heuß (1965) S. 9.

35 Zur Ausbreitungsgeschwindigkeit technischer Neuerungen und ihrer Determinanten vgl. Ifo-Institut für Wirtschaftsforschung (1971) S. 84 ff.

36 Zu einem Katalog verschiedener Ursachen eines „Delay in the Utilization of New Techniques of Production" vgl. auch W.E.G. Salter (1960) S. 48 ff.

37 Vgl. R. Jochimsen (1966b) S. 104.

2. Die Verbreitung des technischen Wissens kann durch Engpässe im Informations- und Bildungswesen der Gesellschaft verzögert werden oder sogar scheitern[38]. Für die Berücksichtigung des Informations- und Bildungssystems bzw. des Bildungsniveaus einer Gesellschaft in der TA-Produktionsfunktion soll das Symbol *Bi* gewählt werden.

3. Neben der Möglichkeit und Fähigkeit der Wirtschaftssubjekte, das technische Wissen aufzunehmen und anzuwenden, ist ihre Bereitschaft, dies zu tun, von Bedeutung. Sie soll hier als Wirtschaftsgesinnung bzw. Einstellung zum Wirtschaften (Symbol *E*) bezeichnet werden. Komponenten der Wirtschaftsgesinnung sind zum Beispiel die Lernbereitschaft, die Risikofreudigkeit sowie die Sparwilligkeit der Wirtschaftssubjekte[39].

4. Fähigkeit, Möglichkeit und Bereitschaft zur Aufnahme und Anwendung des technischen Wissens sind nicht unabhängig von wirtschaftspolitischen Gegebenheiten und Bedingungen, d.h. von den konkreten Maßnahmen der staatlichen Wirtschaftspolitik und der Ausgestaltung der Wirtschaftsordnung (Symbol *O*)[40].

5. Eine weitere Ursache für mangelnde Verbreitung und Anwendung des technischen Wissens kann in der Beschränkung durch die Nachfrage liegen. Zu geringe Marktgröße und mangelnde Marktexpansionschancen in Branchen, die vom technologischen Potential her die Anwendung neuen technischen Wissens zuließen, kann die Verwendung und Verbreitung des Wissens hemmen. Insoweit stellt die Struktur der Nachfrage (Symbol *StN*) bzw. ihre Entwicklung eine fortschrittsbeeinflussende Größe dar.

6. Einen weiteren Ursachenkomplex bildet die Angebotsstruktur (Symbol *StA*), wobei dieser Begriff sehr weit zu interpretieren ist und sowohl die Güterstruktur als auch die Betriebs-, Unternehmens- und Marktstruktur umfaßt. Dabei wäre eine unteroptimale Angebotsstruktur nicht etwa in der Weise zu interpretieren, daß sie die mangelnde Anpassung an das technische Wissen dokumentiert. In diesem Fall handelt es sich nur um einen anderen Ausdruck für den Stand der angewandten Technik. Sie ist vielmehr so zu verstehen, daß sie die Verbreitung und Anwendung des technischen Wissens erschwert oder verhindert. In diesem Sinne könnte der Begriff der Angebotsstruktur auch die Verteilung des Sachkapitalbestandes auf einzelne Sektoren, Regionen und Unternehmensgrößen umfassen, während die absolute Höhe des Sachkapitalbestandes zuvor schon angesprochen worden ist.

---

38 Auf die Bedeutung des Bildungswesens als Engpaßfaktor in der Bundesrepublik wird verschiedentlich hingewiesen, z.B. von D. Schröder (1971) S. 54, S. 59 und an weiteren Stellen.

39 Bildungsniveau und Wirtschaftsgesinnung faßt Jochimsen zum Konzept der personalen Infrastruktur zusammen. Vgl. R. Jochimsen (1966b) S. 133 und S. 135 ff.

40 Vgl. dazu auch den verwandten Begriff der institutionellen Infrastruktur bei R. Jochimsen (1976b) S. 117 ff., insb. S. 119 f. Die Wirtschaftsordnung bzw. etwas weiter formuliert „the institutional and sociocultural environment" wird auch von I.

7. Wie verschiedentlich angedeutet, können der Innovations- und der Diffusionsprozeß gemeinsam als eine Ausprägung des Wettbewerbsprozesses interpretiert werden. Insoweit wäre auch der Wettbewerb (Symbol *W*) als eine Determinante der Intensität dieses Prozesses bzw. als Ursache für Abweichungen der angewandten Technik vom Stand des technischen Wissens zu nennen. Die Anwendung und Verbreitung technischer Neuerungen kann durch marktmächtige Unternehmen oder durch Absprachen der Konkurrenten verhindert oder verzögert werden.

Ohne Zweifel bestehen zwischen den einzelnen Determinanten inhaltliche Überschneidungen sowie Interdependenzen, denen hier allerdings nicht weiter nachgegangen werden kann. Da die Faktoren das Ausmaß angeben, in welchem sich ein gegebener Stand des technischen Wissens in effektiv realisierbarer Produktion niederschlägt, also Produktivitätswirkungen[41] zeitigt, sollen sie neben diesem als Produktivitätskomponenten bezeichnet werden. Die TA-Produktionsfunktion enthält demnach über die Argumente der TW-Funktion hinaus noch die Produktivitätskomponenten *K, Bi, E, O, StN, StA* und *W*.

#### c) Vergleichende Darstellung der TW- und der TA-Determinanten

Ein Vergleich der zuvor angedeuteten Determinanten des Erkenntnis- und Inventionsprozesses mit den nunmehr beschriebenen Determinanten des Informations- und Lernprozesses sowie des Innovations- und Diffusionsprozesses zeigt, daß die Determinanten der einzelnen Phasen des Fortschrittsprozesses im wesentlichen die gleichen sind. Daraus kann allerdings nicht der Schluß gezogen werden, daß die Wirkungsrichtung sowie die Stärke des Einflusses der einzelnen Determinanten in allen Phasen des Fortschrittsprozesses identisch ist. In der ersten Phase, insbesondere in der Grundlagenforschung, ist die Unsicherheit[42] über das Ergebnis noch sehr hoch, ein direkter Bezug zur ökonomischen Verwertung ist oft noch gar nicht gegeben[43]. Demgegenüber sind die Kosten der Forschung unter Umständen sehr hoch[44], insbesondere in Branchen, in

---

Adelman in die Produktionsfunktion eingebaut. Ihre Funktion ist jedoch überbestimmt, da sie nicht den Stand des technischen Wissens, sondern die angewandte Technik, „applied scientific, technical, and organizational knowledge", enthält. Eine Produktionsfunktion ist durch die quantitativen Einsatzfaktoren und die angewandte Technik aber bereits hinreichend bestimmt. Vgl. I. Adelman (1961) S. 8 ff.

41 Der Begriff der Produktivitätswirkungen ist hier im weiteren Sinn zu verstehen, da der Fortschrittsprozeß nicht nur Produktivitätssteigerungen im Sinne von Verfahrensfortschritten bewirkt, sondern sich auch in Produktfortschritten dokumentiert.

42 Nach Kaufer sind Forschung und Entwicklung als „kumulative Prozesse der Gewinnung von Informationen" zu verstehen, wobei man sich „aus der mit der größten Unsicherheit belasteten Anfangsphase in F & E-Phasen abnehmender Unsicherheit" bewegt. E. Kaufer (1968) S. 422.

43 Vgl. hierzu etwa die Entwicklung des Nylon durch Du Pont. Vgl. E. Kaufer (1968) S. 414 f.

44 Kaufer ist hier anderer Ansicht, hebt aber nicht direkt auf die Grundlagenforschung ab. Vgl. E. Kaufer (1968) S. 422.

denen Forschungstätigkeit ohne die Beherrschung wissenschaftlicher Grundelemente nicht denkbar ist[45], wie sich überhaupt „die Notwendigkeit zur Grundlagenforschung nicht in allen Branchen gleichermaßen stellt"[46]. In diesen Bereichen bedarf es zuweilen einer Einstellung der Unternehmensleitung, die nicht immer direkt auf ökonomische Auswertbarkeit ausgerichtet ist. Zuweilen ist der Kostenaufwand aber so hoch, daß er tatsächlich nur von Großunternehmen verkraftet werden kann. Wenn die Kosten sogar die finanziellen Möglichkeiten dieser Unternehmen überschreiten bzw. wenn Forschungsaktivitäten aufgrund des hohen Unsicherheitsgrades ganz unterbleiben würden, ist staatliche Forschungsförderung unter Umständen angezeigt[47]. Dann kann das Ausmaß des staatlichen Einflusses erheblich sein[48], so daß Wettbewerbsaspekte wie überhaupt ordnungspolitische Gesichtspunkte sowie Unterschiede im Wirtschaftssystem an Bedeutung verlieren.

Demgegenüber bietet die Inventionsphase ein sehr heterogenes Bild. Der erforderliche Kostenaufwand und damit der Einfluß der Unternehmensgröße ist stark abhängig von der Branche und der Art der Produkte sowie vom Reifegrad der Invention[49]. Je mehr in der Branche mechanische Tätigkeiten dominieren und je spezialisierter das Produktionsprogramm ist, um so eher können mittlere und kleine Unternehmen Träger des Inventionsprozesses sein. In seiner Frühphase ist der Inventionsvorgang darüber hinaus vorwiegend ein geistiger Prozeß, der unter Umständen noch keinen allzu hohen materiellen Aufwand erfordert. Auch hier dominieren Einzelerfinder sowie mittlere und kleine Unternehmen. Demgegenüber erlangen Großunternehmen um so stärkere Bedeutung, je mehr die „Erfindungen auf modernen naturwissenschaftlichen Erkenntnissen aufbauen"[50], je stärker die Produkte standardisiert sind und je weiter der Inventionsprozeß fortgeschritten ist[51].

In der Informations- und Lernphase liegen – auf den Unternehmenssektor bezogen – im wesentlichen die gleichen Motive vor wie in den übrigen Phasen. Weitgehend unbestritten ist jedoch, daß die Vermittlung des grundlegenden Wissens und der Allgemeinbildung Aufgabe eines selbständigen Bildungssektors ist. Umstritten ist in jüngster Zeit allerdings wieder die Frage, inwieweit er vom Staat organisiert oder privatwirtschaftlich betrieben werden soll.

In der Innovations- und Diffusionsphase erhalten die Angebotsstruktur und die tatsächliche Nachfrageentwicklung vorrangige Bedeutung. In der kostenin-

---

45 Vgl. L. Jüttner-Kramny (1975) S. 75.
46 L. Jüttner-Kramny S. 72.
47 Zu den Formen und zur Problematik staatlicher Forschungsförderung vgl. H. Besters (1979) S. 161 ff.
48 Zum Umfang der staatlichen Forschungsförderung vgl. L. Jüttner-Kramny (1975) S. 45 ff. sowie Ifo-Institut für Wirtschaftsforschung (1971) S. 76 ff.
49 Vgl. E. Kaufer (1968) S. 447 und L. Jüttner-Kramny (1975) S. 74 ff.
50 L. Jüttner-Kramny S. 75.
51 Vgl. L. Jüttner-Kramny S. 74 ff.

tensiven Innovationsphase dominieren Großunternehmen, das Ausmaß der Diffusion wird von der Größe des Marktes bestimmt. Da der Innovations- und Diffusionsprozeß als eine spezielle Ausprägung des Wettbewerbsprozesses verstanden werden kann, geht von der staatlichen Wirtschafts- und Wettbewerbsordnung ein bedeutender Einfluß aus. Eine primär erfolgsorientierte Wirtschaftsgesinnung ist dem Fortschrittsprozeß in dieser Phase förderlich.

Demnach ist das Gewicht der einzelnen Determinanten in den verschiedenen Phasen des Fortschrittsprozesses sehr unterschiedlich, ihre Wirkungsweise ist zum Teil sogar gegenläufig. Das zeigt sich insbesondere am Einfluß der Unternehmensgröße auf den Prozeß. So scheint sich sowohl eine horizontale Aufgabenverteilung zwischen kleinen, mittleren und großen Unternehmen je nach Branche und darüber hinaus eine vertikale Aufgabenverteilung nach den Prozeßphasen abzuzeichnen[52]: Während in der Grundlagenforschung und im Innovationsprozeß die Großunternehmen dominieren, ist die Bedeutung der Kleineren in der Inventionsphase erheblich. Diesen Unterschieden ist bei einer vertieften Untersuchung des Einflusses der Determinanten auf den Fortschrittsprozeß im einzelnen nachzugehen. Hier sollte im wesentlichen nur eine Identifizierung und erste Systematisierung der Fortschrittsdeterminanten erfolgen.

### *3. Die tatsächlichen Produktionsergebnisse und die Wachstumsfunktion*

#### a) *X*-Ineffizienzen und Unterbeschäftigung

Bislang wurden die maximal mögliche sowie die effektiv realisierbare Produktion und ihre Determinanten diskutiert und mit Hilfe der Konzepte der TW-Produktionsfunktion und der TA-Produktionsfunktion dargestellt. Beide Konzepte entsprechen der üblichen Vorstellung über die Produktionsfunktion als eines theoretischen Erklärungsansatzes, welcher potentielle Produktionsergebnisse in Abhängigkeit von wohldefinierten Produktionsfaktoren ausweist. Darüber hinaus kann aber noch nach den Faktoren gefragt werden, welche die Höhe der tatsächlichen Produktion bestimmen – vor allem, wenn man Wachstum als Steigerung der tatsächlichen Produktion definiert. Zuweilen wird dann von einer empirischen Produktionsfunktion gesprochen[53]. In den Begründungen für Abweichungen der tatsächlichen Produktion von der möglichen Produktion wird in der Regel allerdings nicht zwischen der TW-Funktion und der TA-Funktion unterschieden. Krelle erwähnt nur eine TW-Funktion als theoretische Produktionsfunktion und eine Funktion der empirischen Produktionsergebnisse[54].

---

52 Vgl. L. Jüttner-Kramny (1975) S. 82 f. Vgl. auch E. Kaufer (1973) S. 627 f.
53 Vgl. W. Krelle (1969) S. 14ff. und S. 142 ff.
54 Vgl. W. Krelle S. 14 f.

Demgegenüber wird zuweilen ausdrücklich darauf hingewiesen, daß Unternehmungen bzw. Volkswirtschaften die beim jeweiligen Stand der *angewandten* Technik möglichen Produktionsergebnisse nicht erreichen. Die Ursachen hierfür lassen sich in zwei Kategorien einteilen:

– Die Unternehmen operieren auch bezüglich der TA-Funktion nicht auf der Kurve ihrer Produktionsmöglichkeiten, sondern innerhalb des Produktionsgebirges.

– Die jeweilige Unternehmung bzw. die Volkswirtschaft als Ganzes schöpft ihr Faktorpotential nicht vollständig aus.

Den Ursachen für Abweichungen der ersten Kategorie soll hier nicht in extenso nachgegangen werden. Leibenstein hat das Phänomen als „X-Ineffizienzen“ gekennzeichnet und eine Reihe von Gründen für derartige Abweichungen aufgezählt[55]. Eine genauere Analyse dieser Gründe zeigt jedoch, daß die primär im Bereich der Motivation der im Unternehmen tätigen Personen und der Antriebe, denen sie unterliegen, angesiedelt sind[56]. Damit kommen mehrere der zuvor als Determinanten des Fortschrittsprozesses genannten Bestimmungsgründe wieder ins Spiel, insbesondere das Bildungsniveau der Beteiligten, ihre Wirtschaftsgesinnung sowie die Wettbewerbsintensität.

Im einzelnen zeigt sich darüber hinaus, daß mit der Gegenüberstellung einer TA-Funktion und einer Funktion, welche die tatsächlichen Produktionsergebnisse als Folge von X-Ineffizienzen ausweist (mögliche Bezeichnung: TX-Produktionsfunktion) nur ein begriffliches Raster gefunden ist, das es ermöglicht, alternative Wege der Produktionssteigerung theoretisch eindeutig zu trennen. In praxi bestehen aber erhebliche Schwierigkeiten, den zunächst statischen Aspekt der Steigerung der X-Effizienz vom dynamischen Aspekt der Auslösung und Weiterverfolgung von Fortschrittsprozessen zu trennen[57] und divergierende Determinanten zu unterscheiden. Auch wenn man die Produktionsfunktion im Sinne einer Funktion der tatsächlichen Produktionsergebnisse interpretiert, wird sie als Bestimmungsgründe wiederum die zuvor schon genannten Produktivitätskomponenten enthalten.

Die Ursache für Abweichungen der zweiten Kategorie liegt in der mangelnden Auslastung von Produktionsfaktoren. Nun sind Produktionsfunktionen in der Weise definiert, daß sie das Produktionsergebnis bei alternativen Faktoreinsatzmengen, d.h. von beliebigen Graden der Unterbeschäftigung der Faktoren bis zur Vollbeschäftigung und möglicherweise über diese hinaus für weitere po-

55 Vgl. H. Leibenstein (1966) S. 392.

56 Leibenstein (1966) S. 392 spricht von „motivation efficiency“ und „incentive efficiency“.

57 Vgl. dazu Leibensteins eigene Beispiele, a.a.O., S. 402 ff. sowie H.-J. Bodenhöfer (1973) S. 671 ff. Vgl. auch K.H. Oppenländer (1976) S. 122.

tentielle Faktorbestandssteigerungen, anzeigen. Analysiert man jedoch tatsächlich realisierte, historische Produktionsergebnisse und vergleicht man die Ergebnisse verschiedener historischer Zeitpunkte, so läßt sich nicht mehr eindeutig feststellen, ob eine Faktoreinsatzmengenerhöhung die Form von Beschäftigungssteigerungen bereits vorhandener Faktoren oder die Form einer Vermehrung des Faktorenbestandes annimmt[58]. Es entsteht eine Konfusion von Wachstums- und Beschäftigungswirkungen, die sich auch in der wirtschaftspolitischen Diskussion niederschlägt, in welcher Wachstums- und Vollbeschäftigungspolitik oft nicht eindeutig voneinander abgegrenzt werden. Will man diese Konfusion vermeiden, so empfiehlt es sich, die quantitativen Produktionsfaktoren im Sinne des *vorhandenen Faktorbestandes* zu interpretieren. Dieses Verfahren entspricht dem zuvor geschilderten Vorgehen hinsichtlich der Technik, die als Stand (Bestand) des technischen Wissens definiert wurde. Zusätzlich war dann zu untersuchen, ob der gegebene technische Stand vollständig, oder ob er durch den Einfluß der übrigen produktivitätsbestimmenden Faktoren nur bedingt wirksam wird. Analog ist nunmehr zu prüfen, ob der vorhandene Faktorenbestand vollständig, oder ob er durch den Einfluß weiterer Komponenten nur teilweise beschäftigt und damit unvollständig wirksam ist, woraus eine gegenüber den gemäß TA- und TX-Funktion möglichen Produktionsergebnissen geringere Produktion resultiert (mögliche Bezeichnung: TU-Produktionsfunktion).

Die Analyse derjenigen Größen, welche die Beschäftigungslage des Faktorenbestandes determinieren und damit das Produktionsergebnis beeinflussen, verlangt die Entwicklung einer umfassenden Theorie der Unterbeschäftigung. Eine derartige Theorie kann hier nicht im einzelnen vorgelegt werden. Eine gewisse Systematisierung der Ursachen für Unterbeschäftigung soll lediglich in der Form vorgenommen werden, daß zwischen zwei Ursachenkomplexen unterschieden wird, den produktionstechnischen Ursachen und den absatzwirtschaftlichen Ursachen. Zu den produktionstechnisch bedingten Arten der Unterbeschäftigung zählen bestimmte Ausprägungen der saisonalen Unterbeschäftigung, die technologische Unterbeschäftigung des Faktors Arbeit, welche aus dem Mangel einer Volkswirtschaft an Sachkapital, Rohstoffen und Energie resultiert, ferner die Arbeitslosigkeit als Folge von Mechanisierung. Darüber hinaus führen weitere, insbesondere in der mangelnden qualitativen Übereinstimmung von Faktorangebot und Faktornachfrage liegende Ursachen zur sog. strukturellen Unterbeschäftigung. Da alle diese Ursachen unmittelbar mit den qualitativen und quantitativen Bedingungen des Produktionsprozesses, d.h. mit der Gestalt der Produktionsfunktion und deren Veränderungen durch technischen Fortschritt zusammenhängen, sind sie in den bisher genannten Argumenten der Produktionsfunktion bereits enthalten. Noch nicht hinreichend be-

58 So etwa, wenn man den Faktor Arbeit mit Hilfe der tatsächlich geleisteten Arbeitsstunden mißt. Vgl. B. Gahlen (1973) S. 13.

rücksichtigt ist demgegenüber der Komplex der absatzwirtschaftlichen Ursachen. Zu ihnen zählen Änderungen der Nachfragestruktur, also Nachfrageverschiebungen, welche friktionelle Arbeitslosigkeit[59] auslösen, und temporäre Nachfragerückgänge, welche sich in Form von konjunktureller und saisonaler Unterbeschäftigung niederschlagen.

Die tatsächlichen Produktionsergebnisse werden demgemäß auch von der Höhe der gesamtwirtschaftlichen Nachfrage (Symbol *N*) und der jeweiligen Nachfragestruktur (Symbol *StN*) bestimmt. Die Nachfragestruktur ist insoweit sowohl Produktivitäts- als auch Auslastungskomponente. Die Zuordnung der Determinanten zur Gruppe der Produktivitäts- und der Auslastungskomponenten kann ohnehin nur sehr grob ihre Hauptwirkungsrichtung dokumentieren. Auch die Produktivitätskomponenten wirken auf den Auslastungsgrad der quantitativen Faktoren ein, während andererseits die Auslastungskomponenten die Produktivität beeinflussen.

### b) Die globale Produktions- und Wachstumsfunktion

1. Die Analyse der Bestimmungsgründe der Produktion hat gezeigt, daß es sich empfiehlt, zwischen einer TW-, einer TA- und einer TX-Produktionsfunktion zu unterscheiden und darüber hinaus noch den Auslastungsgrad der Produktionsfaktoren zu berücksichtigen (TU-Funktion). Als Determinanten des technischen Wissens selbst, ferner der Abweichungen der angewandten Technik vom Stand des technischen Wissens sowie der Abweichung der tatsächlichen Produktion von der beim Stand der angewandten Technik möglichen Produktion ergaben sich jedoch im wesentlichen die gleichen ökonomischen und außerökonomischen Bestimmungsgründe. Es ist daher vertretbar, alle Determinanten zu einer globalen Produktionsfunktion zusammenzufassen. Sie enthält drei Gruppen von Determinanten: die quantitative Komponente des Arbeitskräftebestandes *A*, die Produktivitätskomponenten *TW, K, Bi, W, E, O, StA* und *StN* sowie die Auslastungskomponenten *StN* und *N*. In der allgemeinen Schreibweise lautet sie demnach:

$$P = f(A, TW; K, Bi; W, E, O, StA, StN, N). \qquad (1.26)$$

Die Reihenfolge der Determinanten kann angesichts ihres komplementären Charakters keine eindeutige Rangordnung bezüglich ihrer Wichtigkeit ausdrükken. Das ist schon deshalb nicht möglich, da alle prinzipiell gleichrangig sind bzw. stets jenen Komponenten vorrangige Bedeutung zukommen muß, die zu

59 Die Terminologie bezüglich der Arten der Unterbeschäftigung ist in der Literatur keineswegs einheitlich. Insbesondere die hier als friktionell bezeichnete Art wird manchmal im Rahmen der strukturellen Unterbeschäftigung abgehandelt. Doch bei einem solchen Vorgehen verschwimmt die o.a. Trennung in produktionstechnische und absatzwirtschaftliche Ursachen.

einem bestimmten Zeitpunkt besonders knapp sind, also Engpaßfaktoren darstellen[60]. Ferner kann die Reihenfolge der Determinanten angesichts zahlreicher Interdependenzen die Richtung des Kausalzusammenhangs allenfalls andeuten, keineswegs aber verbindlich ausdrücken. Dennoch ist mit der gewählten Reihenfolge eine Tendenzaussage folgender Art beabsichtigt: Die Lage der partiellen Produktionsfunktion für den Faktor Arbeit und damit die Höhe der Arbeitsproduktivität ist primär abhängig vom Stand des technischen Wissens, woraus sich zunächst die maximalen, theoretischen Produktionsmöglichkeiten ergeben. Der Grad, in dem das technische Wissen unter den Wirtschaftssubjekten verbreitet ist sowie in der Praxis angewendet wird und damit die effektiv realisierbaren Produktionsergebnisse festlegt, dokumentiert sich vor allem in der Höhe des Sachkapitalbestandes und des Bildungsniveaus der Volkswirtschaft. Sachinvestitionen und Bildungsinvestitionen stellen demnach die Vehikel zur Einschleusung des technischen Wissens im Rahmen des Informations- und Lernprozesses sowie des Innovations- und Diffusionsprozesses dar. Insbesondere die Sachkapitalbildung erfolgt im Rahmen eines Wettbewerbsprozesses, der seinerseits durch die Einstellung der Wirtschaftssubjekte geprägt wird und in dem ordnungspolitische Einflüsse, die Angebots- und die Nachfragestruktur sowie das Nachfrageniveau eine Rolle spielen. Die zuletzt genannten Determinanten berühren aber nicht allein die Wettbewerbssituation, sondern zum Beispiel auch das Bildungsniveau. Ferner sind Rückkopplungen verschiedener Art, wie zum Beispiel die Einflüsse der technischen Entwicklung auf die Angebotsstruktur (Konzentrationsgrad) oder des Bildungsniveaus auf die Wirtschaftsgesinnung, vorhanden und stets zu beachten. Alle im Anschluß an das technische Wissen genannten Determinanten, möglicherweise sogar die Menge des Faktors Arbeit selbst (Arbeitsteilung), stellen darüber hinaus Komponenten dar, welche das Niveau des technischen Wissens beeinflussen. Andererseits sind einzelne dieser Determinanten ursächlich für das Bestehen von X-Ineffizienzen.

2. Um die historische Veränderung des Sozialprodukts einer Volkswirtschaft in der Zeit erfassen zu können, bedarf es der Umformulierung der Produktionsfunktion in eine Wachstumsfunktion. In der neoklassischen Theorie wird die Wachstumsfunktion in der Weise gebildet, daß die mit ihren partiellen Produktionselastizitäten multiplizierten Wachstumsraten der Faktormengen sowie die Rate des technischen Fortschritts addiert werden, also

$$G_P = G_T + \alpha G_A + \beta G_K. \tag{1.27}$$

Bleiben der Kapitalstock sowie der Stand der Technik konstant, so kann wirtschaftliches Wachstum durch die mengenmäßige Ausdehnung des Faktors Ar-

60 Zur Aussage, daß auch Wachstumspolitik prinzipiell als Engpaßpolitik zu konzipieren ist, vgl. D. Schröder (1971) S. 57 ff.

beit erfolgen. Das Ausmaß der Produktionssteigerung richtet sich nach Maßgabe der Produktionselastizität der Arbeit, also

(1.28) $$G_P = \epsilon_A \cdot G_A.$$

Berücksichtigt man darüber hinaus Veränderungen des Kapitaleinsatzes und des technischen Wissens, so sind deren Wachstumsraten in die Wachstumsfunktion aufzunehmen. Die Funktion lautet dann

(1.29) $$G_P = \epsilon_A \cdot G_A + \epsilon_K \cdot G_K + \epsilon_{TW} \cdot G_{TW},$$

wobei $\epsilon_A = \delta P / \delta A \cdot A/P$, $\epsilon_K = \delta P / \delta K \cdot K/P$ und $\epsilon_{TW} = \delta P / \delta TW \cdot TW/P$ als partielle Produktionselastizitäten zu interpretieren sind. Die Funktion (1.29) entspricht allerdings bereits dem hier gewählten Verfahren, den Stand des technischen Wissens auszuweisen. Demgegenüber ist es im Rahmen der neoklassischen Theorie, die den Fortschritt lediglich anhand seiner Wirkungen identifiziert, verbreitet und dann auch konsequent, gemäß (1.27) nur die Wachstumsrate des Fortschritts einzusetzen[61].

Analog dem Verfahren des Einbaus der Veränderungen des Kapitalstocks und des technischen Wissens lassen sich die hier identifizierten weiteren Determinanten des Wachstums in die Wachstumsfunktion einbauen, indem ihre Veränderungsraten[62] sowie ihre jeweiligen partiellen Produktionselastizitäten eingesetzt werden. Formal ist dieses Verfahren ohne Zweifel möglich. Zu fragen ist allerdings, ob es angesichts der kaum überwindbaren Schwierigkeiten, die entsprechenden Werte empirisch zu ermitteln, auch sinnvoll ist. Bereits die neoklassische Praxis, anstelle echter Produktionselastizitäten der Faktoren Arbeit und Kapital die Verteilungsquoten einzusetzen, zeigt die Grenzen des Verfahrens deutlich auf. Bezüglich der zusätzlichen, überwiegend qualitativen Determinanten ist zu vermuten, daß es noch schwieriger als bei den Faktoren Arbeit und Kapital sein wird, sie zu quantifizieren und partielle Produktionselastizitäten zu ermitteln. Darüber hinaus wächst mit der Zahl der Determinanten das Problem der Multikollinearität. Schon die Quantifizierung einer Zwei-Faktoren-Funktion unterliegt aus diesem Grund der Gefahr des Scheiterns[63]. „Gehen noch mehr Faktoren in die Produktionsfunktion ein, muß es als total ausgeschlossen erscheinen, statistisch signifikante Ergebnisse zu erzielen“[64]. Auch der alternative Ansatz, es beim Zwei-Faktoren-Modell zu belassen und die positiven und negativen Einwirkungen des Fortschritts des technischen Wissens so-

61 Vgl. etwa R.M. Solow (1957) S. 312 ff.

62 Statt von Wachstumsraten ist besser von Veränderungsraten zu sprechen, da auch negative Veränderungen möglich sind.

63 Vgl. H. Riese (1965) S. 88 FN 15 und S. 91.

64 H. Riese, S. 91.

wie der sonstigen Determinanten in den Qualitätsterms der Faktoren einzufangen, ändert nichts an den definitorischen und statistischen Schwierigkeiten[65].

Daher empfiehlt es sich, auf weitere Formalisierung zu verzichten. Hier konnte es allein darum gehen, die wichtigsten Determinanten zunächst begrifflich zu identifizieren. Das Konzept der Produktionsfunktion diente hierbei als nützliches didaktisches Hilfsmittel, und es soll auch im folgenden noch einmal in diesem Sinne Verwendung finden. Der Versuch, die Schwächen des Konzepts durch den Einbau weiterer Variabler und durch die Trennung in eine TW-, TA-, TX- und TU-Funktion zu mildern, konnte zwar weitere Erkenntnisse vermitteln, zeigt aber zugleich auf, daß die Möglichkeiten einer empirischen Überprüfung sich dadurch eher verschlechtern. In weiteren Schritten soll daher allein versucht werden, die Determinanten einzeln und unabhängig voneinander zu quantifizieren und ihren jeweiligen Einfluß – ohne Zweifel nur mehr oder weniger grob – zu erfassen[66].

#### c) Möglichkeiten der Steigerung des Sozialprodukts

Abschließend sollen die verschiedenen Möglichkeiten der Steigerung des Sozialprodukts mit Hilfe der zuvor beschriebenen Konzepte der Produktionsfunktion gegenübergestellt werden. Anhand einer partiellen Produktionsfunktion für den Faktor Arbeit lassen sich die einzelnen Varianten wie folgt erfassen (vgl. Abb. 3):

- $TW_1$ und $TW_2$ stellen Funktionen der maximal möglichen Produktion bei alternativem Stand des technischen Wissens dar (TW-Funktionen),
- $TA_1$ bildet demgegenüber eine Funktion, die den Grad der Abweichung von der maximal möglichen Produktion $TW_1$ aufgrund von Mängeln im Informations- und Lernprozeß sowie im Innovations- und Diffusionsprozeß dokumentiert (TA-Funktion),
- $TX_1$ zeigt die Produktionsergebnisse auf, wie sie als Folge von X-Ineffizienzen entstehen (TX-Funktion),
- $TU_1$ weist die Produktionsergebnisse aus, welche sich bei einem bestimmten Ausmaß an Unterbeschäftigung ergeben (TU-Funktion)[67].

---

65 Zur Frage des Einbaus der Fortschrittswirkungen in die Gewichte der Produktionsfaktoren in Form von „Qualitätsmultiplikatoren" bzw. „partiellen Fortschrittselastizitäten" vgl. H. Walter (1969b) S. 120 ff.

66 Zur Kritik an derartigen Zwischenlösungen vgl. H. Walter (1969b) S. 175.

67 Die TU-Funktion läßt sich formal mehr oder weniger grob ableiten, indem man die bei einem entsprechend geringeren Arbeitspotential entstehenden Produktionsergebnisse auf die jeweilige Vollbeschäftigungsmenge des Faktors Arbeit überträgt (in Abb. 3 wird etwa 10 % Unterbeschäftigung unterstellt). Diese Produktionsergebnisse lassen sich allerdings nur dann unmittelbar aus den darüber liegenden Funktionen ableiten, wenn ein Beschäftigungsrückgang allein in Form einer partiellen Variation des Faktors Arbeit erfolgt. In Wirklichkeit dürfte dagegen – zumindest teilweise – eine negative proportionale Variation der Faktoren Arbeit und Kapital stattfinden.

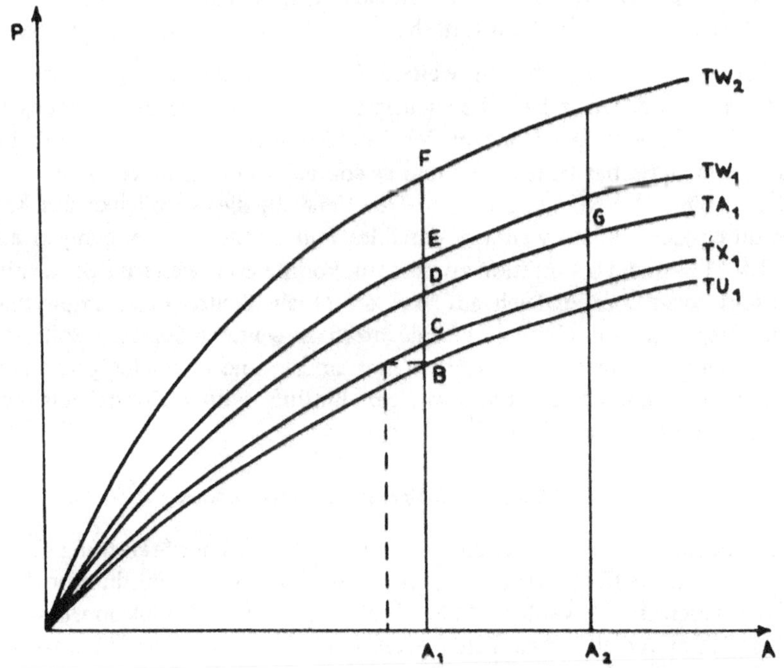


Abb. 3.

(1) Befindet sich das System beim Arbeitspotential $A_1$ im Zustand der Unterbeschäftigung und wird aus diesem Grunde bei $TW_1$ nur ein Produktionsergebnis in Höhe von $A_1B$ erreicht, so ist eine Steigerung des Sozialprodukts durch eine höhere Beschäftigung des vorhandenen Faktorbestandes möglich, die sich in einer Annäherung der TU-Funktion an die TX-Funktion, also in einer Bewegung von Punkt B in Richtung auf Punkt C niederschlägt (Sozialproduktsteigerung durch Erhöhung des Auslastungsgrades der Faktoren).

(2) Die Produktmenge $A_1C$ dokumentiert das Produktionsergebnis bei Vollbeschäftigung. Allerdings bestehen X-Ineffizienzen, durch deren Abbau das Produktionsergebnis auf $A_1D$ gesteigert werden kann (Sozialproduktsteigerung durch Steigerung der X-Effizienz).

(3) Weitere Steigerungen des Sozialprodukts sind möglich durch eine Beschleunigung des Informations- und Lernprozesses sowie des Innovations- und Diffusionsprozesses, die sich in einer Annäherung der TA-Funktion an die TW-Funktion niederschlägt und eine Erhöhung der Produktion auf maximal $A_1E$ ergeben kann.

Bei dieser Darstellung mit Hilfe einer makroökonomischen Produktionsfunktion kann zwar zwischen der Verbesserung der X-Effizienz und der Erhöhung der Fortschritts- oder Innovationseffizienz unterschieden werden, das Problem der Allokation geht jedoch unter. Verbesserungen der Allokation schlagen sich nicht in einem globalen Mehr- oder Mindereinsatz von Faktoren, sondern in Änderungen ihrer einzelwirtschaftlichen Kombinationen nieder und führen zu einer Änderung der Güterzusammensetzung. Auch wenn es sich einzelwirtschaftlich um eine Bewegung auf der Produktionsfunktion handelt, können verbesserte Einsatzrelationen gesamtwirtschaftlich nur durch eine höhere Produktion bei gleichen Faktoreinsatzmengen, also durch eine Verschiebung der Funktion, dargestellt werden. Es empfiehlt sich daher, unter (3) auch Verbesserungen der Güterzusammensetzung und der Faktorallokation, wie sie sich ohnehin als Folge von Produkt- und Verfahrensfortschritt ergeben, zu subsumieren. Damit umfaßt (3) Sozialproduktsteigerungen durch Verbesserung der angewandten Technik und durch Reallokation von Faktoren[68].

(4) Durch Verbesserung der angewandten Technik ist das Produktionsergebnis maximal bis zur Menge $A_1E$ zu steigern. Hier befindet sich das System auf der theoretischen Produktionsfunktion bei optimaler Allokation der Ressourcen und voller Adaption des technischen Wissens $TW_1$. Eine Steigerung des theoretisch möglichen Sozialprodukts und eine weitere Erhöhung des empirisch realisierten Produkts über $A_1E$ hinaus ist nur denkbar durch eine Erhöhung des technischen Wissens auf $TW_2$ im Zuge eines Erkenntnis- und Inventionsprozesses. Sie schlägt sich in einer Verschiebung der TW-Produktionsfunktion nieder. Daraus resultiert bei gleichbleibendem Arbeitspotential $A_1$ eine Steigerung des maximal möglichen Sozialprodukts von $A_1E$ auf $A_1F$ bzw. Steigerungen des tatsächlichen Sozialprodukts über $A_1E$ hinaus in Richtung auf $A_1F$ (Sozialproduktsteigerung durch Erhöhung des technischen Wissens[69]).

(5) Bleiben alle Produktivitäts- und Auslastungskomponenten im Zeitablauf konstant, so kann eine Erhöhung des Sozialprodukts nur durch eine Steigerung des Arbeitspotentials erfolgen. Erhöht sich das Arbeitspotential zum Beispiel auf $A_2$, so findet – bei nicht voll adaptiertem technischen Wissen $TW_1$ – eine Bewegung auf der Funktion $TA_1$ von $D$ nach $G$ statt und es steigt das Sozialprodukt von $A_1D$ auf $A_2G$ (Sozialproduktssteigerung durch Erhöhung des Faktorbestandes).

Von den hier beschriebenen Möglichkeiten der Sozialproduktsteigerung wird der Prozeß (1) üblicherweise noch nicht als Wachstumsvorgang, sondern als Vollbeschäftigungseffekt interpretiert. Prozeß (5) ist dann nicht als Wachstumsvorgang anzuerkennen, wenn man Wachstum im Sinne der auf den Arbeitsinput relativierten Definition, also als Steigerung der Arbeitsproduktivität versteht. Schließlich erhöht sich durch Prozeß (4) allein das theoretisch

---

68 Im übrigen wird auch die Berechtigung einer analytischen Trennung zwischen Allokations- und X-Effizienz zuweilen bestritten. Vgl. N. Blattner (1977b) S. 123: „firmeninterne Ineffizienz ist nicht wirklich verschieden von allokativer Ineffizienz".

69 Durch die Erhöhung des technischen Wissens erhöht sich das empirische Sozialprodukt noch nicht unmittelbar, sondern nur die Produktionsmöglichkeit.

mögliche Sozialprodukt. Daraus folgt, daß allein Prozeß (3), allenfalls noch Prozeß (2) als Wachstumsprozesse zu interpretieren sind. Der Prozeß (3) kann allerdings um so durchgreifender vollzogen werden, je größere Produktionssteigerungsmöglichkeiten durch Prozeß (4) eröffnet werden. Damit erhalten die Prozesse (3) und (4), also der gesamte Prozeß des technischen Fortschritts und die mit ihm verbundenen Sach- und Bildungsinvestitionen zentrale Bedeutung.

## II. Zur empirischen Relevanz der Wachstumsdeterminanten

Nachdem die wichtigsten Wachstumsdeterminanten genannt worden sind, soll im folgenden auf einige Definitionsprobleme und die damit verbundenen Fragen der empirischen Überprüfung der Hypothesen eingegangen werden. Dabei sind die Ergebnisse empirischer Tests, die zur Überprüfung der mutmaßlichen Beziehungen zwischen den einzelnen Wachstumsdeterminanten und der Wachstumsrate des Sozialprodukts unternommen worden sind, zu diskutieren. Angesichts der Problematik der empirischen Überprüfung soll aber jeweils ein kurzer Hinweis genügen. Einzelne Ergebnisse waren ohnehin zuvor schon berücksichtigt worden.

### *1. Die quantitativen Determinanten*

Als quantitative Determinanten erscheinen üblicherweise die Produktionsfaktoren Arbeit, Boden und Sachkapital, wobei der Boden in der Regel zum Sachkapital gerechnet wird. Im Rahmen der partiellen Produktionsfunktion (1.24) und der Wachstumsfunktion (1.28) erscheint dagegen nur der Faktor Arbeit als quantitative Determinante. Gemäß (1.28) bestehen zwei Möglichkeiten zur Erhöhung der Wachstumsrate des Sozialprodukts: eine Steigerung des Arbeitseinsatzes (quantitativer Aspekt) sowie eine Erhöhung der Produktionseleastizität der Arbeit (qualitativer Aspekt)[70]. Im folgenden ist die Bedeutung des Arbeitseinsatzes als quantitative Determinante zu analysieren[71].

---

70 Damit wird zugleich eine Position bezogen, wie sie letztlich auch als Ergebnis der Harrodschen und der neoklassischen Wachstumstheorie zu finden ist: Dauerhaftes Wachstum ist nur denkbar im Rahmen der durch die Bevölkerungsentwicklung und die Rate des technischen Fortschritts (als Auslöser für Steigerungen der Arbeitsproduktivität) gezogenen Grenzen. Vgl. auch die entsprechende Herausarbeitung zweier Prozeßimpulse bei S. Klatt (1959b) S. 92 ff.

71 Der Einfluß des Faktors Kapital wird weiter unten innerhalb der Diskussion der Produktivitätskomponenten behandelt.

*Steigerungen des Arbeitseinsatzes* scheinen im Lichte theoretischer Argumentation prinzipiell sozialprodukterhöhend zu wirken[72]. Dies gilt sowohl für die Steigerung in Form einer Erhöhung des Beschäftigungsgrades (Bewegung von *B* nach *C* in Abb. 3) als auch für die Steigerung in Form einer Erhöhung des Arbeitspotentials (Bewegung von *D* nach *G* in Abb. 3). Zu fragen ist lediglich nach der Höhe der Produktionselastizität der Arbeit im Falle partieller Faktorvariation bzw. nach der Höhe der Skalenelastizität, sofern die Steigerung des Arbeitseinsatzes von entsprechenden Erhöhungen des Kapitalstocks begleitet wird. Vermutlich kann bei partieller Faktorvariation ein ertragsgesetzlicher Verlauf der partiellen Produktionsfunktion angenommen werden, während die Frage nach der Höhe der Skalenelastizität offen ist.

Die empirische Überprüfung des Zusammenhangs zwischen der Erhöhung des Arbeitseinsatzes und der Wachstumsrate des Sozialprodukts wirft jedoch eine Reihe von Problemen auf. Zunächst ergibt sich das Problem der adäquaten Definition des Vorgangs der „Erhöhung des Arbeitseinsatzes". Er kann (1) als Erhöhung des Arbeitskräftebestandes, (2) als Steigerung des Beschäftigungsgrades, (3) als Zunahme der geleisteten Arbeitsstunden, (4) als Erhöhung der Arbeitsintensität sowie (5) als Steigerung der Qualität des Faktors Arbeit interpretiert werden[73]. Die Vorgänge (4) und (5) werden üblicherweise abgetrennt und im Rahmen der Diskussion über die Arbeitsproduktivität behandelt. Demgegenüber stellen (1), (2) und (3) Vorgänge quantitativer Natur dar, die bei empirischen Untersuchungen jedoch nicht immer eindeutig trennbar sind. Darüber hinaus ergeben sich Probleme bei der Interpretation empirischer Ergebnisse. Eine Steigerung des Arbeitspotentials, von der eine Sozialprodukterhöhung erwartet wird, kann historisch begleitet sein von einem sinkenden Beschäftigungsgrad, von zunehmender Kurzarbeit, sinkender Arbeitsintensität und zurückgehender Qualität des Faktors Arbeit, wenn etwa der prozentuale Anteil der Arbeitskräfte mit niedrigerem Ausbildungsniveau zunimmt. Da sich insbesondere der Intensitäts- und der Qualitätsaspekt nur schwer eliminieren lassen, ist es möglich, daß sich im empirischen Test sehr niedrige oder sogar negative Korrelationskoeffizienten ergeben. Hier wäre es jedoch problematisch, auf einen entsprechend schwachen Zusammenhang zu schließen. Demgegenüber kann aus einem hohen Korrelationskoeffizienten nicht auf die Wirkungsrichtung geschlossen werden. So ist es zum Beispiel möglich, daß hohe Wachstumsraten des Sozialprodukts einen so großen Sog auf dem Arbeitsmarkt ausüben, daß Beschäftigungsgrad und Arbeitspotential steigen[74]. Der Kausalzusammenhang verliefe genau umgekehrt.

---

72 Allerdings kann auch der Fall absolut sinkender Erträge aufgrund ertragsgesetzlicher Gegebenheiten nicht völlig ausgeschlossen werden.

73 Vgl. E. Gutenberg (1963) S. 238 f. und S. 282 ff.

74 Vgl. E. Dürr (1977) S. 73.

Bei den bislang vorliegenden Untersuchungen zur Messung des Beitrags des Faktors Arbeit lassen sich zwei Ansätze unterscheiden. Dabei ist der neoklassische Meßansatz, nach dem nur ca. 20 – 50 % des Wachstums auf vermehrten Faktoreinsatz zurückzuführen ist, der Rest dagegen dem technischen Fortschritt zugeschrieben wird, allerdings nicht als empirischer Überprüfungsversuch einer ökonomischen Hypothese anzusehen, da er das Ergebnis durch die Wahl der Prämissen festlegt. Durch die Prämissen einer Skalenelastizität von Eins und der Übereinstimmung von Verteilungsquoten und partiellen Produktionselastizitäten der Faktoren ist deren Beitrag zur Wachstumsrate des Sozialprodukts von vornherein definiert[75]. Die Komponentenzerlegung in eine Skalen-, eine Substitutions- und eine Fortschrittskomponente ist den gleichen Einwänden ausgesetzt[76].

Der zweite Meßansatz versucht, den Beitrag der Faktoren, in diesem Fall den Beitrag des Arbeitskräftezuwachses, mit Hilfe von Regressionsanalysen zu ermitteln. Die Untersuchungen zeigen jedoch keine eindeutigen Zusammenhänge zwischen der Wachstumsrate der Arbeitskräfte und der des Sozialprodukts[77]. Es scheint, daß das Wachstum des Arbeitspotentials und des Beschäftigungsgrades zwar prinzipiell wachstumsbegünstigend wirkt, daß es andererseits aber weder eine notwendige noch eine hinreichende Bedingung für Wirtschaftswachstum darstellt[78].

Darüber hinaus ist zu berücksichtigen, daß das Wachstumsziel, sofern es im Hinblick auf die Wohlstandssteigerung angestrebt wird, nur als Steigerung des Sozialprodukts pro Kopf bzw. pro Faktoreinsatzmenge, also als Steigerung der Arbeitsproduktivität verstanden werden kann. Eine Wachstumspolitik mit Hilfe einer Erhöhung des Arbeitspotentials wäre dann allein sinnvoll, wenn daraus eine Steigerung der Arbeitsproduktivität resultieren würde. Diese scheint bei partieller Variation des Faktors Arbeit aber unwahrscheinlich zu sein. Sie ist wohl nur dann zu erwarten, wenn die Erhöhung des Arbeitspotentials von einer entsprechenden Kapitalerweiterung begleitet wird und wenn daraus steigende Skalenerträge resultieren. Die Frage nach der Höhe der Skalenelastizität kann jedoch bislang als noch nicht geklärt betrachtet werden[79]. Sie verliert andererseits aber an Bedeutung, da es letztlich gleichgültig ist, ob man eine aus Steigerungen von Arbeits- und Kapitaleinsatz erwachsende Erhöhung der Arbeitsproduktivität als increasing-returns-Phänomen oder als technischen Fortschritt interpretiert[80].

---

75 Vgl. H. Walter (1969b) S. 114 ff.

76 Vgl. u.a. B. Gahlen (1972a) S. 67 ff., E. Dürr (1970) S. 26 f. und ders. (1977) S. 86 f.

77 Vgl. E. Dürr (1964) S. 522 ff. sowie die beiden in der vorigen Fußnote genannten Arbeiten des gleichen Autors.

78 Vgl. E. Dürr (1970) S. 14 und ders. (1977) S. 68.

79 Vgl. H. Hesse; B. Gahlen (1965) S. 485 ff.

80 Vgl. H. Hesse; B. Gahlen S. 489 f. FN 5, vgl. auch H. Walter (1969b) S. 118 FN 17.

## 2. *Die primären Produktivitätskomponenten*

Damit sind diejenigen Komponenten angesprochen, welche die Produktivität des Faktors Arbeit bestimmen. Hinsichtlich der Arbeitsproduktivität ist zu unterscheiden zwischen der maximal möglichen Produktivität, die vom Stand des technischen Wissens abhängt und durch den Erkenntnis- und Inventionsprozeß gesteigert werden kann, und der effektiv realisierbaren Produktivität, die vom Stand der angewandten Technik abhängt und die sich im Zuge des Informations- und Lernprozesses sowie des Innovations- und Diffusionsprozesses erhöhen läßt. Insoweit ist die Arbeitsproduktivität abhängig vom Stand des technischen Wissens bzw. vom Stand der angewandten Technik[81]. Noch einmal sei darauf hingewiesen, daß Produktivitätssteigerung hier auch im Sinne der Realisierung von Produktfortschritt verstanden wird. Der Stand des technischen Wissens sowie jene Komponenten, welche die Heranführung der angewandten Technik an den Stand des technischen Wissens zu bewirken vermögen, können daher als primäre Produktivitätskomponenten oder unmittelbare Wachstumsdeterminanten bezeichnet werden. Es sind der Stand und die Veränderungen des Kapitalstocks sowie der Stand und die Veränderungen des Bildungsniveaus.

Ein eindeutiger und wesentlicher Einfluß der *Höhe der Investitionsquote* auf die Wachstumsrate der Arbeitsproduktivität läßt sich jedoch nur schwer nachweisen. Die erheblichen Unterschiede in den ermittelten Korrelationskoeffizienten und Bestimmtheitsmaßen[82] legen offensichtlich den Schluß nahe, daß ein positiver Einfluß der Investitionsquote auf die Arbeitsproduktivität prinzipiell möglich ist, aber nur dann auftritt, wenn Investitionen eines bestimmten Typs, also etwa innovatorische Aktivitäten, vorgenommen werden. Die Enge des Zusammenhanges hängt offenbar von der Erfüllung bestimmter Nebenbedingungen, insbesondere hinsichtlich der Wirtschaftsgesinnung und der Wettbewerbssituation ab[83]. Hinzuweisen ist ferner noch einmal auf die Testergebnisse von Schmookler, nach denen Inventionsaktivität durch Investitionstätigkeit ausgelöst wird.

Bezüglich der Frage nach dem Einfluß von *Bildungsinvestitionen* auf die Entwicklung der Arbeitsproduktivität war zuvor schon angedeutet worden, daß die von Denison vorgenommene Komponentenzerlegung infolge des neoklassischen Gewichtungsverfahrens nicht als empirische Bestimmung des Wachstumsbeitrages von Bildungsinvestitionen akzeptiert werden kann[84]. Empirische Untersuchungen falsifizierbarer Hypothesen über den Einfluß des Bildungsniveaus und seiner Veränderungen auf die Höhe der Arbeitsproduktivität bzw. die

81 Insoweit kann die Arbeitsproduktivität als Indikator des Standes der Technik interpretiert werden. Vgl. L. Scholz; L. Uhlmann (1977) S. 23 f.

82 Vgl. E. Dürr (1977) S. 42 ff. und S. 74. Vgl. auch E. Görgens (1977) S. 103 ff.

83 Vgl. E. Dürr (1977) S. 45 und S. 124.

84 Vgl. auch E. Dürr (1977) S. 95 ff.

Wachstumsrate des Sozialprodukts erbringen sehr unterschiedliche Ergebnisse[85]. Während sich zwischen einzelnen Bildungsindikatoren (etwa dem Anteil der Bildungsausgaben am Sozialprodukt) und dem Volkseinkommen pro Kopf überwiegend hohe Korrelationen ergeben, zeigen sich zwischen den Bildungsindikatoren und den Wachstumsraten von Arbeitsproduktivität und Sozialprodukt äußerst schwache, zum Teil negative Korrelationen[86]. Diese Ergebnisse zeigen, daß einerseits die hohe Korrelation bezüglich des Pro-Kopf-Einkommens kaum als sicherer Beweis für die Wirksamkeit bildungspolitischer Aktivität verwendet werden kann. Es ist vielmehr nicht auszuschließen, daß der Kausalzusammenhang umgekehrt verläuft: ein hohes Pro-Kopf-Einkommen ermöglicht die Bereitstellung finanzieller Mittel für Bildung[87]. Andererseits sollten die niedrigen bzw. negativen Korrelationskoeffizienten bezüglich der Wachstumsrate der Arbeitsproduktivität nicht zu bildungspolitischem Pessimismus verleiten. Gerade auf diesem Gebiet ergibt sich das Problem einer sachgerechten Berücksichtigung der time lags, mit denen Bildungsinvestitionen zu wirken beginnen[88]. Steigende Bildungsinvestitionsaktivität bewirkt, daß ein immer größerer Teil der Arbeitskräfte vorübergehend aus dem Produktionsprozeß ausscheidet, was sich auf die Wachstumsrate der Arbeitsproduktivität hemmend auswirken kann. Golden-rule-Überlegungen könnten auch auf diesem Gebiet angestellt werden[89]. Ähnliche Probleme ergeben sich bei der Beurteilung des Beitrags der Forschung zum wirtschaftlichen Wachstum bzw. zur Steigerung der Arbeitsproduktivität. Auch hier liegen aufgrund empirischer Tests überwiegend negative Korrelationskoeffizienten vor[90], doch scheint es wohl kaum gerechtfertigt zu sein, aufgrund der vorliegenden Ergebnisse die Nutzlosigkeit von Forschungsaktivitäten belegen zu wollen[91].

Die empirischen Tests zeigen keine eindeutigen Zusammenhänge zwischen den mutmaßlichen Produktivitätskomponenten Sachkapitalbestand bzw. Investitionsquote sowie Bildungsniveau bzw. Bildungsinvestitionsquote und der

---

85 Zu den verschiedenen Meßansätzen und Ergebnissen vgl. die Beiträge von W.G. Bowen, Th. W. Schultz, E.F. Denison und M.J. Bowman in: Bildungsinvestitionen und Wirtschaftswachstum (Hrsg. K. Hüfner), Stuttgart 1969, S. 199 ff.

86 Vgl. E. Dürr (1977) S. 88 ff.

87 Vgl. E. Dürr S. 88.

88 Zum Problem des Entstehens sog. Innovationslags vgl. W. Gries (1971) S. 50 ff.

89 Vgl. M. Neumann (1970a) S. 185. Neumann weist im übrigen darauf hin, daß es eher auf die Struktur und Organisation des Bildungswesens als auf die absolute Höhe des Bildungsaufwandes ankommt (S. 180 f.).

90 Vgl. E. Dürr (1977) S. 98 ff. Zu den empirischen Ergebnissen vgl. auch die Beiträge von Z. Griliches, W.S. Comanor, J.R. Minasian und E. Mansfield in: Forschungsökonomie und Forschungspolitik (Hrsg. J. Naumann), Stuttgart 1970, S. 215 ff. sowie R.C.O. Matthews (1973) S. 1 ff. und Z. Griliches (1973) S. 59 ff.

91 Zum Problem der Entwicklung einer golden rule of research vgl. C. Ch. v. Weizsäcker (1969) S. 454 ff.

Entwicklung der Arbeitsproduktivität auf. Auf einige offene Fragen bezüglich der Tests wurde hingewiesen. Eine weitere Problematik derartiger Tests liegt darin begründet, daß jeweils die Dichte des Zusammenhangs zwischen der abhängigen Variablen und einer einzigen Determinante untersucht wird. Da das wirtschaftliche Wachstum bzw. die Steigerung der Arbeitsproduktivität aber wohl kaum monokausal erklärt werden kann, dürfen weit unter Eins liegende Korrelationskoeffizienten und Bestimmtheitsmaße nicht verwundern[92]. Insbesondere hinsichtlich der Sach- und Bildungsinvestitionen liegt es auf der Hand, daß zur Steigerung der Arbeitsproduktivität Investitionen im Sachgüter- und im Bildungsbereich erforderlich sind. Ebenso wie die Faktoren Arbeit und Kapital sind auch Sach- und Bildungsinvestitionen in gewissem Umfang Komplementärgüter, die beide zur Steigerung der Arbeitsproduktivität eingesetzt werden müssen. Technischer Fortschritt vollzieht sich erst infolge des Zusammenwirkens von Informations- und Lernprozeß und Innovations- und Diffusionsprozeß.

### *3. Die sekundären Produktivitätskomponenten*

Der Stand des technischen Wissens sowie der Sachkapitalbestand und das Bildungsniveau bzw. deren Veränderungen wurden als primäre Produktivitätskomponenten bezeichnet. Dabei fällt den Sach- und Bildungsinvestitionen die Aufgabe zu, zu einer Erhöhung des Standes des technischen Wissens beizutragen sowie die angewandte Technik an den Stand des technischen Wissens heranzuführen und dadurch die Arbeitsproduktivität zu steigern. Wie die empirischen Untersuchungen aber zeigen, werden Sach- und Bildungsinvestitionen dieser Aufgabe offenbar nicht durchweg gerecht, woraus zu schließen ist, daß Investitionstätigkeit generell keine hinreichende Bedingung für Steigerungen der Arbeitsproduktivität und wirtschaftliches Wachstum darstellt. Erforderlich ist offensichtlich, daß sich ein bestimmter Typ von Investitionstätigkeit durchsetzt, daß insbesondere Neuerungsaktivitäten entfaltet werden. So genügt es nicht, überkommenes Wissen zu vermitteln und traditionelle technische Prozesse zu erweitern. Der Informations- und Lernprozeß muß der Heranführung an das neueste technische Wissen dienen. Er muß durch einen Innovations- und Diffusionsprozeß ergänzt werden. Ferner ist ein permanenter Erkenntnis- und Inventionsprozeß erforderlich, um den Stand des technischen Wissens zu steigern.

Die mutmaßlichen Auslöser derartiger Prozesse sind zuvor genannt worden. Neben der Höhe der globalen Nachfrage und der Nachfragestruktur sind es die Angebotsstruktur mit Güter-, Unternehmens- und Marktstruktur, ferner die Wirtschaftsgesinnung der Wirtschaftssubjekte sowie die jeweilige Wirtschaftsordnung. Insbesondere der Innovations- und Diffusionsprozeß kann als Wettbewerbsprozeß interpretiert werden. Seine Geschwindigkeit hängt insoweit von

92 Vgl. E. Dürr (1977) S. 38.

der Stärke des Wettbewerbs ab, welche von den oben genannten Faktoren mitbestimmt wird. Alle aufgeführten Komponenten sollen als sekundäre Produktivitätskomponenten bzw. als mittelbare Wachstumsdeterminanten bezeichnet werden.

Die empirische Überprüfung der entsprechenden Hypothesen gestaltet sich allerdings zum Teil sehr schwierig, da es sich bei den meisten der mittelbaren Determinanten nicht um leicht quantifizierbare Makrogrößen, sondern um qualitative Determinanten handelt, welche allen Quantifizierungsversuchen nur schwer zugänglich sind[93]. Dennoch liegen eine Reihe von empirischen Tests vor, auf die zum Teil zuvor schon eingegangen worden ist und die hier nicht noch einmal darzustellen sind. Kurze Anmerkungen sollen daher genügen.

Der Einfluß der *Nachfrage* auf die Entwicklung der Arbeitsproduktivität und das Wirtschaftswachstum wird in zweierlei Weise analysiert und getestet. Einmal wird in der Steigerung der globalen Nachfrage ein Mittel zur Induzierung von Wachstumsprozessen gesehen, offenbar angeregt von der Erkenntnis, daß eine Nachfrageexpansionspolitik Unterbeschäftigungssituationen überwinden kann. Empirische Untersuchungen zeigen jedoch, daß dauerhafter Nachfragedruck inflatorische Prozesse auslöst und daß diese grundsätzlich kein Mittel zu sein scheinen, um Wachstum zu induzieren[94]. Eher besteht dann die Gefahr der Kapitalfehlleitung und der Kapitalverschwendung[95] und kaum die Chance, daß jene gewünschten, innovativen Investitionen getätigt werden. Demgegenüber kann die Entwicklung der Nachfrage einzelner Branchen und Sektoren, d.h. die *Veränderung der Nachfragestruktur* als auslösender Faktor für FE-Aktivitäten der vorgelagerten Produktionsstufe von Bedeutung sein. Das von Schmookler vorgelegte Material mag hierzu als Beleg dienen. Die Größe des Marktes und die Marktentwicklungsphase sind darüber hinaus wesentliche Bestimmungsgründe für den Erfolg von Diffusionsprozessen.

Auf den Einfluß von *Unternehmensgröße* und *Konzentrationsgrad* auf den gesamten Fortschrittsprozeß soll nicht noch einmal eingegangen werden, zumal eine detaillierte Schilderung des empirischen Befundes im Rahmen dieser Arbeit ohnehin nicht möglich ist. Es scheint, daß zumindest in einzelnen Branchen gewisse Mindestgrößen und Mindestkonzentrationsgrade erreicht sein müssen, damit FE-Aktivitäten ausgelöst werden, und daß andererseits das Überschreiten von bestimmten, wenn auch recht hoch liegenden Größen- und Konzentrationsschwellen der FE-Aktivität abträglich ist[96]. Ansonsten hängt es weitgehend von der Branchenzugehörigkeit und den in ihr herrschenden Produktionsbedingungen (wissenschaftlich-technische Basis der Produktion,

93 Vgl. E. Dürr (1977) S. 111 f.
94 Vgl. E. Dürr (1964) S. 393 ff. und ders. (1970) S. 5 f. und S. 11.
95 Vgl. E. Dürr S. 11. Vgl. auch G. Bombach (1959) S. 200 ff., insb. S. 203.
96 Vgl. F.M. Scherer (1970) S. 352 ff. Vgl. ders. (1968) S. 159 ff., insb. S. 168.

Standardisierungsgrad der Güter) sowie von der jeweiligen FE-Phase ab, welche Unternehmensgröße bzw. welcher Konzentrationsgrad sich als besonders fortschrittsfördernd erweist[97].

Bei der Bewertung des empirischen Materials sind allerdings stets die Grenzen der Aussagefähigkeit der Untersuchungen zu beachten. Wenn etwa für unterschiedliche Branchen und FE-Phasen verschiedene Unternehmensgrößen besonders prädestiniert sind, ist zu fragen, ob die üblicherweise gewählten FE-Indikatoren die jeweilige Bedeutung der FE-Aktivität adäquat widerspiegeln. Dann stellt sich offensichtlich gar nicht die Frage, ob die Großunternehmen oder die Kleinunternehmen den höheren Anteil der FE-Ausgaben oder der FE-Beschäftigten am Umsatz aufweisen, sondern es ist zu prüfen, ob zwischen Groß- und Kleinunternehmen die optimale FE-Arbeitsteilung realisiert ist oder nicht[98]. Neben diesem theoretischen Einwand gegen die Relevanz der Ergebnisse einer Reihe von Untersuchungen ist noch auf Mängel des empirischen Materials hinzuweisen[99]. So ist zu vermuten, daß die kleinen und mittleren Unternehmen in den FE-Statistiken möglicherweise nicht ihrem tatsächlichen Beitrag entsprechend repräsentiert sind, da kleinere Unternehmen die erfragten FE-Aktivitäten oft nicht „mit den entsprechenden Tätigkeiten und mit ihrer Kostenrechnung (Kostenstelle) identifizieren können“[100], so daß zum Teil FE-Aktivität vorliegt, ohne daß die Betroffenen es so nennen und davon wissen[101].

Die Testprobleme verstärken sich noch, wenn es gilt, den Einfluß von Wirtschaftsgesinnung, Wirtschaftsordnung und Wettbewerb auf die Entwicklung der Arbeitsproduktivität empirisch zu ermitteln, da es bislang kaum gelungen ist, diese Wachstumsdeterminanten operational zu definieren und zu messen. Demgemäß finden sich häufig auch eher Aufzählungen illustrativer Beispiele als echte empirische Tests[102]. Eine gewisse Ausnahme bilden die Versuche, den Einfluß der *Wirtschaftsgesinnung* – allerdings auf die globale Wachstumsrate – zu ermitteln. So ist die Hypothese M. Webers über den Einfluß des religiösen Bekenntnisses auf die wirtschaftliche Aktivität verschiedentlich getestet und dabei im wesentlichen bestätigt worden[103]. Gleiches gilt für die Theorie von McClelland, nach der das wirtschaftliche Wachstum vom Ausmaß des Leistungsstrebens abhängt[104], auch wenn sowohl die gewählten Indikatoren für das Ausmaß des Leistungsstrebens einer Gesellschaft als auch diejenigen für das

97 Zum Überblick über die Literatur vgl. L. Jüttner-Kramny (1975) S. 38 ff., J. Tabbert (1974) S. 56 ff. sowie U. Müller (1975) S. 64 ff.
98 Vgl. H. Majer (1976) S. 265 ff.
99 Vgl. H. Majer S. 262 ff.
100 H. Majer S. 263.
101 Vgl. H. Majer S. 264.
102 Nach Ansicht der OECD ist die unterschiedliche Einstellung des Managements gegenüber technologischen Neuerungen eine wesentliche Ursache der technologischen Lücke zwischen den USA und Europa. Vgl. OECD (1968) S. 24 f. Vgl. auch H. Barger (1969) S. 147.
103 Vgl. die Übersicht der Ergebnisse bei E. Dürr (1977) S. 112 ff.
104 Vgl. E. Dürr S. 114 ff.

Wachstum zum Teil zur Kritik herausfordern und noch stark verbesserungsfähig zu sein scheinen[105].

Die Tatsache, daß es eine Reihe von Ländern gibt, in denen trotz hohen Leistungsstrebens nur niedrige Wachstumsraten erreicht werden, deutet allerdings darauf hin, daß die Höhe der Leistungsmotivation zwar möglicherweise eine notwendige, mit Sicherheit aber noch keine hinreichende Bedingung für wirtschaftliches Wachstum darstellt[106]. Hohes Leistungsstreben kann einmal durch sozioökonomische, institutionelle und wirtschaftspolitische Faktoren an seiner Entfaltung gehindert werden, andererseits besteht die Gefahr, daß es im Falle zu großer Freiheitsspielräume lediglich der Durchsetzung privatwirtschaftlicher Vorteile, welche sich wachstumshemmend auswirken, dient. Dementsprechend kommen dem jeweiligen Ausmaß an ökonomischer Handlungsfreiheit und den wirtschaftspolitischen Rahmenbedingungen, also der Wirtschaftsordnung, erhebliche Bedeutung zu.

Die Einflüsse wirtschaftspolitischer Faktoren werden neuerdings verstärkt diskutiert, wobei die Schwerpunkte der Argumentation unterschiedlich gesetzt werden. Zunächst wird der Einfluß einzelner wirtschaftspolitischer Maßnahmen bzw. „staatlicher Parameter"[107] wie des Steuersystems und der Staatsausgaben – in der Regel allerdings vorwiegend im Hinblick auf die Investitionsneigung[108] – analysiert. Das vorliegende empirische Material kann bislang aber kaum als Bestätigung bzw. klare Widerlegung der diversen Hypothesen über den Einfluß einzelner Faktoren wie etwa der Vermögensbildung des Staates oder der Abschreibungsmodalitäten angesehen werden[109]. Die übliche Einteilung in ordnungs- und ablaufpolitische Instrumente[110] legt es nahe, speziell den Einfluß der *Wirtschaftsordnung* zu testen. Hier liegen jedoch nur erste Ansätze vor[111]. So könnte als Indikator für den Planungsgrad der Volkswirtschaft bzw. die wirtschaftlichen Entfaltungsmöglichkeiten der Anteil der Selbständigen an den Erwerbspersonen gewählt werden. Als Korrelation zwischen diesem Indikator und der Wachstumsrate des Sozialprodukts wird $r = 0{,}578$ angegeben[112]. Ferner wird im Rahmen der Neuen Politischen Ökonomie des Wachstums versucht, den Einfluß politischer Entscheidungsprozesse auf das Wachstum zu analysieren[113]. Allerdings ist bislang die Gestalt des Paradigmas dieses theoreti-

105 Vgl. H.K. Schneider (1970) S. 48.
106 Vgl. E. Dürr (1977) S. 116 f.
107 B.S. Frey (1972) S. 329.
108 Vgl. E. Dürr (1964) S. 388 ff.
109 Vgl. E. Dürr S. 390 ff.
110 Vgl. J. Werner (1970) S. 50 ff.
111 In den wenigen Abhandlungen zu diesem Thema finden sich in der Regel keine empirischen Tests. Vgl. W. Michalski (1962) S. 151 ff. und H. Ritschl (1962) S. 295 ff. Zur Problematik empirischer Tests vgl. E. Helmstädter (1974) S. 20 f.
112 Vgl. E. Dürr (1977) S. 120.
113 Vgl. B.S. Frey (1972) S. 331 ff.

schen Ansatzes noch sehr unbestimmt[114], und es liegen allenfalls Beobachtungen von diesbezüglichen Zusammenhängen[115], aber noch keine umfassenden empirischen Untersuchungen vor[116].

Auch Untersuchungen über den Einfluß des *Wettbewerbs* auf die Entwicklung der Arbeitsproduktivität und des wirtschaftlichen Wachstums sind bislang kaum anzutreffen. Viele Beiträge, die unter diesem Etikett angeboten werden, fragen gar nicht nach dem Einfluß des Wettbewerbs, sondern nach dem von Unternehmensgröße, Marktform bzw. Konzentrationsgrad[117]. Eine Ausnahme bildet die Untersuchung von Görgens, der in seinem Maß der Wettbewerbsintensität zudem noch die Faktoren Leistungsstreben und Wirtschaftsordnung integriert. Die gesamtwirtschaftliche Wettbewerbsintensität wird seines Erachtens vorrangig von vier Faktoren bestimmt: dem Umfang der Einflußnahme des Staates auf den Wirtschaftsprozeß (gemessen mit Hilfe des Planungsgrades der Volkswirtschaft nach Ross), der Einstellung zum Wettbewerb (gemessen an der Höhe der Leistungsmotivation nach McClelland), den wettbewerbspolitischen Maßnahmen und institutionellen Bedingungen im Inland (ablesbar an der Strenge der Wettbewerbsgesetzgebung und -rechtsprechung) und den wettbewerblich relevanten Maßnahmen, welche die Beziehungen mit dem Ausland betreffen (gemessen am außenwirtschaftlichen Liberalisierungsgrad nach OECD)[118]. Für die Ermittlung sektoraler Wettbewerbsintensitäten kommen noch Aussagen über Preisentwicklung, Kapazitätsauslastung und Schwankungen der Marktanteile (Strukturwandel) hinzu[119]. Zwischen der in dieser Weise ermittelten Wettbewerbsintensität und dem Wachstum des Sozialprodukts bzw. der Rate des technischen Fortschritts ermittelt Görgens Rangkorrelationskoeffizienten zwischen 0,6 und 0,84[120]. Trotz einer Reihe von Einwänden gegen die verwendeten Maße der Wettbewerbsintensität und des technischen Fortschritts [121] sowie gegen das ziemlich grobe statistische Instrument der Rangkorrelation scheint sich anhand der Ergebnisse von Görgens bislang zu bestätigen, daß der Wettbewerb eine bedeutende Determinante des Wachstums bzw. des technischen Fortschritts darstellt.

### *4. Zusammenfassung: Die Bedeutung des strukturellen Wandels und des Wettbewerbs für das wirtschafltiche Wachstum*

Im vorliegenden Kapitel wurde der Versuch unternommen, die wichtigsten Wachstumsdeterminanten herauszuarbeiten, sie zu systematisieren und den em-

114 Vgl. N. Blattner (1976a) S. 339.
115 Vgl. B.S. Frey (1972) S. 339 f.
116 Bezüglich des Einflusses auf den technischen Fortschritt liegen nicht einmal Modelle vor. Vgl. N. Blatter (1976a) S. 340.
117 Vgl. z.B. L. Jüttner-Kramny (1975) S. 139 ff.
118 Vgl. E. Görgens (1969) S. 100 ff.
119 Vgl. E. Görgens S. 109 ff.
120 Vgl. E. Görgens S. 227.
121 Als Maße des Fortschritts dienen die Restgrößen nach Denison. Vgl. E. Görgens S. 225.

pirischen Befund hinsichtlich ihres Einflusses auf das Wachstum aufzuzeigen. Aus den vorgetragenen Überlegungen und Fakten ergeben sich eine Reihe von Einsichten und Schlußfolgerungen.

1. Der Prozeß des wirtschaftlichen Wachstums im Sinne einer Steigerung des Lebensstandards ist – etwas verkürzt – definierbar als Erhöhung der Arbeitsproduktivität. Erscheint die Höhe der Arbeitsproduktivität als Indikator des Standes der Technik, dann kann ihre Steigerung als technischer Fortschritt bezeichnet werden. Der Wachstumsprozeß ist mit dem Fortschrittsprozeß identisch.

2. Der Prozeß des technischen Fortschritts erfolgt in Form einer Sequenz von Einzelprozessen: als Erkenntnis- und Inventionsprozeß, als Informations- und Lernprozeß, als Innovations- und Diffusionsprozeß. In diesem Prozeß wird das technische Wissen erhöht und umgesetzt, anschließend verbreitet und im Produktionsprozeß angewandt.

3. Die Erhöhung des technischen Wissens sowie seine Verbreitung und Anwendung ist an das Vorliegen einer Reihe von Voraussetzungen gebunden. Keine der Voraussetzungen kann allein als hinreichend angesehen werden, vielmehr haben sie den Charakter von Komplementärfaktoren. Zentrale Bedeutung kommt allerdings der Vornahme von Sach- und Bildungsinvestitionen zu, welche insbesondere für die Heranführung der angewandten Technik an den Stand des technischen Wissens erforderlich sind.

4. Die Steigerung des quantitativen Umfangs der Sach- und Bildungsinvestitionen bzw. ihres Anteils am Sozialprodukt ist jedoch nur mit Einschränkungen als Bedingung für die Steigerung der Arbeitsproduktivität anzusehen. Viel stärker kommt es auf die Qualität dieser Investitionen an. Es ist erforderlich, das neueste Wissen zügig zu verbreiten und anzuwenden, also Neuerungsaktivitäten zu entfalten und innovatorische Investitionen zu tätigen.

5. Derartige Aktivitäten sind insbesondere abhängig von der Entwicklung der Nachfragestruktur. Sie werden ferner beeinflußt von angebotsstrukturellen Gegebenheiten, d.h. von der Güter-, der Unternehmens- und möglicherweise von der Marktstruktur. In erster Linie werden sie aber determiniert von der Wirtschaftsgesinnung und Leistungsmotivation der Wirtschaftssubjekte und von der Stärke des Wettbewerbs. Für die Bedeutung der beiden letztgenannten Determimanten liegen die klarsten empirischen Belege vor. Darüber hinaus sind Einflüsse seitens der wirtschaftspolitischen Rahmenbedingungen (Wirtschaftssystem und ordnungspolitische Parameter) zu vermuten, allerdings empirisch bislang kaum belegt.

Damit erscheint der Wettbewerb als Wachstumsdeterminante von hohem Gewicht. Wettbewerb fördert die Steigerung des technischen Wissens und begünstigt die rasche Annäherung der angewandten Technik an den Stand des technischen Wissens, indem er die Angebotszusammensetzung und die Faktorallokation verbessert und sogenannte X-Ineffizienzen abbaut. Nicht unerheblich, wenn auch in Intensität und Wirkungsrichtung keineswegs einheitlich, ist offenbar der Einfluß struktureller Faktoren auf das Wirtschaftswachstum. Im Zuge der vorgetragenen Überlegungen wurde allerdings primär die jeweilige Gestalt der Nachfrage- und der Angebotsstruktur und weniger der strukturelle Wandel diskutiert. Die Darlegungen haben jedoch gezeigt, daß der Prozeß des wirtschaftlichen Wachstums offensichtlich mit strukturellem Wandel verknüpft ist. Im Zuge des Fortschrittsprozesses ändern sich zahllose strukturelle Gegebenheiten wie etwa die Güterstruktur bei Produktfortschritt und die Produktionsstruktur bei Verfahrensfortschritt. Da der Wachstumsprozeß sich insbesondere als das Ergebnis von Wettbewerbsprozessen dokumentiert, ist festzustellen, daß im Zuge derartiger Prozesse Änderungen der Unternehmens- und der Marktstruktur auftreten. Sie kumulieren sich zu intra- und intersektoralem sowie regionalem Wandel der Produktions- und der Beschäftigungsstruktur.

Diese wenigen Bemerkungen zu einzelnen Arten von strukturellem Wandel zeigen bereits, daß sich eine Reihe von Strukturmerkmalen einer Volkswirtschaft unterscheiden läßt und daß der strukturelle Wandel ein vielschichtiges Phänomen ist. Ohne den Versuch einer begrifflichen Abklärung ist es jedoch kaum möglich, den mutmaßlichen Interdependenzen zwischen Wachstum und Strukturwandel nachzugehen und dabei die Hauptrichtung des Kausalnexus aufzuzeigen. Das soll im zweiten Teil dieser Arbeit erfolgen. Immerhin läßt sich aber empirisch belegen, daß wirtschaftliches Wachstum offensichtlich mit strukturellem Wandel verbunden ist. In einzelnen empirischen Untersuchungen wird der Einfluß des Wandels der Produktions- und der Beschäftigungsstruktur auf das Wachstum bzw. die Steigerung der Arbeitsproduktivität mit bis zu ca. 30 % angegeben[122]. Dies rechtfertigt es, dem Phänomen des Strukturwandels und seiner Bestimmungsgründe im folgenden nachzugehen.

---

122 Zu entsprechenden Schätzungen vgl. M. Abramovitz (1956) S. 5 ff., B.F. Massel (1961) S. 447 ff., E.F. Denison (1967) S. 201 ff. Im deutschen Schrifttum vgl. G. Bombach (1959) S. 170 ff., Sachverständigenrat zur Begutachtung der gesamtwirtschaftlichen Entwicklung (1965) S. 135 ff., insb. S. 143 ff., B. Felderer (1973) S. 589 ff., sowie neuerdings H. Enke u.a. (1980) S. 158 ff.

*Zweiter Teil*

# STRUKTURWANDEL UND DETERMINANTEN DES STRUKTURWANDELS

## A. Der Begriff der Wirtschaftsstruktur und des Strukturwandels

### I. Zur Problematik des Strukturbegriffs

1. Bei der Darstellung der Beiträge der Wachstumstheorie zur Ermittlung der Wachstumsdeterminanten erschien der Terminus „Struktur" oft nur als Sammelbegriff, um den Einfluß alternativer Relationen von ökonomischen Variablen und ihrer Veränderungen auf das wirtschaftliche Wachstum zu bezeichnen. Immerhin war bei der näheren Spezifizierung der Angebotsstruktur bereits von der Güterstruktur, der Betriebs- und Unternehmenstruktur bzw. deren Größenstruktur sowie von der Marktstruktur und dem Konzentrationsgrad die Rede, woraus erhellt, daß sich zumindest in diesem Bereich unterschiedliche Strukturphänomene unterscheiden lassen.

Angesichts der Heterogenität der Strukturphänomene muß es als ein gravierender Mangel in der ökonomischen Terminologie empfunden werden, daß der Begriff der 'Struktur' nicht einheitlich definiert und verwendet wird[1]. Entsprechend eindrucksvoll ist die von Machlup zusammengestellte Übersicht alternativer Verwendungen des Begriffs der Struktur und des Strukturwandels[2]. Neben verhältnismäßig eindeutigen Konzepten (zum Beispiel das der Produktionsstruktur) gebe es mehrdeutige sowie apologetische Strukturkonzepte (zum Beispiel das der Marktstruktur, wenn darunter lediglich eine „collection of facts"[3], d.h. die Beschreibung einer Reihe von interessierenden Tatsachen verstanden wird).

Nach der Verwendung des Strukturkonzepts in einzelnen Bereichen der ökonomischen Forschung unterscheidet Akerman sogar fünf Kategorien, nämlich einen historischen, einen rein ökonomischen, den statistischen, den ökonometrischen sowie einen kausalanalytischen Strukturbegriff[4]. Die Gegen-

---

1 Vgl. dazu K.C. Thalheim (1939) S. 466. Eine gute Übersicht liefern neuerdings H. Enke u.a. (1980) S. 13 ff. Vgl. auch E.J. Horn, K.-D. Schmidt, W.D. Zumpfort (1977) S. 7 ff.

2 F. Machlup (1958) S. 280 ff.

3 F. Machlup (1958) S. 291. (im Original kursiv)

4 Vgl. im einzelnen J. Akerman (1960) S. 183 ff. Neuerdings wird darüber hinaus die Notwendigkeit der Entwicklung eines systemtheoretischen Strukturbegriffs betont. Vgl. S. Klatt (1975) S. 14 ff.

überstellung der drei letztgenannten Konzepte zeigt allerdings, daß ihnen keineswegs gegensätzliche Auffassungen zugrundeliegen, sondern daß sie sich ergänzen und gegenseitig bedingen. Dabei ist festzustellen, daß dem statistischen Strukturbegriff eine dominierende Bedeutung in der ökonomischen Forschung zukommt[5], einmal weil er der vergleichsweise klarste ist, zum anderen, weil die statistisch-empirische Ermittlung von strukturellem Wandel bzw. struktureller Konstanz die Voraussetzung vertiefender ökonometrischer und kausalanalytischer Studien bildet.

2. Der Katalog von Machlup sowie der Einteilungsversuch von Akerman zeigen andererseits, daß die Diskussion des Strukturbegriffs in der ökonomischen Theorie zumindest mit drei Problemen belastet ist, welche einer unmißverständlichen Verwendung des Konzepts hinderlich sind. Zunächst geht bei einer Reihe von Verwendungen des Strukturbegriffs jenes Grundelement der Strukturdefinition, daß es sich immer um die Art und Weise handelt, „wie die Teile eines Ganzen untereinander und zu diesem Ganzen verbunden sind"[6], verloren. Wo Struktur im Sinne von Wirtschaftsstil, im Sinne von Rahmenbedingungen oder nur im Sinne einer Aufzählung charakterisierender Merkmale verstanden wird, weitet sich das Strukturkonzept begrifflich so stark aus, daß man jeden beliebigen ökonomischen Tatbestand darunter subsumieren kann. Der Strukturbegriff wird dann oft zum Sammelbecken für alle Phänomene, welche sich anderweitig nicht erfassen lassen[7]. Bei der Verwendung des Strukturbegriffs sollte daher stets beachtet werden, daß sich die Untersuchung auf den „inneren Aufbau eines bestimmten Ganzen"[8], auf die Beziehungen „zwischen den Variablen", auf die „Größenverhältnisse", „nicht auf die Größe an sich[9]" zu konzentrieren hat. Durch diese begriffliche Festlegung wird das Strukturphänomen zugleich eindeutig von dem des Niveaus ökonomischer Größen abgegrenzt.

Die genannte begriffliche Festlegung impliziert zugleich, daß es zweckmäßig ist, zwischen der Struktur einer ökonomischen Größe allgemein und einzelnen Strukturkennziffern zu unterscheiden. Die Struktur einer ökonomischen Größe im Sinne ihres „inneren Aufbaus" wird allgemein durch die

---

5 Vgl. auch die Aussage von G. Bombach (1964a) S. 11: „Der Strukturbegriff des Statistikers wird unsere Tagung beherrschen".

6 K.C. Thalheim (1939) S. 467. (im Original kursiv) Vgl. auch G. Gäfgen (1970) Sp. 386.

7 Vgl. z.B. die diversen Negativdefinitionen bei F. Machlup (1958) S. 282 ff.: strukturell als nicht-konjunkturell, als nichtmonetär, als nicht politisch beeinflußt usw.

8 F. Redl (1964) S. 189. Demgegenüber ist Redls Versuch einer Präzisierung dieser Definition kaum als gelungen zu bezeichnen. Er legt fest: Wirtschaftsstruktur ist „das Ergebnis des langfristigen Zusammenwirkens und Aufeinanderwirkens der wesentlichen Bestimmungsgründe des Wirtschaftsgeschehens".

9 G. Bombach (1964) S. 13. Vgl. auch die Aussage von J. Akerman (1960) S. 183, daß Strukturfragen sich nicht auf die Bewegung der Oberfläche, sondern auf die Veränderungen unter der Oberfläche beziehen.

Häufigkeitsverteilung der ihr zugehörigen Teilgrößen beschrieben[10], also im einzelnen durch die Zahl ihrer unterschiedlichen Teile[11], durch die Qualität dieser Teile sowie durch die relative Häufigkeit der Teile. Zahl, Qualität und relative Häufigkeit der Teile stehen, wie anhand einzelner Strukturphänomene noch zu zeigen sein wird, in einem gegenseitigen Abhängigkeitsverhältnis. Demgegenüber zeigen Strukturkennziffern bzw. Strukturindices[12] die Größenverhältnisse zwischen einzelnen Teilgrößen untereinander bzw. zwischen einzelnen Teilgrößen und der Gesamtgröße auf. Sie lassen sich in Form von Beziehungszahlen (Koeffizienten) oder in Form von Gliederungszahlen (Prozentzahlen bzw. Quoten) statistisch erfassen. Die Struktur einer ökonomischen Größe ergibt sich dann durch die Zusammenfassung aller Strukturkennziffern.

Das zweite Problem, das die Strukturdiskussion belastet, ist darin zu sehen, daß mit der Verwendung des Begriffs 'Struktur' bzw. 'strukturell' in vielen Fällen die Vorstellung einer gewissen Invarianz ökonomischer Größen und Relationen verbunden wird[13]. Dieser Aspekt wird deutlich, wenn man unter der Struktur der Wirtschaft deren „fundamental relationships" bzw. den „set of given conditions, . . . invariant for a variety of problems" oder die „totality of slow changing economic variables"[14] versteht. Diese Auffassung dokumentiert sich im ökonometrischen Strukturkonzept, in dem die Konstanz struktureller Parameter Grundlage der Analyse ist, sowie im rein ökonomischen Strukturbegriff nach Akerman, nach dem unter dem Terminus 'Struktur' nur unveränderliche Phänomene zu subsumieren sind. Eine begriffliche Festlegung derart, daß nur fundamentale, langfristig konstante bzw. nur einem langsamen, keinesfalls abrupten Wandel unterworfene Relationen unter den Begriff der volkwirtschaftlichen Struktur zu subsumieren seien, scheint aber nicht zuletzt aufgrund der wissenschaftlich nicht zu klärenden Frage, wie die Begriffe 'langsam' bzw. 'fundamental' zu definieren sind bzw. welche Zeitperspektive zugrundezulegen ist, unzulässig zu sein. Darüber hinaus ist eine derartige begriffliche Fixierung unzweckmäßig, denn sie legt es zumindest nahe,

10 Vgl. J. Pfanzagl (1966) S. 16: „Um einen Überblick über die Struktur einer Masse zu geben, kann man . . . angeben, wieviele Fälle (oder welcher Anteil oder Prozentsatz) auf jede einzelne Ausprägung desselben entfallen. Dies nennt man *Häufigkeitsverteilung*".

11 Die Zahl aller Teile ergäbe die Größe an sich, d.h. das Niveau. Um die Zahl der unterschiedlichen Teile hervorzuheben, spricht die statistische Methodenlehre hier auch von Merkmalen bzw. Kategorien. Vgl. u.a. J. Pfanzagl (1966) S. 13 oder H. Kellerer (1960) S. 40.

12 Vgl. G. Gäfgen (1970) Sp. 386.

13 Vgl. z.B. A. Paulsen (1964) S. 303.

14 F. Machlup (1958) S. 284 und S. 288. (im Original z.T. kursiv). Entsprechend wird mit einem Strukturwandel auch die Vorstellung eines „*drastic* and *fundamental* change of the economic environment" (S. 290) verbunden, gerade um dem Außergewöhnlichen eines solchen Vorganges Rechnung zu tragen. Vgl. dazu auch den deutschen Begriff des 'Struktureinbruchs'.

Strukturwandlungen als exogene Phänomene zu betrachten und die Strukturforschung aus dem Aufgabenkatalog der Wirtschaftstheorie auszuklammern[15].

Die Mängel eines solchen Verfahrens haben sich in einzelnen Bereichen der Wirtschaftstheorie, wie etwa der Preistheorie oder der Wachstumstheorie, in denen der Strukturwandel zum Teil gar nicht, zum Teil nur unvollkommen analysiert worden ist, deutlich gezeigt. Eine Legitimation dafür, bestimmte Strukturphänomene als invariant zu behandeln, kann erst die aufgrund empirischer und theoretischer Forschung gewonnene Erkenntnis liefern, daß sich diese Strukturen tatsächlich nicht oder nur unwesentlich ändern.

Das dritte Problem bezüglich der begrifflichen Erfassung struktureller Aspekte sowie des Wandels von Strukturen resultiert aus der durchaus sinnvollen Trennung von Struktur und Niveau und der aus ihr gewonnenen Abgrenzung zwischen Strukturänderungen und Konjunkturschwankungen. Diese Unterscheidung wird in zweierlei Weise interpretiert. Einmal ist die Interpretation unmißverständlich zur Abgrenzung von Änderungen des absoluten Wertes eines ökonomischen Ganzen (Niveau) von Änderungen seiner Zusammensetzung (Struktur). Daneben findet sich jedoch auch jene Interpretation, daß es sich bei Konjunktur s c h w a n k u n g e n um zyklische Veränderungen, bei Struktur w a n d l u n g e n dagegen um irreversible Veränderungen handelt. Strukturwandlungen seinen demgemäß grundsätzlich aperiodischer und azyklischer Natur[16], sie stellen einmalige und diskontinuierliche Veränderungen der ökonomischen Relationen dar[17].

Eine derartige Betrachtung ist jedoch nicht haltbar. Es zeigt sich nämlich, daß auch strukturelle Veränderungen prinzipiell reversibel sein können und in der Regel auch reversibel sind. Es ist sogar ziemlich unwahrscheinlich, daß sich der Anteil einer Teilgröße immer nur in eine Richtung verändert[18]. Folglich wird in der Diskussion in der Regel nicht ausgeschlossen, daß alle Arten von Strukturveränderungstendenzen im historischen Entwicklungsprozeß grundsätzlich wieder umschlagen können, doch es wird dies allenfalls als langfristiges Phänomen angesehen, das darüber hinaus nicht durch endogene Verursachungsfaktoren ausgelöst werden kann[19]. Mit der Verlagerung des Reversibilitätsproblems auf die langfristige Perspektive sowie der Negation endogener Reversibilität verbaut man sich jedoch die Möglichkeit, Einblick in mittel- und kurzfristig auftretende Strukturschwankungen zu gewinnen, wie sie sich etwa in Form von periodisch auftretenden Veränderungen

---

15 So jedenfalls die konsequente Folgerung bei H. Faehndrich (1964) S. 208.
16 Vgl. A. Forstmann (1952) S. 670.
17 Vgl. auch K. Dorner (1964) S. 12.
18 Vgl. W. Scheper; H. Reichenbach (1973) S. 293 und S. 311.
19 Vgl. K. Dorner (1964) S. 12 f.

der Marktstruktur im Zuge von Wettbewerbsprozessen ergeben können[20]. Außerdem verführt die Vernachlässigung kurz- und mittelfristiger, endogen determinierter Strukturschwankungen wiederum dazu, von derartigen Strukturveränderungen generell zu abstrahieren und konstante Strukturen – z.B. konstante Marktstrukturen – als Ausgangspunkt der Analyse zu akzeptieren. Dies ist ein in der Preistheorie geläufiges Verfahren.

3. Um den Begriff der ökonomischen Struktur unmißverständlich im Sinne von Machlups erster Kategorie festzulegen und das Phänomen struktureller Veränderungen ohne begriffliche Vorbelastungen analysieren zu können, empfiehlt es sich daher,

(1) die ökonomische Struktur stets im Sinne des inneren Aufbaus ökonomischer Größen, dargestellt durch die Zusammenfassung aller Strukturkennziffern (Relationen zwischen den einzelnen Teilgrößen untereinander sowie zwischen den Teilgrößen und der Gesamtgröße) zu definieren und den Strukturwandel als Änderung dieser Relationen zu interpretieren, wobei derartige Änderungen auch durch Variation der Zahl und der Qualitätsmerkmale der Teilgrößen hervorgerufen werden können,

(2) den Strukturbegriff nicht mit Vermutungen hinsichtlich einer irgendwie gearteten Konstanz von Strukturen zu versehen sowie

(3) die prinzipielle Reversiblität von Strukturveränderungen nicht ex definitione auszuschließen.

## II. Wachstums- und wettbewerbsrelevante Arten des Strukturwandels

Aus der Definition der Begriffe Wirtschaftsstruktur und Strukturwandel folgt, daß sich angesichts der Vielzahl ökonomischer Verknüpfungen beliebig viele Strukturphänomene und Strukturkennziffern ableiten und entsprechend viele Arten von strukturellem Wandel analysieren lassen. Die folgenden Ausführungen müssen sich auf einige wenige Strukturaspekte beschränken, von denen anzunehmen ist, daß sie sowohl für den Prozeß des wirtschaftlichen Wachstums als auch für den Prozeß des Wettbewerbs relevant sind. Angesichts allseitiger ökonomischer Interdependenz ist die Entscheidung, welche Arten von Strukturwandel als wachstums- und wettbewerbsrelevant angesehen werden, zweifellos mit einer Wertung verbunden. In Kenntnis der Tatsache, daß sich der Aussagewert der folgenden Darstellungen durch die Vernachlässigung bedeutender Strukturaspekte wie der Bevölkerungsstruktur oder

20 Demgegenüber hält Dorner das Konzept der Strukturschwankung für einen Widerspruch in sich. Vgl. K. Dorner, (1964) S. 13 FN 2. Zum Reversibilitätsproblem vgl. auch E.J. Horn; K.-D. Schmidt; W.-D. Zumpfort (1977) S. 10.

der Einkommens- und Vermögensstruktur oder etwa der Struktur der gesamtwirtschaftlichen Ersparnisbildung vermindert, soll das Hauptaugenmerk nunmehr auf der Güterangebots- und Güternachfragestruktur liegen.

### *1. Komponenten der Angebotsstruktur und Angebotsstrukturwandel*

Der Begriff der Angebotsstruktur wird in der Literatur in unterschiedlicher Interpretation verwendet. Zum Teil mit dem Begriff Produktionsstruktur gleichgesetzt[21], wird darunter neben der Güterstruktur z.B. auch die Beschäftigtenstruktur[22] subsumiert. Um begriffliche Unklarheiten weitgehend auszuschalten, sollen hier fünf Komponenten der Angebotsstruktur hervorgehoben und voneinander unterschieden werden: die Güterstruktur, die Marktstruktur, die Unternehmensstruktur, die Produktionsstruktur sowie die Produktivitätsstruktur.

1. Das Konzept der *Güterstruktur* bezieht sich auf die Outputseite des Produktionsprozesses. Die zentrale Frage lautet: Wie hoch sind die prozentualen Anteile der einzelnen Güter oder Gütergruppen am Gesamtgüterangebot und wie ändern sich diese Anteile? Dabei ist zunächst der Gesamtmerkmalsbetrag, also jene ökonomische Größe, deren Struktur es zu analysieren gilt, festzulegen. Sofern es darum geht, Interdependenzen zwischen Strukturwandel und wirtschaftlichem Wachstum aufzuzeigen, ist es sinnvoll, als Gesamtgüterangebot jene Sozialproduktgröße zu wählen, welche auch zum Gegenstand der Wachstumsanalyse gemacht wird. Sofern im Rahmen von Wachstumsanalysen für einzelne Branchen oder Sektoren deren Struktur interessiert, sind Branchen- oder Sektorenprodukte als Geamtmerkmalsbeträge zu verwenden.

Ist die ökonomische Größe, deren Struktur zu untersuchen ist, festgelegt, so können die Anteile der Teilgrößen (hier der einzelnen Güter und Gütergruppen) an der Gesamtgröße (etwa dem Bruttosozialprodukt) ermittelt werden. Der innere Aufbau einer ökonomischen Größe wird nun, wie zuvor beschrieben, durch drei Strukturmerkmale bestimmt, die Zahl der Teilgrößen, ihre qualitative Beschaffenheit sowie ihre relative Häufigkeit. Welche relative Häufigkeit sich ergibt, wird wesentlich von der Zahl der Güterkategorien beeinflußt. Welche Zahl sich ermitteln läßt, hängt jedoch auch von ihrer Definition bzw. Abgrenzung und damit von ihren Qualitätsmerkmalen ab. Nun könnte argumentiert werden, daß umfassende Informationen zu gewinnen wären, wenn keinerlei Gruppenbildung der Güter vorgenommen würde und man die Anteile einzelner Güter am Bruttosozialprodukt erfragte. Doch auch ein derartiges Vorgehen setzt eine Gutsdefinition und damit eine Abgrenzung zu anderen Gütern, d.h. Gruppenbildung, voraus. Totale Disaggre-

21 Vgl. z.B. S. Clasen (1966) S. 10 ff. sowie H. Schumacher (1976b) S. 12 ff.
22 Vgl. z.B. L. Uhlmann (1970) S. 58 FN 13.

gation würde darüber hinaus bewirken, daß jedes Gut mit der Häufigkeit Eins aufträte, woraus die Eliminierung des Strukturmerkmals 'relative Häufigkeit' folgte. Es ist daher auch zu fragen, ob eine sehr starke Disaggregation nicht die Gefahr birgt, daß typische Strukturwandlungsvorgänge in der Fülle von Detailinformationen untergehen. Eine Gruppenbildung scheint daher nicht nur unvermeidlich, sondern auf einem nicht allzu niedrigen Aggregationsgrad zum Zwecke des Erkennens typischer Strukturveränderungen notwendig zu sein. Andererseits ist aber zu bedenken, daß mit zunehmendem Aggregationsgrad immer weniger Strukturaspekte erfaßt werden und Strukturwandel innerhalb der aggregierten Teilgröße nicht ausgewiesen wird[23].

Die Gruppenbildung setzt das Vorhandensein eines Gruppeneinteilungskriteriums voraus. Die Güter müssen über qualitative Merkmale verfügen, anhand derer ihre jeweilige Position in einem gedachten „Produktraum"[24] fixierbar und mit deren Hilfe eine Zuordnung in einzelne Güterkategorien möglich ist[25].

Versuche zur Erarbeitung solcher Merkmale finden sich unter anderem in der Wettbewerbstheorie, in der die Frage nach der Abgrenzung des relevanten Marktes diskutiert wird. Dabei werden sowohl angebotsorientierte, produktionstechnisch ausgerichtete Abgrenzungskriterien als auch nachfrageorientierte, vom Bedarf hergeleitete Abgrenzungskriterien verwendet. Ein primär nachfrageorientiertes, durchaus aber auch unter Berücksichtigung produktionstechnischer Aspekte definierbares Kriterium ist der Heterogenitätsgrad der Güter bzw. der Grad der Produktdifferenzierung. Der Heterogenitätsgrad der Güter dient als Kriterium zur Abgrenzung einzelner Gütergruppen voneinander, wobei die Abgrenzung in der Weise erfolgt, daß innerhalb der Gütergruppen niedrigere Heterogenitätsgrade und zwischen den Gruppen höhere Heterogenitätsgrade (Substitutionslücken) vorliegen. Mit Hilfe dieses Verfahrens lassen sich dann Märkte, Branchen bzw. Sektoren voneinander abgrenzen. Die Wahl des abgrenzungsrelevanten Heterogenitätsgrades beeinflußt naturgemäß die Zahl der Gütergruppen und damit die relative Häufigkeit der ihnen zugehörigen Elemente.

Verändert sich die Zahl der Güterkategorien oder verändert sich der Heterogenitätsgrad der Güter, etwa weil neue Güter auf den Markt kommen und alte ausscheiden oder weil bekannte Güter in veränderter Qualität angeboten werden, so ändern sich damit bereits zwei der drei genannten Strukturmerkmale. Zuweilen wird dem Qualitätsaspekt in der Strukturdiskussion weniger Beachtung geschenkt. Er ist jedoch untrennbar mit den Merkmalen 'Zahl' und 'relative Häufigkeit' verknüpft. Verändern sich die Zahl der Güter-

23 Vgl. S. Clasen (1966) S. 11.
24 K. Borchert (1965) S. 114.
25 Zur Problematik der statistischen Ermittlung des Standortes der Güter im Produktionsraum vgl. K. Borchardt (1965) S. 114 f.

kategorien und der Heterogenitätsgrad, so müssen einzelne Güter möglicherweise in andere Gütergruppen eingeordnet werden. Damit verschiebt sich die relative Häufigkeit der Güter, d.h. es tritt ein Wandel auch im dritten Strukturmerkmal ein.

Ein Wandel der Güterstruktur im Sinne einer Veränderung des inneren Aufbaus des Gesamtgütervolumens kann daher stattfinden
(1) in Form einer Änderung der Zahl der Gütergruppen (erstes Strukturmerkmal), woraus auch Anteilsverschiebungen (drittes Strukturmerkmal) resultieren,
(2) in Form einer Änderung des Heterogenitätsgrades der Güter (zweites Strukturmerkmal), woraus Veränderungen der Gruppenzugehörigkeit und der Zahl und damit Anteilsverschiebungen resultieren können,
(3) in Form reiner Anteilsveränderungen der Güter, ohne daß Änderungen der Zahl und des Heterogenitätsgrades damit verbunden sein müssen.

Die genannten Vorgänge können zum Teil auch mit Hilfe der in der Analyse von Konzentrationsprozessen verwendeten Terminologie erläutert werden. Wenn Konzentration generell als „Ballung ökonomischer Größen“[26] definiert wird, kann jede Veränderung der Zahl der Güterkategorien als absolute Güterkonzentration bzw. -dekonzentration, jede Veränderung in den prozentualen Anteilen der Güter am Bruttosozialprodukt als relative Güterkonzentration bzw. -dekonzentration bezeichnet werden[27].

2. Die Frage nach der *Marktstruktur* kann prinzipiell für alle Arten von Märkten gestellt werden. Als Komponente der hier zu behandelnden Güterangebotsstruktur bezieht sich das Konzept der Marktstruktur wie das der Güterstruktur auf die Outputseite des Produktionsprozesses. Im Rahmen der Wettbewerbstheorie hat das Konzept der Marktstruktur einen relativ fest umrissenen Inhalt. Als wichtigste Dimensionen der Marktstruktur gelten der Grad der Anbieterkonzentration und der Grad der Produktdifferenzierung[28]. Mit dem Grad der Produktdifferenzierung wird das gleiche Strukturmerkmal verwendet wie zuvor im Konzept der Güterstruktur. Nachdem mit Hilfe des Strukturmerkmals ‚Heterogenitätsgrad‘ verschiedene Gütergruppen, z.B. Märkte, voneinander abgegrenzt worden sind und anschließend nach dem Anteil dieser Gütergruppen am Bruttosozialprodukt gefragt wird, richtet sich das Interesse nunmehr auf die Struktur der Gütergruppe, d.h. des Marktes selbst. Wiederum können Untergruppen (Teilmärkte) gebildet werden, und es kann nach der Zahl der Teilmärkte, der relativen Häufigkeit der Güter auf den Teilmärkten bzw. nach deren Veränderungen im Zeitablauf gefragt werden. Die Fragestellung entspricht also derjenigen des zuvor behandelten Konzepts der Güterstruktur.

---

26 H. Arndt; G. Ollenburg (1971) S. 7 (im Original kursiv).
27 Vgl. H. Kellerer; E. Schaich (1971) S. 42.
28 Vgl. u.a. J.S. Bain (1968) S. 7 sowie das Wettbewerbsmodell von E. Kantzenbach (1966), insb. S. 91 ff.

Daraus erhellt, daß sich die Konzepte der volkswirtschaften Güterstruktur und der Marktstruktur bislang allein durch die Bezugsbasis unterscheiden. Während im Rahmen von Wachstumsanalysen vorwiegend die Struktur des wachstumsrelevanten Gesamtmerkmalsbetrages Sozialprodukt zu behandeln sein dürfte, bildet das Konzept des Marktes als des wettbewerbsrelevanten Gesamtmerkmalsbetrages die gängige Bezugsbasis für die Analyse von Wettbewerbsprozessen. Mit der begrifflichen Verknüpfung von Wettbewerbs- und Marktanalyse ist das Problem der sachgerechten Abgrenzung des wettbewerbsrelevanten Marktes allerdings noch nicht gelöst.

Die Ausrichtung auf die Frage nach der Intensität des Wettbewerbs ist auch der Grund dafür, daß neben dem Heterogenitätsgrad der Güter eine weitere Marktstrukturdimension genannt und sogar vorrangig diskutiert wird. Während im Konzept der Güterstruktur nach den Anteilen von Märkten, Branchen und Sektoren und damit nach den Anteilen von Gütergruppen am Gesamtgütervolumen gefragt wird, ist die analoge Fragestellung nach Teilmärkten, also nach Gütergruppen innerhalb eines Marktes, in der Literatur von vergleichsweise geringerer Bedeutung[29]. Vorrangig wird vielmehr nach den Marktanteilen einzelner Anbieter, also nach der Zahl und der Größenverteilung der Unternehmen auf dem Markt und damit nach dem Grad der Anbieterkonzentration gefragt. Neben dem Heterogenitätsgrad der Güter als erstem Kriterium für die Bildung von Güteruntergruppen auf dem Markt findet ihre jeweilige Herkunft von einem der Anbieter als zweites Einteilungskriterium Verwendung[30]. Gegenstand von Marktstrukturanalysen ist demnach auch die Frage nach der Zahl und der Marktanteilsverteilung der einzelnen Anbieter, also nach dem Stand der absoluten und relativen Anbieterkonzentration auf dem Markt und ihren Veränderungen im Zeitablauf.

Neben den genannten Kriterien wird in der Wettbewerbstheorie noch eine Reihe sog. Marktstrukturkriterien vorgeschlagen, wie etwa die Höhe der Marktzutrittsschranken[31], die Absatz- und Marktorganisation, die Unternehmensverflechtungen, die Marktphase und andere[32]. Dies geht zuweilen so weit, daß unter dem Begriff der Marktstruktur alle Sachverhalte, welche das Marktverhalten der Marktteilnehmer möglicherweise beeinflussen, subsumiert werden. Gegen eine solche Erweiterung des Konzepts spricht insbesondere, daß dadurch die Frage, inwieweit die Marktstruktur das Wettbewerbsverhalten determiniert, durch definitorische Verknüpfung bereits beantwortet wird. Darüber hinaus er-

29 Die Frage geht unter in der grundsätzlichen Frage nach der sachgerechten Abgrenzung des relevanten Marktes.

30 Im Falle von Einproduktunternehmen fallen beide Kriterien zusammen, sofern man von der plausiblen Annahme ausgeht, daß die Heterogenitätsgrade der Güter verschiedener Anbieter stets höher sind als die Heterogenitätsgrade der Güter der einzelnen Anbieter.

31 Vgl. u.a. J.S. Bain (1968) S. 7.

32 Vgl. u.a. G. Klauss (1975) S. 23 ff.; St.H. Sosnick (1958) S. 380 ff.

geben sich im einzelnen definitorische Schwierigkeiten sowie Probleme der statistischen Erfassung derartiger Strukturmerkmale. Ferner dürften generalisierende Aussagen kaum noch möglich sein, da jeder Markt zu einem Phänomen sui generis wird[33]. Nicht umsonst ordnet Machlup ein derartig umfassendes Konzept der Marktstruktur in die Gruppe der mehrdeutigen Strukturkonzepte ein. Unter dem Begriff des Wandels der Marktstruktur sollen daher hier nur zwei Phänomene subsumiert werden:

(1) die Änderung der Zahl und der Marktanteilsverteilung einzelner Güter oder Gütergruppen (Teilmärkte) am jeweiligen Markt, die unter anderem durch eine Änderung des Heterogenitätsgrades der Güter (Homogenisierung oder Heterogenisierung) ausgelöst werden können,

(2) die Änderung der Zahl und der Marktanteilsverteilung der Anbieter am jeweiligen Markt im Sinne einer Anbieterkonzentration oder -dekonzentration.

3. Das zuletzt genannte Konzept der Marktstruktur im Sinne der Zahl und der Marktanteilsverteilung der Anbieter auf dem Markt hat gezeigt, daß auch die Unternehmen als Güteranbieter zur Grundlage von Strukturuntersuchungen gemacht werden. Das Konzept der *Unternehmensstruktur* ist zunächst aber sehr viel umfassender als das der Marktstruktur, da als Einteilungskriterien für die Bildung von Unternehmensgruppen eine Vielzahl qualitativer Merkmale denkbar sind, so z.B. die Rechts- und Eigentumsform der Unternehmen oder verschiedene Aspekte ihrer internen Organisation, das heißt, ob es sich um Einprodukt- oder Mehrproduktunternehmen, um Einstufen- oder Mehrstufenunternehmen, um Einbetrieb- oder Mehrbetriebunternehmen, um nationale oder um multinationale Unternehmen handelt. Als Kriterium von überragender Bedeutung, das in der Literatur besonders häufig verwendet wird, gilt jedoch die Größe der Unternehmen. Unternehmensstruktur wird insoweit vorwiegend interpretiert im Sinne von *Unternehmensgrößenstruktur* bzw. Unternehmenskonzentration[34].

Die Ermittlung der Unternehmensgrößenstruktur und ihrer Veränderungen im Zeitablauf setzt das Vorhandensein eines Maßes für die Unternehmensgröße voraus. Versteht man unter der Unternehmensgröße den Umfang aller Tätigkeiten eines Unternehmens[35], so ist zunächst festzustellen, daß die Größe sich in drei Größendimensionen niederschlägt: in der potentiellen Produktionshöhe jedes Enderzeugnisses, der Zahl der Enderzeugnisse (der Breite des Produktionsprogramms) und der Tiefe des Produktionsprozesses[36]. Da jedoch kein Maß vorliegt, mit dessen Hilfe alle Dimensionen gleichermaßen zu erfassen sind, gilt es, meßbare Teilphänomene[37] zu suchen, die der jeweiligen Fragestellung Rechnung tragen.

33 Vgl. J.S. Bain (1968) S. 9.
34 Vgl. R. Feuerstack (1975) S. 7.
35 Vgl. H. Koch (1959) S. 83.
36 Vgl. W. Busse von Colbe (1964) S. 13 ff.
37 Vgl. J. Fettel (1959) S. 66.

Die Frage, welches Größenmaß Verwendung findet, hängt also vom Untersuchungsziel ab, das mit der jeweiligen Größenstrukturanalyse verbunden ist[38]. Im Rahmen von gesamtwirtschaftlichen, sektoralen oder branchenbezogenen Wachstumsanalysen dürfte es zweckmäßig sein, auf die Entwicklung und Veränderung von Umsatz und Wertschöpfung abzustellen. Im Rahmen von Wettbewerbsanalysen sind je nachdem, auf welche Märkte sich die Analyse bezieht, wiederum der Umsatz, gegebenenfalls auch Absatzmengen bezüglich der Gütermärkte, sowie Beschäftigtenzahlen und sonstige Inputgrößen bezüglich der Beschaffungsmärkte zu erfassen[39].

Das Untersuchungsobjekt bestimmt auch die Wahl jener ökonomischen Gesamtheit, zu der die absolute Unternehmensgröße in Beziehung gesetzt wird. Steht die Frage des Wachstums des Sozialprodukts, des Sektors oder der Branche im Vordergrund, so sind etwa die Wertschöpfungsanteile einzelner Unternehmen oder Unternehmensgruppen (z.B. der drei größten) an einem dieser Gesamtmerkmalsbeträge zu ermitteln. Zu fragen ist, wie sich die Anteile im Zeitablauf verändern und welche Unternehmen oder Unternehmensgruppen jeweils die höchsten Wachstumsbeiträge liefern. Bezieht sich die Analyse dagegen auf die Intensität des Wettbewerbs, so ist es eine weitverbreitete Praxis, nach den Anteilen einzelner Unternehmen oder Unternehmensgruppen (z.B. der drei größten) bzw. nach der Anteilsverteilung aller Unternehmen am Markt zu fragen. Bezüglich des Güterangebots heißt dies, daß die Marktanteilsverteilung auf den Gütermärkten untersucht wird.

Im Hinblick auf das Untersuchungsobjekt Wettbewerb dürfte aber nicht nur die Marktanteilsverteilung der Anbieter von Interesse sein, sondern darüber hinaus auch die Anbieterzahl selbst. Einmal wird die Anbieterzahl auf dem relevanten Markt als Kriterium für das Ausmaß an Wahlfreiheit für die Nachfrager angesehen, welches mit steigender Zahl der Alternativen möglicherweise wächst[40]. Zum anderen ist die Zahl der Anbieter generell ein bedeutsames Kriterium für die Beantwortung der Frage nach der Funktionsfähigkeit des marktwirtschaftlichen Systems, das sich als ein Wirtschaftssystem mit dezentralisierter Planungskompetenz und Koordination der Pläne mithilfe des Marktmechanismus versteht. Mit sinkender Zahl der selbständigen Unternehmenseinheiten – etwa im Zuge der vertikalen Integration bzw. der Diversifikation – werden marktwirtschaftliche Koordinationsmechanismen durch unternehmensinterne Koordinationsvorgänge abgelöst, woraus eine Tendenz zur Zentralisation der Wirtschaftsplanung resultiert.

Hinsichtlich der Bezugsgröße Markt entspricht das Konzept der Unternehmensgrößenstruktur dem der Marktstruktur, wie es zuvor behandelt worden ist. Im Zusammenhang mit den zuletzt vorgestellten Überlegungen zur Funktions-

38 Vgl. R. Feuerstack (1975) S. 15 ff.

39 Vgl. R. Feuerstack S. 17.

40 Vgl. z.B. C.D. Edwards (1949) S. 9,

fähigkeit des marktwirtschaftlichen Systems und des Wettbewerbs stellt sich allerdings die grundsätzliche Frage nach der Relevanz der Marktstruktur[41]. Unbestritten dürfte zumindest sein, daß die Marktstruktur allenfalls eine von mehreren Wettbewerbsdeterminanten sein kann. Wirtschaftliche Macht im Sinne der Fähigkeit, den Wettbewerb zu beschränken, ist nicht allein durch den Besitz hoher Marktanteile (Marktanteilsmacht) zu erlangen und auszuüben, sondern kann auch aufgrund der absoluten Unternehmensgröße (Größenmacht) sowie infolge der Vielzahl von ökonomischen Aktivitäten einzelner Unternehmen (Diversifikationsmacht)[42] entstehen.

Daraus erhellt, daß eine exklusive Ausrichtung auf die Unternehmensgrößenstruktur im Sinne der Marktstruktur für die Analyse des Wettbewerbsphänomens zu eng ist. Daneben interessiert auch die Unternehmensgrößenstruktur der gesamten Volkswirtschaft, welche ihrerseits nicht unabhängig ist von der Entwicklung bestimmter Merkmale der internen Unternehmensstruktur wie etwa der Tendenz zum Mehrbetriebs-, Mehrstufen-, Mehrprodukt- und multinationalen Unternehmen.

Unter einem Wandel der Unternehmensstruktur können demnach sehr viele wachstums- und wettbewerbsrelevante Phänomene subsumiert werden. Das Hauptaugenmerk sollte sich allerdings richten auf
(1) die Veränderung der Zahl der Unternehmen in der Volkswirtschaft, im jeweiligen Produktionssektor, in der Branche bzw. auf dem Markt, d.h. auf das Ausmaß der absoluten Unternehmenskonzentration oder -dekonzentration,
(2) die Veränderung der Anteile der Unternehmen und Unternehmensgruppen an bestimmten ökonomischen Gesamtheiten wie dem Bruttosozialprodukt, der sektoralen Wertschöpfung, dem Branchen- oder Marktumsatz u.a., also der relativen Unternehmensgrößen bzw. der Unternehmensgrößenstruktur, d.h. auf das Ausmaß der relativen Unternehmenskonzentration oder -dekonzentration,
(3) die Veränderung der internen Unternehmensstruktur im zuvor angedeuteten Sinn.

4. An das Konzept der Unternehmensstruktur knüpft das der *Produktionsstruktur* unmittelbar an. Der Begriff Produktionsstruktur wird in der Literatur in unterschiedlicher Interpretation verwendet. So wird er zunächst einmal im Sinne des zeitlichen Aufbaus der Produktion verstanden[43]. Diese Interpretation erlaubt allerdings nur die Vorstellung streng linearer Lieferbeziehungen zwischen einzelnen Produktionsstufen von der Rohmaterialproduktion bis zum Konsumgut. Aus der Erkenntnis, daß im Produktionsprozeß aber keineswegs nur zeitlich lineare, sondern auch zirkulare Lieferbeziehungen bestehen, erwächst eine zweite Interpretationsmöglichkeit des Begriffs der Produktions-

41 Zur Kritik des Marktstrukturansatzes vgl. K. Herdzina (1973a) S. 267 ff.
42 Vgl. C.D. Edwards (1955) S. 331 ff. Vgl. auch E. Hoppmann (1969) S. 282 ff.
43 Vgl. hierzu u.a. E. Helmstädter (1958) S. 175 ff.

struktur: an die Stelle der Zeitstufen treten Produktionsabteilungen bzw. Branchen und Sektoren. Die Produktionsstruktur wird dann interpretiert als das System von Lieferströmen, die zwischen den wirtschaftlichen Einheiten fließen und die durch Input-Output-Tabellen darstellbar sind[44]. Eine weiter vereinfachte Vorstellung hebt schließlich allein den Outputaspekt hervor und interpretiert die Produktionsstruktur unter völliger Vernachlässigung vertikaler Aspekte allein horizontal im Sinne der Struktur des Güterausstoßes, also der Güterstruktur im zuvor beschriebenen Sinne. In dieser Interpretation geht jedoch der Produktionsaspekt selbst verloren; es handelt sich um eine Produktanstelle einer Produktionsstruktur. Um den Produktionsaspekt wieder stärker zu betonen und den Begriff einzuengen, empfiehlt es sich, wieder auf den Produktionsprozeß selbst, genauer gesagt auf die Inputseite des Produktionsprozesses zu rekurrieren. Produktionsstruktur soll hier verstanden werden im Sinne von *Produktionsfaktorenstruktur.*

Doch auch in dieser engeren Interpretation können dem Konzept zwei verschiedene Inhalte zugeordnet werden. So kann es einmal darum gehen, die Produktionsfaktorenanteile einzelner Unternehmen, Branchen und Sektoren an jeweils größeren Aggregaten zu ermitteln, also etwa die Beschäftigtenanteile einzelner Sektoren an den Gesamtbeschäftigten der Volkswirtschaft oder etwa die Beschäftigtenanteile der drei größten Unternehmen an den Gesamtbeschäftigten einer Branche. Insoweit können sich die Konzepte der Produktions- und der Unternehmensgrößenstruktur decken, sofern die Unternehmensgröße mithilfe von Inputgrößen gemessen wird.

Die zweite, in ihrem ökonomischen Aussagewert bedeutsamere Interpretation des Konzepts der Produktionsstruktur dürfte jedoch darin liegen, daß nach den Relationen der einzelnen Produktionsfaktoren zueinander gefragt wird. Dabei lassen sich entsprechende Strukturkennziffern wie etwa die Relationen zwischen verschiedenen Komponenten des Kapitalstocks[45], des Faktors Arbeit oder – wohl am bedeutendsten – das Verhältnis Kapital zu Arbeit, also die Kapitalintensität[46], ableiten und zur Grundlage von Unternehmens-, Branchen- und Sektorvergleichen heranziehen. Wenn im folgenden von einem Wandel der Produktionsstruktur gesprochen wird, soll vorwiegend der letztgenannte Aspekt im Vordergrund stehen, d.h. es werden Verschiebungen in den Faktoreinsatzrelationen und unter ihnen vor allem Veränderungen der Kapitalintensität zu behandeln sein.

5. Bezogen sich die bisher genannten Komponenten der Güterangebotsstruktur jeweils isoliert auf die Input- oder die Outputseite des Produktionsprozesses, so werden im Konzept der *Produktivitätsstruktur* beide Aspekte miteinan-

44 In diesem Sinne wird der Begriff bei W. Leontief (1951) verwendet. Vgl. auch E. Helmstädter (1958) S. 176.
45 Zu den verschiedenen Komponenten vgl. z.B. W. Ehrlicher (1964) S. 872 ff.
46 Vgl. R. Krengel (1964) S. 744 ff.

der verknüpft. Änderungen der Güter-, der Markt-, der Unternehmens- wie der Produktionsstruktur können Ursache, aber auch Folge von Verschiebungen der Produktivitätsstruktur in der Volkswirtschaft sein. Zwischen den einzelnen Unternehmen, Branchen und Sektoren einer Volkswirtschaft lassen sich Unterschiede in den relevanten Produktivitätskennziffern (Arbeits-, Kapital- bzw. Globalproduktivität) ermitteln, so daß eine Produktivitätsstruktur im Sinne einer Häufigkeitsverteilung der einzelnen Unternehmen und Branchen auf verschiedene Produktivitätsklassen oder auch nur im Sinne einer Produktivitätsrangfolge bzw. einer Anordnung nach dem Grad der positiven oder negativen Abweichung von der volkswirtschaftlichen, sektoralen oder branchenbezogenen Durchschnittsproduktivität aufgestellt werden kann[47]. Veränderungen der Produktivitätsstruktur dokumentieren sich dann in einem Wechsel in der Produktivitätsrangfolge der Unternehmen, Branchen und Sektoren.

Mit der Produktivitätsstruktur in engem Zusammenhang stehen die Lohn- sowie die Preisstruktur[48], soweit Produktivitätsveränderungen sich in Lohnsatzänderungen bzw. Preisveränderungen niederschlagen. Auf diese Zusammenhänge wird im folgenden noch einzugehen sein.

### *2. Komponenten der Nachfragestruktur und Nachfragestrukturwandel*

In Analogie zur Güterangebotsstruktur läßt sich die Struktur der Güternachfrage analysieren, wobei formal auch hier zumindest zwischen der Güterstruktur, der Marktstruktur und der Struktur der Nachfrager unterschieden werden kann.

1. Im Konzept der *Güterstruktur* sind die prozentualen Anteile nachgefragter Güter oder Gütergruppen an der volkswirtschaftlichen Gesamtnachfrage bzw. an der Nachfrage nach den Gütern eines Sektors oder einer Branche Gegenstand der Analyse. Wie beim Konzept der Angebotsstruktur gilt es auch hier, den jeweiligen Gesamtmerkmalsbetrag sowie die Güterkategorien, deren relative Häufigkeiten zu ermitteln sind, mithilfe geeigneter, der jeweiligen Fragestellung adäquater Einteilungskriterien festzulegen. Ebenso wie im Konzept der Angebotsstruktur stellt der Heterogenitätsgrad der Güter das bedeutendste Einteilungskriterium dar.

Mit dem Hinweis auf die Kongruenz der Einteilungskriterien von Güterangebots- und Güternachfragestruktur ist zugleich ein Problem angesprochen, das den materiellen Inhalt beider Konzepte sowie das Problem der empirischen Ermittlung beider Strukturen berührt. Die Struktur des Güterangebots und die Struktur der Güternachfrage sind zwar sachlich verschiedene ökonomische Größen, zumal als Planungsträger unterschiedliche Wirtschaftssubjekte figurie-

47 Vgl. H. Hahn (1964) S. 655 ff.

48 Vgl. H. Hahn (1964) S. 659 ff. sowie G. Zeitel (1964) S. 666 ff.

ren, in einer Marktwirtschaft sorgt die Preisbildung auf den Gütermärkten jedoch dafür, daß aus einer Fülle hypothetischer Preismengenkombinationen, die entweder für die Nachfrager oder für die Anbieter Gleichgewichtspositionen darstellen, jene realisiert wird, bei der sowohl Anbieter- als auch Nachfragergleichgewicht vorliegt. Aufgrund der Ausgleichsfunktion des Preises ist sichergestellt, daß die effektive Angebotsstruktur der effektiven Nachfragestruktur entspricht[49]. Güterangebots- und Güternachfragestruktur sind insoweit nicht isoliert ermittelbar, sondern mithilfe der realisierten Struktur der Güterumsätze zu erfassen[50].

Dennoch ist es zweckmäßig, beide Strukturen nicht nur begrifflich, sondern auch sachlich zu unterscheiden. Zwar entspricht die Angebotsstruktur zu jedem Zeitpunkt der Nachfragestruktur, aber die Übereinstimmung beider erfolgt mithilfe der Preisbildung. Die Preisbildung und insoweit die Preisstruktur bildet das Scharnier, mit dessen Hilfe die strukturelle Anpassung erfolgt. Aus den Veränderungen der Preisstruktur lassen sich demgemäß Rückschlüsse auf den Wandel von Güternachfrage- und Güterangebotsstruktur ziehen[51]. So kann eine Preissteigerung auf einem einzelnen Markte, d.h. eine Änderung der Preisstruktur, z.B. ein Indiz dafür sein, daß auf eine quantitative Nachfrageexpansion auf diesem Markt, d.h. auf einen Wandel der Nachfragestruktur, die entsprechende Angebotsexpansion, d.h. der Wandel der Angebotsstruktur, noch nicht erfolgt ist. Entsprechend kann eine Preissenkung auf einem einzelnen Markt und damit eine Verschiebung der Preisstruktur ein Indiz für eine Änderung der Produktionsstruktur als Folge einer technischen Verbesserung sein.

Neben den prozentualen Anteilen einzelner Gütergruppen an der Gesamtnachfrage interessieren darüber hinaus die prozentualen Anteile einzelner Nachfragergruppen an der Gesamtnachfrage. Dieser eigentlich erst als dritte Komponente der Nachfragestruktur zu behandelnde Aspekt deckt sich insoweit mit dem Konzept der Güterstruktur, als auf einem vergleichsweise hohen Aggregationsniveau lediglich zwischen Konsumgüter-, Investitionsgüter- und Exportgüternachfrage sowie der Nachfrage nach öffentlichen Gütern unterschieden wird und diesen Güterkategorien die entsprechenden Nachfragergruppen, private Haushalte, Unternehmen, Ausland und öffentliche Haushalte zugeordnet werden.

Hinsichtlich des Wandels der Güternachfragestruktur wäre analog zum Wandel der Güterangebotsstruktur zu unterscheiden zwischen

(1) der Änderung der Zahl der nachgefragten Gütergruppen,

---

49 Bei nicht voll flexiblen Preisen sind temporäre Angebotsüberschüsse in Form von Lagerinvestitionen sowie temporäre Nachfrageüberschüsse in Form von Auftragsbeständen als kurzfristige Puffer denkbar.

50 Vgl. dazu H. Schmucker (1964) S. 106 f.

51 Grundsätzlich ist zwischen Mengen-, Preis- und Wertstrukturen zu unterscheiden. Vgl. u.a. G. Bombach (1964a) S. 13 und J. Niehans (1964) S. 20.

(2) der Änderung des Heterogenitätsgrades der nachgefragten Gütergruppen, (3) der Veränderung der relativen Anteile der nachgefragten Gütergruppen am jeweiligen Gesamtgütervolumen, wobei wiederum Interdependenzen zwischen den drei Formen des Strukturwandels gegeben sind.

2. Auch das Konzept der *Marktstruktur* der Nachfrage kann völlig analog zu dem der Marktstruktur des Angebots entwickelt und einmal auf die Zahl, die Qualität und die Anteilsverteilung von Güteruntergruppen (Teilnachfragemengen) an der Marktnachfrage, zum anderen auf die Zahl und die Größenverteilung der Nachfrager auf dem Markt, d.h. auf den Grad der Nachfragerkonzentration[52] bezogen werden. Während wie bei der Angebotsstruktur die Frage nach den Anteilen von Güteruntergruppen an der Marktnachfrage in den Hintergrund tritt, kommt dem Problem der Nachfragerkonzentration auf einzelnen Märkten und der daraus möglicherweise resultierenden Nachfragermacht erhebliche Bedeutung zu[53]. Aber auch einzelne Nachfragestrukturkennziffern wie etwa die Anteile der Staats- oder der Auslandsnachfrage auf einzelnen Märkten sowie ihre Veränderungen sind für die Analyse der Wachstumschancen der jeweiligen Märkte von Interesse. Unter einem Wandel der Marktnachfragestruktur sind daher vorrangig Veränderungen der Zahl der Nachfrager und der Nachfrageanteile einzelner Nachfrager bzw. Nachfragergruppen am jeweiligen Markt zu verstehen.

3. Die Möglichkeit zur Analyse der Struktur der Nachfrager ist bereits angesprochen worden. Wie im Konzept der Unternehmensstruktur lassen sich eine Reihe von Einteilungskriterien für die Bildung von Nachfragerkategorien unterscheiden. Mit dem Konzept der Unternehmensstruktur deckt sich das der *Nachfragerstruktur*, wenn die Struktur der Investitionsgüternachfrage analysiert wird. Demzufolge findet auch hier das Einteilungskriterium der Größe des Nachfragers entsprechende Beachtung. Der Größenaspekt spielt darüber hinaus noch eine besondere Rolle, als der Staat einen dominierenden Nachfragefaktor bildet. Verschiebungen der Nachfragerstruktur zugunsten des Staates im Sinne des Wagnerschen Gesetzes oder Strukturverschiebungen innerhalb der Staatsnachfrage im Sinne des Popitzschen Gesetzes können möglicherweise mit Verschiebungen der Güternachfragestruktur verbunden sein, die entsprechende Anpassungen der Güterangebotsstruktur notwendig machen.

Die Struktur der privaten Konsumgüternachfrage dürfte wesentlich von der Struktur der Konsumgüternachfrager abhängen, wobei als Merkmale zur Unterscheidung von Nachfragergruppen eine Reihe von demographischen Kriterien, nicht zuletzt aber die Einkommenshöhe und damit die Einkommensverteilung bzw. die Einkommensstruktur von Bedeutung ist.

---

52 Vgl. J.S. Bain (1968) S. 7 f.

53 Zur Nachfragemacht vgl. A. Sölter (1968) S. 317 ff. und H. Arndt (1973) S. 84 ff.

Unter einem Wandel der Nachfragerstruktur sind daher insbesondere Verschiebungen in den relativen Einkommensanteilen der einzelnen Nachfragergruppen zu verstehen, wobei der Einkommensbegriff durchaus so weit gefaßt werden könnte, daß er auch die Einkommen von Unternehmen, aus denen Investitionsgüter sowie die Einnahmen der Gebietskörperschaften und parafiskalischen Institutionen, aus denen öffentliche Güter nachgefragt werden können, einbezieht.

## III. Die Aufgaben der Theorie des strukturellen Wandels

Wie zuvor bezüglich der Aufgaben der Wachstumstheorie beschrieben, lassen sich auch bei einer Theorie des Strukturwandels drei Grundfragestellungen unterscheiden.

1. In welcher Weise beeinflußt der Strukturwandel andere ökonomische bzw. außerökonomische Variable, also etwa das wirtschaftliche Wachstum? Würde ein struktureller Wandel als notwendige Bedingung für die Erreichung von Zielvariablen erkannt, wäre er insoweit zu rechtfertigen.

2. Welches sind die Determinanten des strukturellen Wandels und wie groß ist ihre jeweilige Bedeutung? Im Rahmen dieser Fragestellung wäre der Strukturwandel zu erklären.

3. Welches sind die Bedingungen für das Entstehen bestimmter Verlaufsformen von strukturellem Wandel? Diese Frage führt zwangsläufig zur ersten Fragestellung zurück, da unmittelbar einsichtig ist, daß nicht jede beliebige Art von Strukturwandel zieladäquat sein kann, sondern daß es jeweils spezifischer Verlaufsformen bedarf, um bestimmte Ziele zu erreichen[54].

Wie oben dargestellt, reicht es für die Fragestellung dieser Arbeit aus, wenn in jedem der drei Teile (Wachstum, Strukturwandel, Wettbewerb) zunächst nur nach den Determinanten des jeweils behandelten Phänomens gefragt wird. Die mutmaßlichen Auswirkungen auf andere Variable sowie die Frage adäquater Verlaufsformen kann dann zuletzt zum Gegenstand einer integrierenden Betrachtung gemacht werden.

Doch selbst eine Konzentration auf die Frage nach den Determinanten des Strukturwandels wirft angesichts der Vielfalt der Strukturphänomene und der mannigfaltigen Arten von strukturellem Wandel eine Reihe von Problemen auf. Man kann nicht global nach den Determinanten des Strukturwandels fragen, man muß genaugenommen alle Arten von Strukturwandel einzeln analysieren. Die Determinanten aller Arten von Strukturwandel aufzuzeigen, muß aber den

54 So kann beispielsweise gefragt werden, welche Art von strukturellem Wandel erforderlich ist, um einen gleichgewichtigen Wachstumsprozeß zu induzieren. Vgl. dazu E. Helmstädter (1958) S. 173 ff.

Rahmen einer auch Wachstum und Wettbewerb einschließenden Analyse sprengen. Zwar wurden zuvor ohnehin nur jene Arten von Strukturwandel angesprochen, von denen anzunehmen ist, daß sie in hohem Maße wachstums- und wettbewerbsrelevant sind, doch hat sich bereits bei der begrifflichen Festlegung der einzelnen Arten von Strukturwandel ihr interdependenter Charakter gezeigt. Um eine Ausuferung der Argumentation zu vermeiden, soll sich die Analyse auf die Determinanten des Wandels der Angebotsstruktur und hier wiederum auf die Determinanten des Wandels der Güter- und der Marktstruktur konzentrieren.

Wie aber noch zu zeigen sein wird, stellen die Unternehmens-, die Produktions-, die Produktivitäts- und nicht zuletzt die Nachfragestruktur sowie deren Veränderungen entscheidende Bestimmungsfaktoren des Wandels von Güter- und Marktstruktur dar, so daß ihre zuvor angestrebte begriffliche Festlegung erforderlich war.

## B. Die Analyse des Strukturwandels in der ökonomischen Theorie

Im folgenden ist der Beitrag der ökonomischen Theorie zur Erforschung der Determinanten des Wandels der Angebotsstruktur im Sinne der Güter- und Marktstruktur aufzuzeigen.

Grundsätzlich sind dabei zwei einander entgegengesetzte Entwicklungstendenzen zu beobachten. Ausgehend von der klassischen Theorie, welche als Theorie des Marktmechanismus strukturellen Wandel behandelt und die in ihrer neoklassischen Variante zu einer Theorie der optimalen Allokation, d.h. der optimalen Güter- und Produktionsstruktur ausgebaut wird, verengt sich die neoklassische Preis- und Wachstumstheorie zu einem Theoriekomplex, in dem der Wandel wirtschaftlicher Strukturen kaum noch eine Rolle spielt. Diese Entwicklungstendenz dominiert über weite Strecken der nationalökonomischen Forschung in diesem Jahrhundert. Daneben finden sich jedoch, vom Hauptstrom der Theorie zuweilen kaum beachtet, Versuche, im Rahmen einer allgemeinen Theorie der wirtschaftlichen Entwicklung den Wandel wirtschaftlicher Strukturen bewußt einzubeziehen, wobei zunächst Beschreibungen dominieren, durchaus aber auch Erklärungsversuche unternommen werden.

## I. Strukturwandel und strukturelle Konstanz in der (neo)klassischen Theorie

### *1. Die klassische Theorie des Marktmechanismus als Theorie des strukturellen Wandels*

Nach der von A. Smith konzipierten klassischen Theorie des Marktmechanismus schwankt der Marktpreis eines Gutes gemäß der jeweiligen Angebots-Nachfrage-Konstellation um den natürlichen Preis, d.h. den durch die Produktionskosten gegebenen Wert des Gutes[1]. Sinkt der Marktpreis infolge Nachfragerückgangs unter den natürlichen Preis, so werden die Anbieter das Angebot des betreffenden Gutes reduzieren. Dies geschieht zum Beispiel, indem etwa die Grundbesitzer einen Teil des zur Verfügung gestellten Bodens aus dieser Verwendung abziehen[2]. Daraus ergibt sich ein Ansteigen des Marktpreises bis zur Höhe des natürlichen Preises. Steigt andererseits der Marktpreis infolge einer Nachfrageexpansion über den natürlichen Preis, so wird das Angebot ausgedehnt, wodurch der Marktpreis auf den natürlichen Preis zurückfällt. Das Angebot, genauer die Angebotsstruktur im Sinne der Güterstruktur paßt sich demgemäß an die Veränderungen der Nachfragestruktur an. Die Struktur der Güternachfrage ist die maßgebliche Determinante der Struktur des Güterangebots.

Diese Aussage gilt allerdings nur unter bestimmten Voraussetzungen. Zunächst muß unter den Anbietern Wettbewerb herrschen, um insbesondere den für sie nachteiligen Vorgang der Angebotsausdehnung, welcher preis- und gewinnmindernd wirkt, auszulösen. Daneben müssen bestimmte produktionstechnische Bedingungen erfüllt sein. Uneingeschränkte Angebotsausdehnung ist nur möglich bei den beliebig vermehrbaren Gütern. Bei nicht beliebig vermehrbaren Gütern bilden sich aufgrund des knappen Faktors Boden Rentenpreise, bei nicht vermehrbaren Gütern (sog. Seltenheitsgüter) entstehen Monopolpreise. Hier ist eine Angebotsanpassung unmöglich.

Die Struktur des Güterangebots wird insoweit auch von Angebotsfaktoren selbst beeinflußt. Zu den Angebotsfaktoren gehört auch der von Smith hervorgehobene produktivitätssteigernde Prozeß der Arbeitsteilung. Er wird von einer Steigerung der Kapitalintensität, d.h. einer Änderung der Produktionsstruktur[3] begleitet und weiter vorangetrieben, er führt zur Bildung neuer Industrien[4] und damit zu einer Änderung von Güterstruktur und Marktstrukturen. Allerdings wird das Ausmaß der erreichbaren Arbeitsteilung von der jeweiligen Marktgrösse begrenzt. Der Wandel der Angebotsstruktur wird also nicht nur von der Veränderung der Nachfragestruktur ausgelöst; ein autonomer Wandel der An-

---

1 Vgl. A. Smith (1937) S. 55 ff.
2 Vgl. A. Smith S. 57. Vgl. auch W. Hofmann (1964) S. 50 ff.
3 Im Sinne der Produktionsfaktorenstruktur.
4 Vgl. J. Niehans (1964) S. 33 f.

gebotsstruktur ist ebenfalls nur möglich im Rahmen der durch die Nachfragestruktur abgesteckten Grenzen. Insoweit ist auch die Hoffnung Ricardos verständlich, daß sich ein Wandel der Nachfragestruktur zugunsten der Produkte des industriellen Sektors einstellen möge, da sich nur in diesem Fall die Wachstumskräfte der Nachfrage- und der Angebotsseite ergänzen und gegenseitig fördern.

Andererseits bilden die Angebotsbedingungen im Sinne der Verfügbarkeit der Produktionsfaktoren die Grenzen des Wandels der Struktur des Güterangebots sowie des wirtschaftlichen Wachstums insgesamt. Während der die Kapitalintensität steigernde Wandel der Produktionsfaktorenstruktur sowie ein den industriellen Sektor begünstigender Wandel der Nachfragestruktur als wachstumsfördernd angesehen werden, erweist sich der aus der Knappheit von Produktionsfaktoren, insbesondere aus der Unvermehrbarkeit des Bodens resultierende Wandel der Produktionsfaktorenstruktur als Wachstumsbremse. Während die Kapitalintensivierung den Wachstumsmotor des klassischen Systems bildet, ist die mangelnde Ausdehnungsmöglichkeit des Bodens der Auslöser der Stagnation.

Daraus erhellt, daß die klassischen Autoren den Strukturwandel durchaus in ihre Analyse des Wirtschaftsablaufs einbeziehen, daß sie mit ihrer Theorie des Marktmechanismus sogar den Ansatz einer Theorie des Strukturwandels konzipiert haben. Die von ihnen hervorgehobenen Determinanten des Wandels der Güterangebotsstruktur ($StA_G$) sind zu finden in der Entwicklung der Struktur der Güternachfrage ($StN_G$), der Intensität des Wettbewerbs ($W$) sowie in der gegebenen Produktionsfaktorenstruktur ($StA_{PF}$). Es gilt also

(2.1) $$StA_G = StA_G\,(StN_G, W, StA_{PF}).$$

Die Produktionfaktorenstruktur wird ihrerseits von der natürlichen Verfügbarkeit der Faktoren sowie von der Rate der Kapitalbildung und darüber hinaus von der Entwicklung des Standes der Technik beeinflußt

(2.2) $$StA_{PF} = StA_{PF}\,(A, K, B, I, T).$$

Darüber hinaus stellt sich die Frage nach den Determinanten der Struktur der Güternachfrage. Sie läßt sich unter Hinweis auf die Aussagen der Klassiker zum Wirtschaftswachstum beantworten. Die Entwicklung der Struktur der Güternachfrage, und dabei nicht allein die Entwicklung des Anteils der aus Ersparnissen finanzierten Investitionsgüternachfrage, sondern die Struktur der Konsumgüternachfrage selbst, hängt ab von der Verteilung der Einkommen, d.h. von der Einkommensstruktur

(2.3) $$StN_G = StN_G\,(V),$$

woraus sich die fast schon dogmatische Position der Klassiker hinsichtlich der von ihnen angenommenen wachstumsadäquaten Einkommensverteilung erklärt.

## *2. Die neoklassische Allokations- und Preistheorie*

### a) Paretooptimale Struktur und Strukturwandel

Im Rahmen der neoklassischen Allokations- und Preistheorie wird der Versuch unternommen, die von den Klassikern angedeuteten Voraussetzungen für eine Anpassung der Angebotsstruktur an die Veränderungen der Struktur der Güternachfrage zu präzisieren. Allerdings verengt sich die Fragestellung in der Allokationstheorie insoweit, als nur noch die Bedingungen der Realisierung eines Wohlfahrtsoptimums im Sinne der Erfüllung des Pareto-Kriteriums diskutiert werden, wodurch der Präzisierungsversuch letztlich scheitert. Gegenstand der Analyse ist nämlich weniger der Strukturwandel, sondern vielmehr die Frage nach der Optimalstruktur sowohl der Güternachfrage als auch des Güterangebots, welche einer bestimmten Einkommensverteilung entspricht. Formal werden die Bedingungen des Optimalzustandes in drei Kategorien abgehandelt, als Totalbedingungen (insb. konstanter Stand der Technik), als Stabilitätsbedingungen (insb. konvexe Indifferenz- und konkave Transformationskurven) sowie als Marginalbedingungen[5]. Die Marginalbedingungen sind erfüllt, wenn die Optimierung der Nachfragestruktur gemäß zweitem Gossenschen Gesetz erreicht ist (gleiche Grenzrate der Substitution bzw. gleiches Grenznutzenverhältnis aller Güter für alle Nachfrager), wenn die Produktionsfaktorenstruktur in allen Produktionsrichtungen gemäß Minimalkostenkombination gestaltet ist (gleiche technische Substitutionsraten bzw. gleiches Verhältnis der Grenzproduktivitäten aller Faktoren in allen Faktorverwendungsmöglichkeiten) und wenn darüber hinaus die Güterstruktur optimiert ist, d.h. wenn die marginalen Substitutionsraten in Produktion und Konsum für jedes Güterpaar einander entsprechen[6]. Unter den vereinfachenden Voraussetzungen, daß sich die Analyse nur auf eine Periode bezieht, daß nur private Konsumgüter produziert werden und daß externe Effekte fehlen, werden die Marginalbedingungen erfüllt, wenn ein allgemeines Gleichgewicht bei vollständiger Konkurrenz herrscht. Selbst das Einbeziehen von Zwischenprodukten (Mehrstufenproduktion) und der Ausbau der Modells auf mehrere Zeitperioden (Frage nach den intertemporalen Effizienzbedingungen) ändert an diesem Ergebnis nichts,

---

5 Vgl. G. Stavenhagen (1964) S. 374 f.
6 Vgl. insb. die Darstellung bei E. Sohmen (1976) S. 32 ff.

denn die vollständige Konkurrenz erweist sich auch dann als geeignet, ein Pareto-Optimum zu realisieren[7]. Schwierigkeiten bereiten demgegenüber die beiden anderen Voraussetzungen. Der Konkurrenzmechanismus ist bezüglich der Produktion von Kollektivgütern sowie immer dann unanwendbar, wenn bei der Produktion oder beim Konsum von privaten Gütern externe Effekte auftreten[8].

Eine weitere Schwierigkeit ergibt sich beim Auftreten von steigenden Skalenerträgen. Zwar wird bei Vorliegen eines Konkurrenzgleichgewichts – von den genannten Ausnahmen abgesehen – stets ein Pareto-Optimum erreicht, doch daraus kann nicht der umgekehrte Schluß gezogen werden, daß jedes beliebige Pareto-Optimum durch die Konkurrenzbedingungen realisiert werden kann. Steigende Skalenerträge können unter Umständen so hohe Betriebsgrößen zur Erreichung optimaler Allokation notwendig machen, daß diese mit den Konkurrenzgleichgewichtsbedingungen nicht mehr kompatibel sind[9]. Die Allokationstheorie liefert insoweit lediglich Bedingungen für ein Optimum, nicht aber für das Optimum optimorum. Das Pareto-Kriterium erlaubt es lediglich, Pareto-optimale Situationen gegenüber den unmittelbar angrenzenden suboptimalen Situationen hervorzuheben, doch ein Vergleich verschiedener Pareto-Optima ist nicht möglich. Daraus folgt, daß selbst ein Vergleich zwischen einem Optimum und jenen Suboptima, die nicht in unmittelbarer Nähe des Optimums liegen, nicht zulässig ist[10]. Hierzu bedarf es der präzisen Formulierung der Totalbedingungen, eine Aufgabe, welche praktisch aber nur schwer lösbar zu sein scheint[11].

Für die Theorie des Strukturwandels ist die Beantwortung der Frage von Interesse, ob und in welchem Ausmaß die Allokationstheorie strukturellen Wandel untersucht. Die Antwort hängt davon ab, wie rigoros die Modellprämissen jeweils formuliert werden. Wird die vollständige Konkurrenz mit dem Konzept des allgemeinen Gleichgewichts gekoppelt und unter anderem auch durch die Bedingung der vollständigen Markttransparenz, Voraussicht und Faktormobilität gekennzeichnet, so sind Strukturwandlungsprozesse nicht mehr analysierbar. Die Angebotsstruktur paßt sich dann stets abrupt und unverzüglich an die Änderungen der Nachfragestruktur an, so daß die Optimalstruktur permanent realisiert ist. Bei einer weniger engen Definition der vollständigen Konkurrenz, welche lediglich Homogenität der Güter und freien Marktzutritt fordert[12], und die dem in der Realität allein relevanten Vorgang endlicher Anpassungsge-

7 Allerdings nur unter der weiteren restriktiven Bedingung, daß für alle zukünftigen Produktionsperioden vollkommene Terminmärkte existieren. Vgl. E. Sohmen (1976) S. 205 ff.
8 Vgl. E. Sohmen S. 221 ff.
9 Vgl. E. Sohmen S. 94 ff.
10 Vgl. E. Sohmen S. 177.
11 Vgl. E. Sohmen S. 67.
12 Vgl. E. Sohmen S. 70 f.

schwindigkeiten entspricht, wird es dagegen kurzfristig zu Abweichungen zwischen Angebots- und Nachfragestruktur kommen. Daraus resultierende Preis- und Gewinndifferenzen sind dann ein Anreiz dafür, daß einzelne Produktionsrichtungen expandieren und andere schrumpfen und sich insoweit den Veränderungen der Nachfragestruktur anpassen.

Um den Ablauf von Strukturwandlungsprozessen analysieren zu können, ist also eine weniger enge Definition der vollständigen Konkurrenz ohne die Verknüpfung mit dem Gleichgewichtsaspekt erforderlich. Andererseits zeigt sich aber, daß das Konzept in diesem Augenblick an analytischer Präzision verliert und daß die Modellimplikationen nicht mehr eindeutig sind. Die Diskussion der Frage, welche Folgerungen sich ergeben, wenn nicht alle Bedingungen der vollständigen Konkurrenz in ihrer engen Definition erfüllt sind, hat bislang ergeben, daß „keine sicheren Aussagen über die Optimalität von Anpassungsprozessen bei vollkommener Konkurrenz im Vergleich zu anderen Marktformen auf rein theoretischer Basis möglich sind“[13]. Insoweit zeigt es sich, daß es der neoklassischen Allokationstheorie nicht gelingt, die klassischen Aussagen über die Determinanten des Strukturwandels zu präzisieren. Sie nennt unter bestimmten Einschränkungen die Bedingungen für die Realisierung einer – von vielen möglichen – Optimalstruktur unter statischen Annahmen. Struktureller Wandel wird von ihr genaugenommen gar nicht thematisiert.

### b) Die mikroökonomische Theorie als Strukturtheorie und Theorie des Strukturwandels

1. Die weitgehende Vernachlässigung strukturellen Wandels in der Allokationstheorie spiegelt sich auch in den üblichen mikroökonomischen und preistheoretischen Analysen wider. Obwohl sich die mikroökonomische Theorie eigentlich als Struktur- oder Relationentheorie versteht und im Gegensatz zur makroökonomischen Niveautheorie Preis- und Mengenrelationen zu untersuchen hätte[14], wird dieser Aspekt zumindest in der vorherrschenden, auf der Partialanalyse einzelner Märkte beruhenden Preistheorie vernachlässigt. Hier hat es sich eingebürgert, eine Untersuchung der Preisbildung auf vorgegebenen Märkten unter Zugrundelegung bestimmter Maximierungshypothesen und bestimmter struktureller Marktkonstellationen, die durch das Verhalten der Marktteilnehmer nicht wesentlich tangiert werden, vorzunehmen. Auch im sog. Verhaltensansatz, in dem die Marktstruktur nach Ansicht seiner Verfechter keine Verhaltensdeterminante darstellt und insoweit prinzipiell wandelbar wäre, wird primär ein Verhalten der friedlichen Anpassung analysiert, welches nicht auf eine grundlegende Umgestaltung der Güter- und der Marktstruktur abzielt[15].

---

13 E. Sohmen (1976) S. 87.
14 Vgl. R. Jochimsen (1966b) S. 20 f. Vgl. auch R. Rettig; D. Voggenreiter (1977) S. 3.
15 Vgl. z.B. E. Schneider (1964) S. 60 ff.

In einzelnen Theorieteilen werden Wandlungen der Marktstruktur zwar behandelt, sie verändern die zugrundeliegende Marktform aber nicht. So wird im homogenen wie im heterogenen Polypol Marktzutritt diskutiert und es werden jeweils gewinnlose Tangentensituationen abgeleitet, aber die strukturell definierte Marktform ändert sich dadurch nicht grundlegend. Zwar erhöht sich die Zahl der Marktteilnehmer, doch darüber hinaus findet dieser Strukturwandel keine weitere Beachtung. Entsprechend werden in der Oligopoltheorie alternative Untersuchungsstrategien diskutiert, die zu unterschiedlichen Marktanteilsverteilungen der Dyopolisten, also unterschiedlichen Marktstrukturen führen, doch wenn ein bestimmtes Verhalten einmal gewählt ist, ändert sich an dieser Struktur nichts mehr. Oszillationsmodelle, wie das von Edgeworth, bleiben die Ausnahme. Empirisch nachweisbare Preisstarrheit wird zum Anlaß genommen, Oligopolmodelle zu konstruieren, in denen auch alle anderen Marktgegebenheiten konstant bleiben. Ähnliches gilt für die herkömmliche Monopoltheorie. Der als Alleinanbieter definierte Monopolist ist und bleibt Monopolist. Er betreibt allenfalls Preisdifferenzierungs- oder Markterweiterungspolitik, deren Folgen für die Entwicklung anderer Märkte aber nicht analysiert werden. Die traditionelle Marktformenlehre erklärt nicht die Entstehung und Veränderung der Märkte und der Marktstruktur, sondern analysiert die Implikationen alternativer Strukturen auf vorgegebenen Märkten[16].

2. Ein erster Ansatz zur Erklärung von Marktstrukturveränderungen stammt von Zimmerman. Seiner Ansicht nach ist die Marktstrukturentwicklung abhängig von dem Verhältnis zwischen Angebots- und Nachfrageelastizität auf einem Markt[17]. Es bestehe eine Tendenz zur Monopolbildung (Hang zum Monopol, propensity to monopolize) bei niedriger Preiselastizität der Nachfrage und hoher Preiselastizität des Angebots, d.h. es gelte

$$\gamma = PEA \,/\, PEN. \tag{2.4}$$

Die Angebotsstruktur im Sinne der Marktstruktur ist also von den beiden direkten Elastizitätskoeffizienten abhängig

$$StA_M = StA_M\,(PEN, PEA). \tag{2.5}$$

Der nunmehr interessierenden Frage, wovon die Angebots- und Nachfrageelastizität ihrerseits bestimmt werden, geht Zimmerman allerdings nicht nach[18]. Insoweit führt er zwar einen Schritt weiter als in der Preistheorie

16 Vgl. K. Schmidt (1972) S. 13.
17 Vgl. L.J. Zimmerman (1950) S. 63 ff., ders. (1951) und ders. (1952).
18 Vgl. K. Schmidt (1972) S. 41 ff. sowie R. Jochimsen (1966a) S. 34 f.

üblich, doch auch seine Analyse dringt nicht zu den eigentlichen Marktstrukturdeterminanten vor, denn Angebots- und Nachfrageelastizität sind lediglich Reaktionskoeffizienten, deren Höhe und Veränderung es zu erklären gilt.

Darüber hinaus bleibt Zimmermans Ansatz zu stark dem traditionellen partialanalytischen Marktkonzept verbunden, denn die von ihm identifizierten Elastizitäten sind globale Werte für die ganze Branche. Die Branche im Sinne der Marshallschen industry ist also vorgegeben, ihre Entwicklung wird nicht analysiert. Damit kann die Frage nach den Determinanten der Güter- bzw. Branchenstruktur nicht beantwortet werden, das Konzept beschränkt sich auf den Strukturwandel innerhalb gegebener Märkte. Wenn dieser Wandel darüber hinaus als Folge unerklärter technischer Zwänge und unerklärter Einflußfaktoren von der anderen Marktseite erscheint, sind auch alle denkbaren Strukturveränderungen, die als Folge marktendogener Wettbewerbsprozesse auftreten können, in Zimmermans Konzept nicht enthalten[19]. So bildet seine Hypothese zwar einen ersten fruchtbaren Ansatz auf dem Wege zu einer Theorie des Strukturwandels im Sinne eines Erklärungsversuches, doch dieser Versuch wird zu früh abgebrochen. Eine Marktstrukturtheorie muß wettbewerbsbedingten Strukturwandel einbeziehen und sie muß zu den eigentlichen Determinanten der Marktstrukturentwicklung vordringen. Dabei darf sie nicht von gegebenen Märkten ausgehen, da zwischen Marktentwicklung und Marktstrukturentwicklung Wechselbeziehungen bestehen.

3. Die weitgehende Vernachlässigung dieser Fragen innerhalb der Preistheorie muß um so mehr überraschen, als diese Theorie über das begriffliche Instrumentarium zur Analyse von Marktentwicklungen schon seit langem verfügt. In jedem Standardwerk der Preistheorie bzw. der Allgemeinen Volkswirtschaftslehre findet sich eine Aufzählung der wichtigsten Determinanten der Nachfrage- und Angebotsmengen einzelner Güter[20]. So herrscht weitgehende Einigkeit darüber, daß als wichtigste Determinanten der individuellen Nachfrage eines Haushalts nach einem Gut n dessen Preis ($p_n$), die Preise anderer Güter ($p_1, \ldots, p_{n-1}$), das reale Einkommen des Haushalts ($y$), die Bedürfnisstruktur ($u$) und das Vermögen des Haushalts ($q$) sowie als zusätzliche Determinanten der Marktnachfrage die Einkommens- und Vermögensverteilung ($V$) sowie die Zahl der Nachfrager ($Z_N$) zu nennen sind. Wenn diese Größen die Nachfrage einzelner Güter determinieren, so bestimmen sie auch die Struktur der Güternachfrage, d.h. es gilt[21]

$$StN_G = StN_G(p_1, \ldots, p_n, Y, U, Q, V, Z_N). \tag{2.6}$$

---

19 Vgl. K. Schmidt (1972) S. 42 ff

20 Vgl. z.B. R.G. Lipsey (1966) S. 80 ff. oder A. Woll (1970) S. 73 ff. bzw. H. Siebert (1976) S. 49 ff.

21 Großbuchstaben stehen für die aggregierten Größen.

Entsprechend finden sich Aufzählungen der wichtigsten Angebotsdeterminanten. Das individuelle Güterangebot eines Unternehmens wird nach herrschender Ansicht bestimmt von dem Preis des betreffenden Gutes ($p_n$), den Preisen anderer Güter ($p_1, \ldots, p_{n-1}$), den Preisen der Produktionsfaktoren ($l_1, \ldots, l_m$), dem Stand der Technik ($T$) und der Zielsetzung des Anbieters ($Zi$). Als zusätzliche Determinante des Marktangebots erscheint die Zahl der Anbieter ($Z_A$). Merkwürdigerweise fehlen in derartigen Aufzählungen häufig die Mengen bzw. die Verfügbarkeit der eingesetzten Produktionsfaktoren ($r_1, \ldots, r_m$), obwohl Angebotsfunktionen auf Produktionsfunktionen basieren, in denen den Einsatzmengen der Faktoren eine zentrale Bedeutung zukommt. Wenn die genannten Größen die Angebotsmengen einzelner Güter determinieren, so bestimmten sie auch die Struktur des Güterangebots, d.h. es gilt[22]

$$StA_G = StA_G\,(p_1, \ldots, p_n, r_1, \ldots, r_m, l_1, \ldots, l_m, T, Zi, Z_A). \quad (2.7)$$

Allerdings bricht die preistheoretische Analyse in der Regel hier ab. Zwar wird noch untersucht, in welcher Weise sich Veränderungen der genannten Determinanten auf die Intensität der Nachfrage und des Angebots, also auf die Lage der Nachfrage- und der Angebotsfunktionen im engeren Sinn[23] auswirken und es werden entsprechende Kurvenverschiebungen diskutiert, doch es wird nicht systematisch untersucht, in welcher Weise sich die einzelnen Determinanten im langfristigen Entwicklungsprozeß einer Volkswirtschaft typischerweise verändern und welche Strukturwandlungen daraus resultieren. Ferner wird der Wandel der Marktstruktur nicht analysiert. Versuche, die Entwicklung von Märkten und Marktstrukturen zu erforschen, werden – z.T. im Sinne rein empirischer Beobachtungen, z.T. mit Ansätzen einer theoretischen Begründung – im Rahmen diverser Theorien der wirtschaftlichen Entwicklung unternommen.

## II. Strukturwandel in den Theorien der wirtschaftlichen Entwicklung

Die Darstellung der verschiedenen Entwicklungstheorien im ersten Teil dieser Arbeit hat gezeigt, daß struktureller Wandel dort bewußt einbezogen und als Voraussetzung und Begleiterscheinung des Wirtschaftswachstums angesehen wird. Dennoch sind nicht alle Beiträge für die Formulierung einer Theorie des Strukturwandels von Bedeutung. Das liegt vor allem daran, daß

---

22 Es wird bewußt keine Aggregation der Faktoreinsatzmengen zu den gesamtwirtschaftlichen Produktionsfaktoren Arbeit und Sachkapital vorgenommen. $r_1 \ldots, r_m$ stellen spezifische, für die Produktion bestimmter Güter geeignete und jeweils mehr oder weniger knappe Faktoren dar.

23 Als Nachfragefunkion im engeren Sinn wird die Funktion $N_n = f(p_n)$ bezeichnet, als Angebotsfunktion im engeren Sinn die Funktion $A_n = f(p_n)$.

die Entwicklungstheoretiker den Strukturwandel häufig gar nicht detailliert zu beschreiben versuchen, sondern daß es ihnen eher darum geht, die Veränderungen der volkswirtschaftlichen Grobstruktur im Sinne der stylized facts zu erfassen. Ihre jeweilige Vision der mutmaßlichen langfristigen Entwicklungstendenzen erlaubt es oft nicht, sich auf Detailprobleme zu konzentrieren.

Beispiele für derartige skizzenhafte Beschreibungen des Wandels der volkswirtschaftlichen Grobstruktur liefern Marx sowie in noch stärkerem Maße die verschiedenen Stufentheoretiker. Nach Marx erscheinen die technische Entwicklung und das auf dem Wettbewerbsprinzip beruhende kapitalistische Wirtschaftssytem als Determinanten eines Strukturwandels, der zum Zusammenbruch des Systems führt. Die Stufentheorien der historischen Schule verwenden zwar grundsätzlich strukturelle Unterschiede als Kriterien für die Abgrenzung der Stufen und sie sehen im Strukturwandel die Ursache des Übergangs von einer Stufe zur nächsten, doch ihr Strukturbegriff bleibt überwiegend vage, zum Teil ganz im Sinne von Machlups zweiter Kategorie. Lediglich in einzelnen Stufenkonzepten wie etwa dem von List oder bei Rostow klingen präzisere Interpretationsmöglichkeiten an, etwa die eines Wandels der Güterstruktur im Sinne des Entstehens neuer Sektoren und Produktionseinrichtungen sowie der Verschiebung ihrer jeweiligen Anteile am volkswirtschaftlichen Produktionsprozeß[24]. Mit dem Übergang von der Stufen- in eine Stillehre gehen derartige Konkretisierungen aber zum Teil wieder verloren. Im übrigen fehlt es weitgehend an einer Kennzeichnung der Determinanten des Strukturwandels. An Präzision gewinnen die Konzepte des Strukturwandels erst wieder bei jenen Entwicklungstheoretikern, die ein unbalanced growth, also einen ökonomischen Strukturwandel, als Wachstumsvoraussetzung für Entwicklungsländer propagieren, sowie bei jenen Ökonomen, die mit Hilfe empirisch-statistischer Analyse die wachstumsbedingten Veränderungen der Güterstruktur in industrialisierten Volkswirtschaften zu erforschen suchen. Soweit sie Hypothesen über die Determinanten des Wandels der Güter- und der Marktstrukturen formuliert haben, liefern sie relevante Beiträge zu einer Theorie des Strukturwandels.

### *1. Die Theorie des Güterstrukturwandels*

In der Theorie des Güterstrukturwandels wird nach den Verschiebungen der Anteile einzelner Güter bzw. Gütergruppen an einem Gesamtvolumen gefragt. Dabei finden sich verschiedene Abgrenzungen der untersuchten Güter und Gütergruppen sowie verschiedene Festlegungen des jeweiligen Gesamtgütervolumens. Das Ziel der Untersuchungen ist, Regelmäßigkeiten im strukturellen Wandel nachzuweisen und die Determinanten des Strukturwandels

---

24 F. List unterscheidet die drei Stufen Agrikultur, Agrikultur-Manufaktur und Agrikultur-Manufaktur-Handel.

aufzudecken. Im Vordergrund des Interesses steht die Frage, ob es möglich ist, für verschiedene Entwicklungsniveaus der Volkswirtschaften sogenannte „Normalstrukturen"[25] nachzuweisen. Dementsprechend wird die Höhe der wirtschaftlichen Aktivität einer Volkswirtschaft, etwa gemessen am Bruttosozialprodukt oder am Pro-Kopf-Einkommen, als möglicherweise wichtigste Strukturdeterminante genannt und überprüft. Daneben wird nach weiteren denkbaren Determinanten gefragt, und es wird versucht, ihren jeweiligen Einfluß zu ermitteln. Die verschiedenen Ansätze lassen sich grob in drei Kategorien einordnen. Je nach der spezifischen Festlegung der untersuchten Gütergruppen und des Geamtgütervolumens lassen sich Einzeluntersuchungen für spezielle Gütergruppen und Untersuchungen des intersektoralen sowie des interindustriellen Strukturwandels unterscheiden.

#### a) Engelsches Gesetz und Drei-Sektoren-Hypothese

1. Den Ausgangspunkt aller diesbezüglichen Versuche bilden die Arbeiten von Engel und Schwabe über die Entwicklung der Ausgaben für Nahrungsmittel und Miete bei steigendem Haushaltseinkommen[26]. Auch wenn die Autoren jeweils nur einzelne Güterkategorien herausgreifen, so ist damit der Ansatz zu einer Theorie des Strukturwandels geliefert, denn (1) werden die jeweiligen Angebotskonstellationen von der Nachfrageentwicklung beeinflußt, d.h.

(2.8) $$StA_G = StA_G\,(StN_G)$$

und (2) erscheint das jeweilige Haushaltseinkommen als Determinante des Anteils der Nachfrage einzelner Güter an den Gesamtausgaben, also gewisser Teilaspekte der Struktur der Güternachfrage. Bezüglich der Gesamtnachfrage nach einem Gut wäre demnach abzuleiten

(2.9) $$N_x = N_x\,(Y, V),$$

da für die Gesamtnachfrage nicht nur die Gesamteinkommenshöhe, sondern auch die Einkommensverteilung bestimmend ist[27]. Im Anschluß an die Arbeiten von Engel und Schwabe ist im Rahmen der Konsumtheorie versucht worden, die typischen Engelkurven[28] für weitere Güterkategorien zu ermitteln.

---

25 Vgl. u.a. E. Görgens (1975b) S. 36.

26 Vgl. E. Engel (1857) und H. Schwabe (1868).

27 Da bei Engel und Schwabe die Ausgabenanteile untersucht werden, ist genaugenommen das Produkt aus Nachfragemenge und Güterpreis in Relation zu den Gesamtausgaben bzw. dem Einkommen die abhängige Variable, also $C_x/Y$.

28 Vgl. u.a. J. Aitchison; J.A.C. Brown (1954/55) S. 35 ff sowie S. Klatt (1959b) S. 270 ff. und ders. (1959a) S. 274 ff.

Aus der jeweiligen Konstellation dieser Kurven, d.h. aus den jeweils relevanten Funktionswerten und den dazugehörigen Einkommenselastizitäten der Nachfrage können die für bestimmte Einkommensniveaus und -verteilungen typischen Strukturen der Güternachfrage sowie der bei Veränderungen von Einkommenshöhe und -verteilung zu erwartende Strukturwandel abgeleitet werden. Die Struktur der Güternachfrage ist damit ebenfalls von der Einkommenshohe und -verteilung abhangig.

$$StN_G = StN_G\,(Y, V). \tag{2.10}$$

Die Untersuchungen der Nachfrageentwicklung für einzelne Güter sind heute integriert in eine allgemeine Theorie der Marktphasen, auf die später noch zurückzukommen ist.

2. Das Engelsche Gesetz bildet darüber hinaus eine der Grundlagen der sogenannten Drei-Sektoren-Theorie über den Verlauf des intersektoralen Strukturwandels. Die Theorie beruht auf der Annahme, daß es eindeutige Kriterien gebe, um die Produktion einer Volkswirtschaft in drei klar abgrenzbare Sektoren aufzuteilen[29], und sie besagt, daß sich im Zuge der wirtschaftlichen Entwicklung eine kontinuierliche Produktions- und Beschäftigtenverschiebung vom primären zum sekundären und schließlich zum tertiären Sektor vollzieht[30]. Entsprechend dieser Verschiebung lassen sich drei Stadien der wirtschaftlichen Entwicklung einer Volkswirtschaft je nach der Dominanz eines der drei Sektoren unterscheiden[31], wodurch Verbindungen zu stufentheoretischen Ansätzen, insbesondere dem von List, geknüpft werden[32].

Die Beurteilung der wesentlichen Aussagen der Theorie wird allerdings dadurch erschwert, daß ihre Vertreter kein einheitliches Kriterium zur Abgrenzung der Sektoren verwenden. Daraus entsteht zuweilen der Eindruck, als unterschieden sie sich auch grundlegend in den von ihnen genannten Ursachen des strukturellen Wandels[33]. Das ist jedoch – abgesehen von zweifellos gegebenen Unterschieden in der Akzentsetzung – im wesentlichen nicht der Fall. Einigkeit besteht sowohl bezüglich der Art des Strukturwandels, der als Verschiebung der Produktionsanteile am Sozialprodukt (also der Güterstruktur) bzw. als Verschiebung der Beschäftigtenstruktur beschrieben wird[34], als auch bezüglich der wesentlichen Determinanten des Strukturwandels. Der Strukturwandel wird als Folge des wirtschaftlichen Wachstums angesehen, wobei Strukturverschiebungen der Nachfrage, aber auch Strukturverschiebungen

---

29 Vgl. H.-J. Pohl (1970) S. 313.

30 Vgl. E. Görgens (1975b) S. 5 ff. Vgl. auch H. Enke u.a. (1980) S. 144 ff.

31 Vgl. H.-J. Pohl (1970) S. 314.

32 Nach Clark läßt sich das Konzept bis zu Petty zurückverfolgen. Vgl. C. Clark (1940) S. 492. Vgl. auch R. Jochimsen (1966a) S. 35 f.

33 Vgl. etwa E. Görgens (1975b) S. 5.

34 Vgl. E. Görgens S. 9 ff. Häufig steht der Wandel der Beschäftigtenstruktur im Vordergrund. Vgl. etwa F. Kneschaurek (1964) S. 720 ff.

des Angebots, etwa infolge divergierender Raten des technischen Fortschritts, eine Rolle spielen.

(1) Nach Fisher unterscheiden sich die Sektoren und damit die Stadien der wirtschaftlichen Entwicklung nach der von der Einkommenshöhe abhängigen Dringlichkeit der Nachfrage[35]. Während bei extrem niedrigem Pro-Kopf-Einkommen die Nachfrage nach lebensnotwendigen Gütern dominiert und den primären Sektor begünstigt, bewirken Einkommenssteigerungen eine Differenzierung der Nachfrage, die sich zunächst zugunsten des sekundären, bei stärker werdender Differenzierung zugunsten des tertiären Sektors auswirken[36]. Unterstützt wird diese Tendenz durch eine entsprechende Entwicklung des technischen Wissens, die zunächst den sekundären und später auch den tertiären Sektor begünstigt[37]. Als Kriterium für die Sektoreneinteilung verwendet Fisher allerdings nur die Einkommenselastizität der Nachfrage, wodurch sein Konzept aber letztlich tautologisch wird.

(2) Clark verwendet dagegen eine Sektoreneinteilung, die eher institutionell ausgerichtet ist[38] und der zweifellos die analytische Präzision fehlt[39]. Sie erfüllt damit aber eher die Anforderung an eine ökonomische Theorie, empirisch überprüfbar und falsifizierbar zu sein. Clarks Einteilung in einen primären (insb. Land- und Forstwirtschaft), einen sekundären (Bergbau, verarbeitende Industrie und Versorgungswirtschaft) und einen tertiären Sektor (private und öffentliche Dienstleistungen) hat sich in der Literatur heute weitgehend durchgesetzt[40].

(3) Demgegenüber verwendet Fourastié die Entwicklung des technischen Fortschritts bzw. der Arbeitsproduktivität als Kriterium der sektoralen Einteilung. Während der primäre Sektor mittlere und der sekundäre Sektor hohe Produktivitätssteigerungen erzielt und beide im Zuge dieser Entwicklung Arbeitskräfte freisetzen, werden diese Arbeitskräfte vom tertiären Sektor, der nur geringe Fortschrittsimpulse aufweist, absorbiert[41]. Daraus resultiert ein entsprechender Wandel der Beschäftigtenstruktur. Im Zentrum der Ursachenanalyse stehen jedoch auch bei Fourastié die Nachfragefaktoren[42].

Die wichtigste Erkenntnis des Fourstiéschen Ansatzes lautet daher, daß die wachstumsbedingte Nachfragestrukturentwicklung und die fortschrittsbedingte Änderung der Angebotsstruktur nicht zwangsläufig übereinstimmen müssen[43],

35 Vgl. A.G.B. Fisher (1935). ders. (1939) S. 24 ff. und ders. (1952) S. 820 ff.
36 Vgl. H.-J. Pohl (1970) S. 314.
37 Vgl. A.G.B. Fisher (1933) S. 379 ff. Vgl.auch B.F. Hoselitz (1970b) S. 203 f.
38 Vgl. H.-J. Pohl (1970) S. 315.
39 In der ersten Auflage verwendet Clark noch eine andere Sektoreneinteilung. Danach gehören zum primären Sektor Unternehmen mit abnehmenden, zum sekundären Sektor solche mit zunehmenden Erträgen, während der tertiäre Sektor immaterielle Güter produziert. Vgl. auch S. Klatt (1959b) S. 27 f.
40 Vgl. z.B. auch F. Kneschaurek (1964) S. 720 f.
41 Vgl. J. Fourastié (1954) S. 79 f.
42 Vgl. J. Fourastié S. 83 ff. und 99 ff.
43 Vgl. J. Fourastié S. 87.

wobei die Nachfragestrukturentwicklung die dominierende Einflußgröße bildet. So wird im primären Sektor die günstige Produktivitätsentwicklung durch die fehlenden Expansionskräfte seitens der Nachfrage gebremst, im sekundären Sektor laufen Produktivitäts- und Nachfrageentwicklung zunächst gleichgerichtet, bis endlich auch hier die Nachfrage als bremsende Kraft wirksam wird, während der tertiäre Sektor bei fehlendem technischem Fortschritt ausschließlich von der relativen Nachfrageexpansion profitiert.

(4) Im Drei-Sektoren-Konzept von Wolfe bildet die jeweilige Produktivitätsentwicklung dagegen sowohl das Abgrenzungskriterium der Sektoren als auch die maßgebliche Determinante des strukturellen Wandels. Allerdings stellt Wolfe mehr auf die Hemmnisse der Produktivitätssteigerung und die daraus erwachsenden angebotsbedingten Expansionshindernisse ab, die durch die Knappheit spezifischer Produktionsfaktoren verursacht werden. Während im primären Sektor der Faktor Boden den Produktionsprozeß dominiert und seine Knappheit natürliche Wachstumsgrenzen schafft, überwiegt im sekundären Sektor das Sachkapital und im tertiären Sektor der Faktor Arbeit[44]. Die Expansionsmöglichkeiten dieser Sektoren werden daher im wesentlichen von den mechanisch-technischen bzw. von den geistigen Kapazitäten bestimmt[45]. Auch wenn anzuerkennen ist, daß jeder der drei Faktoren einem der Sektoren ein „typisches Gepräge"[46] gibt und daß Faktorenknappheit prinzipiell ein Expansionshindernis darstellen kann, so scheinen mit der etwas einseitigen Zuordnung eines Faktors zu jedem Sektor die zumindest langfristig bestehenden Faktorsubstitutionsmöglichkeiten unterschätzt zu werden.

Die verschiedenen Drei-Sektoren-Hypothesen weisen eine Reihe von Mängeln auf. Doch abgesehen von den methodischen (Tautologieproblem) und statistischen Schwierigkeiten (Problem der Sektorenabgrenzung und der empirischen Ermittlung der zuzuordnenden Funktionen) ist die Frage zu stellen, ob sich die Hypothese – auf der Basis der Clarkschen Einteilung – bislang bestätigt hat oder nicht. Bei allen Vorbehalten gegenüber der Aussagefähigkeit des empirischen Materials sieht es so aus, daß der primäre Sektor zugunsten der beiden anderen schrumpft, das Engelsche Gesetz sich also zu bestätigen scheint. Demgegenüber lassen sich eindeutige Aussagen über die Anteilsverschiebungen zwischen sekundärem und tertiärem Sektor kaum machen. Insbesondere in ihrer präzisen Festlegung durch Fourastié, welcher Anfangs- und Endquoten der Sektoren nennt[47], ist die Hypothese falsifiziert. Der Entwicklungsstand einer Volkswirtschaft ist nicht grundsätzlich durch bestimmte Sektorenanteile gekennzeichnet[48].

---

44 Vgl. M. Wolfe (1955) S. 402 ff. insb. S. 406.
45 Vgl. M. Wolfe S. 406 und 414 ff.
46 S. Klatt (1959b) S. 29.
47 Vgl. J. Fourastié (1954) S. 122 und 126.
48 Vgl. die Darstellung bei E. Görgens (1975b) S. 9 ff., insb. S. 20 f.

Auch wenn sich die strukturelle Entwicklung einer Volkswirtschaft nicht eindeutig nach dem Muster der Drei-Sektoren-Theorie gestaltet, liegt das Verdienst dieses theoretischen Ansatzes darin, die Aufmerksamkeit auf den strukturellen Wandel gelenkt und wesentliche Determinanten des Wandels der Güterstruktur genannt zu haben. Es sind die aus dem Wachstumsprozeß resultierenden Strukturwandlungen der Güternachfrage, divergierende Produktivitätsentwicklungen in den verschiedenen Bereichen der Volkswirtschaft, also die Änderung der Produktivitätsstruktur, sowie spezifische, aus Faktorenknappheit resultierende Expansionshindernisse, d.h. die Produktionsfaktorenstruktur. Formalisiert heißt das

(2.11) $$StA_G = StA_G\ (StN_G, StA_T, StA_{PF}),$$

(2.12) $$StN_G = StN_G\ (Y)$$

oder

(2.13) $$StN_G = StN_G\ (y),$$

wobei $StA_T$ die Produktivitätsstruktur, $StA_{PF}$ die Produktionsfaktorenstruktur und $y$ das Pro-Kopf-Einkommen symbolisieren sollen.

#### b) Theorien des interindustriellen Strukturwandels

Auch wenn sich die Drei-Sektoren-Hypothese zumindest in ihrer strengen Formulierung nicht in allen Punkten bestätigt, so hat sich anhand der empirischen Untersuchungen die zunehmende Bedeutung des sekundären, industriellen Sektors im volkswirtschaftlichen Entwicklungsprozeß gezeigt. Die Korrelation zwischen der Zunahme dieses Sektors und dem Wachstum des Pro-Kopf-Einkommens ist sehr deutlich[49]. Angesichts dieses Sachverhalts liegt es nahe, die Untersuchungen des volkswirtschaftlichen Strukturwandels stärker auf den industriellen Sektor selbst zu konzentrieren und nach den Determinanten der Anteilsverschiebungen zwischen den einzelnen Branchen dieses Sektors, also nach dem interindustriellen Strukturwandel[50] zu fragen.

1. Ein erster Ansatz zur Aufspaltung des industriellen Sektors in zwei Industriegruppen stammt von Hoffmann, der nach Maßgabe des hauptsächlichen Verwendungszwecks der betroffenen Güter (75 %-Kriterium) zwischen Konsum- und Investitionsgüterindustrien unterscheidet[51]. Nach Hoffmann hat sich

---

49 Vgl. E. Görgens (1975b) S. 20.

50 Interindustrieller Strukturwandel, sofern Industrie im Marshallschen Sinn als Synonym für Branche verstanden wird, intraindustrieller bzw. intrasektoraler Wandel, sofern Industrie als Bezeichnung für den sekundären Sektor verwendet wird.

51 Vgl. W.G. Hoffmann (1931) S. 56.

die Relation zwischen den Nettoproduktionswerten von Konsumgüterindustrien zu Kapitalgüterindustrien permanent verkleinert, wobei er die Entwicklung zunächst in drei, später in vier Stadien mit den Quotienten (1) 6,5 – 2,5, (2) 2,5 – 1,5, (3) 1,5 – 0,5 und (4) 0,5 – 0,3 einteilt[52]. Abgesehen von der Grundhypothese, daß die industrielle Produktionsstruktur eine Funktion des Entwicklungsniveaus einer Volkswirtschaft ist, nennt Hoffmann eine Reihe von möglichen Ursachen des Strukturwandels, wobei er sich eher auf die Angebotsfaktoren konzentriert. Insbesondere verweist er auf die technischen Fähigkeiten, bestimmte Güter zu produzieren. So kann auf einem niedrigen Entwicklungsniveau vorwiegend die Produktion unkomplizierter Konsumgüter aufgenommen werden, während mit steigendem Entwicklungsstand die Fähigkeit der Arbeitskräfte, den organisatorischen und technischen Erfordernissen des Industriebetriebes gerecht zu werden, wächst[53]. Verbesserte Produktionstechniken erlauben schließlich weitere Spezialisierung und Kapitalintensivierung, woraus eine gewisse Eigendynamik des Industrialisierungsprozesses resultiert. In der zweiten und dritten Phase zwingen die steigenden Lohnkosten sowie die eintretende Wettbewerbsintensivierung zur Anwendung produktiverer, kapitalintensiverer Produktionsverfahren[54], woraus eine steigende Nachfrage nach Kapitalgütern und eine zunehmende Bedeutung der Kapitalgüterindustrien entsteht. Die relative Expansion der Kapitalgüterindustrien wird also auch durch die steigende Nachfrage der Kapitalgüterindustrien selbst sowie durch die Nachfrage der Konsumgüterindustrien induziert, da immer kapitalintensivere Produktionsmethoden erforderlich sind, um eine steigende Konsumgüternachfrage zu befriedigen[55].

2. So wertvoll die Hoffmannsche Analyse für die Entwicklung einer Theorie des Strukturwandels auch sein mag, sie stellt angesichts ihrer schmalen empirischen Basis und ihres hohen Aggregationsgrades[56] nur einen ersten Ansatz zur Beschreibung und Erklärung des strukturellen Wandels dar. Zur tieferen Erforschung des Strukturwandels hat es sich daher als unumgänglich erwiesen, stärker zu disaggregieren und den Strukturwandel zumindest auf der Ebene der einzelnen Industriezweige zu untersuchen. Derartige Arbeiten haben insbesondere Kuznets, Chenery und Taylor sowie die Vereinten Nationen durchgeführt[57]. In Deutschland liegen Untersuchungen von Fels, Schatz und Wolter, von Scheper und Reichenbach sowie von Görgens vor[58].

52 Vgl. W.G. Hoffmann (1931) S. 95 ff. sowie ders. (1969) S. 321 ff. Über die Diskussion zwischen Hoffmann, Shionoya, Chenery, Kuznets und Lago bezüglich Abgrenzung und Zuordnung der Branchen informiert E. Görgens (1972) S. 648 ff.

53 Vgl. W.G. Hoffmann (1931) S. 19 ff.

54 Vgl. W.G. Hoffmann S. 23 f.

55 Vgl. W.G. Hoffmann S. 22.

56 Nur 8 Industriezweige werden zwei Industriegruppen zugeordnet.

57 Vgl. S. Kuznets (1957), H.B. Chenery (1960) S. 624 ff., H.B. Chenery; L. Taylor (1968) S. 391 ff., United Nations (1963).

58 G. Fels; K.W. Schatz; F. Wolter (1970) S. 49 ff., dieselben (1971) S. 240 ff., W. Scheper; H. Reichenbach (1973) S. 291 ff., E. Görgens (1975b).

Die grundsätzliche Frage aller diesbezüglichen Untersuchungen lautet, ob es entwicklungsbedingte Normalstrukturen und damit einen im wirtschaftlichen Wachstum typischen Strukturwandel gibt. Die mutmaßliche Primärdeterminante des Strukturwandels ist demnach der Wachstumsprozeß selbst, wobei als Indikator des Wachstums bzw. des erreichten Entwicklungsniveaus in der Regel die Höhe des Pro-Kopf-Einkommens herangezogen wird[59],

$$StA_G = StA_G(y). \tag{2.14}$$

Die entsprechenden empirischen Tests, welche weitgehend auf Querschnittsanalysen bzw. Kombinationen von Querschnitts- und Zeitreihenanalysen beruhen[60], scheinen die Normalstrukturhypothese zunächst zu bestätigen[61]. Daraus folgt, daß die Höhe des Pro-Kopf-Einkommens in enger Beziehung zur Branchenstruktur steht. Im Einzelfall ergeben sich allerdings erhebliche Abweichungen von der jeweiligen Normalstruktur[62], ferner zeigt es sich, daß die Korrelation zwischen dem Pro-Kopf-Einkommen und den Branchenproduktionsanteilen wesentlich niedriger ausfällt, wenn man sie getrennt für Industrie- und Entwicklungsländer berechnet[63].

Damit fragt es sich, welche Schlußfolgerungen die Untersuchungen tatsächlich zulassen. Zwei Fragen stehen offensichtlich im Mittelpunkt des Interesses:

(1) Welches sind die jeweiligen Ursachen dafür, daß zum Teil gravierende Abweichungen von der Normalstruktur auftreten?

(2) Welches sind die Ursachen dafür, daß sich eine bestimmte Struktur überhaupt als Normalstruktur erweist bzw. sich in einer Mehrzahl von Fällen einstellt?

Die Antwort auf die erste Frage wird in einzelnen Arbeiten (etwa Chenery und UN) lediglich angedeutet, eine systematische Untersuchung wird jedoch nicht vorgenommen[64]. Abweichungen müssen sich aber offensichtlich immer dann ergeben, wenn das Pro-Kopf-Einkommen nicht die dominierende Determinante des Strukturwandels darstellt, d.h. wenn sie von anderen Bestim-

---

59 Allerdings wird dabei bereits die Frage der Einkommensverteilung vernachlässigt. Vgl. E. Görgens (1975b) S. 253 FN 2.

60 Vgl. G. Fels; K.W. Schatz; F. Wolter (1971) S. 242.

61 Vgl. G. Fels; K.W. Schatz; F. Wolter S. 250, E. Görgens (1975b) S. 43 ff. und S.257.

62 Vgl. E. Görgens S. 46 und S. 288.

63 Vgl. E. Görgens S. 264 ff.

64 Vgl. E. Görgens S. 46.

mungsgründen neutralisiert bzw. überlagert wird[65]. Als derartige „Randvariable“[66] kommen

- die Marktgröße (Zahl der Nachfrager $Z_N$)
- der Stand der Technologie (*TW*)
- die Ausstattung mit natürlichen Ressourcen, insbesondere mit Sachkapital, Rohstoffen und qualifizierten Arbeitskräften[67] ($K, A$)
- die Ausgestaltung der Wirtschaftspolitik[68] ($O$)
- Export- und Importquoten ($X/P, M/P$)
- der Anteil der Industrieproduktion am Gesamtexport[69]
- der Verflechtungsgrad[70]
- der Diversifikationsgrad[71]
- spezifische Nachfragebedingungen wie der Anteil der privaten bzw. öffentlichen Nachfrage am Sozialprodukt

in Betracht.

$$(2.15) \qquad StA_G = StA_G \; (y, Z_N, TW, K, A, O, X/P, M/P, \ldots)$$

Der Einfluß dieser Randvariablen ist bislang aber nur in Einzelfällen untersucht und zum Teil als wesentlich erkannt worden[72]. Darüber hinaus zeigt sich, daß ihr Einfluß von Land zu Land sehr unterschiedlich ist und daß ein für alle Branchen einheitliches Erklärungsmuster nicht existiert[73]. Dieses Ergebnis läßt erkennen, daß mehr als eine nur grobe und vermutlich unvollständige Aufzählung der Determinanten des Strukturwandels bislang noch nicht möglich ist.

Die zweite Frage ist mit dem Hinweis auf das Entwicklungsniveau der Volkswirtschaft nur scheinbar beantwortet, denn es ist damit noch nicht erklärt, welches die für das jeweilige Entwicklungsniveau typischen Bedingungskonstellationen sind, die eine konkrete Branchenstruktur herbeiführen. Bei einigen Autoren finden sich lediglich vage Hinweise auf einzelne Angebots- oder Nachfragedeterminanten, doch eine genauere Untersuchung findet nicht statt[74].

---

65 Bereits bei Chenery und den UN werden eine bzw. zwei weitere Determinanten in den Regressionsansatz einbezogen, nämlich die Bevölkerungszahl, welche als Maß der Marktgröße dient und die Möglichkeit der Erzielung von Skaleneffekten dokumentieren soll, sowie der relative Industrialisierungsgrad. Dazu vgl. E. Görgens (1975b) S. 45 FN 1. Allerdings bleibt das Pro-Kopf-Einkommen die entscheidende Determinante.

66 Vgl. zur folgenden Aufzählung insb. G. Fels; K.W. Schatz; F. Wolter (1971) S. 245.

67 Vgl. E. Görgens (1975b) S. 258 ff. und S. 270 ff.

68 Vgl. E. Görgens S. 36.

69 Vgl. G. Fels; K.W. Schatz; F. Wolter (1971) S. 250.

70 Vgl. E. Görgens (1975b) S. 258 ff.

71 Vgl. E. Görgens S. 270 ff.

72 Zum Beispiel der Anteil der Industrieexporte am Gesamtexport. Vgl. G. Fels; K.W. Schatz; F. Wolter S. 252.

73 Vgl. G. Fels; K.W. Schatz; F. Wolter S. 253 sowie E. Görgens (1975b) S. 283.

74 Vgl. E. Görgens (1975b) S. 47.

Einigkeit besteht allerdings darüber, daß das jeweilige Entwicklungsniveau durch spezifische Konstellationen von Nachfrage- und Angebotsdeterminanten gekennzeichnet ist, so zum Beispiel durch bestimmte Einkommenselastizitäten für einzelne Güter, technische Niveaus oder Lohn-Zins-Relationen[75]; wie diese Konstellationen exakt aussehen und welche Determinanten jeweils den dominierenden Einfluß auf die Entwicklung der Branchenstruktur ausüben, wird aber in der Regel nicht herausgearbeitet[76].

Die Frage nach den Ursachen der branchenmäßigen Wachstumsdifferenzierungen wird im Rahmen der Normalstrukturuntersuchungen bislang kaum beantwortet[77]. Auch die in den einzelnen Arbeiten entwickelten Rangordnungen der Branchen nach Maßgabe sogenannter Wachstumselastizitäten, welche die mutmaßliche Reihenfolge der Branchen im Wachstumsprozeß angeben sollen, sind noch zu vage und gehen kaum wesentlich über die Erkenntnisse des Engelschen Gesetzes bzw. der Hoffmannschen Hypothese hinaus. Mangels theoretischer Erklärungen stellen sie oft kaum mehr als informative Beschreibungen dar[78].

3. Daraus erhellt, daß die Theorie des Güterstrukturwandels noch in den Anfängen steckt. Wesentliche Vorarbeiten, wie die von Engel und Schwabe, liegen zwar schon sehr lange zurück und haben als Begründungen für den empirisch beobachteten langfristigen Strukturwandel der Volkswirtschaften etwa gemäß der Drei-Sektoren-Theorie oder der Theorie der Entwicklung industrieller Normalstrukturen auch Eingang in jüngere Untersuchungen gefunden; daneben ist in diesen Untersuchungen eine Reihe von mutmaßlichen Strukturdeterminanten genannt worden, doch kann von einer Theorie des Strukturwandels im Sinne eines umfassenden Hypothesensystems noch nicht gesprochen werden. Darüber hinaus ist der Aggregationsgrad der Untersuchungen weiterhin zu hoch angesetzt. Geliefert wird die für ein bestimmtes Entwicklungsniveau möglicherweise typische grobe Branchenstruktur, noch nicht aber die Güterstruktur. Aus den Wachstumselastizitäten von Branchen können die Entwicklungschancen einzelner Märkte und Güter aber noch nicht abgeleitet werden.

Die Frage, warum sich die Güterstruktur im volkswirtschaftlichen Wachstumsprozeß ändert, bleibt weiterhin unbeantwortet. Warum wachsen die Sektoren einer Volkswirtschaft, die verschiedenen Branchen, die einzelnen Märkte, die umgesetzten Mengen einzelner Güter mit unterschiedlichen Raten? Welches sind die Ursachen für Wachstumsdifferenzen? Eine Antwort könnte möglicherweise gegeben werden, wenn man den Aggregationsgrad noch weiter senkt und nach den Regelmäßigkeiten im Wachstumsverlauf einzelner Güter fragt. Dies ist Gegenstand der Theorie der Marktentwicklungsphasen.

---

75 Vgl. G. Fels; K.W. Schatz; F. Wolter (1971) S. 246.
76 Vgl. E. Görgens (1975b) S. 41.
77 Ausnahmen, auf die noch zurückzukommen ist, sind K. Dorner (1964) sowie E. Görgens (1975b) S. 52 ff.
78 Vgl. E. Görgens S. 45 ff.

## *2. Die Theorie der Marktentwicklungsphasen*

### a) Das Konzept der Marktentwicklungsphasen

Die Vermutung, daß die Umsatz- bzw. Absatzentwicklung einzelner Güter bestimmten Gesetzmäßigkeiten unterliegt, geht zumindest bis auf Marshall zurück. Im Falle von Einproduktunternehmen, in denen Unternehmenswachstum und Wachstum der Gutsmenge identisch sind, läßt sich Marshalls Analogie zum biologischen Wachstum auf die Entwicklung des Gütervolumens übertragen. Unternehmen wachsen nach Marshall zunächst rapide, um nach Erreichen einer Maximalgröße zu stagnieren bzw. wieder zurückzufallen[79]. Entsprechende empirische Verläufe der Entwicklungslinien der Produktion von Gütern werden von Kuznets, Burns, Fabricant und Hoffmann aufgezeigt[80] und von Heuß mit Hilfe eines Marktphasenkonzepts theoretisch fundiert[81].

Das Konzept basiert auf der Beobachtung, daß die Produktion eines Gutes zunächst überproportional zunimmt, nach Erreichen eines Wendepunktes nur noch degressiv ansteigt, um sich schließlich einem Maximalwert asymtotisch anzunähern (Kuznets) bzw. nach Erreichen des Maximums wieder zu fallen (Burns, Hoffmann). Ausgehend von diesem stilisierten Verlaufsmuster liegt es nahe, die Entwicklung in Phasen einzuteilen, wobei zunächst grob zwischen frühen und späten Phasen unterschieden wird[82], zuletzt sogar eine präzise Abgrenzung und Kennzeichnung der einzelnen Phasen erfolgt[83].

Wenn die Entwicklung einzelner Güter dem geschilderten Marktphasenschema unterliegt, so befinden sich die verschiedenen Güter, die in einer Volkswirtschaft produziert und umgesetzt werden, zu einem bestimmten Zeitpunkt je nach dem Datum ihrer Innovation und der Länge der einzelnen Marktphasen in unterschiedlichen Phasen, welche durch divergierende Wachstumsraten des Produktionsvolumens gekennzeichnet sind. Im Zeitablauf müssen sich demgemäß die Anteile einzelner Güter und einzelner Märkte, gegebenenfalls auch der Branchen und Sektoren, am Gesamtgütervolumen ändern, d.h. es kommt zu Verschiebungen in der Güterstruktur. Für die Beantwortung der Frage nach den Determinanten des Strukturwandels sind daher die theoretischen Begründungen, die für den geschilderten Marktphasenablauf herangezogen werden, von Bedeutung.

---

79 Vgl. A. Marshall (1890) S. 315 f.

80 Vgl. S. Kuznets (1930). A.F. Burns (1934). S. Fabricant (1940). W.G. Hoffmann (1940).

81 Vgl. E. Heuß (1965).

82 Vgl. M Abramovitz (1937/38) S. 312.

83 Vgl. H. Arndt (1952) S. 62 f., J.M. Clark (1961) S. 427. K. Brandt (1963) S. 237 sowie die umfassende Darstellung bei E. Heuß (1965) S. 25 ff. Ferner H.-G. Krüsselberg (1965) S. 138 ff., M. Neumann (1968) S. 42 sowie K. Hoffmann (1972) S. 31 ff. Vgl. auch G. Mensch (1975) S. 76 ff.

### b) Angebots- und nachfrageorientierte Erklärungsansätze

1. Als Bestimmungsgründe für S-förmige Verläufe der Produktions- und Umsatzenwicklung einzelner Güter werden, wie zuvor bei der Behandlung der Theorie des technischen Fortschritts schon angedeutet, angebots- sowie nachfrageorientierte Erklärungsmuster verwendet. Im Rahmen des Angebotsansatzes lassen sich zwei Hypothesen unterscheiden, die Ausschöpfungs- und die Motivationshypothese. Die auf J. Wolf zurückgehende Ausschöpfungshypothese[84] besagt, daß die Fortschrittsraten einzelner Produktionsrichtungen verknüpft sind mit dem Alter der Produktionsrichtung. Während sich in jungen Industrien technische Verbesserungen vergleichsweise leicht realisieren lassen und gegebenenfalls auch steigende Skalenerträge auftreten[85], wird mit zunehmendem Alter einer Industrie der verbleibende Spielraum für weitere Fortschritte immer kleiner[86]. Auf das einzelne Gut bezogen bedeutet dies, daß am Anfang des Produktzyklus eine Reihe von agenda-increasing inventions im Sinne von Machlup steht, d.h. daß Verbesserungen des Standes der Technik weitere technische Verbesserungen stimulieren[87], während mit zunehmendem Alter des Produkts die Rate des Produktfortschritts, aus der qualitative Verbesserungen des Gutes resultieren, sowie die Rate des Verfahrensfortschritts, der Kosten- und Preissenkungen ermöglicht, immer niedriger werden, also abnehmende Grenzerträge der Forschungstätigkeit auftreten[88].

Während die Ausschöpfungshypothese technische Gegebenheiten und Entwicklungen betont, steht im Zentrum der Motivationshypothese die Innovations- und Imitationsbereitschaft der Unternehmer. Bereits Marshall begründet die Stagnationstendenzen älterer Firmen mit nachlassender Energie und vermindertem Interesse der Unternehmer[89]. Schumpeter betont die Kreativität dynamischer Unternehmer, welche Innovationen durchführen. Durch sie werden immer wieder neue Produktzyklen eröffnet. Beide Gedanken vereint Heuß zu einer Unternehmertypologie, welche vier Gruppen von Unternehmern umfaßt: Pioniere, spontan imitierende, unter Druck reagierende sowie immobile Unternehmer[90]. Der Markt kann nach Heuß als das „Spiegelbild zu dem in ihm wirkenden Unternehmertypus"[91] interpretiert werden,

---

84 Vgl. J. Wolf (1912).
85 Vgl. A. Marshall (1890) S. 315.
86 Vgl. M. Neumann (1968) S. 42.
87 Vgl. E. Kaufer (1968) S. 404.
88 Vgl. M. Neumann (1968) S. 43.
89 Vgl. A. Marshall (1890) S. 316.
90 Vgl. E. Heuß (1965) S. 10.
91 E. Heuß S. 14.

so daß sich als korrespondierende Marktkonstellation vier Marktentwicklungsphasen unterscheiden lassen.

2. Der Nachfrageansatz zur Erklärung S-förmiger Verläufe von Produktions- und Umsatzentwicklung einzelner Güter stützt sich im wesentlichen ebenfalls auf zwei Hypothesen, welche die Einkommensentwicklung bzw. Veränderungen der Bedürfnisstruktur in den Vordergrund stellen. In der Einkommenshypothese findet sich das Engelsche Gesetz wieder, welches in verallgemeinerter Form eine Sättigung der Nachfrager bezüglich einzelner Güter bei steigendem Einkommen unterstellt. Sättigungstendenzen allein können den S-förmigen Marktphasenverlauf bzw. das Phänomen der Inferiorität von Gütern aber noch nicht erklären[92]. Zur Erklärung solcher Entwicklungen läßt sich möglicherweise das einkommensunabhängige Phänomen einer „Selbstentzündung der Nachfrage“[93] heranziehen, welche eintritt, sobald das neue Produkt aufgrund entsprechender Informationen über seine Qualität und Verwendungsmöglichkeiten einen tiefgreifenden Wandel in der Bedürfnisstruktur der Nachfrager auslöst. Auch auf der Nachfrageseite lassen sich progressive und konservative Individuen unterscheiden[94], und eine überproportional steigende Nachfrageentwicklung ergibt sich erst dann, wenn die vergleichsweise konservativen Nachfrager als Imitatoren auftreten und dem neuen Produkt zum Durchbruch verhelfen. Überproportional steigende Nachfrage nach neuen Gütern (Expansionsphase) kann aber bewirken, daß die Nachfrage nach älteren Produkten nicht nur relativ, sondern sogar absolut rückläufig ist (Stagnations- oder Rückbildungsphase).

3. Angebots- und Nachfrageerklärungsansatz stehen aber nicht isoliert nebeneinander. Die Entwicklungschancen eines Gutes hängen vom Fortschrittspotential und von den partiellen Konsumneigungen ab[95]. Der beschriebene, stilisierte Marktphasenverlauf dürfte sich nur dann ergeben, wenn angebotsbedingte und nachfragebedingte Entwicklungskräfte nicht gegeneinander wirken, sondern in die gleiche Richtung zielen. In diesem Fall sind wechselseitige Kumulationseffekte denkbar, welche zunächst expansive und später kontraktive Kräfte entfalten. Dabei bildet die Experimentierungsphase, in welcher das Produkt, aber auch die Nachfrage erst kreiert werden müssen[96], jenen Zeitabschnitt, in dem Angebotsfaktoren, insbesondere die unternehmerische Motivation (Schumpeter) dominieren, auch wenn nicht zu übersehen ist, daß zumindest positive Absatz- und Gewinnerwartungen, unter Umständen

92 Allerdings wird z.T. auf die Existenz „sigmoider“ Engelkurven hingewiesen. Vgl. J. Aitchison; J.A.C. Brown (1954/55) S. 36.
93 E. Heuß (1965) S. 37.
94 Vgl. dazu K. Schmidt (1972) S. 87 ff.
95 Vgl. M. Neumann (1968) S. 43
96 Vgl. E. Heuß (1965) S. 30 ff.

sogar effektive Nachfrage (Schmookler), Inventions- und Innovationsaktivitäten auslösen werden. Die Expansionsphase ist demgegenüber die Zeit, in der bei hoher Wettbewerbsintensität Rationalisierungsbemühungen zu Preissenkungen und damit zur Nachfragestimulierung führen können, andererseits die Selbstentzündung der Nachfrage weitere Kostenreduktionen infolge von Skaleneffekten ermöglicht[97]. Die Ausreifungsphase ist schließlich durch rückläufige Wachstumsraten der Nachfrage sowie geringer werdende Fortschrittsspielräume gekennzeichnet[98]. Engelsches Gesetz und Wolfsches Gesetz wirken in die gleiche Richtung. In der Stagnations- bzw. Rückbildungsphase haben sich die dynamischen Unternehmer längst zu anderen Produktionsrichtungen hin orientiert, die noch erzielbaren Produktivitätsfortschritte sind minimal, die Wettbewerbskräfte innerhalb der Branche erlahmen, während die Konkurrenz durch neue Produkte die Nachfrage nach dem betreffenden Gut endgültig stagnieren oder sogar schrumpfen läßt.

Damit wird erneut hervorgehoben, daß angebots- und nachfragebedingte Faktoren gleichermaßen Veränderungen der Produtionsanteile einzelner Güter und Märkte sowie der betroffenen Branchen und Sektoren am Gesamtgütervolumen induzieren. Im Zeitverlauf ändern sich, teils wachstumsbedingt, teils aber auch nicht aus Wachstumsprozessen resultierend, die Struktur der Güternachfrage sowie die Produktivitäts- und die Preisstruktur. Diese Veränderungen, die ausgelöst und begleitet werden von Zu- und Abwanderungen dynamischer Unternehmer und den damit korrespondierenden Veränderungen der Wettbewerbsintensität auf einzelnen Märkten, bewirken den zu erklärenden Wandel der volkswirtschaftlichen Güterstruktur. Die Hauptwirkungsrichtungen der genannten Determinanten lassen sich möglicherweise in der folgenden Funktionalbeziehung ausdrücken

(2.16) $$StA_G = StA_G\,(StN_G, StA_T, W)$$

mit

(2.17) $$StN_G = StN_G\,(p_1, \ldots, p_n, Y, U),$$

wobei $STA_T$ die Produktivitätsstruktur, $W$ die Wettbewerbsintintensität, $p_1, \ldots, p_n$ die Preisstruktur, $Y$ die Einkommenshöhe und $U$ die Bedürfnisstruktur symbolisieren.

97 Vgl. E. Heuß (1965) S. 44 f.
98 Vgl. E. Heuß S. 63 f.

### *3. Die Theorie der Marktstrukturphasen und des langfristigen Marktstrukturwandels*

An die bisher diskutierten Fragen nach den Determinanten des intersektoralen und interindustriellen Strukturwandels sowie der Änderungen von Güteranteilen im Rahmen der Theorie der Marktentwicklungsphasen läßt sich nunmehr die Frage nach der Änderung der Marktanteile einzelner Unternehmen bei der Produktion bzw. beim Absatz eines Gutes und nach den Determinanten derartiger Veränderungen der Marktstruktur unmittelbar anschließen. Diese Frage ist in jüngerer Zeit Gegenstand einer speziellen Marktstrukturentwicklungstheorie. Sie versucht, die Bestimmungsgründe von Marktstrukturveränderungen aufzuzeigen. Veränderungen der Marktstruktur werden dabei – wie zuvor beschrieben – als Änderung des Heterogenitätsgrades der Güter sowie – primär – als Veränderung der Zahl und der Marktanteilsverteilung der Anbieter, d.h. des Grades der Anbieterkonzentration verstanden. Dabei lassen sich nach ihrer Dauerhaftigkeit zwei Arten von Strukturveränderungen unterscheiden: kurzfristige und reversible Strukturveränderungsprozesse, also Marktstrukturschwankungen bzw. Marktstrukturphasen, welche im Rahmen der Wettbewerbstheorie analysiert werden, und dauerhafte, zumindest kurzfristig nicht reversible Strukturveränderungen, d.h. Konzentrations- und Dekonzentrationsprozesse, welche das Untersuchungsobjekt der Konzentrationstheorie bilden. Zur Beantwortung der Frage nach den Determinanten des Marktstrukturwandels kann daher auf die entsprechenden Aussagen der beiden Theorieansätze zurückgegriffen werden.

#### a) Marktstrukturschwankungen und Wettbewerbsprozesse

Soweit die Schwankungen in der Struktur der Märkte als dynamische Wettbewerbsprozesse interpretiert werden, ist die Frage nach den Determinanten des Marktstrukturwandels identisch mit der Frage nach den Determinanten der Wettbewerbsintensität. Dieser Frage soll erst im dritten Teil dieser Arbeit nachgegangen werden. Erste Hinweise auf die Determinanten lassen sich jedoch schon hier geben, indem zu zeigen ist, wie der Ablauf des Prozesses von den einzelnen Autoren dargestellt wird. Die Vorstellung, daß der Wettbewerb als dynamischer Prozeß in der Zeit interpretiert werden muß, geht bis auf die Klassiker zurück und ist auch in der neoklassischen Epoche, die sich überwiegend statischer Modellkonstruktionen bediente, nie völlig verlorengegangen[99]. Präzise Prozeßbeschreibungen liefern in den fünfziger Jahren dann insbesondere H. Arndt, J.M. Clark und J. Downie. Nach Arndt ist die Konkurrenz gekennzeichnet durch zwei Teilprozesse, die „Überwindung des Gleichgewichts durch die

99 Vgl. z.B. A. Young (1928), M. Abramovitz (1937/38), F.A. v. Hayek (1952), insb. S. 135. Vgl. dazu auch K. Herdzina (1975) S. 16 ff.

zum unvollkommenen Monopol tendierende Vorrangstellung" sowie die „Überwindung der monopolartigen Sonderstellung durch das sich wieder verwirklichende Gleichgewicht"[100]. Entsprechend sei zu unterscheiden zwischen dem differenzierenden Wettbewerb der Bahnbrecher und dem nivellierenden Wettbewerb der Nachahmer[101]. Die beiden Marktstrukturpole, zwischen denen der Prozeß permanent schwankt, sind das Monopol als temporärer Status der Macht des einzelnen und das Isopol als temporärer Status der Gleichheit aller[102]. Kurz darauf beschreibt auch J.M. Clark den Wettbewerbsprozeß als einen Vorgang, bestehend aus „initiatory action by a firm, responses by those with whom it deals, and responses to these responses by rival firms"[103]. Nach Downie besteht der Wettbewerbsprozeß aus einem „transfer mechanism", dem Versuch der jeweils effizientesten Unternehmen, den Markt vollständig zu erobern, sowie dem „innovation mechanism" als Versuch der bedrohten Konkurrenten, durch Effizienzverbesserungen ihre Position zu halten bzw. sich selbst an die Spitze der Effizienzskala zu setzen[104].

Wie diese Prozeßdarstellungen zeigen, legen die Autoren starkes Gewicht auf die Determinanten der Angebotsseite. Der Rückgriff auf das Schumpetersche Unternehmerkonzept ist unverkennbar. Dennoch wird eigentlich stets gesehen, allerdings nicht immer deutlich genug hervorgehoben, daß auch ein bestimmtes Nachfragerverhalten für den Prozeßablauf unabdingbar ist. Vorsprungspositionen kommen nur zustande, wenn die Nachfrager den Vorstoß honorieren und bereit sind, ihre Präferenzen auf den agierenden Anbieter zu übertragen, und wenn sie nach erfolgter Konkurrentenreaktion zur alten Präferenzverteilung zurückkehren. Der Wettbewerbsprozeß setzt sich daher zusammen aus Anbieteraktionen, Substitutionsverhalten der Nachfrager, Reaktionen der betroffenen Anbieter sowie erneuten Substitutionen seitens der Nachfrager[105]. Damit findet der Aspekt des Nachfragerverhaltens auch in den eher angebotsorientierten Ansätzen des dynamischen Wettbewerbs Beachtung. Dieser Aspekt war in den Modellen des vollkommenen und des unvollkommenen Wettbewerbs allein hervorgehoben und damit überbetont worden, da unterschiedliche Wettbewerbsintensitäten zum Teil ausschließlich aus den Nachfragerreaktionen hergeleitet wurden[106].

---

100 H. Arndt (1949) S. 252.
101 Vgl. ders. (1952) S. 35 ff.
102 Vgl. ders. (1949) S. 249 ff.
103 J.M. Clark (1955) S. 457. Ähnlich hatte Clark schon in (1954) S. 317 ff. argumentiert.
104 Vgl. J. Downie (1958) S. 60 ff.
105 Vgl. dazu K. Herdzina (1973b) S. 67 ff.
106 Indem vollkommener und unvollkommener Wettbewerb beispielsweise mit Hilfe der Preiselastizität der Nachfrage voneinander abgegrenzt wurden.

### b) Konzentrationsprozesse und Konzentrationsdeterminanten

1. Die damit angedeuteten, sowohl der Angebots- als auch der Nachfrageseite zuzuordnenden Determinanten der Marktstrukturschwankungen sind zum Teil auch ursächlich für langfristige Marktstrukturveränderungen, fungieren insoweit auch als Konzentrationsdeterminanten. Die Begründungen für derartige Einflüsse sind in den genannten Theorieansätzen zum Teil schon angelegt. Der transfer mechanism nach Downie ist ein Prozeß, bei dem sich das effizienteste Unternehmen gegenüber allen anderen durchsetzt, was zur Konzentration der gesamten Produktion bei einem Unternehmen führt, sofern kein Gegenmechanismus wirksam wird. Nach Arndt zerstört der Wettbewerb sich selbst, wenn sich einer der beiden Prozesse endgültig gegenüber dem anderen durchsetzt[107]. Dann werden die sogenannten Konkurrenzschwellen überschritten[108], an die Stelle kurzfristiger, prozessualer, unvollkommener Monopole und Isopole treten langfristige Monopole und Isopole, aus dem Wettbewerbsprozeß ist ein Verwandlungsprozeß geworden[109]. Im Falle monopolistischer Prozesse tritt an die Stelle des kurzfristigen und darüber hinaus nur relativen Konzentrationsprozesses (die Konkurrenten sind auf dem Markt verblieben) ein langfristiger Konzentrationsvorgang, bei dem sich die Gewichte zugunsten der großen und starken Unternehmen verschieben (relative Konzentration) und sich die Zahl der Wettbewerber durch das Ausscheiden von Schwachen möglicherweise vermindert (absolute Konzentration).

Die Frage nach den mutmaßlichen Konzentrationsdeterminanten ist in der Literatur ausführlich diskutiert worden. Die Diskussion setzt ein in den zwanziger Jahren als Auseinandersetzung mit dem Marshallschen Konzept der repräsentativen Firma und betrifft das Problem der Kompatibilität von nichtkonstanten Skalenerträgen und Wettbewerbsgleichgewicht[110]. Die technischen Aspekte des Phänomens sind zum Teil schon vorher angesprochen worden[111].

2. Zunächst stehen die produktionstechnischen Gegebenheiten auch im Vordergrund des Interesses[112]. Wenn mit zunehmender Betriebsgröße aufgrund von Arbeitsteilung und Spezialisierung und der damit verbundenen Anwendung kapitalintensiverer Produktionsmethoden economies of scale auftreten, ist eine effiziente Produktion nur in großen Unternehmenseinheiten mit hohem Produktionsvolumen erreichbar. Wenn technische Bedingungen darüber hinaus die

107 Vgl. H. Arndt (1952) S. 38 f., S. 43 und S. 83 ff.
108 Vgl. H. Arndt (1949) S. 222 ff.
109 Vgl. H. Arndt (1952) S. 67 ff. und S. 96 ff.
110 Die beteiligten Autoren sind u.a. J.H. Clapham, A.C. Pigou, D.H. Robertson und P. Sraffa. Vgl. dazu K. Herdzina (1975) S. 19 ff.
111 Insbesondere von K. Bücher (1910) S. 429 ff. Eine umfassende Darstellung der Konzentrationsdeterminanten findet sich bei H.O. Lenel (1968).
112 Vgl. u.a. E.A.G. Robinson (1936) S. 17 ff.

unmittelbare Kopplung mehrerer Produktionsstufen erforderlich machen[113], ist effiziente Produktion auch mit einer entsprechenden Tiefe des Produktionsprozesses verbunden. Bei Gültigkeit der beschriebenen Zusammenhänge ergeben sich dann zwei Schlußfolgerungen.

(1) Empirisch zu beobachtende Konzentrationsprozesse horizontaler und zum Teil auch vertikaler Art lassen sich erklären, da anzunehmen ist, daß die Unternehmensleitungen die kostengünstigste Unternehmensgröße bewußt anstreben bzw. daß sich die größeren Unternehmen, welche der kostengünstigsten Größe näher liegen, aufgrund bereits vorhandener Kostenvorteile, Gewinnspielräume und Investitionsmöglichkeiten gegenüber den kleineren durchsetzen, woraus ein Verdichtungsprozeß zu ihren Gunsten entsteht. Konzentrationsprozesse sind daher die Folge einer bestimmten Produktivitätsstruktur.

(2) Empirisch zu beobachtende Konzentrationsprozesse lassen sich ökonomisch rechtfertigen, da die Ziele der Effizienzsteigerung und des primär durch technischen Fortschritt ausgelösten Wirtschaftswachstums mithilfe von Konzentration besser realisiert werden können. In diese Richtung zielen die Aussagen der zuvor schon angesprochenen zweiten und dritten Neo-Schumpeter-Hypothese.

Gegen die Gültigkeit der beschriebenen produktionstechnischen Zusammenhänge sind vor allem zwei Argumente vorgebracht worden. Zunächst wird die Allgemeingültigkeit des Massenproduktionsgesetzes angezweifelt. Es gelte nur für einige wenige Branchen der Sachgüterproduktion[114]. Darüber hinaus wird argumentiert, daß die derzeitige technische Entwicklung im Gegensatz zur Frühphase des Industrialisierungsprozesses keineswegs allein die Großunternehmen begünstigt, sondern es auch kleinen Unternehmen ermöglicht, unter Ausnutzung aller technischen Vorteile kostengünstig zu produzieren[115]. Insoweit ist die Lage der kostengünstigsten Betriebsgröße auch vom jeweiligen Stand der Technik abhängig und kann sich bei technischem Wandel verschieben.

Beide Aussagen werden durch empirische Untersuchungen gestützt. Nach Bain sind die Größenersparnisse nur in wenigen Branchen so bedeutend, daß der zur Erreichung der kostengünstigsten Größe erforderliche Marktanteil über 10 % liegt. Darüber hinaus verlaufen die langfristigen Stückkostenkurven in der Regel so flach, daß ein Nichterreichen der kostengünstigsten Größe keine nennenswerten Effizienzeinbußen mit sich bringt[116]. Auch die Antwort auf die Frage, ob kleine oder große Unternehmen schneller wachsen, fällt nach den vorliegenden empirischen Tests keineswegs eindeutig zugunsten der Großunter-

---

113 So etwa die Arbeit in einer Hitze sowie das Problem des kleinsten gemeinsamen Vielfachen. Vgl. E.A.G. Robinson (1936) S. 32.

114 Vgl. S.R. Dennison (1957) S. 271 f.

115 Vgl. z.B. J.M. Blair (1948) S. 121 ff., sowie ders. (1960) S. 823 ff. Ferner W. Eucken (1950b) S. 3 ff.

116 Vgl. J.S. Bain (1958) S. 160 ff., ders. (1954) S. 15 ff.

nehmen aus. Die meisten Autoren finden das Gibratsche Gesetz des proportionalen Effekts bestätigt, nach welchem die Wachstumsrate der Unternehmen von ihrer Größe unabhängig ist[117]. Einige Autoren stellen demgegenüber höhere Wachstumsraten für die – überlebenden – kleinen Unternehmen fest[118], während andere die These vom stärkeren Wachstum der Großunternehmen bestätigt finden[119]. Allerdings zeigt sich eines sehr deutlich: die Unternehmen sind in der Realität wesentlich größer als es zum Zwecke der Ausnutzung der produktionstechnischen Größenvorteile erforderlich wäre.

Das Ausmaß der Unternehmenskonzentration übersteigt demgemäß das Ausmaß der Betriebskonzentration[120]. Dies läßt darauf schließen, daß nach Erreichen der kostengünstigsten Größe keinerlei Kostenprogressionseffekte auftreten oder daß solche Effekte durch Größenvorteile anderer Art kompensiert werden. Zumindest der erste Effekt scheint sich zu bestätigen, da nach Erreichen der kostengünstigsten Größe eine multiple Produktionskapazitätsausdehnung[121] denkbar ist. Die kostengünstigste Größe ist demnach nur eine Mindestgröße[122], die langfristige Kostenkurve verläuft L-förmig.

3. Diese Erkenntnis macht die Frage nach dem Vorliegen von Größenvorteilen anderer Art jedoch nicht überflüssig. Sofern sich in den Funktionsbereichen Organisation, Beschaffung, Finanzierung und Absatz Größenvorteile nachweisen ließen, könnte es sich als sinnvoll erweisen, mehrere Betriebe einer Produktionsrichtung (mehrbetriebliche Produktion) bzw. mehrere Produktionsrichtungen (Diversifikation) zu einem Unternehmen zusammenzufassen. Die theoretische Diskussion zu der Frage, ob sich weitere Kostendegressionseffekte oder sogar Progressionswirkungen ergeben, ist teils kontrovers, zum Teil liegt ein einheitliches Meinungsbild vor. Unterschiedliche Positionen finden sich insbesondere hinsichtlich des Organisationsbereiches. Während unter Hinweis auf Koordinations-, Kommunikations- und Kontrollprobleme einerseits eine Tendenz zur Kostenprogression unterstellt wird[123], wird eine solche Tendenz unter Hinweis auf weitere Vorteile der Arbeitsteilung zurückgewiesen[124]. Demgegenüber besteht weitgehend Einigkeit bezüglich der übrigen Funktionsbereiche. In Beschaffung und Finanzierung verfügt die Großunternehmung über erhebliche „pekuniäre" Vorteile[125], die teils produktionstechnisch (Größende-

117 Vgl. St. Hymer; P. Pashigian (1962) S. 556 ff., P.E. Hart; S.J. Prais (1956) S. 150 ff., H.A. Simon; C.P. Bonini (1958) S. 607 ff.

118 Vgl. J.R. Meyer; E. Kuh (1957) S. 161 ff., E. Mansfield (1962) S. 1034.

119 Vgl. H. Albach (1965) S. 15 f., J.M. Samuels (1965) S. 105 ff.

120 Vgl. E. Kaufer (1977) S. 6 ff.

121 Vgl. E. Gutenberg (1963) S. 308.

122 Es wird daher von einer mindestoptimalen Größe (MOG) gesprochen. Vgl. E. Kaufer (1976a) S. 157.

123 Vgl. N. Kaldor (1934) S. 68 f., K.E. Boulding (1953) S. 24 f., E.H. Chamberlin (1933) S. 245 ff.

124 Vgl. E.A.G. Robinson (1936) S. 39., E. Gutenberg (1963) S. 323, E.T. Penrose (1959) S. 18 f., S. 31 und S. 92.

125 Der Begriff stammt von J. Viner (1952) S. 212 ff.

gression beim Lieferanten), teils institutionell (Realkredit statt Personalkredit) bedingt sind[126]. Im Absatzbereich kann das Großunternehmen steigenden Marktwiderständen bei einzelnen Produkten durch Diversifikation ausweichen[127], wobei ihr die in den Bereichen Marktforschung und Werbung zufallenden Größenvorteile von Nutzen sind und sie überdies mit zunehmender Erweiterung ihres Produktionsprogramms eine Risikostreuung und damit einen Risikoabbau erzielt[128].

Die empirischen Untersuchungen bezüglich der Frage nach Größenvorteilen der beschriebenen Art lassen demgegenüber keine so eindeutigen Schlußfolgerungen zu. Zumindest hinsichtlich der mehrbetrieblichen Produktion zeigen sowohl ältere als auch neuere Untersuchungen, daß das Ausmaß derartiger multiplant economies offensichtlich gering ist[129]. Die Ergebnisse der Untersuchungen harmonieren darüber hinaus mit empirisch beobachtbaren Wandlungen im Konzentrationsprozeß, insbesondere in den USA. Während im vorigen Jahrhundert und zu Beginn dieses Jahrhunderts die horizontalen und vertikalen Zusammenschlüsse überwogen, dominieren neuerdings die konglomeraten Fusionen[130]. Mehrbetriebsproduktion wird von einer bestimmten Größe an offenbar nicht mehr als lohnend angesehen. Eine derartige Entwicklung bewirkt allerdings, daß sich die Zusammenhänge zwischen dem Ausmaß der Makrokonzentration[131] und dem Ausmaß der Marktkonzentration, also den hier interessierenden langfristigen Veränderungen der Marktstruktur, zunehmend lockerer werden[132], denn konglomerate Konzentration verändert die Marktstruktur nicht unmittelbar. Die Ergebnisse der genannten Untersuchungen harmonieren ferner mit beobachtbaren Veränderungen in der internen Unternehmensstruktur. Die Ablösung der funktionalen Organisationsform durch das Divisionalsystem sowie die Schaffung von regionalen Unterzentren in multinationalen Unternehmen deuten darauf hin, daß der ursprünglich gewählte Zentralisierungsgrad sich als zu hoch erweist, Größenvorteile also nicht mehr auftreten[133]. Die Frage nach einer optimalen Unternehmensgröße im Sinne einer kostengünstigsten Größe verliert dann zunehmend an Bedeutung[134].

4. Ein weiterer Aspekt des Wandels der internen Unternehmensstruktur wird demgegenüber als wesentlicher Grund dafür angesehen, daß sich vor allem in den Großunternehmen dennoch ein Streben nach weiterem Unternehmenswachstum und weiterer Konzentration offenbart: die Aufhebung der Personal-

126 Vgl. W. Busse von Colbe (1964) S. 119.
127 Vgl. C.D. Edwards (1960) S. 124.
128 Vgl. R.B. Heflebower (1951) S. 258, E.T. Penrose (1959) S. 105.
129 Vgl. J.S. Bain (1958) S. 164 sowie F.M. Scherer; A. Beckenstein; E. Kaufer; R.D. Murphy (1975).
130 Vgl. E. Kaufer (1977) S. 1 ff.
131 d.h. dem Anteil der 100 oder 200 größten Unternehmen an der Wertschöpfung einer Volkswirtschaft.
132 Vgl. E. Kaufer (1977) S. 43.
133 Vgl. N. Blattner (1977a) S. 16 f.
134 Vgl. auch E.T. Penrose (1959) S. 98 f.

union von Unternehmer und Eigentümer und damit die zunehmende Verfügungsgewalt von Managern. Die zentrale Hypothese der Theorie des managerial capitalism lautet, daß den Managern der Großunternehmen aufgrund mangelnder Kontrollfunktion des Kapitalmarktes sowie mangelndem Wettbewerbsdruck auf dem Gütermarkt Machtspielräume zuwachsen, die es ihnen erlauben, vom Gewinnmaximierungsprinzip abweichende Zielvorstellungen, insbesondere die Steigerung des Umsatzes[135], des Managernutzens, der sich unter anderem in der Höhe des Verwaltungsapparates dokumentiert[136], bzw. einfach die Maximierung der Unternehmenswachstumsrate[137] anzustreben[138]. Zudem zeigt sich möglicherweise, daß Unternehmenswachstum ein sichereres Mittel ist, nicht von anderen Unternehmen übernommen zu werden und damit unternehmerische Selbständigkeit zu bewahren, als das Erreichen einer hohen Effizienz[139].

5. Damit ist eine weitere Gruppe von Konzentrationsdeterminanten angesprochen. Bereits im Rahmen der Diskussion von Beschaffungs-, Finanzierungs- und Absatzvorteilen großer Unternehmen ist es nicht immer möglich, zwischen „legitimen" Größenvorteilen und solchen Vorteilen, die aus der Machtposition des Unternehmens resultieren, zu unterscheiden. Das Wachstums- und Konzentrationsstreben der Unternehmensleitungen könnte erklärt werden aus dem Wunsch, weitere größenbedingte[140] bzw. marktanteilsbedingte Macht, sog. advantages of domination[141] zu erringen, um sich dadurch dem Wettbewerbsdruck noch weiter zu entziehen. Ob derartige Konzentrationsversuche auf breiter Basis auftreten und ob sie erfolgreich sind, wird offenbar einmal von der allgemeinen Konzentrationsneigung sowie von der Ausgestaltung der staatlichen Antikonzentrationspolitik bestimmt. Von der Konzentrationsneigung bzw. – in positiver Formulierung – der Wettbewerbsgesinnung dürfte es wesentlich abhängen, ob die Marktprozesse in Form zyklischer Marktstrukturschwankungen ablaufen, oder ob Versuche unternommen werden, die Marktstruktur nachhaltig zugunsten der großen Marktteilnehmer umzuwandeln. Offensichtlich ist die Bereitschaft zum Wettbewerbsverhalten nicht unabhängig von der Marktphase. Während sie in den frühen Marktphasen, in denen das Ziel der Ausweitung des eigenen Marktanteils einigermaßen leicht durch Wettbewerbsaktionen erreicht werden kann, noch hoch ist, dürfte sich in den späten Phasen, wenn die Aktionen der Konkurrenten sich angesichts auftretender

---

135 Vgl. W.J. Baumol (1959) S. 45 ff.
136 Vgl. O.E. Williamson (1964) S. 39 ff.
137 Vgl. R. Marris (1967), R.M. Solow (1971) S. 318 ff.
138 Vgl. auch N. Blattner (1977a) S. 38 ff., A. Schuke (1977) S. 145 ff.
139 Vgl. E. Kaufer (1977) S. 45 ff., insb. S. 57.
140 Vgl. C.D. Edwards (1955) S. 331 ff.
141 Vgl. E. Schneider (1954) S. 203 ff.

Marktgrenzen eher gegeneinander richten, die Konzentrationsneigung verstärken[142]. Die Chance, eine bestehende Konzentrationsneigung in die Realität umzusetzen, hängt von der Strenge der staatlichen Wettbewerbspolitik sowie von allgemein ordnungs- und wirtschaftspolitischen Gegebenheiten ab. Hinsichtlich diverser Überlegungen zur Beeinflussung des Konzentrationsprozesses wird aber stets zu berücksichtigen sein, daß das Ziel derartiger Aktivitäten die Aufrechterhaltung des Wettbewerbs ist und daß Wettbewerbsprozesse stets auf dem dafür relevanten Markt stattfinden. Insoweit ist die konglomerate Konzentration zunächst marktstrukturneutral. In langfristiger Betrachtung ist aber zu berücksichtigen, daß wirtschaftliche Macht nicht allein aus hohen Marktanteilen, sondern darüber hinaus aus der absoluten Größe eines Unternehmens sowie aus seinem Diversifikationsgrad erwächst, so daß langfristige Wettbewerbsbeschränkungen bei Erreichen solcher Machtpositionen nicht auszuschließen sind.

6. Mit der Marktgröße ist die Nachfrageseite angesprochen worden. Der Wettbewerbsprozeß ist auch abhängig vom Nachfragerverhalten. Konzentrationsprozesse erfolgen ebenfalls unter Mitwirkung der Nachfrager. Nach Zimmerman hängt die Tendenz zur Monopolbildung auch von der Nachfrageelastizität ab. Jochimsen entwickelt eine Drei-Phasen-Theorie der Abhängigkeit der Marktstruktur von der Einkommensverwendung, wobei diese wiederum vom Stand der wirtschaftlichen Entwicklung determiniert wird[143]. In der ersten Phase des Subsistenzniveaus ergeben sich hohe Einkommenselastizitäten sowie niedrige Preiselastizitäten der Nachfrage. Die Neigung zur Monopolbildung ist hoch, die Möglichkeit ihrer Durchsetzung ist groß, woraus sich eine Tendenz zu monopolistischen Marktformen ergibt. In der zweiten Phase mittlerer Einkommen bewirken sinkende Einkommenselastizitäten und steigende Preiselastizitäten der Nachfrage eine sinkende Neigung und sich vermindernde Möglichkeiten zur Monopolbildung. Diese Tendenz setzt sich in der dritten Phase hoher Einkommen mit Einkommenselastizitäten unter Eins für die Güter des Grundbedarfs, über Eins für die Güter des gehobenen Bedarfs und allgemein steigenden Preiselastizitäten fort. Die Zunahme der Substitutionskonkurrenz sprengt die starren Gütereinteilungen[144]. Jeder Produzent konkurriert um den Geldbeutel des Endverbrauchers[145], die Möglichkeit zur Monopolbildung verringert sich.

142 Vgl. E. Heuß (1968) S. 50 ff.
143 Vgl. R. Jochimsen (1966a) S. 34 ff. sowie ders. (1966b) S. 183 ff.
144 Vgl. W. Eucken (1950b) S. 3 ff.
145 Vgl. R. Rochimsen (1966b) S. 186.

### c) Die Determinanten des Marktstruktur- und Güterstrukturwandels

Die im Rahmen der Theorien der Marktstrukturphasen und des Marktstrukwandels genannten Determinanten der Marktstrukturveränderungen können damit zusammengefaßt werden. Die Art der Marktstrukturentwicklung, ob kurzfristige Schwankungen oder dauerhafter Wandel, hängt vorrangig von der Wettbewerbsintensität des Systems ($W$) ab, für die in der Wettbewerbsneigung der Anbieter ($E$) sowie in den Verhaltensweisen der Nachfrager und der Veränderung der Nachfragestruktur ($StN_G$), für die wiederum die Einkommenshöhe ($Y$) von Bedeutung ist, erste Determinanten angedeutet wurden. Die Marktstrukturentwicklung wird aber auch von technischen und organisatorischen Faktoren beeinflußt, d.h. vom Stande der Technik ($T$) bzw. der jeweiligen Produktivitätsstruktur ($StA_T$). Die Entwicklung der Marktstruktur wird schließlich maßgeblich beeinflußt von den wirtschaftspolitischen Gegebenheiten, also der Ausgestaltung der Wirtschafts- und Wettbewerbsordnung ($O$). Ohne die Frage nach Primär- oder Sekundärdeterminanten schon zu beantworten, kann demgemäß geschrieben werden

$$StA_M = StA_M(W, E, O, T, StA_T, StN_G, Y). \tag{2.18}$$

Es zeigt sich also, daß für die Entwicklung der Marktstruktur jene Determinanten maßgeblich sind, die im wesentlichen auch den intersektoralen und den interindustriellen Strukturwandel sowie die Marktphasenentwicklung bestimmen. Dies kann insbesondere bezüglich der Marktphasenentwicklung nicht überraschen, da ein enger Zusammenhang zwischen Marktentwicklungsphasen und Marktstrukturphasen besteht. Vorstoßaktionen von Anbietern sind interpretierbar als kreatives Wettbewerbsverhalten[146] und insoweit zuzuordnen der Experimentierphase. Reaktionen der Konkurrenten sind interpretierbar als Maßnahmen von spontan oder unter Druck reagierenden Anbietern und sie sind als adaptives Wettbewerbsverhalten[147] insbesondere der Expansionsphase zuzurechnen. Demgegenüber tritt konsolidierendes Verhalten[148] als der Versuch, erreichte Positionen abzusichern und den Wettbewerbsdruck zu mindern, insbesondere in der Ausreifungsphase auf. Es kann sich in der Stagnations- bzw. Rückbildungsphase zu wettbewerbsbeschränkendem Verhalten, insbesondere zu Kartellbildungen und zu Versuchen, einen nachhaltigen Marktstrukturwandel durchzusetzen, verdichten, Marktentwicklungsphasen und Marktstrukturphasen sowie auch Fortschrittsphasen[149] sind demgemäß eng miteinander verknüpft und in hohem Maße

---

146 Vgl. H. Walter (1969a) S. 550 f.
147 Vgl. H. Walter S. 551.
148 Vgl. H. Walter S. 552.
149 H. Arndt unterscheidet bei Fortschrittsprozessen eine Verlustphase, eine individualisierende sowie eine nivellierende Phase. Vgl. H. Arndt (1976) S. 40 und S. 48.

mit der Intensität des Wettbewerbs korreliert. Der Güterstrukturwandel im weiteren Sinn läßt sich demnach interpretieren als ein Wettbewerbsprozeß, der von Pionierunternehmern ausgelöst und durch entsprechendes Anbieter- und Nachfragerverhalten in den einzelnen Marktentwicklungsphasen geprägt wird. Die Frage, ob von Marktentwicklungs- oder eher von Marktstrukturphasen zu sprechen ist, berührt letztlich allein das Problem der Abgrenzung des relevanten Marktes. Bei enger Marktabgrenzung sind Marktentwicklungs- und Marktstrukturphasen unmittelbar verbunden und im Falle von Einprodukt-unternehmen auch noch mit der Entwicklung der jeweiligen Unternehmung verknüpft. Die Marshallschen Unternehmensphasen können dann als Marktphasen von Elementarmärkten interpretiert werden.

## C. Die Determinanten des Strukturwandels: Versuch einer Systematik

Die Darstellung der verschiedenen theoretischen Ansätze zur Erklärung des Wandels der Güterstruktur hat insbesondere die folgenden Erkenntnisse gebracht. Ein Wandel der Güterstruktur liegt vor, wenn sich die Zahl der Güter, ihre qualitative Beschaffenheit bzw. ihre relative Häufigkeit im Rahmen eines Gesamtgütervolumens ändert. Dieser Vorgang des Wandels der Güterstruktur kann offensichtlich nicht isoliert von anderen Strukturwandlungsvorgängen gesehen werden. Er ist verknüpft mit dem Wandel der Markt- und Unternehmensstrukturen, er ist verbunden mit dem Wandel der Produktivitäts-, der Produktionsfaktoren- und der Nachfragestruktur.

Der Wandel der Güterstruktur ist in der Realität ferner eng verbunden mit dem volkswirtschaftlichen Wachstumsprozeß. Auch wenn Strukturwandel ohne Wachstum auftreten kann, und auch wenn Wachstum ohne Wandel der Struktur logisch möglich erscheint[1], in praxi sind beide Prozesse kaum trennbar[2]. Die Determinanten des wirtschaftlichen Wachstums fungieren in der Regel zugleich als Determinanten des Strukturwandels.

Die Determinanten des Wandels der Güterstruktur lassen sich sinnvoll einordnen in angebotsbedingte und nachfragebedingte Faktoren, wobei beide Ursachenkomplexe offenbar nichtlineare, S-förmige Verläufe der Güterexpansion begünstigen. Die S-förmigen Marktphasenverläufe werden ermöglicht und unterstützt durch das Auftreten neuer und das Verschwinden alter Produkte. Die Analyse der Determinanten des Strukturwandels soll an der letzten dieser Aussagen anknüpfen.

1 Vgl. J. Niehans (1964) S. 20 f.
2 Vgl. E. Dürr (1977) S. 111.

## I. Grundlegung der Theorie des Strukturwandels: Wachstumsdifferenzen der Sektoren, Branchen, Märkte und Unternehmungen

### *1. Das Konzept der einzelwirtschaftlichen Wachstumsfunktionen*

#### a) Gesamt- und einzelwirtschaftliche Wachstumsprozesse

Den Ausgangspunkt der Überlegungen über die Determinanten des Strukturwandels bildet der stilisierte S-förmige Marktphasenverlauf. Der S-förmige Verlauf kommt aber nur zustande, wenn Angebots- und Nachfragedeterminanten sich in Wirkungsrichtung und -intensität entsprechen. Nun gibt es eine Reihe von Gründen dafür, daß Angebots- und Nachfragedeterminanten tatsächlich gleichgerichtet verlaufen und daß wechselseitige Verstärker- bzw. Abschwächungseffekte auch intensitätsmäßige Parallelentwicklungen begünstigen. Andererseits ist nicht auszuschließen, daß Angebots- und Nachfragefaktoren auch gegeneinander agieren können oder daß beide Faktoren entgegen dem stilisierten Phasenverlauf unerwartete Brems- oder Ankurbelungskräfte entwickeln. So können neue Angebotsimpulse durch neues technisches Wissen ausgelöst werden, können neue Nachfrageimpulse durch neue Erkenntnisse bezüglich der Verwendungsmöglichkeiten eines Gutes entstehen. Zwar ist es möglich, in solchen Fällen von neuen Gütern bzw. Gutsqualitäten zu sprechen und einen wieder beginnenden S-förmigen Verlauf für das neue Gut zu unterstellen, doch damit bewegt man sich erneut im Bereich der Frage nach der Definition von Gütern und der adäquaten Abgrenzung des relevanten Marktes. Dieser Frage soll hier nicht weiter nachgegangen werden. Vielmehr empfiehlt es sich, ein allgemeineres Konzept zu verwenden, zunächst noch keinen typischen Marktphasenverlauf zu unterstellen und die Determinanten der Angebots- und der Nachfrageseite getrennt zu diskutieren.

Zuvor ist der Vorgang des Strukturwandels selbst noch etwas genauer zu untersuchen. Die volkswirtschaftliche Struktur wandelt sich, wenn die Wachstumsraten der einzelnen Sektoren, Branchen, Märkte und Unternehmungen nicht identisch sind. Diese Aussage schließt das Auftreten neuer Güter und Gutsqualitäten, neuer Unternehmen sowie den Untergang von Gütern und Unternehmen mit ein. Strukturwandel ist also interpretierbar als Wachstumsdifferenzierung, wobei für bestimmte Bereiche auch negative Wachstumsraten auftreten.

Während in der volkswirtschaftlichen Wachstumstheorie üblicherweise mit einer makroökonomischen Produktions- und Wachstumsfunktion für die gesamte Volkswirtschaft operiert wird, läßt sich das Phänomen des Strukturwandels, also der Wachstumsdifferenzen nur mit Hilfe einzelwirtschaftlicher Produktions- und Wachstumsfunktionen für die verschiedenen Sektoren, Branchen, Märkte und Unternehmen analysieren.

Im Wachstumsteil dieser Arbeit wurde gezeigt, wie sich die Produktions- und Wachstumsfunktion für die gesamte Volkswirtschaft formal darstellen läßt. Das dabei gewählte Verfahren, zunächst den Stand des technischen Wissens und dann weitere Argumente, welche den Grad der Abweichung der angewandten Technik vom Stande des technischen Wissens dokumentieren, auszuweisen, brachte letztlich die Erkenntnis, daß die Fortschrittsdeterminanten nur auf der einzelwirtschaftlichen Ebene zu ermitteln sind. Soweit sich die Theorie des technischen Fortschritts in jüngster Zeit von einer reinen Wirkungsanalyse zu einer Ursachenanalyse entwickelt hat, wurde sie von der gesamtwirtschaftlichen Ebene auf die einzelwirtschaftliche Ebene verlagert. Die zuvor genannten Fortschritts- und Wachstumsdeterminanten, die zu einer makroökonomischen Wachstumsfunktion zusammengestellt wurden, sind im wesentlichen gewonnen worden im Rahmen einer mikroökonomischen Analyse des technischen Fortschritts, der als Sequenz von Erkenntnis- und Inventionsprozessen, von Informations- und Lernprozessen sowie von Innovations- und Diffusionsprozessen zu verstehen ist. Derartige Prozesse treten in den einzelnen Bereichen der Wirtschaft offensichtlich nicht in gleichem Maße auf und sie laufen auch nicht gleich schnell ab. Wenn sich aber Wachstumsimpulse und Wachstumsmöglichkeiten in den einzelnen Bereichen der Wirtschaft unterscheiden, dann sind Wandlungen der Wirtschaftsstruktur die Folge.

#### b) Gesamt- und einzelwirtschaftliche Wachstumsdeterminanten

Da die Wachstumsdeterminanten in der makroökonomischen Wachstumsfunktion im wesentlichen mit Hilfe einer einzelwirtschaftlich orientierten Theorie des technischen Fortschritts gewonnen werden, kann es zwischen gesamtwirtschaftlichen und einzelwirtschaftlichen Wachstumsdeterminanten keine prinzipiellen Unterschiede geben. Divergierende Wachstumsraten von Sektoren, Branchen, Märkten und Unternehmungen sind demnach grundsätzlich genau so zu erklären wie divergierende Wachstumsraten von Volkswirtschaften. Auch die einzelwirtschaftlichen Produktions- und Wachstumsfunktionen enthalten demnach quantitative Faktoren sowie Produktivitäts- und Auslastungskomponenten. Ein gewisser Unterschied zwischen gesamt- und einzelwirtschaftlicher Betrachtung liegt allerdings in der Gewichtung der Faktoren. Während in der gesamtwirtschaftlichen Betrachtung der technische Fortschritt bzw. die Steigerung der Arbeitsproduktivität im Vordergrund stehen, den quantitativen Produktionsfaktoren dagegen weniger Bedeutung beizumessen ist, dokumentiert sich der Wandel der Güterstruktur letztlich in der Veränderung von Produktionsanteilen und damit in der Produktionshöhe einzelner Güter. Dazu ist ein Faktortransfer aus den schrumpfenden in die expandierenden Bereiche erforderlich und möglich. Insoweit ist die Zunahme etwa des Faktors Arbeit nicht durch die natürliche Wachstumsrate der Arbeit begrenzt, vielmehr kann das Beschäftigungspotential anderer Bereiche als zusätzliche Quelle dienen[3]. Liegen jedoch Hindernisse für die Durchführung dieses Reallokationsprozesses vor, so können daraus Expansionshindernisse für die Volkswirtschaft werden. Die Ausdehnung des Produktionsfaktorenbestandes ist demnach einzelwirtschaftlich eine entscheidende Determinante, während die Reallokation gesamtwirtschaftlich keine Faktorausdehnung, sondern eine Faktorenumschichtung darstellt. Einzel- wie gesamtwirtschaftlich muß daraus jedoch die Forderung nach Produktionsfaktorenflexibilität abgeleitet werden[4]. Allerdings kann nun nicht gefolgert werden, daß die Produktivitätskomponenten einzelwirtschaftlich eine untergeordnete Rolle spielen. Gerade bei weniger flexiblen quantitativen Faktoren stellen Produktivitätssteigerungen auch einzelwirtschaftlich das einzige Mittel zur Expansion dar. Es war lediglich hervorzuheben, daß der Expansion der quantitativen Faktoren einzelwirtschaftlich eine größere Bedeutung beizumessen ist als auf der gesamtwirtschaftlichen Ebene.

Ein zweiter Unterschied in der Gewichtung der Wachstumsdeterminanten zwischen gesamt- und einzelwirtschaftlicher Ebene ist in den Nachfragedeterminanten zu sehen. Wie bereits ausgeführt, stellen globale Nachfragesteigerungen auf gesamtwirtschaftlicher Ebene kein adäquates Instrument zur Erzielung von Wachstumsprozessen dar. Es besteht im Gegenteil die Gefahr, daß inflatorische Prozesse zur Fehlleitung von Produktionsfaktoren führen[5]. Demgegenüber kann die Nachfrageexpansion in einzelnen Bereichen ein auslösendes Moment für die Aufnahme von FE-Aktivitäten sein, kann das Wachstum von Sektoren, Branchen, Märkten und Umsätzen einzelner Güter durch Nachfrageexpansion gefördert oder aber durch ausbleibende Nachfrageexpansion gedrosselt werden, so daß Güter und Märkte nicht über die Experimentierungsphase hinauskommen. Damit ist erneut die gleichrangige Bedeutung von Angebots- und Nachfragedeterminanten für das einzelwirtschaftliche Wachstum angesprochen. Im folgenden sind die Ursachen für einzelwirtschaftliche Wachstumsdifferenzen herauszuarbeiten.

## *2. Die Ursachen der Wachstumsdifferenzierungen*

### a) Unmittelbare und mittelbare Determinanten des Strukturwandels

Die Ursachen von Wachstumsdifferenzierungen zwischen verschiedenen Sektoren, Branchen, Märkten und Unternehmungen können formalisiert werden, indem zunächst auf die im Rahmen der Preistheorie aufgezeigten

---

3 Vgl. K. Dorner (1964) S. 112. In gewissem Maße besteht die Möglichkeit zum Faktorentransfer auch zwischen verschiedenen Volkswirtschaften.

4 Vgl. S. Clasen (1966) S. 26.

5 Vgl. G. Bombach (1959) S. 203.

Angebots- und Nachfragedeterminanten zurückgegriffen wird. Als Bestimmungsgründe dieser unmittelbaren Determinanten sind dann weitere, insbesondere von der klassischen Theorie sowie von den Theorien der wirtschaftlichen Entwicklung hervorgehobene Faktoren zu nennen.

Unter der Hypothese, daß das Gewinnstreben die in einer Marktwirtschaft dominierende Zielsetzung von Unternehmungen darstellt[6], ist die von einem Unternehmen gewählte Angebotsmenge eines Gutes $x$ abhängig von den Gewinnchancen, welche die $x$-Produktion im Vergleich mit einer alternativen $y$-Produktion eröffnet, also abhängig von der Gewinnstruktur

(2.19) $$A_x = A_x\,(G_x/G_y).$$

Da die Gewinne in einer Produktionsrichtung definiert sind als die positive Differenz zwischen Erlösen und Kosten, gilt für jede der beiden Produktionsrichtungen (hier für die $x$-Produktion dargestellt)

(2.20) $$G_x = G_x\,(E_x, K_x).$$

Die in der $x$-Produktion erzielbaren Erlöse sind abhängig von dem Marktpreis, welcher sich aus dem Zusammentreffen von Marktangebot und Marktnachfrage ergibt. Demgegenüber hängen die Kosten der $x$-Produktion ab von den Faktorpreisen ($l_x$), den Faktoreinsatzmengen ($r_x$) sowie von dem gewählten technischen Verfahren ($T_x$).

(2.21) $$E_x = E_x\,(p_x),$$

(2.22) $$K_x = K_x\,(l_x, r_x, T_x).$$

Analog lassen sich die in der $y$-Produktion erzielbaren Gewinne aus Erlösen und Kosten dieser Produktionsrichtung herleiten. Die Angebotsmenge des Gutes $x$, in gleicher Weise die Angebotsmenge des Gutes $y$ und damit die Angebotsstruktur im Sinne der Güterstruktur ist damit eine Funktion

- der relativen Güterpreise $p_x/p_y$, der Güterpreisstruktur,
- der relativen Faktorpreise $l_x/l_y$, der Faktorpreisstruktur,
- der relativen Mengen bzw. Der Verfügbarkeit der in den einzelnen Produktionsrichtungen eingesetzten Produktionsfaktoren $r_x/r_y$, der Produktionsfaktorenstruktur ($StA_{PF}$),

6 Damit ist nicht unterstellt, daß es in Form einer Maximierung des Periodengewinnes auftritt.

– dem Verhältnis der in beiden Produktionsrichtungen gegebenen technischen Niveaus $T_x/T_y$, der Produktivitätsstruktur ($StA_T$).

Mit diesen Determinanten ist die Angebotsstruktur allerdings noch nicht präzise fixiert. Gewinnstreben als generelle Zielsetzung kann auftreten in einer Vielfalt von Ausprägungen, aus denen jeweils andere Angebotsmengen für die betroffenen Güter resultieren[7]. Die genauen Zielformulierungen sind daher für die Angebotsstruktur ebenfalls von Bedeutung. Die Funktion für die Angebotsstruktur lautet demnach

$$StA_G = StA_G\,(p_x/p_y,\; l_x/l_y,\; r_x/r_y,\; T_x/T_y,\; Zi_x/Zi_y). \tag{2.23}$$

Nun sind die einzelnen Determinanten nicht unabhängig voneinander, Wechselbeziehungen bestehen zum Beispiel zwischen Produktionsfaktoren- und Produktivitätsstruktur. Die Güterpreisstruktur ist abhängig von der Faktorpreisstruktur, von der Produktivitätsstruktur und insoweit auch von der Produktionsfaktorenstruktur. Die Güterpreisstruktur wird jedoch nicht nur von Angebots-, sondern auch von Nachfragefaktoren, d.h. von der relativen Nachfrageintensität für die betreffenden Güter, also von der Nachfragestruktur bestimmt. Mit der Nachfragestruktur wirken eine Reihe weiterer Determinanten auf die Güterstruktur ein. Sie lassen sich aus der üblichen einzelwirtschaftlichen Nachfragefunktion eines Haushalts bzw. eines Marktes herleiten. Die Nachfragemenge für ein Gut $x$ ist abhängig von den Preisen des Gutes $x$, den Preisen anderer Güter ($p_y$), der Einkommenshöhe ($Y$) und dem Vermögensniveau ($Q$), der Einkommens- und Vermögensverteilung ($V$) sowie der Bedürfnisstruktur ($U$),

$$N_x = N_x\,(p_x,\; p_y,\; Y,\; Q,\; V,\; U). \tag{2.24}$$

Daraus läßt sich die Funktion der Nachfragestruktur herleiten

$$StN_G = StN_G\,(p_x/p_y,\; Y,\; Q,\; V,\; U). \tag{2.25}$$

Die unmittelbaren Determinanten der Güterstruktur sind damit genannt. Innerhalb dieser unmittelbaren Determinanten lassen sich bestimmte Hauptwirkungsrichtungen bereits festlegen. Die Güterstruktur ist in erster Linie abhängig von der Preisstruktur. Diese wird ihrerseits von Nachfrage- und Angebotsdeterminanten bestimmt. Als Angebotsdeterminanten sind insbesondere

7 z.B. als Maximierung des Periodengewinns, als Gewinnmaximierung unter der Nebenbedingung eines bestimmten Mindestumsatzes oder Mindestabsatzes, als Umsatzmaximierung unter Nebenbedingungen usw.

die Produktivitätsstruktur, die Produktionsfaktorenstruktur sowie die Struktur der Zielsetzungen zu nennen[8].

Die unmittelbaren Determinanten der Güterstruktur werden ihrerseits von weiteren Einflußfaktoren bestimmt. So ist die Produktivitätsstruktur wie auch die Zielstruktur abhängig von der Stärke des Wettbewerbs, der Wirtschaftsgesinnung bzw. Motivation der Anbieter sowie von der Ausgestaltung der Wirtschaftsordnung. Die Produktionsfaktorenstruktur, das heißt die eingesetzte Menge bzw. die Verfügbarkeit einzelner Produktionsfaktoren, insbesondere bestimmter Qualitäten von Produktionsfaktoren ist abhängig vom Stand des technischen Wissens und vom Bildungsniveau der Wirtschaftssubjekte. Auch die Nachfragestruktur wird von derartigen Faktoren mitbestimmt; insbesondere beeinflußt die Motivation der Nachfrager ihre Bedürfnisstruktur, wirken ordnungspolitische Faktoren auf die Einkommens- und Vermögensverteilung ein usw.

#### b) Differenzierung der Produktivitäts- und der Produktionsentwicklung

Im folgenden ist der Einfluß der verschiedenen Angebots- und Nachfragedeterminanten auf die Entwicklung der Güterstruktur zu diskutierten. Dabei stellt sich die Frage nach der zweckmäßigsten Reihenfolge. Angesichts der Interdependenz von Angebots- und Nachfragefaktoren ist eine Hauptrichtung des Kausalzusammenhanges kaum nachweisbar[9]. Auch wenn angesichts des geringen Umfangs der bislang vorliegenden Literatur noch nicht von einem allgemein üblichen Verfahren gesprochen werden kann, so ist zu konstatieren, daß die Autoren mehrheitlich die Nachfragedeterminanten voranstellen[10]. Dieses Vorgehen basiert auf der Hypothese, daß sich die Angebotsstruktur letztlich den Veränderungen der Nachfragestruktur anpaßt und daß veränderte Nutzenintensitäten und Konsumgewohnheiten den stärksten Einfluß auf die Güterstruktur ausüben. Allerdings ist zu fragen, in welchem Ausmaß diese Änderungen tatsächlich autonom erfolgen. Ein wesentliches Verursachungsmoment dürfte der Wachstumsprozeß selbst sein, welcher Einkommenssteige-

---

8 Die Faktorpreisstruktur im o.a. Sinn (relative Faktorpreise für verschiedene Produktionsrichtungen) kann im folgenden vernachlässigt werden. Sie ändert sich empirisch kaum. Insbesondere sind interindustrielle Differenzierungen der Lohnstruktur kaum nachweisbar. Es zeigen sich eher Nivellierungstendenzen. Allenfalls zahlen expandierende Bereiche höhere Löhne, um Arbeitskräfte abzuwerben. Insoweit ist die Lohnstruktur von der Entwicklung der Güterstruktur abhängig. Vgl. dazu G. Zeitel (1964) S. 671 f. sowie W.G. Hoffmann (1962) S. 51.

9 Vgl. S. Clasen (1966) S. 13 sowie W. Gerstenberger u.a. (1977) S. 21.

10 Vgl. K. Dorner (1964) S. 39 ff., J. Niehans (1964) S. 24 ff., K. Schmidt (1972) S. 51 ff., E. Görgens (1975b) S. 52 ff., sowie E.-J. Horn; K.-D. Schmidt; W.-D. Zumpfort (1977) S. 14 ff. Eine Ausnahme bildet H. Schumacher (1976b) S. 19, nach dem der technische Fortschritt die herausragende Stellung unter den Determinanten des Strukturwandels einnimmt.

rungen nach sich zieht, aus denen nach Maßgabe der jeweiligen Einkommenselastizitäten Änderungen der Nachfragestruktur resultieren[11]. Insoweit trägt der Produktivitätsfortschritt im Bereich des Güterangebotes wesentlich zur Änderung der Nachfragestruktur bei. Darüber hinaus sind die von den Anbietern vorgenommenen Innovationsprozesse die Voraussetzung dafür, daß Produktneuheiten überhaupt nachgefragt werden können, sind Verfahrensfortschritte die Voraussetzung für Änderungen der Preisrelationen, auf welche die Nachfrager mit Nachfragetransfers antworten. Andererseits ist nicht zu übersehen, daß die mutmaßliche bzw. die effektive Nachfrageentwicklung einen wesentlichen Bestimmungsgrund für alle Anstrengungen zur Steigerung des technischen Wissens sowie der angewandten Technik und damit allgemein zur Durchführung von Fortschrittsprozessen darstellt. Der zirkulare Charakter der Determinanten ist offensichtlich[12].

Es fragt sich daher, ob eine starre Trennung von Angebots- und Nachfragedeterminanten für die Analyse von Strukturwandlungsprozessen zweckmäßig ist. Da dies bezweifelt werden muß, soll im folgenden ein abweichendes Vorgehen gewählt werden[13]. Getrennt sollen die Determinanten der Produktivitäts- und der Produktionsentwicklung dargestellt werden[14]. Entsprechend wurde der Prozeß des technischen Fortschritts zuvor in Teilprozesse zerlegt. Diese Aufspaltung soll insoweit wieder aufgenommen werden, als zwischen dem Kreationsprozeß (Erkenntnis-, Inventions- und Innovationsprozeß) und dem Diffusionsprozeß (Informations-, Lern- und Diffusionsprozeß i.e.S.) unterschieden wird. Es wird davon ausgegangen, daß Kreationsprozesse zunächst Produktivitätsdifferenzierungen schaffen, aus denen sich unterschiedliche Entwicklungschancen für die einzelnen Sektoren, Branchen, Märkte und Unternehmungen ergeben. Angebots- wie auch Nachfragedeterminanten sind für die Differenzierung der Produktivitätsentwicklung maßgeblich.

Ob es allerdings zu einer nachhaltigen Änderung der Güterstruktur als Folge solcher Produktivitätsdifferenzierungen kommt, hängt wesentlich davon ab, ob dem Kreationsprozeß ein Diffusionsprozeß folgt oder ob dieser angesichts mangelnder Flexibilität der Produktionsfaktoren oder mangelnder Nachfrageexpansion abgebremst oder verhindert wird. Mangel an quantitativen Produktionsfaktoren kann die Expansionsmöglichkeiten einzelner Bereiche stark einengen. Allerdings ist der Begriff der quantitativen Produktionsfaktoren hier möglicherweise etwas mißverständlich. Die Beschaffung irgendwelcher Produktionsfaktoren dürfte den expandierenden Bereichen normalerweise weniger Schwierigkei-

11 Vgl. F. Redl (1963/64) S. 330.

12 Zur Kritik rein nachfrageorientierter Erklärungen des Strukturwandels vgl. Ch. Thoben (1977) S. 27 und E.-J. Horn; K.-D. Schmidt; W.D. Zumpfort (1977) S. 4.

13 Zumal das Verfahren, zwischen Angebots- und Nachfragefaktoren zu trennen, aus der oben angeführten Literatur bereits allzu geläufig ist.

14 Obwohl auch zwischen ihnen zweifellos Interdependenzen vorliegen, auf die im folgenden einzugehen sein wird.

ten bereiten. Es kommt aber in der Regel darauf an, Faktoren einer bestimmten Qualifikation in ausreichendem Umfang bereitzustellen. Mangels entsprechender Qualität der Faktoren kann es aber erforderlich sein, zunächst zeitraubende und kostenintensive Informations- und Lernprozesse einzuleiten. Damit wird deutlich, daß einzelne Aspekte der Bereitstellung von Produktionsfaktoren direkt zum Prozeß der Produktivitätssteigerung gehören. Interdependenzen zwischen Produktivitäts- und Produktionsentwicklung werden damit erneut deutlich.

Unterschiedliche Raten der Nachfrageexpansion bilden weitere Differenzierungsfaktoren. Sie verstärken oder bremsen die durch die Produktivitätsdifferenzen vorgegebenen Expansionsmöglichkeiten der Sektoren, Branchen, Märkte und Unternehmungen. Unterschiede in diesen – zuvor als Auslastungskomponenten bezeichneten Faktoren – differenzieren die einzelwirtschaftliche Expansion, bewirken entsprechende Differenzierungen der Produktionsentwicklung und sind insoweit ebenfalls ursächlich für das Ausmaß des Wandels der Güterstruktur[15].

## II. Die Determinanten des Strukturwandels und ihre empirische Relevanz

### *1. Die Differenzierung der Produktivitätsentwicklung und ihre Determinanten*

Der Vorgang der Produktivitätssteigerung, die Determinanten der Produktivitätssteigerung und damit die Ursachen für Produktivitätsdifferenzierungen sind in ihren Grundzügen im ersten Teil dieser Arbeit erörtert worden. Im folgenden ist daher nur noch auf jene Aspekte einzugehen, die insbesondere für die Wachstumsdifferenzen der Sektoren, Branchen, Märkte und Unternehmungen von Bedeutung sind.

#### a) Produktivitätsentwicklung, Produktivitätsdifferenzierung und Strukturwandel

1. Der Vorgang der Produktivitätssteigerung wurde zuvor mit dem Prozeß des technischen Fortschritts definitorisch verbunden. Dabei wurde aus gesamtwirtschaftlicher Sicht primär auf die Steigerung der Arbeitsproduktivität abgestellt. Dieses Verfahren wird überwiegend auch bei Strukturanalysen angewen-

---

15 In der Literatur findet sich die Unterscheidung zwischen strukturverändernden Komponenten bzw. Prozeßimpulsen, welche die Grenzproduktivitäten der Produktionsfaktoren verändern und den Pfad struktureller Veränderungen vorzeichnen, und Reaktionsfaktoren bzw. Prozeßreglern, welche darüber bestimmen, bis zu welchem Grade sich der Strukturwandel tatsächlich vollzieht. Vgl. S. Clasen (1966) S. 12 ff., S. Klatt (1959b) S. 62 ff., ähnlich H. Schumacher (1976b) S. 60.

det[16], doch ist gerade bei Produktivitätsberechnungen und -vergleichen von Sektoren, Branchen, Märkten und Unternehmungen zu berücksichtigen, daß faktorbezogene Produktivitäten nur sinnvoll sind, wenn der jeweilige Faktor im entsprechenden Bereich in nennenswertem Umfang eingesetzt wird. Insoweit dürfte zuweilen Kapital- bzw. Globalproduktivitäten der Vorzug zu geben sein[17].

2. Der zuvor beschriebene Prozeß der Produktivitätssteigerung umfaßt auch den Produktfortschritt. Insoweit wird auf das allgemeinere Fortschrittskonzept von Schumpeter rekurriert, nach dem Fortschritt (bzw. Innovation) das Aufstellen einer neuen Produktionsfunktion bedeutet, also auch das Erstellen neuer Outputs enthält[18]. Gerade im Hinblick auf die Strukturfrage kommt dem Produktfortschritt erhebliche Bedeutung zu. Werden neue Güter oder Gutsqualitäten angeboten und alte zurückgezogen, so ändert sich die Angebotsmengenstruktur unmittelbar[19]. Werden neue Güter angeboten, welche die Nachfrager gegenüber den alten präferieren, so verdrängen sie die alten. Aus einer Veränderung der Angebotsstruktur folgt eine Änderung der Nachfragestruktur und schließlich der Umsatzstruktur. Es verschiebt sich die Güterstruktur, indem sich die Zahl der Güter, ihre Qualitätsstruktur sowie ihre relativen Anteile am Gesamtgütervolumen ändern.

Demgegenüber führt Verfahrensfortschritt in einzelnen Bereichen nicht unmittelbar zu einem Wandel der Güterstruktur, da Organisationsinnovationen, Vor- und Zwischenproduktinnovationen sowie Kapitalgüterinnovationen[20] sich zunächst nur in Veränderungen der Kostenstruktur der beteiligten Unternehmen niederschlagen. Erst wenn die Kostensenkungen in den Güterpreisen weitergegeben werden, ändern sich die Angebotspreisstruktur und gemäß Einkommens- und Substitutionseffekten die Struktur der Güternachfrage und damit auch die relativen Anteile der umgesetzten Güter.

3. Bei gesamtwirtschaftlicher Betrachtung steigt die Produktivität, wenn mit gegebenem Faktorenbestand ein größeres Sozialprodukt erstellt wird. Diese Darstellung erweckt den Eindruck, als könne gesamtwirtschaftliche Produktivitätssteigerung nur das Ergebnis mehr oder weniger gleichmäßiger Produktivi-

---

16 Vgl. z.B. W.E.G. Salter (1960) S. 147.

17 Allerdings sind Arbeits- und Globalproduktivität i.d.R. hoch korreliert. Vgl. J.W. Kendrick (1961) S. 170 sowie K.A. Kennedy (1971) S. 171.

18 Vgl. J.A. Schumpeter (1961) S. 95. Nach W. Krelle (1969) S. 117 umfaßt der technische Fortschritt auch „neue Produktionsfunktionen für neue Produkte". Demgegenüber führte R.M. Solows klassische Definition des technischen Fortschritts als eines „shift in the production function" (1957) S. 312 zu einer einseitigen Konzentration auf den Verfahrensfortschritt.

19 Vgl. S. Clasen (1966) S. 15. Analytisch kann dieser Vorgang als nicht-neutrale Verschiebung der Transformationskurve dargestellt werden. Vgl. J. Niehans (1964) S. 37. f.

20 Vgl. H. Schumacher (1976b) S. 20.

tätsfortschritte aller Bereiche sein. Bei Betrachtung einzelwirtschaftlicher Prozesse zeigt sich jedoch, daß ein solches Ergebnis auch die Folge diverser Reallokationsvorgänge sein kann und durch Strukturwandel herbeigeführt wird. Dabei sind Produktivitätssteigerungen aufgrund folgender Effekte denkbar[21]:

(1) Produktivere Bereiche expandieren stärker als Bereiche niedrigerer Produktivität,

(2) Bereiche niedrigerer Produktivität steigern diese durch Expansion, durch die sie economies of scale bzw. technischen Fortschritt realisieren[22],

(3) Bereiche niedrigerer Produktivität steigern diese durch Schrumpfung, die von überdurchschnittlichen Anstrengungen zur Faktoreinsparung begleitet wird.

Alle drei Vorgänge zeigen deutlich die Einflüsse des Wandels der Nachfragestruktur auf die Produktivitätsentwicklung auf. Während sich bei (1) aber allein ein gesamtwirtschaftlicher Produktivitätseffekt einstellt, wird bei (2) und (3) auch in den einzelnen Bereichen die Produktivität gesteigert. Während bei (1) und (2) eine Nachfrageexpansion die Ursache des Produktivitätseffekts ist, realisieren bei (3) die schrumpfenden Bereiche Produktivitätserhöhungen, etwa indem sie die Kapitalintensität steigern[23]. Bei (3) ergeben sich überdies möglicherweise Abweichungen zwischen der Produktivitätsstruktur und der Güterstruktur[24]. Der in den schrumpfenden Bereichen vorgenommene Abbau von Ressourcenreserven und Ineffizienzen (organizational slack, X-inefficiencies) dürfte aber nur bei erheblichem Wettbewerbsdruck und bei Ausbleiben staatlicher Konservierungspolitik realisiert werden. Auch in den schrumpfenden Bereichen sind jedoch unter Umständen Erkenntnis- und Inventionsprozesse, mit Sicherheit aber Informations- und Lernprozesse sowie Innovations- und Diffusionsanstrengungen erforderlich, um die positiven Produktivitätseffekte auszulösen.

4. Produktivitätsdifferenzierungen entstehen zwischen den Sektoren, Branchen, Märkten und Unternehmungen, wenn Kreationsprozesse nicht in allen Bereichen gleichmäßig auftreten. Die Ursachen für Produktivitätsdifferenzierungen können in unterschiedlichen Möglichkeiten sowie divergierender Neigung zur Produktivitätssteigerung gesehen werden. Zu den Faktoren, welche die Möglichkeit der Produktivitätssteigerung determinieren, zählen das technologische Potential und das Bildungspotential, das finanzielle Potential bzw. das FE-Potential der Bereiche sowie die Entwicklung der Nachfrage. Als Determinanten der Neigung zur Produktivitätssteigerung sind die Leistungsmotivation (das Produktivitätsbewußtsein) sowie ebenfalls die Nachfrageentwick-

---

21 Vgl. dazu H. Schumacher (1976b) S. 26.

22 Wobei der negative Effekt, der sich aus dem Wachsen eines produktivitätsschwächeren Bereiches ergibt, durch die Produktivitätssteigerung überkompensiert wird.

23 Vgl G. Zeitel (1964) S. 681.

24 Vgl. H. Hahn (1964) S. 655 und S. 664.

lung zu nennen. Zwischen den einzelnen Determinanten werden sich eine Reihe von Interdependenzen nachweisen lassen. Darüber hinaus dürften sie in hohem Maße mit den Wettbewerbsbedingungen im jeweiligen Bereich verknüpft sein. Auf die Wettbewerbsbedingungen wird später einzugehen sein.

### b) Differenzen im technologischen Potential

Zunächst wird vermutet, daß das technologische Potential interindustriell ungleich verteilt ist. „Natürliche sowie technisch-organisatorische Eigentümlichkeiten der Produktionsweise“[25] bewirken eine divergierende Produktivitätsentwicklung. Differenzen ergeben sich etwa auch in dem Ausmaß, in welchem FE-Aktivitäten Inventionen nach sich ziehen[26]. Zu fragen ist, welche Arten von Eigentümlichkeiten gemeint sein können. Zunächst wird hervorgehoben, daß es „science-based industries“[27] gebe, in denen sich technischer Fortschritt besonders leicht erzielen läßt, und daß es Bereiche gebe, die vom Fortschritt vorgelagerter Industrien profitieren[28], während andere, insbesondere arbeitsintensive Bereiche kaum Produktivitätssteigerungen aufweisen[29]. Doch damit ist noch nichts darüber ausgesagt, welches die Ursachen derartiger Unterschiede sein können. Eine Erklärung wird häufig darin gesehen, daß die Mechanisierungsmöglichkeiten der Bereiche unterschiedlich sind[30], was sich in divergierenden historischen Substitutionselastizitäten niederschlägt. Die empirischen Untersuchungen liefern jedoch keine klare Bestätigung für einen Zusammenhang zwischen Kapitalintensivierung und Produktivitätsveränderung. Analog der schwachen Korrelation zwischen Investitionsquote und Produktivitätssteigerung ermitteln Kendrick und Kenndy lediglich Korrelationskoeffizienten von 0,4; in weiteren Untersuchungen sind die Korrelationskoeffizienten zum Teil noch schwächer bzw. sogar negativ[31].

Darüber hinaus ist mit dem Hinweis auf divergierende Substitutionselastizitäten das Phänomen unterschiedlicher Mechanisierungsmöglichkeiten lediglich begrifflich erfaßt, aber noch nicht erklärt. Welcher Art die technischen Bedingungen im einzelnen sind, bleibt daher weiterhin offen. So kann es beispielsweise sein, daß es sich um arbeitsintensive Bereiche mit unter Umständen stark differenziertem Produktionsprogramm handelt, die einer Mechanisierung nicht zugänglich sind, oder aber daß weitere Mechanisierungsmöglichkeiten fehlen, weil der Mechanisierungsgrad bereits außerordentlich hoch ist[32].

---

25 G. Zeitel (1964) S. 677 (im Original kursiv).
26 Vgl. E. Mansfield (1968b) S. 59 f.
27 Vgl. dazu J. Schmookler (1966) S. 39 ff.
28 Vgl. W.E.G. Salter (1960) S. 133.
29 W.E.G. Salter (1960) S. 133 nennt als Beispiele Textil- und Lederindustrie sowie den Kohlebergbau.
30 Vgl. J. Niehans (1964) S. 32.
31 Vgl. J.W. Kendrick (1961) S. 170 sowie K.A. Kennedy (1971) S. 88 und S. 171.
32 Vgl. dazu den inversen Fall, daß einige von der Nachfrageentwicklung weniger begünstigte und zudem arbeitsintensive Bereiche wie Textil- und Bekleidungsindustrie

An die zweite Aussage knüpft die Hypothese an, daß eine wesentliche Ursache für Mechanisierungs- und Fortschrittsdifferenzierungen das Alter der Branche sei und daß die Fortschrittsraten mit zunehmendem Alter der Branchen abnehmen[33]. Kuznets findet die Ausschöpfungshypothese durch Zeitreihenanalysen der Kostenentwicklung der Branchen bestätigt[34], Merton stellt empirische Zusammenhänge zwischen dem Alter der Branche und der Zahl der Patente fest[35]. Zu fragen ist jedoch, ob diese empirischen Belege die Ausschöpfungshypothese tatsächlich stützen, da sie nicht die Fortschrittsmöglichkeit in Abhängigkeit vom Alter ausweisen, sondern die effektive Fortschrittsintensität. Diese kann jedoch auch die Folge des Einwirkens weiterer Determinanten, insbesondere der Nachfrageentwicklung sein. Darüber hinaus lassen sich auch empirische Belege dafür finden, daß alte Industriezweige hohe Fortschrittsraten aufweisen[36]. Im übrigen stellt sich die Frage, ob die traditionellen Branchenabgrenzungen eine geeignete Bezugsbasis für derartige Untersuchungen bilden oder ob Ausschöpfungsphänomene sich nicht eher bei einzelnen Gütern nachweisen lassen.

Differenzen im Bildungsniveau der Arbeitskräfte können zwar Produktivitätsdifferenzierungen zwischen verschiedenen Volkswirtschaften, insbesondere zwischen Industrie- und Entwicklungsländern erklären, daß sie auch als maßgebliche Ursache von Produktivitätsdifferenzierungen zwischen den einzelnen Sektoren, Branchen, Märkten und Unternehmungen einer Volkswirtschaft in Frage kommen, ist wohl zu bezweifeln[37]. Zumindest in der Kreationsphase dürften derartige Unterschiede noch keine wesentliche Rolle spielen, während etwa fehlende Informations- und Lernbereitschaft in der Diffusionsphase durchaus zum Wachstumshindernis für einzelne Bereiche werden kann, sofern die Informations- und Lernerfordernisse besonders hoch sind.

#### c) Differenzen im finanziellen Potential und in der FE-Aktivität

Da die Durchführung von Erkenntnis-, Inventions- und Innovationsprozessen zum Teil erhebliche finanzielle Aufwendungen erfordert, wird die Vermutung geäußert, daß Differenzen im finanziellen Potential zwischen einzelnen Bereichen die Ursache für differierende FE-Aktivitäten und für Produktivitäts-

---

oder die Landwirtschaft überdurchschnittliche Raten der Kapitalintensivierung aufweisen. Vgl. G. Zeitel (1964) S. 681.

33 Vgl. W.E.G. Salter (1960) S. 133 f.
34 Vgl. S. Kuznets (1930) S. 31 ff.
35 Vgl. R.K. Merton (1935) S. 454 ff.
36 Vgl. K. Dorner (1964) S. 177.
37 Vgl. E. Görgens (1975b) S. 217.

differenzierungen darstellen können. Die Hypothese läßt sich in mehrere Teilhypothesen aufspalten:

(1) Die Entwicklung der Arbeitsproduktivität ist eine Funktion der FE-Aktivität.

(2) Die FE-Aktivität ist eine Funktion des finanziellen Potentials.

(3) Das finanzielle Potential (und damit die FE-Aktivität) steigt

(a) mit der Unternehmensgröße (zweite Neo-Schumpeter Hypothese) bzw. mit dem Diversifikationsgrad (Nelson-Hypothese[38]),

(b) mit dem Konzentrationsgrad (dritte Neo-Schumpeter-Hypothese),

(c) mit zunehmender staatlicher Förderung,

(d) mit zunehmender Wachstumsrate des jeweiligen Bereichs (Schmookler-Hypothese).

Auf die zum Teil widersprüchlichen empirischen Tests insbesondere bezüglich der Hypothesen (1) sowie (3a) und (3b) braucht nicht noch einmal eingegangen zu werden[39]. Offensichtlich ist die Wirkungsrichtung und -intensität der einzelnen Determinanten je nach den Technologieanforderungen der Branche bzw. des Produkts, je nach Standardisierungsgrad der Produkte und darüber hinaus auch in den einzelnen Phasen des FE-Prozesses verschieden[40].

Soweit – insbesondere in der Grundlagenforschung sowie in der Innovationsphase – die finanziellen Anforderungen die Finanzierungsspielräume kleinerer Unternehmen übersteigen, könnte der Staat die FE-Tätigkeit dieser Marktteilnehmer gemäß Hypothese (3c) fördern. Allerdings fließen gerade in den USA, in denen der Anteil staatlicher Forschungsförderung vergleichsweise hoch ist[41], die Mittel in stärkerem Umfang in die Großunternehmen[42]. Demgegenüber ist in der Bundesrepublik durchaus der Versuch zu erkennen, die Finanzierungsnachteile der Kleinen durch staatliche Förderung auszugleichen[43].

Angesichts der dennoch erheblichen Anteile eigenfinanzierter FE-Tätigkeit ist wiederum die Bedeutung der Nachfrageentwicklung hervorzuheben (Hypo-

38 Vgl. R.R. Nelson (1959) S. 297 ff.

39 Vgl. dazu die Ausführungen und Literaturhinweise im ersten Teil. Vgl. auch E. Mansfield (1963) S. 290 ff., ders. (1968a) S. 155 ff., ders. (1971) S. 93 ff. Die Nelson-Hypothese ist u.a. von Grabowski, Comanor und Scherer getestet worden. Die Ergebnisse sind ambivalent, deuten jedoch eher auf eine Widerlegung der Hypothese hin. Vgl. H.G. Grabowski (1968) S. 292 ff., F.M. Scherer (1965) S. 1097 ff., W.S. Comanor (1967) S. 639 ff., ders. (1965) S. 182 ff. Eine kurze Übersicht über die Untersuchungen geben J. Tabbert (1974) S. 16 ff. und U. Müller (1975) S. 112 ff.

40 Ein Überblick über eine Reihe von empirischen Untersuchungen zur Frage des Einflusses der Unternehmensgröße und des Konzentrationsgrades auf Invention und Innovation findet sich bei U. Müller (1975) S. 117 f.

41 In den USA wurden 1970 43 % der industriellen Forschung vom Staat finanziert, in der Bundesrepublik 1967 9,3 %. Vgl. L. Jüttner-Kramny (1975) S. 46 f.

42 In den Großunternehmen ist der Staatsanteil der Forschungsfinanzierung 45 %, in den Kleinunternehmen 22 %. Vgl. L. Jüttner-Kramny S. 46 f.

43 In den Großunternehmen 5,7 % Staatsbeitrag, in mittleren 5,5 %, in kleinen Unternehmen 28,8 – 30,1 %. Vgl. L. Jüttner-Kramny S. 47.

these 3d). Der Einfluß der Nachfrage dokumentiert sich nicht allein darin, daß Marktexpansions- und Gewinnerwartungen die FE-Neigung vergrößern. Steigende Nachfrage schafft auch steigende Finanzierungsspielräume, speziell Möglichkeiten der Selbstfinanzierung. Gerade weil FE-Tätigkeit mit erheblichen Risiken verbunden ist, besteht eine Neigung, die Mittel durch Selbstfinanzierung zu erwirtschaften.

#### d) Differenzen im Grad der Leistungsmotivation

Welchen Einfluß der Grad der Leistungsmotivation auf das wirtschaftliche Wachstum ausübt, ist im ersten Teil dieser Arbeit hervorgehoben worden. Nunmehr ist die Frage zu stellen, ob sich innerhalb einer Volkswirtschaft zwischen den verschiedenen Sektoren, Branchen, Märkten und Unternehmungen Unterschiede in der Motivation feststellen lassen. Daß derartige Unterschiede vorliegen, belegen entsprechende Unternehmerstudien und die aus ihnen abgeleitete Unternehmertypologie. Zu fragen bleibt allerdings, inwieweit sich derartige Unterschiede systematisch auf weitere Determinanten zurückführen lassen, welche zwischen den einzelnen Bereichen der Volkswirtschaft differieren. Als mutmaßliche Determinanten werden insbesondere die folgenden Faktoren hervorgehoben: die Größe der Unternehmungen, ihre Organisationsstruktur, das Alter der Branche bzw. die Marktentwicklungsphase sowie die Wettbewerbsintensität[44].

Hinsichtlich der Unternehmensgröße findet sich häufig die Auffassung, daß die Fortschrittsmotivation in Großunternehmen aufgrund von Kommunikations- und Kontrollproblemen bzw. generellen Bürokratisierungstendenzen abnimmt[45]. Ferner sei das Sicherheitsstreben in Großunternehmen so stark ausgeprägt, daß eine Neigung besteht, eher geringfügige Verbesserungen alter Produkte und Verfahren durchzuführen als tiefgreifende Innovationen zu wagen[46]. Hinzu kommt, daß Forscher in kleinen Unternehmen kostenbewußter und aufgrund größerer Freiheitsspielräume kreativer seien als in Großunternehmen[47].

Diesen Argumenten scheint zunächst die These entgegenzustehen, daß Großunternehmen in stärkerem Umfang managerkontrolliert sind und für diese Personengruppe eher wachstumsorientierte Zielvorstellungen angenommen, z.T.

---

44 Daneben wird der Konzentrationsgrad bzw. die Marktform genannt. Wie im Wachstumsteil gezeigt wurde, lassen sich aber drei Determinanten der FE-Neigung unterscheiden, von denen jede eine andere Marktform begünstigt. Die empirischen Tests beziehen sich, wie zuvor bei der Ausschöpfungshypothese kritisiert wurde, auf die effektive Fortschrittsintensität, nicht aber auf die FE-Neigung.

45 Vgl. z.B. D. Hamberg (1966) S. 39 sowie O.E. Williamson (1967) S. 134.

46 Vgl. D. Hamberg (1966) S. 40, H. Petry (1969) S. 285.

47 Vgl. J. Schmookler (1972) S. 44 ff.

auch empirisch belegt worden sind[48]. Daß sich allerdings Ziele wie Umsatzmaximierung oder Maximierung des Unternehmenswachstums in einem höheren Produktivitätsbewußtsein niederschlagen müssen, ist keineswegs sicher, da Unternehmensexpansion auch durch Verbreiterung des Produktionsprogramms oder durch Vertiefung der Produktionsprozesse erzielt werden kann, wobei Fusionen ein besonders geeignetes Instrument der Expansion darstellen.

Soweit bezüglich des Produktivitätsbewußtseins Vorbehalte gegen Großunternehmen vorgetragen werden, bezieht sich die Argumentation aber im wesentlichen auf Probleme, die in großen Unternehmenseinheiten mit funktionaler Organisationsform auftreten können. Demgegenüber wird der divisionalen Organisationsform wegen des niedrigeren Zentralisationsgrades generell eine höhere Flexibilität nachgesagt, die sich aufgrund einer günstigeren Kompetenzverteilung in höherer Motivation und höherer Innovationstätigkeit niederschlägt[49]. Entsprechend zeigen empirische Untersuchungen von Walker und Lorsch, daß sich divisional organisierte Unternehmen in einer unsicheren Umwelt mit hohen innovativen Anforderungen funktional gegliederten Unternehmen überlegen zeigen[50]. Mit dem Nachweis der Überlegenheit der divisionalen gegenüber der funktionalen Unternehmensorganisation ist allerdings die Frage nach dem Zusammenhang zwischen Unternehmensgröße und Produktivitätsbewußtsein noch nicht beantwortet. So ist es denkbar, daß durch das Divisionalsystem gewisse Nachteile der Großunternehmung lediglich kompensiert werden und dadurch das Motivationsniveau, das in kleineren Unternehmen vorhanden ist, wieder erreicht wird.

Als weitere Motivationsdeterminante wird das Alter der Branche genannt. Es wird argumentiert, daß in alten Industriezweigen gerade wegen zurückliegender Erfolge Trägheit Platz greift und die Neigung, Innovationen durchzuführen, geringer wird[51]. Demgegenüber sei in jungen Bereichen die Bereitschaft, in neue technische Dimensionen vorzustoßen, verbreitet und zudem Vorbedingung für ökonomischen Erfolg. Oft vollzieht sich dann aber sogar innerhalb ein und derselben Person eine Wandlung von Pionier- zum immobilen Unternehmer[52]. Damit wird allerdings fraglich, ob das Altersargument auf ganze Branchen anwendbar ist. Es dürfte sich eher im Marshallschen Sinn auf einzelne Unternehmer bzw. einzelne Märkte beziehen. So leuchtet es ein, daß etwa in der Experimentierphase, in der die Chance besteht, einen neuen Markt zu kreieren und für sich zu erobern, und in der Expansionsphase, in der es darum geht, sich

48 Vgl. z.B. D.J. Smyth; W.J. Boyes; D.E. Peseau (1975) S. 71 ff. sowie R.J. Larner (1970) S. 33 ff.
49 Vgl. H. Schumacher (1976a) S. 158.
50 Vgl. A.H. Walker; J.W. Lorsch (1968) S. 129 ff.
51 Vgl. W.R. Maclaurin (1953) S. 107 f. oder etwa E. Mansfield (1968b) S. 112.
52 Vgl. E. Heuß (1965) S. 11.

vom expandierenden Markt einen möglichst großen Anteil zu sichern, eine hohe Motivation für die Aufnahme und Durchführung von FE-Aktivitäten vorhanden ist. Ähnlich hoch dürfte die Motivation nur dann noch einmal werden, wenn der Markt schrumpft und – das Fehlen staatlicher Erhaltungspolitik sowie das Fehlen von Möglichkeiten zur Wettbewerbsbeschränkung vorausgesetzt – die Existenz der Unternehmen bedroht ist. Hier sind es nicht expansionsbedingte Gewinnchancen, sondern es ist die aus dem Schrumpfungsprozeß resultierende Bedrohung der Unternehmen, welche Anstrengungen zur Produktivitätssteigerung auslöst. Daraus wird deutlich, daß auch das Ausmaß der Wettbewerbsintensität auf den jeweiligen Märkten die Produktivitätsentwicklung beeinflußt.

#### e) Differenzen in der Nachfrageentwicklung

Mit dem Hinweis auf die Nachfrageentwicklungsphase klang erneut die Bedeutung des Nachfrageverlaufs für die FE-Neigung der Unternehmungen und für das Entstehen von Produktivitätsdifferenzen zwischen Sektoren, Branchen, Märkten und Unternehmungen an. Dabei ist einmal zwischen Nachfrageerwartungen und effektiver Nachfrageentwicklung, zum anderen zwischen dem Verlauf der Marktnachfrage (Marktentwicklungsphase) und dem Verlauf des auf das einzelne Unternehmen entfallenden Marktanteils (Marktstrukturphase) zu unterscheiden. Darüber hinaus kann sowohl Nachfrageexpansion als auch Nachfrageschrumpfung ein Auslöser für Anstrengungen zur Produktivitätssteigerung sein. Im folgenden sollen nicht alle acht aus diesen Einflußfaktoren resultierenden Varianten diskutiert werden. Allerdings ist beabsichtigt, die zuweilen etwas grob formulierte Nachfragethese ein wenig zu differenzieren[53].

1. Differieren die Nachfrageexpansions- und damit die Gewinnerwartungen zwischen den einzelnen Bereichen einer Volkswirtschaft, so können divergierende FE-Anstrengungen und divergierende Produktivitätssteigerungsraten die Folge sein (Schmookler). Dabei dürfte es keinen großen Unterschied ergeben, ob die Erwartungsdifferenzen sich auf das Ausmaß der Marktnachfrageexpansion oder auf das Ausmaß der Nachfrageexpansion nach den Produkten eines Unternehmens beziehen. Erwarten alle Anbieter auf dem Markt eine überproportional steigende Marktnachfrage, so erscheint es plausibel, daß sie ihre FE-Anstrengungen verstärken, um bei Eintritt der Expansion einen Vorsprung

53 Die folgenden Argumente beziehen sich ohnehin nur auf quantitative Nachfragestrukturveränderungen. Mansfield weist demgegenüber darauf hin, daß auch die Anforderungen der Nachfrager an das Qualitätsniveau der Güter bzw. die Wünsche nach Qualitätsverbesserungen interindustriell differieren und die Intensität der FE-Anstrengungen beeinflussen. Vgl. E. Mansfield (1968b) S. 59 f.

gegenüber den Konkurrenten aufzuweisen und um sich in der Expansionsphase einen steigenden Marktanteil zu sichern. Das gleiche gilt, wenn ein Unternehmen Grund zu der Annahme hat, daß eine Nachfrageexpansion zugunsten einer von ihm anzubietenden Produktneuheit zu erwarten ist. Auch hier dürften steigende FE-Anstrengungen denkbar sein. Derartige Anstrengungen sind dann direkt proportional

- dem Ausmaß der erwarteten Ausdehnung des Marktes bzw. des Marktanteils. Bezüglich des Marktanteils kann die Erwartung so weit gehen, daß die Erringung einer Monopolposition vermutet wird[54],
- der erwarteten Zeitdauer der Marktexpansion bzw. der erwarteten Zeitdauer, über die man die Vorsprungsposition halten zu können glaubt[55].

Je stärker und je nachhaltiger die Nachfrageexpansion erwartet wird, um so größer dürften die FE-Anstrengungen ausfallen[56].

2. Den Nachfrageexpansionserwartungen einzelner Unternehmungen stehen möglicherweise entsprechende Nachfragekontraktionserwartungen anderer Unternehmungen gegenüber. Die Erwartung, Positionsverluste hinnehmen zu müssen, kann ebenfalls Anlaß geben, Anstrengungen zur Poduktivitätssteigerung zu unternehmen, um den erwarteten Kontraktionsprozeß zu verhindern oder zumindest zu verlangsamen. Über Verfahrensfortschritte könnte der Versuch unternommen werden, durch Preissenkungen den erwarteten Nachfragetrend zu stoppen oder abzuschwächen, über Produktfortschritt könnte sogar versucht werden, den erwarteten Trend umzukehren und eine neue Nachfrageexpansion zugunsten des eigenen Unternehmens oder Marktes auszulösen. Erwarteter Nachfragestrukturwandel kann insoweit ein Anreiz sowohl für die eine Expansion erwartenden Unternehmen als auch für die eine Kontraktion erwartenden Unternehmen sein, Anstrengungen zur Steigerung der Produktivität zu unternehmen.

3. Das gleiche gilt zunächst bei effektiv eintretendem Wandel der Nachfragestruktur.Tritt der Wandel der Nachfragestruktur tatsächlich ein, dann konkretisieren sich die Gewinnerwartungen der expandierenden Bereiche und es erhöht sich der Grad der Bedrohung der schrumpfenden Bereiche. Für die expandierenden Bereiche kann es dann lohnend sein, für die schrumpfenden Bereiche kann es hingegen unumgänglich werden, laufende FE-Projekte zu intensivieren oder neue in Angriff zu nehmen. Es zeigt sich, daß hinsichtlich der expandierenden Bereiche derartige Nachfrageimpulse auch von der Auslandsnach-

---

54 Zur Frage, inwieweit die Aussicht, eine Monopolstellung zu erreichen, einen Anreiz für Fortschrittsaktivitäten darstellen kann, vgl. P. Hennipman (1954) S. 421 ff.

55 Vgl. J.M. Clark (1955) S. 457.

56 Andererseits scheint es plausibel zu sein, daß es Schwellenwerte gibt, d.h. daß bei allzu günstigen Gewinnerwartungen die Neigung zur Aufnahme von FE wieder sinkt.

frage ausgehen können. Sehr häufig sind gerade die Exportindustrien die jungen Wachstumsindustrien einer Volkswirtschaft gewesen, in denen ein besonders intensiver technischer Fortschritt zu beobachten war[57].

Bei tatsächlich eintretendem Wandel der Nachfragestruktur scheint es allerdings einen Unterscheid zwischen einem divergierenden Ausmaß der Marktnachfrageexpansion und einem divergierenden Ausmaß der Unternehmensexpansion innerhalb eines Marktes zu geben. Befindet sich ein Markt in der Expansionsphase, so bestehen für alle Anbieter noch Chancen, ihre zukünftigen Marktanteile zu steigern. Insoweit bleibt der Anreiz für FE-Anstrengungen erhalten. Kommt es dagegen zu Marktanteilsverschiebungen innerhalb eines Marktes, so kann das Unternehmen, dem es gelungen ist, einen Vorsprung zu erringen, versuchen, von kreativem auf konsolidierendes Verhalten umzuschalten, bevor alle Produktivitätssteigerungsmöglichkeiten ausgeschöpft sind. Der Versuch zur Behinderung des imitierenden Wettbewerbs kann dann auf unterschiedliche Weise erfolgen, etwa durch Patentaufkauf, Errichtung von Patentketten, Androhung von Patentprozessen[58] oder durch eintrittsverhindernde Preisgestaltung.

Über denkbare Anreize zur Aufnahme verstärkter FE-Aktivitäten kann eine Nachfrageexpansion (sowohl der Marktnachfrage als auch der Nachfrage nach den Gütern einzelner Unternehmen innerhalb eines Marktes) aber weitere Produktivitätssteigerungseffekte in den begünstigten Unternehmen auslösen. So kann Nachfrageexpansion einmal ein Anlaß sein, verbesserte Produktionsverfahren, welche als Ergebnis eines Erkenntnis- und Inventionsprozesses bereits vorliegen und eine Erhöhung der Kapitalintensität erfordern, einsetzen, auch wenn die entsprechenden Investitionen risikoreicher sein sollten, weil z.B. spezialisierte Einzweckmaschinen installiert werden. Allerdings ist zu beachten, daß die Nachfrageexpansion unter Umständen sehr deutlich ausfallen muß, um solche Investitionsakte auszulösen, vor allem wenn die kostengünstigeren Produktionsverfahren erst bei einem hohen Produktionsvolumen rentabel arbeiten[59].

Darüber hinaus kann eine als Folge von Nachfrageexpansion auftretende Produktionssteigerung Lernprozesse in Gang setzen. Bereits im Zuge des Innovationsprozesses sind begleitende Lernprozesse unumgänglich, sie können sich aber auch nach Abschluß des eigentlichen Investitionsvorganges fortsetzen und zu weiteren Produktivitätssteigerungen führen[60]. Schließlich kann Nachfrageexpansion in den begünstigten Bereichen economies of scale nach

57 Vgl. dazu M. Neumann (1968) S. 125 ff.
58 Zu derartigen Praktiken vgl. H. Arndt (1976) S. 160 f.
59 Vgl. E. Görgens (1975b) S. 223.
60 Vgl. die Darstellung des Konzepts von Arrow im ersten Teil der Arbeit.

sich ziehen, wobei die Größenvorteile hier nicht ausschließlich im statischen Sinn zu interpretieren, sondern mit der Realisierung von technischem Fortschritt in Verbindung zu bringen sind. Ohne die verschiedenen Arten von Skaleneffekten hier noch einmal aufführen zu wollen, ist zumindest zwischen internen und externen Ersparnissen zu unterscheiden. Bei steigender Marktnachfrage können die Unternehmungen sowohl interne als auch externe Ersparnisse (Ersparnisse des großen Industriezweiges) realisieren, während bei einer Nachfrageexpansion zugunsten einzelner Unternehmungen lediglich interne Ersparnisse denkbar sind.

Der empirische Befund hinsichtlich des Einflusses von Nachfrageexpansionen auf die Steigerung der Produktivität und das Entstehen von Produktivitätsdifferenzierungen ist nicht ganz eindeutig. Auf die Untersuchungen von Bain sowie von Scherer, Beckenstein, Kaufer und Murphy, nach denen die Betriebs- und Unternehmensgrößenersparnisse vergleichsweise gering sind, wurde schon hingewiesen. Zu erinnern ist auch noch einmal an die z.T. sehr niedrigen Werte der Korrelation zwischen Investitionsquote bzw. Kapitalintensivierungsrate und der Rate der Produktivitätssteigerung[61]. Während sich bei isolierter Überprüfung einzelner Determinanten der Produktivitätssteigerung und -differenzierung nur schwache Zusammenhänge nachweisen lassen, ergibt sich bei einem Vergleich von Produktivitätsentwicklung und Absatzausdehnung ein davon abweichendes Bild. Nach Zeitel lassen die verfügbaren Daten den Schluß zu, daß die Produktivitätsfortschritte dort am größten waren, wo infolge mengenmäßiger Absatzausweitung neue Produktionsverfahren eingesetzt werden konnten[62]. Ein derartiger Zusammenhang wird von Görgens anhand der Daten von Kendrick bestätigt. Zwischen den realen Wachstumsraten der Produktion und der Arbeitsproduktivität ergibt sich für 20 Industriezweige ein Rangkorrelationskoeffizient von 0,70[63]. Dem steht die Aussage von Hoffmann, daß sich eine intertemporale und interregionale Stabilität der industriellen Produktivitätsstruktur nachweisen lasse[64], nicht entgegen, da er nicht die physische, sondern die wertmäßige Produktivität untersucht und kompensatorische Preisbewegungen eine entsprechende Konstanz herbeiführen können[65].

4. Eine Ursache für eine nicht vollständige Übereinstimmung zwischen Nachfrage- und Produktionsentwicklung einerseits und Produktivitätsentwicklung kann darin liegen, daß auch schrumpfende Bereiche erfolgreiche

---

61 Vgl. K.A. Kennedy (1971) S. 88 und S. 171.

62 Zeitel nennt insbesondere die Kraftfahrzeugindustrie, die chemische, die kunststoffverarbeitende und die elektrotechnische Industrie als Beispiele für besonders hohe Nachfragexpansion und entsprechende Produktivitätsfortschritte. Vgl. G. Zeitel (1964) S. 676 f.

63 Vgl. E. Görgens (1975b) S. 231.

64 Vgl. W.G. Hoffmann (1958) S. 66 ff., ders. (1959) S. 536 ff., sowie G. Bombach (1960a) S. 18 ff.

65 Zu weiteren Erklärungsansätzen bezüglich der Konstanz der wertmäßigen Produktivitätsstruktur vgl. E. Görgens (1975b) S. 232 ff.

Anstrengungen zur Produktivitätssteigerung unternehmen. Allerdings sind solche Anstrengungen nur ein Weg, um einer Gewinnschrumpfung oder sogar Existenzbedrohung entgegenzuwirken. Gerade wenn die Nachfragekontraktion bereits eingetreten ist, bestehen in der Regel nur noch geringe Chancen, dieser Entwicklung durch die Verstärkung von FE-Anstrengungen, die bis zur Realisierung von Innovationen erhebliche Zeit erfordern können, Einhalt zu gebieten. Sehr häufig wird daher der Versuch unternommen, die eigene Position durch Wettbewerbsbeschränkungen oder Forderung nach Staatseingriffen zu verbessern. Von der Ausgestaltung der staatlichen Wirtschafts- und Wettbewerbspolitik dürfte es daher abhängen, in welchem Umfang allein beim Mittel der Produktivitätssteigerung Zuflucht gesucht wird.

### *2. Die Differenzierung der Produktionsentwicklung und ihre Determinanten*

Als Impulse für Strukturwandel wurden Produktivitätsdifferenzierungen der Sektoren, Branchen, Märkte und Unternehmungen genannt, die diesen divergierende Wachstumsmöglichkeiten eröffnen. Eine nachhaltige Produktionsdifferenzierung kann jedoch erst einsetzen, wenn dem Kreationsprozeß ein Diffusionsprozeß folgt. Der Diffusionsprozeß umfaßt

- die Verbreitung des technischen Wissens, d.h. den Informations- und Lernprozeß[66],
- die Verbreitung der Innovation auf dem Markt, d.h. den Diffusionsprozeß im engeren Sinn.

Beide Teilprozesse sind eng miteinander verbunden. Neue Güter können in breiter Auflage nur angeboten werden, und Preissenkungen als Folge von Verfahrensfortschritt können in breitem Ausmaß nur erfolgen, wenn das dazu erforderliche Wissen allgemein verbreitet ist. Andererseits treten Lernvorgänge zum Teil erst im Zuge des Produktionsprozesses selbst auf. Aufgrund dieser wechselseitigen Abhängigkeiten sollen beide Prozesse hier zusammengefaßt und es sollen die Determinanten des gesamten Diffusionsprozesses aufgezeigt werden.

Als Determinanten des Diffusionsprozesses und seiner Differenzierungen kommen zunächst alle Faktoren infrage, welche bereits als Bestimmungsgründe des Kreationsprozesses und seiner Differenzierungen geannt worden sind. So kann unterschiedliches technologisches und finanzielles Potential sowie divergierendes Produktivitätsbewußtsein und schließlich unterschiedliche Nachfrageexpansion auch den Diffusionsprozeß maßgeblich beeinflussen.

---

66 Nach Mansfield ist der gesamte Diffusionsprozeß ein Lernprozeß. Vgl. E. Mansfield (1971) S. 82.

Als entscheidende Determinante des technologischen und finanziellen Potentials sowie des Produktivitätsbewußtseins werden auch hier technische Gegebenheiten, Unternehmensgröße und -organisation, Konzentrationsgrad und Alter der Branche bzw. Marktentwicklungsphase genannt. Empirische Untersuchungen – insbesondere von Mansfield – zeigen, daß die Diffusionsraten erheblich divergieren. Sein Versuch, die Ursachen der Divergenzen und damit die Determinanten der Diffusionsrate zu ermitteln, führt zu dem Ergebnis, daß die Wahrscheinlichkeit der Übernahme einer Innovation durch eine Unternehmung eine positive Funktion des Anteils bzw. der Zahl der Unternehmungen, welche die Innovation bereits eingeführt haben, sowie der Rentabilität der Innovation ist. Ferner ist sie eine inverse Funktion der Höhe der erforderlichen Investitionsausgaben[67]. Damit werden unter anderem die Wettbewerbsbedingungen, die Nachfrageentwicklung sowie die Höhe des Kapitalbedarfs als Determinanten des Diffusionsprozesses herausgestellt. Die Ausführungen bezüglich der Produktivitätsdifferenzierungen besitzen im wesentlichen also auch hier Gültigkeit. Im folgenden ist das Gewicht auf jene Aspekte zu legen, die ihrerseits zwar auch für den Kreationsprozeß relevant sind, deren Bedeutung für den Diffusionsprozeß aber noch entscheidender ist.

Damit ein Diffusionsprozeß auf breiter Grundlage stattfinden kann, muß die Angebotsstruktur flexibel sein. Strukturflexibilität impliziert die Fähigkeit des ökonomischen Systems, Änderungen der Struktur des Güterangebots durch Änderungen der Produktionsfaktorenstruktur herbeizuführen. Das Problem besteht demnach in einer entsprechenden Bereitstellung der Produktionsfaktoren Arbeit und Sachkapital, also der zuvor so bezeichneten quantitativen Komponenten. Da es sich um Faktoren einer bestimmten Qualifikation handelt, enthält das Problem der Faktorenbereitstellung auch qualitative Aspekte.

Da die Faktoren angesichts allgemeiner Faktorenknappheit in der Regel in bestimmten Verwendungen gebunden sind, ist Produktionsfaktorenflexibilität die Voraussetzung für einen durchgreifenden Strukturwandel[68]. Im Zusammenhang mit der Flexibilität der Produktionsfaktoren wird auch der Einfluß der Wettbewerbsbedingungen auf den Diffusionsprozeß anzusprechen sein.

Auch wenn ein (erwarteter) Strukturwandel der Nachfrage bereits eine maßgebliche Voraussetzung für die Entstehung von Kreationsprozessen ist, so kommt der Nachfrageentwicklung für den Diffusionsprozeß eine noch

67 Vgl. im einzelnen E. Mansfield (1968a) S. 133 ff., insb. S. 153 f.

68 Vgl. S. Clasen (1966) S. 26 sowie F. Redl (1963/64) S. 361 ff. Zu den Wachstumsverlusten, die aus Anpassungswiderständen resultieren, vgl Sachverständigenrat zur Begutachtung der gesamtwirtschaftlichen Entwicklung (1965) S. 125 ff.

größere Bedeutung zu. Nur wenn die Nachfrager die FE-Anstrengungen der Anbieter honorieren und einen durchgreifenden Nachfragetransfer vollziehen, können sich neue Güter und neue Produktionsverfahren durchsetzen und einen nachhaltigen Wandel der Güterstruktur auslösen. Dabei sind Rückwirkungen auf den Kreationsprozeß sowie positive Einflüsse auf die Bereitstellung von geeigneten Produktionsfaktoren möglich, da im Zuge der Expansion weitere Produktivitätssteigerungen (Lernprozesse, Mechanisierungs- und Skaleneffekte) auftreten können. Da diese Aspekte zuvor bereits beschrieben worden sind, ist auf sie nicht noch einmal einzugehen. Zu fragen ist vielmehr nach den Determinanten der Struktur der Güternachfrage bzw. nach den Ursachen für Differenzierungen der Nachfragestruktur.

#### a) Vollkommene versus optimale Strukturflexibilität

Die Durchführung eines Diffusionsprozesses ist nur denkbar, wenn die Angebotsstruktur flexibel ist. Expandierende Bereiche können ihre Wachstumschancen nur dann voll nutzen, wenn Produktionsfaktoren zur Ausdehnung der Produktion vorhanden oder beschaffbar sind. Die Funktionsfähigkeit des Reallokationsprozesses entscheidet daher über das Ausmaß des Strukturwandels und insoweit über die Höhe der reallokationsbedingten Produktivitätssteigerungen[69].

Wenn Strukturflexibilität als Voraussetzung für die weitgehende Durchsetzung des Strukturwandels und für die Realisierung von Produktivitätssteigerungen erscheint, liegt es nahe, die Frage zu stellen, unter welchen Voraussetzungen sich eine möglichst hohe Strukturflexibilität einstellt. Das theoretische Konzept zur Beantwortung dieser Frage liefert die Allokations- bzw. die Wettbewerbstheorie, wobei zwischen einer statischen und einer dynamischen Version zu unterscheiden ist.

1. Wählt man als „Referenzkriterium" eine „vollkommene Strukturflexibilität"[70], so fordert man, daß alle Produktivitätssteigerungen, welche durch Reallokation erzielt werden können, vollständig, ohne Zeitverlust und ohne Kosten realisiert werden[71]. Anpassungsverzögerungen zwischen den einzelnen Phasen des Fortschrittsprozesses können dann gar nicht mehr auftreten. Dem Kreationsprozeß folgt dann unverzüglich ein Diffusionsprozeß, d.h. die neuen Güter werden sofort der mittlerweile auch veränderten Nachfragestruktur entsprechend in ausreichendem Umfang bereitgestellt, die verbesserten Produktionsverfahren werden überall angewendet, die erforderlichen Faktorfreisetzungen in den schrumpfenden Bereichen und die Deckung des

69 Vgl. H. Schumacher (1976b) S. 36. Vgl. auch W.E.G. Salter (1960) S. 153 sowie H. Giersch (1964) S. 77.

70 H. Schumacher (1976b) S. 37.

71 Vgl. H. Schumacher S. 37 sowie S. Clasen (1966) S. 31.

erforderlichen Faktorbedarfs in den expandierenden Bereichen erfolgt mit unendlich hoher Geschwindigkeit. Abweichungen von der optimalen Faktorverteilung werden sofort wieder beseitigt bzw. treten bei unendlicher Anpassungsgeschwindigkeit gar nicht erst auf. Man bewegt sich im Argumentationsrahmen der Theorie des allgemeinen Gleichgewichts bei vollständiger Konkurrenz auf allen Güter- und Faktorenmärkten, welche die permanente Realisierung der Optimalstruktur sichert[72].

Damit ist die Verbindung zwischen dem Phänomen des Strukturwandels und dem Phänomen des Wettbewerbs einerseits hergestellt, durch die Formulierung extrem restriktiver Modellprämissen aber sofort wieder verschüttet worden. Mit Hilfe komparativ-statischer Analyse lassen sich allenfalls ruckartige Bewegungen von einer Gleichgewichtsposition zur anderen darstellen, nicht dagegen strukturelle Anpassungsprozesse in der Zeit.

Der Ausweg aus dem so entstandenen Problem kann nun in der Weise gesucht werden, daß man die Modellprämissen weniger rigoros formuliert Werden Prämissen wie die der vollkommenen Markttransparenz und Voraussicht, der vollständigen Teilbarkeit und Mobilität der Produktionsfaktoren aufgegeben und wird vollständige Konkurrenz nur noch mit Güterhomogenität und freiem Marktzutritt umrissen[73], dann treten temporäre Abweichungen von der Optimalstruktur auf und Anpassungsprozesse an eine neue Optimalstruktur lassen sich analysieren. Doch mit diesem Kunstgriff ist das Problem noch nicht gelöst, da die Forderung nach möglichst weitgehender Annäherung an eine vollkommene Strukturflexibilität erhalten bleibt. Die entsprechende Forderung der Anhänger einer „vollständigen Konkurrenz“ lautet demgemäß auch, die Marktgegebenheiten der Realität, insbesondere die marktstrukturellen Gegebenheiten, den Modellprämissen möglichst weit anzunähern, da hypostasiert wird, daß eine Annäherung in den marktstrukturellen Gegebenheiten eine entsprechende Annäherung an die gewünschten Marktergebnisse nach sich zieht.

2. Demgegenüber hat J.M. Clark darauf hingewiesen, daß eine vollständige Strukturflexibilität im Interesse des Wachstumsziels gar nicht erwünscht sein kann. „For dynamic theory, a key element is a time interval between moves and responses, or a time distribution of responses“[74]. Damit entfällt auch die vollständige Konkurrenz als wirtschaftspolitisches Leitbild. Wettbewerb gemäß den Bedingungen der vollständigen Konkurrenz umfaßt allein den permanenten

72 In der Terminologie von Jochimsen ist vollständige Integration erreicht, wenn Gleichheit der Entgelte für gleiche Faktorleistungen gegeben ist. Der Begriff der vollständigen Integration gründet demgemäß im Begriff des vollkommenen Marktes. Vgl. R. Jochimsen (1966b) S. 90 ff., insb. S. 95 f.

73 Vgl. E. Sohmen (1976) S. 70f.

74 J.M. Clark (1955) S. 457.

Vorgang der Gewinneleminierung und endet in einer Gleichheitssituation mit Gewinnlosigkeit. Das Modell ist insoweit „one-legged, focusing on the essentially static objective of cost-price equilibrium, to the neglect of the dynamic objectives of progress“[75]. Es erscheint äußerst fraglich, ob sich aus einer gewinnlosen Gleichgewichtssituation heraus wieder Kräfte entwickeln, die zur Aufnahme von Erkenntnis-, Inventions- und Innovationsprozessen in der Lage sind. Arndt bezeichnet eine solche Situation als vollkommenes Isopol, in dem die Zahl der Marktteilnehmer so groß und ihre Gewichte so gleichmäßig verteilt sind, daß sich Fortschrittskräfte nicht mehr entfalten können[76]. Bei Realisierung der Modellprämissen fehlt es aber nicht nur an der Möglichkeit zu innovatorischen Vorstößen, sondern auch an der Bereitschaft dazu. Geht man realistischerweise davon aus, daß die Innovation sowie alle vorausgehenden FE-Aktivitäten Kosten verursachen, so wird eine Neigung zur Vorstoßaktion nur gegeben sein, wenn eine Chance gesehen wird, die Kosten über die Erreichung einer temporären Vorsprungsposition vergütet zu bekommen. Die Aussicht auf temporäre Gewinnsteigerung ist der „incentive to make competitive moves“[77].

Damit erscheint das Wettbewerbskonzept in einer neuen Interpretation. Wettbewerb wird verstanden als zyklischer Marktprozeß, der eine vorstoßende und eine imitierende Phase umfaßt. Auf diese Weise wird auch dem Argument von Schumpeter Rechnung getragen, daß wirtschaftliches Wachstum nicht nur (nach Schumpeter weniger) durch Verbesserung der Allokation der gegebenen Ressourcen, sondern auch durch neue Kombinationen erreicht wird. Weniger der Tendenz zum Gleichgewicht bzw. dem Gleichgewicht selbst habe die Aufmerksamkeit der Ökonomen zu gelten, sondern der Aufbrechung bestehender Gleichgewichtssituationen durch die Entwicklung neuer Techniken und neuer Güter. Die Folgerung, die aus jener Akzentverschiebung der Wettbewerbstheorie gezogen werden muß, lautet, daß auch eine vollkommene Strukturflexibilität als Idealvorstellung nicht in Frage kommt, weil sie die Entfaltung des Kreationsprozesses behindert und dem Ziel der Produktivitätssteigerung und des Wachstums nicht dient. An die Stelle einer vollkommenen Strukturflexibilität tritt das Konzept einer „wachstumsoptimalen“[78] Flexibilität. Diese terminologische wie inhaltliche Verschiebung entspricht der in der Wettbewerbstheorie erfolgten Wendung von der vollständigen Konkurrenz zum Konzept des funktionsfähigen oder wirksamen Wettbewerbs als wirtschaftspolitischer Idealvorstellung.

Vor einer möglichen Fehl- oder Überinterpretation ist allerdings zu warnen. Für den Prozeß des wirtschaftlichen Wachstums und der Produktivitätssteige-

75 J.M. Clark (1955) S. 451.
76 Vgl. H. Arndt (1949) S. 239.
77 J.M. Clark (1955) S. 457.
78 S. Clasen (1966) S. 127 (im Original gesperrt).

rung ist die Anpassung der angewandten Technik an den Stand des technischen Wissens ebenso wichtig wie die Entwicklung neuen Wissens und die Vornahme von Innovationen; quantitativ ist sie sogar von größerem Gewicht. Auch wenn sich im Einzelfall durchaus die Frage stellen kann, ob die effektive Strukturflexibilität möglicherweise über dem wachstumsoptimalen Wert liegt und ob sie gegebenenfalls gesenkt werden sollte[79], so dürfte grundsätzlich die Annahme berechtigt sein, daß die Strukturflexibilität in der Realität hinter der für eine optimale Durchführung von Diffusionsprozessen erforderlichen Flexibilität zurückbleibt[80]. So lassen sich eine Reihe von Störungsfaktoren und Anpassungswiderständen für den Ablauf funktionsfähiger Marktprozesse aufzählen und empirisch beobachten, die es zum Zwecke einer schnelleren Verbreitung des technischen Wissens abzubauen gilt[81].

Damit ist die Verbindung zwischen der Theorie des Güterstrukturwandels und der Wettbewerbstheorie auch über das Konzept des funktionsfähigen Wettbewerbs hergestellt. Funktionsfähiger Wettbewerb auf Güter- und Faktormärkten wird in der Regel als Instrument angesehen, um wachstumsoptimalen Wandel der Güterstruktur herbeizuführen. In den diesbezüglichen Auflistungen der Funktionen des Wettbewerbs in der Marktwirtschaft erscheint daher auch immer wieder die Forderung, daß er für Strukturflexibilität zu sorgen habe[82]. Teilweise werden auch im Konzept des funktionsfähigen Wettbewerbs Maße der Wettbewerbsintensität gewählt, welche bewußt auf die Flexibilitätsfunktion abstellen, d.h. auf die Geschwindigkeit des Diffusionsprozesses rekurrieren[83].

3. Es sind daher im wesentlichen zwei Arten von Anpassungswiderständen zu nennen, welche als Ursachen für Differenzierungen im Diffusionsprozeß zwischen den einzelnen Bereichen der Volkswirtschaft in Frage kommen. Es sind

- Differenzen in der Stärke des Wettbewerbs bzw. im Ausmaß der Wettbewerbsbeschränkungen auf den Gütermärkten, also in der Funktionsfähigkeit der Gütermärkte,
- Differenzen in der Faktormobilität, also in der Funktionsfähigkeit der Faktormärkte, die insbesondere durch divergierende Qualitätsanforderungen der einzelnen Bereiche noch verstärkt werden können.

Verbindungen zwischen beiden Ursachenkomplexen sind insoweit gegeben, als die Stärke des Wettbewerbs unter anderem vom potentiellen Wettbewerb, also

79 Vgl. S. Clasen (1966) S. 127.
80 Vgl. H. Schumacher (1976b) S. 40.
81 Vgl. dazu den Katalog von Störungen des Marktmechanismus bei H. Arndt (1966b) S. 126 ff., der zwar zunächst auf Anpassungsprozesse an Nachfrageänderungen bezogen ist, durchaus aber auch auf Anpassungsprozesse auf Produktivitätsdifferenzierungen anwendbar ist.
82 Vgl. z.B. J.M. Clark (1961) S. 70 ff., H. Giersch (1964) S. 67, E. Kantzenbach (1966) S. 17 ff.
83 Vgl. J. Niehans (1954) S. 156 sowie E. Kantzenbach (1966) S. 38.

dem Ausmaß, in welchem neue Anbieter bzw. neue Ressourcen in den Markt eindringen können, abhängt. Während die Determinanten des Wettbewerbs aber erst im dritten Teil dieser Arbeit analysiert werden sollen, sind die wichtigsten Anpassungswiderstände, soweit sie die Faktormobilität betreffen, im folgenden kurz aufzuzeigen.

#### b) Differierende Mobilität der Produktionsfaktoren

1. Differenzen in der Mobilität des Faktors Kapital können sich zunächst deshalb ergeben, weil die Kapitalerfordernisse in den einzelnen Bereichen differieren. Bereits bezüglich des Kreationsprozesses wurde das Problem divergierenden technologischen Potentials angesprochen. Hinsichtlich des Diffusionsprozesses sind aber weniger die divergierenden Mechanisierungsmöglichkeiten, sondern eher die divergierenden Mechanisierungserfordernisse von Interesse. So scheint sich empirisch zu bestätigen, daß eine international weitgehend übereinstimmende Kapitalintensitätsstruktur der verschiedenen Industriezweige vorliegt[84], die auch als Rangfolge der Branchen gemäß ihrem für eine Expansion erforderlichen Kapitalbedarf interpretiert werden kann. Daraus kann nun wiederum abgeleitet werden, daß in Volkswirtschaften, in denen Arbeitskräfte weniger knapp sind als Kapital, besonders die arbeitsintensiven Bereiche leichter expandieren können (so etwa in Entwicklungsländern), während in Volkswirtschaften mit Arbeitskräftemangel und vergleichsweise hoher Sparquote kapitalintensivere Bereiche auf geringere Expansionshindernisse stoßen.

Wie gewichtig dieser Tatbestand allerdings für die Expansionschancen einzelner Unternehmungen ist, dürfte allgemeingültig nur schwer zu beantworten sein. Sofern die Höhe der effektiven Kapitalintensität und das Ausmaß des expansionsbedingten Kapitalbedarfs miteinander korreliert sind, sollte es den kapitalintensiven Unternehmen weniger Schwierigkeiten bereiten, den für eine Expansion erforderlichen Kapitalbedarf zu decken. Kapitalknappheit kann allerdings zum Wachstumshindernis für kleinere, bislang noch arbeitsintensive Unternehmen werden, wenn eine wesentlich höhere Kapitalintensität angestrebt wird[85], auch wenn das Argument von der wachstumsbegrenzenden Wirkung des Kapitalbedarfs zuweilen zurückgewiesen wird[86].

Im einzelnen dürften die Möglichkeiten der Kapitalbeschaffung aber von der generellen Funktionsfähigkeit des Kapitalmarktes sowie der Höhe der Anpassungswiderstände bei der Kapitalreallokation auf einzelnen Märkten abhängen. Bezüglich der Widerstände gegen eine wachstumsoptimale Kapitalmobilität ist zwischen der Mobilität des Geldkapitals und der des Sachkapitals zu unterscheiden[87]. Bereits Geldkapital ist nicht universell verwendbar, da von den

84 Vgl. E. Görgens (1975b) S. 130 ff.
85 Vgl. H. Albach (1965) S. 26 ff.
86 Vgl. E.T. Penrose (1959) S. 38.
87 Zum folgenden vgl. insb. S. Clasen (1966) S. 47-72.

Anlegern verschiedene Anlageformen gesucht werden, die nicht beliebig substituierbar sind. Ist beispielsweise die Risikoneigung potentieller Anleger gering, so kann das gerade in der Frühphase des Diffusions- und Expansionsprozesses, in der die technischen und marktbedingten Risiken noch erheblich sind, als Wachstumsbremse wirken. Noch viel weniger universell verwendbar ist das Sachkapital. Einmal installierte Kapitalgüter sind in der Regel nicht mehr in andere Produktionsrichtungen lenkbar. Allerdings bedeutet technische Spezialisierung nicht unbedingt auch ökonomische Spezialisierung, da es in bestimmten Bereichen (etwa in der pharmazeutischen oder der Textilindustrie) möglich ist, durch geringfügige technische Veränderungen auf die Produktion anderer Güter umzustellen. Dennoch sind derartige Umstellungen wohl eher ein Mittel, auf Nachfrageveränderungen als auf Innovationsprozesse zu reagieren. Reaktion auf Produktivitätsfortschritte setzt in der Regel die Produktion neuer Kapitalgüter voraus, wobei die Ausreifungszeiten in den einzelnen Bereichen unterschiedlich lang sind. Die Anpassungsgeschwindigkeit ist in jenen Bereichen größer, in denen eine Sachkapitalumstellung lediglich durch additive Kapazitätserweiterung erfolgen kann, d.h. wo neue Fertigungsverfahren keine allzugroßen Aggregate verlangen (etwa im Maschinenbau). Der Zeitbedarf der Anpassung ist dagegen größer, wenn die Anlagen in hohem Maße durch Unteilbarkeiten gekennzeichnet sind (etwa in der Stahlindustrie oder im Fahrzeugbau), also in Bereichen mit hohem Mechanisierungsgrad[88]. In solchen Bereichen ist auch das Risiko der Unternehmen größer[89], denn je höher die Kapitalintensität, um so höher auch die potentiellen Kapitalverluste. Kreationsprozesse, die zur Entwicklung neuer Güter und Produktionsverfahren führen, können alte Güter und Anlagen sehr schnell entwerten. Aus diesem Grund wird in solchen Bereichen immer wieder der Versuch unternommen, nicht nur den Kreationsprozeß, sondern auch den Diffusionsprozeß zu „steuern". Soweit es gelingt, dies durch Wettbewerbsbeschränkungen verschiedener Art zu erreichen, wird in der Regel eine Verlangsamung auch des Diffusionsprozesses die Folge sein.

Die genannten Argumente scheinen insgesamt darauf hinzudeuten, daß die Anpassungsflexibilität des Faktors Kapital um so geringer ist, je spezialisierter der jeweilige Bereich ist, je höher seine Kapitalintensität liegt und je niedriger die Intensität des Wettbewerbs auf dem betreffenden Markt ist. Dabei ist eine gewisse Korrespondenz zwischen den drei Ursachen nicht zu verkennen, so daß sich möglicherweise eine geringere Anpassungsflexibilität der hochkonzentrierten Bereiche ableiten läßt. Ob dieser Mangel durch die erheblich größeren Kapitalbeschaffungsmöglichkeiten dieser Bereiche kompensiert wird, dürfte eine Tatfrage sein, die sich nur mithilfe einer genaueren Diagnose der jeweiligen Wettbewerbsverhältnisse beantworten läßt.

---

88 Vgl. dazu Th. Wessels (1961) S. 352.
89 Vgl. E.T. Penrose (1959) S. 105.

2. Differenzen in der Mobilität des Faktors Arbeit können sich ebenfalls zunächst deshalb ergeben, weil die Qualifikationsanforderungen an diesen Faktor in den verschiedenen Bereichen differieren. In all jenen Bereichen, in denen in höherem Maße besonders qualifizierte Arbeitskräfte benötigt werden, sind zunächst erhebliche Informations- und Bildungsaufwendungen erforderlich, um das benötigte technische Wissen zu vermitteln. Darüber hinaus nimmt eine entsprechende Ausbildung Zeit in Anspruch. Die Wachstumsgeschwindigkeit der betreffenden Bereiche kann sich aufgrund derartiger Anpassungshemmnisse vermindern.

Ähnlich wie beim Faktor Kapital die Kapitalintensitätsstruktur, so läßt sich bezüglich des Faktors Arbeit möglicherweise eine Struktur der Qualifikationsanforderungen ableiten. Wiederum deuten empirische Untersuchungen darauf hin, daß eine international weitgehend übereinstimmende Reihenfolge der Industriezweige nach der Höhe ihrer Qualifikationsanforderungen besteht, die allerdings mit der Kapitalintensitätsstruktur nicht übereinstimmt[90]. Für die Expansionsmöglichkeiten der einzelnen Bereiche dürfte es daher entscheidend sein, welchem Engpaßfaktor jeweils das größere Gewicht beizumessen ist. Hier wird die Antwort wohl eindeutig auf den Faktor Arbeit hinauslaufen, da, sofern ein Kreationsprozeß vorausgegangen ist, der technische Vorgang der Verbreitung der Innovation weniger Probleme aufwerfen dürfte als der geistige Vorgang des Lernens, die neuen Techniken zu beherrschen[91].

Derartige Differenzierungsfaktoren werden durch Widerstände gegen eine wachstumsoptimale Mobilität des Faktors Arbeit noch verstärkt, die sich ebenfalls auf die einzelnen Bereiche der Volkswirtschaft nicht gleichmäßig auswirken. An dieser Stelle kann keine umfassende Übersicht aller denkbaren Mobilitätshemmnisse gegeben werden[92]. Einige kurze Anmerkungen zu speziellen, Differenzierungen verursachenden, Mobilitätshindernissen sollen genügen. Während das Ausmaß fehlender bzw. nicht adäquater Ausbildung am Beginn des Berufslebens die Effizienz des Bildungssystems insgesamt tangiert und einzelne Wirtschaftsbereiche eher zufällig trifft, ist mangelnde Fähigkeit und Bereitschaft zur Umschulung während des Berufslebens möglicherweise bestimmten Bereichen systematisch zuzuordnen. So kann gerade die Länge der Umschulungszeit die Mobilitätsbereitschaft negativ beeinflussen. In traditionsreichen, insbesondere handwerklichen, Berufen ist die Mobilitätsbereitschaft häufig niedriger als im industriellen Sektor. Ferner besteht gerade unter qualifizierten Arbeitskräften häufig keine Neigung, mechanische Verrichtungen durchzuführen, auch wenn diese erhebliche Qualifikationen und durchaus Verantwortungsbewußtsein erfordern. Im einzelnen sind dann hohe Lohndifferenzen zwischen den expansionswilligen und den zurückbleibenden Bereichen erforder-

90 Vgl. E. Görgens (1975b) S. 144 ff., insb. S. 150 f.
91 So auch E. Görgens (1975b) S. 172.
92 Vgl. dazu S. Clasen (1966) S. 73 - 86.

lich, um einen Anreiz zum Faktorentransfer zu setzen. Die tatsächliche Entwicklung der Lohnstruktur deutet allerdings eher auf eine Erstarrung als auf eine mobilitätsfördernde Beweglichkeit hin, da auch in Bereichen mit unterdurchschnittlicher Produktionsentwicklung meist Lohnsteigerungen erfolgen, die dem gesamtwirtschaftlichen Einkommenswachstum angepaßt sind[93]. Daraus ergeben sich Expansionshindernisse für die expandierenden Bereiche generell, insbesondere aber für solche Bereiche, in denen lange Umschulungszeiten erforderlich sind und in denen Arbeiten mit höherem Mechanisierungsgrad, geringeren Anforderungen an die schöpferischen Fähigkeiten der Arbeitskraft, aber dennoch hohen Anforderungen an Reaktionsfähigkeit und Verantwortungsbewußtsein zu verrichten sind.

Insoweit dürften Mängel in der Funktionsfähigkeit der Faktormärkte, insbesondere mangelnde Anpassung der Faktorpreise an die Produktivitätsentwicklung, eine wesentliche Ursache für zu niedrige Faktormobilität sein. Möglicherweise ist die Mobilitätsrate innerhalb der Sektoren, Branchen, Märkte und Unternehmungen jeweils höher als zwischen den verschiedenen Bereichen, da die Differenzen in den Qualifikationserfordernissen weniger bedeutend und die Umstellungswiderstände geringer sind. Daraus folgt, daß die Anpassungszeiten kürzer und die Anpassungskosten niedriger ausfallen. Dies kann jedoch nur als eine Tendenzaussage verstanden werden, welche an traditionelle Sektoren-, Branchen- und Marktgrenzen anknüpft und die davon ausgeht, daß die Anforderungen innerhalb der Bereiche homogener sind als zwischen den Bereichen. Im einzelnen kommt es aber eher auf die Anforderungen an die einzelnen Berufszweige bzw. Funktionen an. Auf jeden Fall sind im einzelnen Unternehmen erhebliche Expansionsschwierigkeiten denkbar, die beim Zusammentreffen mehrerer Expansionshindernisse kumulativ ansteigen können. Insbesondere für kleinere Unternehmen existieren derartige Wachstumshindernisse. Das Problem besteht in der Regel darin, bestimmte Größenschwellen zu überschreiten[94]. Derartige Schwellen können aber auch in großen Unternehmungen auftreten, wenn das Wachstum Umstellungen im Organisationsbereich erforderlich macht[95], etwa einen Übergang von der funktionalen zur divisionalen Organisationsform. Derartige Umstellungen können einmal erhebliche Kosten verursachen, und zum anderen kann es sehr viel Zeit erfordern, bis die neuen Organisations- und Kommunikationswege funktionieren[96].

Dabei ist allerdings in gewissen Grenzen eine Substitutionsbeziehung zwischen Zeitaufwand und Kosten gegeben. Die Anpassungszeiten können durch Erhöhung der Anpassungsaufwendungen verkürzt werden. Die Fähigkeit, hier erhebliche Mehrkosten zu tragen, ist aber wieder eine Funktion des finanziellen

---

93 Vgl. S. Clasen (1966) S. 89.
94 Vgl. H. Albach (1965) S. 10 f.
95 Vgl. dazu E.T. Penrose (1959) S. 44 ff.
96 Vgl. H. Albach (1965) S. 30 f.

Potentials, auf dessen Eigenschaft als Differenzierungsfaktor bereits hingewiesen wurde. Die Bereitschaft, die Anpassungsaufwendungen zu erhöhen, ist demgegenüber abhängig von der Intensität des Anpassungszwangs und der Höhe der Motivation der Unternehmensleiter. Damit ist die Funktionsfähigkeit des marktwirtschaftlichen Steuerungsmechanismus auf den Gütermärkten und insoweit die Stärke des Wettbewerbsdrucks erneut angesprochen. Die Geschwindigkeit des Diffusionsprozesses und damit das Ausmaß des produktivitätssteigernden Prozesses des Güterstrukturwandels ist auch abhängig von den Wettbewerbsbedingungen auf den Märkten.

#### c) Differierende Entwicklung der Nachfrage

In den bisherigen Ausführungen klang die Bedeutung der Nachfrageentwicklung für den Prozeß des Wandels der Güterstruktur immer wieder an. Die Nachfrageentwicklung erscheint als produktivitätsbeeinflussender Faktor im Kreations- und Diffusionsprozeß; im Diffusionsprozeß entscheidet sie über das Ausmaß der Produktionsdifferenzierung. Die Determinanten des Wandels der Nachfragestruktur verdienen daher besonderes Interesse. Als unmittelbare Bestimmungsfaktoren der Struktur der Güternachfrage wurden zuvor drei Komplexe von Determinanten besonders hervorgehoben: (1) die Höhe des Einkommens und des Vermögens sowie deren Verteilung, (2) die Güterpreisstruktur und (3) die Bedürfnisstruktur. Die Analyse der Determinanten des Wandels der Nachfragestruktur sollte allerdings nicht bei den unmittelbaren Determinanten stehenbleiben, sondern versuchen, die Bestimmungsgründe dieser Determinanten zu identifizieren. Insbesondere ist zu fragen, ob und inwieweit sich die unmittelbaren Determinanten wiederum auf Bestimmungsgründe, die im Bereich des Güterangebots zu suchen sind, zurückführen lassen.

1. *Angebotsfaktoren* können auf zweierlei Weise auf die Struktur der Güternachfrage einwirken. Durch die absolute Steigerung des Güterangebots im Wachstumsprozeß erhöhen sich die Realeinkommen der Haushalte; durch divergierende Fortschrittsraten in den einzelnen Bereichen der Volkswirtschaft ändert sich die Preis-, Mengen- und Qualitätsstruktur des Güterangebots. Demgemäß ließe sich zwischen einem angebotsniveauinduzierten und einem angebotsstrukturinduzierten Wandel der Nachfragestruktur unterscheiden[97].

(1) Steigt das Produktivitätsniveau der Volkswirtschaft, so erhöhen sich die Realeinkommen der Wirtschaftssubjekte. Steigende Realeinkommen werden in der Regel als primärer Differenzierungsfaktor der Nachfragestruktur angesehen[98]. Insoweit liegen offenbar eine Reihe von Gründen des Strukturwandels im Wachstumsprozeß selbst[99]. Der Einfluß der *Realeinkommenssteigerung* auf

97 Vgl. W. Ehrlicher (1965) S. 229 f.

98 Vgl. z.B. die Darstellungen bei K. Dorner (1964) S. 47 ff., J. Niehans (1964) S. 25 ff., K. Schmidt (1972) S. 51 ff. sowie F. Redl (1963/64) S. 330.

99 Vgl. J. Niehans (1964) S. 24.

den Wandel der Struktur der Güternachfrage ist in der Literatur im Rahmen diverser entwicklungs- und konsumtheoretischer Ansätze ausgiebig diskutiert worden und er ist Gegenstand einer Reihe von empirischen Untersuchungen gewesen[100]. Je nach Aggregationsgrad der Analyse sind dabei Drei-Sektoren-Hypothesen, Hypothesen über industrielle Normalstrukturen sowie Hypothesen über die Wachstumschancen einzelner Gütergruppen aufgestellt worden. Die Analysen bedienen sich des theoretischen Instruments der Engelkurven[101], mit deren Hilfe die Abhängigkeit der Nachfrage von der Einkommenshöhe ausgewiesen werden kann. Für die Veränderung der Nachfragestruktur sind vor allem zwei Hypothesen bezüglich des Verlaufs von Engelkurven bedeutsam[102]

- die meisten Güter werden erst ab einer bestimmten Einkommenshöhe von den Haushalten nachgefragt,
- die Nachfrage strebt einer Sättigungsgrenze zu (hyperbolischer Verlauf), sie kann nach Erreichen der Sättigungsgrenze sogar wieder sinken (parabolischer Verlauf)[103].

Aus diesen Hypothesen lassen sich zwei Folgerungen bezüglich der Veränderung der Nachfragestruktur ableiten.

(a) Zu einem gegebenen Zeitpunkt existieren für die einzelnen Güter divergierende Einkommenselastizitäten und damit unterschiedliche Wachstumsraten der Nachfrage. Daraus kann geschlossen werden, daß die Befriedigung der Bedürfnisse der Nachfrager bestimmten Gesetzmäßigkeiten unterliegt, daß sich jeweils eine bestimmte Reihenfolge in der Güternachfrage nachweisen läßt. Die empirischen Untersuchungen deuten sogar an, daß die Reihenfolge im Zeitablauf relativ konstant bleibt[104], wobei allerdings vergleichsweise weit definierte Güterkategorien zugrundegelegt werden[105]. Wenn eine derartige Reihenfolge bezüglich der Werte der Einkommenselastizität besteht, so bedeutet dies, daß sich die Struktur der Güternachfrage mit steigendem Einkommen ändert[106].

(b) Die Einkommenselastizitäten der Güter verändern sich mit steigendem Einkommen, woraus Reversibilität des Strukturwandlungsprozesses in dem Sinne resultiert, daß die Wachstumsbereiche wechseln bzw. immer wieder neue Wachstumsbereiche an die Stelle der alten treten. Dieses Ergebnis scheint dem

100 Vgl. z.B. H.S. Houthakker (1957) S. 532 ff., H. Schmucker (1964) S. 121 ff. Zu weiteren empirischen Untersuchungen vgl. E. Görgens (1976b) S. 63.

101 Zur Theorie der Engelkurven vgl. S. Klatt (1959a) S. 274 ff., ders., (1959b) S. 270 ff., sowie E. u. M. Streissler (1966) S. 83 ff.

102 Vgl. E. u. M. Streissler (1966) S. 83 f.

103 Daneben sind für einzelne Güter lineare und S-förmige Engelkurven nachgewiesen worden. Vgl. E. u. M. Streissler, S. 83 f.

104 Vgl. H. Schmucker (1964) S. 124 f.

105 Vgl. E. Görgens (1975b) S. 61 f.

106 Vgl. auch J. Niehans (1964) S. 25 f.

ersten zu widersprechen, da es eine variable Reihenfolge der Güternachfrage impliziert. Der Widerspruch könnte sich jedoch auflösen, wenn man berücksichtigt, daß sich hyperbolische und parabolische Engelkurven vor allem für einzelne Güter nachweisen lassen, also bei weitergehender Disaggregation auftreten. Demzufolge könnte sich die Reihenfolge der Güter im jeweiligen Aggregat ändern (z.B. Modewechsel im Bekleidungsbereich), obwohl die Reihenfolge der Aggregate relativ konstant bleibt (z.B. Nahrungsmittel vor Bekleidung)[107]. Es ist die Frage zu stellen, welcher Erklärungswert der Theorie der Engelkurven und den entsprechenden empirischen Untersuchungen beizumessen ist. Die Antwort muß negativ ausfallen, denn die Engelkurven sowie die jeweiligen Einkommenselastizitäten können die vorliegende Nachfragestruktur nicht erklären, sondern nur beschreiben[108]. Genaugenommen ist das Einkommen auch gar nicht die unabhängige Variable des Nachfragestrukturwandels, sondern allenfalls das Medium, dessen Steigerung den Kauf weiterer Güterkategorien gemäß einer bestehenden Bedürfnishierarchie unter Umständen im Sinne steigender Bedarfsdifferenzierung[109], ermöglicht bzw. dessen Begrenztheit den Kauf weiterer Güter verhindert[110]. Insoweit kann die Aussage, daß die Einkommenselastizitäten Aufschluß darüber geben, welcher Art die Verschiebung der Nachfragestruktur im wirtschaftlichen Wachstum ist[111], nicht befriedigen. Vielmehr ist umgekehrt zu argumentieren: die Art der Nachfrageverschiebung läßt sich mit Hilfe des Instruments der Einkommenselastizitäten ausdrücken. Einkommenselastizitäten sind lediglich „Maßzahlen"[112], die das Ausmaß des Strukturwandels der Nachfrage erfassen.

Noch nicht beantwortet ist daher die Frage, wovon die Bedürfnishierarchie, d.h. die Reihenfolge der Dringlichkeit des Bedarfs determiniert wird. Eine Antwort auf diese Frage kann nicht allein die ökonomische Theorie geben, da die Bedürfnishierarchie unter anderem physiologisch bedingt ist, in hohem Maße aber auch von soziologischen und psychologischen Einflußfaktoren bestimmt wird. Dennoch ist die Mitwirkung, möglicherweise sogar ein erheblicher Einfluß ökonomischer Faktoren denkbar. So ist es insbesondere der Wachstumsprozeß selbst, aber nicht allein der einfache Einkommenssteigerungsmechanismus, sondern die die Struktur der Wirtschaft und der Gesellschaft verändernden Begleiterscheinungen (z.B. Urbanisierung, Industrialisierung und Kommerzialisierung)[113], welche eine Verschiebung der Nachfragestruktur geradezu erzwingen (z.B. die Erhöhung der Nachfrage nach Ver-

107 Vgl. E. Görgens (1975b) S. 66 f.
108 Vgl. E. Görgens (1975b) S. 56 FN 1.
109 Vgl. dazu P. Meyer-Dohm (1964) S. 67 ff.
110 Daher auch die Behandlung des Einkommens als „constraint" im Rahmen des Nutzenmaximierungskalküls in der Nachfragetheorie.
111 Vgl. F. Redl (1963/64) S. 337.
112 H. Schmucker (1964) S. 135.
113 Vgl. R. Jochimsen (1966a) S. 36 f.

kehrs- und Transportleistungen). Darüber hinaus kann der Prozeß des wirtschaftlichen Wachstums keineswegs als ein einfacher Prozeß der globalen Produktivitätssteigerung verstanden werden. Die vorhergehenden Ausführungen haben gezeigt, daß Produktivitätssteigerungen in Form von Verfahrens- und Produktfortschritten nicht gleichmäßig über alle Bereiche der Wirtschaft verteilt auftreten, sondern daß sie divergieren. Der Wachstumsprozeß wird also begleitet von Verschiebungen der Preis-, Mengen- und Qualitätsstruktur des Angebots. Diese können die Bedürfnisstruktur der Nachfrager in erheblichem Ausmaß beeinflussen. Insoweit lassen sich angebotsniveauinduzierter und angebotsstrukturinduzierter Wandel der Nachfragestruktur nicht streng trennen.

(2) Verschiebt sich als Folge divergierender Verfahrensfortschritte in den einzelnen Bereichen der Volkswirtschaft die *Preisstruktur des Güterangebots*[114], so ändert sich die Struktur der Güternachfrage nach Maßgabe der direkten Preiselastizitäten und der Kreuzpreiselastizitäten der Nachfrage. Wie die Einkommenselastizitäten sind auch die Preiselastizitäten lediglich Maßzahlen für Nachfragerreaktionen, an denen die Ursachen der Reaktionen noch nicht unmittelbar erkennbar sind. Die Reaktionen der Nachfrager auf Preisveränderungen erfolgen aber ebenso wie ihre Reaktionen auf Einkommensveränderungen nach Maßgabe ihrer Bedürfnisstruktur (vgl. dazu die Handlungsmaxime des zweiten Gossenschen Gesetzes), so daß zwischen beiden Reaktionsvorgänge eine Wirkungsparallelität anzunehmen ist[115]. Eine solche Parallelität ergibt sich schon daraus, daß jede Preisveränderung auch einen Realeinkommenseffekt hat und daß somit in den ausgewiesenen Preiselastizitäten Einkommenseffekte enthalten sind. Daraus folgt, daß von Veränderungen der Preisstruktur keine wesentlichen Einflüsse auf die Struktur der Nachfrage ausgehen dürften, die nicht schon im Rahmen der Einkommenswirkungen zu beobachten sind.

Diese Aussage gilt zumindest, was Verschiebungen der Preisstruktur zwischen verschiedenen Sektoren, Branchen und Märkten anlangt. Da die Substitutionsbeziehungen zwischen verschiedenen Sektoren, Branchen und Märkten definitionsgemäß niedriger sind als innerhalb von Märkten, müßten Preisveränderungen zum Teil schon erhebliche Ausmaße annehmen, um Substitutionsprozesse auszulösen. Außerdem dürfte eine gegebene Bedürfnishierarchie von geringen bis mittleren Preisänderungen noch nicht beeinflußt werden[116].

---

114 Divergierende Verfahrensfortschritte bzw. Veränderungen der Produktivitätsstruktur sind nicht die einzigen Determinanten der Änderung der Preisstruktur, da diese etwa auch von der Nachfragestruktur abhängt. Entsprechend ergeben sich empirisch teils enge, teils weniger enge Zusammenhänge zwischen Produktivitäts- und Preisstruktur. Vgl. z.B. W.E.G. Salter (1960) S. 120 und Sachverständigenrat zur Begutachtung der gesamtwirtschaftlichen Entwicklung (1965) S. 147.

115 Zur Parallelität von Einkommens- und Preiselastizitäten vgl. u.a. S. Klatt (1959b) S. 289 ff., F. Redl (1963/64) S. 338 sowie E. Görgens (1975b) S. 74.

116 Preisänderungen können die Bedürfnishierarchie insoweit beeinflussen, als sie Umwertungen der Nachfrager bewirken. Vgl. dazu H. Arndt (1966a) u.a. S. 90 ff.

Empirische Untersuchungen bestätigen dementsprechend auch die untergeordnete Bedeutung der Veränderungen von Preisrelationen für die Veränderung der Nachfragestruktur, soweit der interindustrielle Strukturwandel angesprochen ist[117].

Demgegenüber können Änderungen der Preisstruktur innerhalb eines Marktes, auf dem die Substitutionsbeziehungen definitionsgemäß höher liegen, unter Umständen zu starken Änderungen der Nachfragestruktur innerhalb des Marktes führen. Derartige Strukturverschiebungen sind allerdings, sofern der Markt als Bedarfsmarkt definiert ist, nicht Folge einer veränderten Bedürfnisstruktur der Nachfrager. Sie zeigen lediglich die veränderte Präferenzverteilung auf die verschiedenen Anbieter des Marktes, also den Marktstrukturwandel, an. Ein derartiger Wandel der Marktstruktur tritt insbesondere als Folge von Wettbewerbsaktionen einzelner Anbieter auf dem Markt auf.

Angesichts des verschiedentlich angesprochenen Problems der adäquaten Marktabgrenzung und des damit verbundenen Problems der Trennung von Marktstruktur- und Marktentwicklungsphasen ist die soeben unterstellte eindeutige Unterscheidung in Preisstrukturwandel auf einem Markt und zwischen verschiedenen Märkten nicht immer eindeutig durchführbar. Insoweit ist es auch nicht auszuschließen, daß starke Preiserhöhungen auf einem Markt dessen Expansionschancen verschlechtern, ebenso wie starke Preissenkungen die Expansionschancen eines Marktes begünstigen können. Der Preis als strategische Variable zur Marktexpansion ist vor allem bei neuen oder jungen Produkten von Bedeutung, wenn über Preissenkungen neue Käuferschichten erschlossen werden sollen [118]. Gravierende Preisveränderungen und Veränderungen der Preisstruktur können dann Umwertungen der Nachfrager, Änderungen der Bedürfnisstruktur, auslösen.

(3) Mit dem Hinweis auf neue Produkte ist der Produktfortschritt und damit der Einfluß der *Qualitäts- und Mengenstruktur des Angebots* auf die Struktur der Güternachfrage angesprochen. Diese Determinante der Nachfragestruktur wird in der Preistheorie üblicherweise vernachlässigt, da von gegebenen Gütern ausgegangen und Produktfortschritt ausgeschlossen wird. Werden neue Güter und Gutsqualitäten auf den Markt gebracht (und alte möglicherweise zurückgezogen), so ändert sich die Qualitäts- und Mengenstruktur des Angebots. Reagieren die Nachfrager auf die neuen Angebote positiv, so verschiebt sich die Nachfragestruktur. Vom Ausmaß der Nachfragerreaktion ist der Umfang des Güterstrukturwandels abhängig.

Mit der Aufnahme neuer Güter durch die Nachfrager ist stets ein Wandel der Bedürfnisstruktur verbunden, da nach Gütern, welche bislang nicht vor-

---

117 Vgl. E. Görgens (1975b) S. 77 ff.
118 Vgl. dazu E.W. Gilboy (1956) S. 130.

handen bzw. unbekannt waren, in der Regel kein Bedürfnis bestehen konnte. Mit der Produktinnovation wird aber neben dem Produkt auch das „Wissen von diesem Produkt und zugleich das Bedürfnis nach diesem Produkt" hervorgebracht. Die wichtigste Bedingung für die konkrete Formulierung von Bedürfnissen ist die „Existenz eines Befriedigungsmittels, eines Gutes"[119].

Damit wird der Einfluß der Güterangebotsstruktur auf die Nachfragestruktur erneut deutlich, auch wenn nicht zu verkennen ist, daß die Bedürfnisse der Nachfrager in der Regel latent vorhanden sein müssen, um einen entsprechenden Nachfragestrukturwandel auszulösen, das heißt es muß ein Grundbedürfnis, das sich allerdings noch nicht unmittelbar auf ein konkretes Gut richtet[120], gegeben sein. Nicht zuletzt wegen positiver Erwartungen über die Aufnahme der Neuerungen gehen Produzenten das Risiko von Produktinnovationen ein.

2. Angesichts der angedeuteten Interdependenz von Angebots- und Nachfragefaktoren ist die Frage zu stellen, ob es überhaupt einen nicht durch Angebotsfaktoren beeinflußten, d.h. *autonomen Wandel der Nachfragestruktur* gibt. Zu ihrer Beantwortung ist ein kurzer Abriß der hauptsächlichen Determinanten der individuellen Bedürfnisstrukturen und eine Analyse des Prozesses des Entstehens der Konsumentenwünsche erforderlich.

(1) Als wichtigste Determinanten der *individuellen Bedürfnisstrukturen* wurden zuvor physiologische, soziologische und psychologische sowie ökonomische Faktoren genannt. Aufgrund physiologischer Bestimmungsgründe ergeben sich die teils für alle Nachfrager gleichen (z.B. Nahrung vor Kleidung und Wohnung), teils interpersonell verschiedenen und auch voneinander unabhängigen Bedürfnisstrukturen der Wirtschaftssubjekte. Daneben wirken soziologische und psychologische Faktoren wie die Stellung des Subjekts in der Gesellschaft, seine Umweltbedingungen sowie seine Motivation auf die Bedürfnisstruktur ein. Schließlich sind ökonomische Faktoren wie Einkommenshöhe, Preisrelationen sowie das Vorhandensein konkreter Befriedigungsmittel, also die Zusammensetzung des Güterangebots, entscheidend. Darüber hinaus beeinflußt – nicht eindeutig einer der drei Kategorien zuzuordnen – das Ausmaß der Kenntnis der angebotenen Güter und ihrer Verwendungsmöglichkeiten, also der Grad der Markttransparenz, die Bedürfnisstruktur.

Für den Vorgang des Entstehens von Konsumentenwünschen und die damit verbundene Änderung der Nachfragestruktur sind vor allem drei Tatbestände von essentieller Bedeutung[121]:

– die nie völlig abzubauende Unsicherheit,

119 K. Borchardt (1965) S. 111. Vgl. auch J.A. Schumpeter (1961) S. 1068.
120 Vgl. dazu L. Abbott (1958) S. 44.
121 Zum folgenden vgl. insb. K. Schmidt (1972) S. 80 ff.

– das Bestehen einer vertikal mobilen Gesellschaftsstruktur,

– das Auftauchen neuer Güter.

Da die Nachfrager keine vollständige Information über das jeweilige Güterangebot besitzen, kann der Prozeß der Entfaltung von Nachfrage interpretiert werden als ein permanenter Vorgang des Erprobens und Experimentierens[122], in dessen Verlauf Unsicherheit abgebaut wird und in dem sich infolge steigenden Informationsstandes die Bedürfnis- und Nachfragestruktur ständig ändert. Die Lernprozesse werden allerdings – z.B. durch das Auftauchen neuer Güter und Preiserelationen oder durch das Auftreten neuer Konsumleitbilder – immer wieder unterbrochen, so daß neue Lern- und Anpassungsprozesse erforderlich werden.

Eine der Hauptursachen für das Auftreten neuer Konsumleitbilder liegt in der vertikalen Struktur der Gesellschaft[123], die sich insbesondere bei einer nicht gleichmäßigen Einkommens- und Vermögensverteilung ergibt. Sofern in einer solchen Gesellschaft soziale Mobilität vorliegt[124], d.h. die Möglichkeit gegeben ist, in die nächst höhere soziale Schicht aufzusteigen, besteht bei sehr vielen Wirtschaftssubjekten ein Drang, ihr Anspruchsniveau auf das Konsumniveau der nächst höheren Schicht auszurichten. Die Anpassung des gewünschten Konsumniveaus ist jedoch – nicht nur aufgrund bestehender Sättigungstendenzen für einzelne Güter – stets auch mit einer Anpassung in der Bedürfnisstruktur verbunden, da gerade die spezifischen Konsumentscheidungen der höheren Schicht nachvollzogen werden. Darüber hinaus besteht ein Drang, sich von der nächst höheren Schicht durch Nachfrageumstrukturierung abzuheben[125]. Aus diesen Versuchen der Anpassung und der Absetzung entspringt ein permanenter Wandel der Bedürfnis- und Nachfragestruktur. Da die entsprechenden Motivationen kaufkraftmäßig abgesichert sein müssen, ergibt sich ferner ein das wirtschaftliche Wachstum stimulierender Prozeß der Steigerung des Arbeitsangebots.

Der Wunsch der obersten sozialen Schicht, sich abzusetzen, kann offenbar nur dann erfüllt werden, wenn neue Güter angeboten werden. Dabei sind die zunächst relativ hohen Preise der neuen Güter, welche aufgrund der geringen Auflage in der ersten Phase des Innovationsprozesses typisch sind, durchaus kein Hindernis für die Entfaltung von Nachfrage, da der Kauf teurer Güter dieser Schicht gewisse Prestigebedürfnisse befriedigt.

Der progressive, d.h. allen Neuerungen aufgeschlossene Konsument, der allerdings nicht unbedingt in der obersten sozialen Schicht angesiedelt sein muß, erscheint als Vorreiter eines Wandels der Bedürfnis- und Nachfragestruktur. Er-

---

122 Vgl. L. Abbott (1958) S. 61.
123 Vgl. dazu auch M. Neumann (1968) S. 2 ff.
124 Vgl. J.S. Duesenberry (1949) S. 30.
125 Vgl. H.G. Johnson (1951) S. 296 f.

möglicht wird dieser Wandel jedoch durch das Auftreten von Pionierunternehmen, die durch Produktinnovationen die Voraussetzung für ein Absetzen schaffen. Progressiver Konsument und Pionierunternehmer sind also voneinander abhängig, da auch der Erfolg von Pionierunternehmern an das Vorhandensein und die Aufnahmebereitschaft progressiver Konsumenten gebunden ist. Während auf der Angebotsseite dem Pionierunternehmer die spontan imitierenden Unternehmer folgen und versuchen, einen Diffusionsprozeß auszulösen, entscheidet das Verhalten der folgenden Nachfragerschichten darüber, ob der Diffusionsprozeß gelingt. Sind genügend imitierende Konsumenten vorhanden, die sich an die Konsumgewohnheiten der progressiven Konsumenten anzupassen wünschen, so hat der Diffusionsprozeß Erfolg. Durch Verfahrensfortschritte ermöglichte Preisreduktionen können dabei ein Instrument sein, neue Käuferschichten zu erschließen und den Kreis der imitierenden Konsumenten zu erweitern. Der Bedürfnis- und Nachfragestrukturwandel kann sich dann durch alle sozialen Schichten hindurch fortsetzen. Bei der üblicherweise in Form einer Doppelpyramide vorliegenden personellen Einkommensverteilung[126] läßt sich demzufolge ein S-förmiger Marktentwicklungsphasenverlauf auch von der Nachfrageseite her ableiten[127].

Die Analyse des Prozesses des Entstehens von Konsumentenwünschen zeigt also, daß dieser Prozeß von einer Reihe von Determinanten bestimmt wird. Es sind insbesondere die vertikal mobile Gesellschaftsstruktur sowie eine gewisse Wettbewerbshaltung der Nachfrager, ferner das Auftreten von Pionierunternehmern und spontan imitierenden Unternehmern. Einige der Determinanten der Nachfragestruktur sind durchaus autonom, andererseits gehen maßgebliche Einflüsse von der Angebotsseite aus. Insgesamt sind der Wandel der Angebotsstruktur und der Wandel der Nachfragestruktur in hohem Maße interdependent.

(2) An dieser Erkenntnis ändert sich auch nichts Wesentliches, wenn einige weitere Aspekte, die insbesondere die *globale Nachfragestruktur* betreffen, in die Analyse einbezogen werden. Hinter Änderungen demographischer Faktoren wie Bevölkerungszahl, Bevölkerungsstruktur und Haushaltsgröße[128] stehen, wenn man die klassische Hypothese zu diesem Problemkomplex außer acht läßt, zunächst keine Angebotsdeterminanten, während etwa die regionale Verteilung der Haushalte, welche auf die Nachfragestruktur einwirkt (Bsp. Verkehrsleistungen), durchaus von Angebotsdeterminanten beeinflußt sein kann. Auch die Zusammensetzung der globalen Nachfrage, soweit sie die politisch bedingte Entscheidung über den Anteil der Staatsnachfrage betrifft, ist zunächst angebotsunabhängig. Über die Möglichkeiten, einen gewünschten Staatsanteil zu finanzieren und entsprechend staatliche Nachfrage zu entfalten, ent-

126 Vgl. W. Krelle (1962) S. 267 ff.
127 Vgl. dazu auch K. Schmidt (1972) S. 94 ff.
128 Zum Einfluß der Bevölkerungsstruktur vgl. B. Görzig; W. Kirner (1978) S. 16 ff.

scheiden aber auch Angebotsfaktoren, insbesondere die Höhe des Wirtschaftspotentials einer Volkswirtschaft. Die Höhe des Exportanteils kann teils angebotsunabhängig (administrative Festlegung von Wechselkursen), teils von Angebotsfaktoren beeinflußt sein (divergierende Produktivitäts- und Preisentwicklung in den einzelnen Ländern). Das gleiche gilt für Änderungen der Einkommens- und Vermögensverteilung, die sich teils angebotsbeeinflußt (sofern sich Lohnsteigerungsraten an divergierenden Produktivitätssteigerungsraten orientieren), teils durch wirtschaftspolitische Entscheidungen staatlicher Umverteilungspolitik ergeben und die Änderungen der Nachfragestruktur auslösen können. Möglicherweise weitreichendste Folge von Umverteilungsaktivitäten sind Änderungen der Spar- bzw. Konsumquote, die nicht nur veränderte Anteile der Investitions- und Konsumgüternachfrage bewirken, sondern auch innerhalb beider Aggregate zu strukturellen Verschiebungen Anlaß geben können[129]. Wiederum ist aber zu berücksichtigen, daß die Höhe der Sparquote auch von der Höhe des Einkommens und damit von der Höhe des Sozialprodukts abhängt und insoweit auch angebotsniveauinduziert ist[130].

Bezogen sich die bisherigen Darstellungen vorwiegend auf die Nachfrage nach Konsumgütern, so bringt auch die Berücksichtigung der Nachfrage nach Investitionsgütern und Vorprodukten keine wesentlich neuen Erkenntnisse. Nachfragestrukturwandel in beiden Bereichen ist insoweit seinerseits nachfrageinduziert, als die Nachfrage nach diesen Gütern von den Positionsverschiebungen ihrer Abnehmerindustrien, die ihrerseits nachfragebedingt sein können, abhängt. Allerdings sind auch hier Angebotseinflüsse festzustellen, wenn etwa Produktfortschritte in diesen Bereichen die Verwendungsmöglichkeiten der Güter erweitern, so daß neue Abnehmerbereiche erschlossen werden können[131].

### *3. Grundmuster der Wachstumsdifferenzierung und die Problematik der empirischen Tests*

Die Güterstruktur einer Volkswirtschaft ändert sich, wenn die Wachstumsraten der einzelnen Bereiche dieser Volkswirtschaft differieren. Dabei hängt die Wachstumsrate jedes einzelnen Bereichs von seiner Produktivitätsentwicklung, vom Ausmaß der Verfügbarkeit über geeignete Produktionsfaktoren sowie von der Nachfrageentwicklung ab. Angebots- und Nachfragefaktoren bestimmen also gleichermaßen die Wachstumsmöglichkeiten der einzelnen Bereiche.

129 Zum Einfluß der Auslandsnachfrage, der Staatsnachfrage sowie aller durch den Staat gesetzten Rahmenbedingungen auf den Strukturwandel vgl. Ch. Thoben (1977) S. 28 ff.

130 Vgl. J. Niehans (1964) S. 28 f.

131 Zu einer ausführlichen Darstellung der Determinanten der Nachfrage nach Investitionsgütern und Vorprodukten vgl. E. Görgens (1975b) S. 92 ff.

Nun sprechen viele Gründe dafür, daß sich Angebots- und Nachfragefaktoren gegenseitig induzieren. Andererseits kann eine wechselseitige positive Induktion nicht unbegrenzt fortdauern. Dies zeigen bereits die z.T. empirisch nachweisbaren S-förmigen Marktentwicklungsphasenverläufe. Offenbar kommt es zumindest von einer der beiden Marktseiten her zu Umbrüchen. So können Sättigungstendenzen der Nachfrager auch durch starke Produktivitätssteigerungen nicht dauerhaft überwunden werden, zumindest nicht durch Verfahrensfortschritt und Preissenkungen. Ebenso ist Nachfrageexpansion nicht in jedem Fall ein Instrument, das Produktivitätsfortschritte auslöst. Auch Schrumpfungsprozesse müssen sich nicht dauerhaft fortsetzen. So können durch Produktfortschritt neue Märkte geschaffen und neue Expansionsprozesse ausgelöst werden.

Damit ist angedeutet, daß sich bereits aus einem S-förmigen Marktentwicklungsphasenverlauf heraus Hinweise darauf geben lassen, daß Angebots- und Nachfrageimpulse nicht in jedem Fall die gleiche Intensität aufweisen bzw. auch nur in die gleiche Richtung zielen. Darüber hinaus sind Abweichungen vom S-förmigen Marktentwicklungsphasenschema denkbar, etwa wenn Produktinnovationen von den Nachfragern nicht akzeptiert werden oder wenn Nachfragerwünschen mangels geeigneter Produktionsfaktoren nicht Rechnung getragen werden kann. Entsprechend waren neben dem Alter einer Produktionsrichtung, in welchem sich die jeweilige Marktentwicklungsphase dokumentiert, eine Reihe von weiteren Wachstumsdeterminanten für die einzelnen Bereiche zu nennen, die, auch wenn sie zum Teil mit der Marktphase korrelieren können (finanzielles Potential, Produktivitätsbewußtsein, Wettbewerbsintensität), im einzelnen durchaus Abweichungen vom S-förmigen Entwicklungsverlauf bewirken. Insbesondere fehlende oder zu niedrige Flexibilität der Produktionsfaktoren kann sich als Hindernis für Diffusionsprozesse erweisen.

Aus diesem Grunde scheint es geboten, die Theorie des Strukturwandels gemäß den drei genannten unmittelbaren Determinanten (Differenzierung der Produktivitätsentwicklung, der quantitativen Komponenten und der Nachfage) etwas breiter anzulegen. Berücksichtigt man lediglich, daß sich bezüglich der Produktivitätsentwicklung zwischen Produkt- und Verfahrensfortschritt und daß sich bezüglich der Nachfrageentwicklung zwischen Preis- und Einkommenseffekten unterscheiden läßt, so sind bei fünf Differenzierungskriterien mit zumindest je zwei Ausprägungen 32 verschiedene Expansionsentwicklungen bzw. -intensitäten zu unterscheiden[132].

Es erübrigt sich, alle Alternativen im einzelnen durchzugehen, zumal die Auswirkungen auf das Wachstum des jeweiligen Bereichs offensichtlich sind.

132 Weitere Differenzierungen sind denkbar. So ließe sich bezüglich des Grades der Faktormobilität etwa danach unterscheiden, ob Anpassungswiderstände beim Faktor Arbeit oder beim Kapital gegeben sind und ob die Widerstände bei einem Faktor durch Faktorsubstitution überwunden werden können oder nicht.

In der folgenden Übersicht werden nur die für einen Bereich günstigsten bzw. ungünstigsten Konstellationen knapp angedeutet.

| Differenzierungs-kriterium | günstigste Variante | ungünstigste Variante |
|---|---|---|
| 1. Produktivitäts-entwicklung | | |
| a. Ausmaß des Produktfortschritts | hoch | niedrig bzw. nicht vorhanden |
| b. Ausmaß des Verfahrensfortschritts | hoch | niedrig bzw. nicht vorhanden |
| 2. Faktormobilität | hoch | niedrig |
| 3. Nachfrageentwicklung | | |
| a. Einkommens-elastizität | hoch | niedrig bzw. negativ |
| b. Preiselastizität | hoch | hoch |

Abb. 4. Günstigste bzw. ungünstigste Entwicklungskonstellation eines Wirtschaftsbereiches

Zwischen diesen beiden Extremen liegt das ganze Spektrum alternativer Kombinationen der einzelnen Konstellationsmerkmale, aus denen sich die Fülle von empirisch beobachtbaren Wachstumsdifferenzierungen erklärt. Die Zahl alternativer Verlaufsformen wird noch durch die Möglichkeit wechselseitiger Induktion von Angebots- und Nachfragefaktoren vergrößert. So können etwa Qualitätsverbesserungen eine zunächst niedrige Einkommenselastizität erhöhen. Wechselseitige Beschleunigungseffekte sind ebenso denkbar wie gegenseitige Blockierung[133].

Aus der Vielzahl der Varianten sollen im folgenden einige Grundtypen herausgehoben werden. Dabei soll von einem (relativen) Expansionstyp gesprochen werden, wenn die Wachstumsrate des Bereichs die durchschnittliche Wachstumsrate aller Bereiche übersteigt und der Bereich demgemäß einen strukturellen Positionsgewinn erzielt. Von einem (relativen) Kontraktionstyp soll gesprochen werden, wenn die Wachstumsrate hinter dem Durchschnitt zurückbleibt, wodurch sich ein struktureller Positionsverlust ergibt. Von einem

133 Zu Divergenzen zwischen Angebots- und Nachfragewachstum vgl. u.a. S. Clasen (1966) S. 117, J. Fourastié (1954) S. 87 und S. 216 sowie Sachverständigenrat zur Begutachtung der gesamtwirtschaftlichen Entwicklung (1965) S. 146.

(relativen) Stagnationstyp wird gesprochen, wenn die Wachstumsrate dem Durchschnitt entspricht und sich weder ein Positionsgewinn noch ein -verlust ergibt[134].

(1) *Expansionstyp 1*

Eine starke Expansion des Bereiches wird erfolgen, wenn entweder

(a) eine überdurchschnittliche Nachfrageexpansion, dokumentiert durch hohe (über Eins liegende) Einkommenselastizitäten, bei den Anbietern steigende FE-Aktivitäten, gegebenenfalls Mechanisierungs- und Skaleneffekte, insgesamt aber Produktivitätssteigerungen in Form von Produkt- und Verfahrensfortschritten auslöst,

(b) oder Produkt- und Verfahrensfortschritte, die sich in neuen Gütern bzw. sinkenden Güterpreisen niederschlagen, bei den Nachfragern Substitutions- und Einkommenseffekte auslösen,

(c) oder beide Vorgänge sich wechselseitig induzieren.

Im Marktphasenschema ist dieser Expansionstyp insbesondere in der Experimentier-, in der Expansions- und z.T. auch noch in der Ausreifungsphase anzutreffen.

(2) *Expansionstyp 2*

Eine mehr oder weniger starke Expansion ist auch gegeben, wenn lediglich von der Nachfrageseite her Expansionsimpulse ausgehen, derartige Impulse aber keinerlei Produktivitätssteigerungen nach sich ziehen. Sind die Nachfrageimpulse stark genug, so können sie sogar negative Produktivitätseffekte überkompensieren. Hohe Einkommens- sowie niedrige Preiselastizitäten dokumentieren die Bereitschaft der Nachfrager, die betreffenden Güter auch ohne Fortschrittseffekte bzw. trotz Preissteigerungstendenzen verstärkt nachzufragen. Im Marktphasenschema sind derartige Verläufe insbesondere der Ausreifungsphase zuzuordnen.

(3) *Expansionstyp 3*

Eine schwächere Expansion des Bereiches ergibt sich, wenn die Expansionsimpulse der Nachfrage sowie unter Umständen mögliche Produktivitätssteigerungen durch mangelnde Faktormobilität blockiert oder zumindest verzögert werden, der Diffusionsprozeß also gebremst wird. Derartige Hindernisse sind in allen Expansionsphasen der Marktentwicklung denkbar.

---

134 Vgl. dazu auch die sehr ähnlichen Ubersichten bei K. Dorner (1964) S. 96 ff., K. Schmidt (1972) S. 77 f. sowie E. Görgens (1975b) S. 75, in denen allerdings nur bezüglich Preisentwicklung sowie Einkommens- und Preiselastizität differenziert wird.

(4) *Stagnationstyp*

In diesem Fall entwickelt sich die Nachfrage genau gemäß der allgemeinen Einkommensentwicklung (Einkommenselastizität gleich Eins). Auch von der Angebotsseite ergeben sich keinerlei Impulse zur Verbesserung der Position des Bereiches. Der Bereich verzeichnet weder Positionsgewinne noch -verluste.

(5) *Kontraktionstyp 1*

Eine mehr oder weniger starke Kontraktion des Bereiches ergibt sich, wenn die Nachfrageentwicklung hinter der durchschnittlichen Nachfrageexpansion zurückbleibt (Einkommenselastizität unter Eins) und dieser Prozeß auch durch Produkt- und Verfahrensfortschritte allenfalls gebremst, nicht aber dauerhaft aufgehalten werden kann (auch die Preiselastizitäten liegen unter Eins). Derartige Entwicklungen treten am Ende der Ausreifungsphase, insbesondere aber in der Stagnations- und Rückbildungsphase auf.

(6) *Kontraktionstyp 2*

Fehlt es an Wachstumsimpulsen auf der Nachfrage- und auf der Angebotsseite, weil bei Einkommenselastizitäten unter Eins auch die Produktivitätssteigerung hinter dem volkswirtschaftlichen Durchschnitt zurückbleibt, so ist eine relative bzw. sogar absolute Kontraktion des Bereiches unumgänglich. Sie wird um so stärker ausfallen, je preiselastischer die Nachfrage ist. Der Bereich befindet sich in der Stagnations- bzw. der Rückbildungsphase.

Durch die Unterscheidung dieser sechs Typen wird die zentrale Bedeutung der Nachfrage als wachstumsdifferenzierender Faktor deutlich. Fast immer ist sie ein wesentlicher Verursachungsfaktor. Beim Expansionstyp 2 sowie beim Kontraktionstyp 1 setzt sie sich gegenüber den gegenläufigen Angebotsimpulsen durch. Lediglich beim Expansionstyp 3 bestimmt nicht die Nachfrageentwicklung, sondern das Ausmaß der Mobilitätshindernisse die Expansionsrate des Bereiches. Allerdings erfolgt die Veränderung der Nachfragestruktur nicht in jedem Falle autonom, da sie durch Angebotsfaktoren beeinflußt werden kann. Dies gilt insbesondere, je tiefer man auf die einzelwirtschaftliche Ebene herabsteigt und je enger man den relevanten Bereich abgrenzt. Während es auf höherem Aggregationsniveau durchaus eine „natürliche Struktur des wachsenden Verbrauchs“[135] gibt, die zu beeinflussen nur schwer möglich sein dürfte, besteht innerhalb der Branchen und Märkte die Chance für die Anbieter, die Feinstruktur der Bedürfnisse vor allem durch Produktinnovationen merklich zu verändern.

Die Unterscheidung der sechs Typen hat ferner gezeigt, daß es ein allgemeingültiges Erklärungsmuster für Strukturwandlungen in der Volkswirtschaft nicht gibt. Jene Autoren, die der Nachfrageseite den dominierenden Einfluß zubilligen, operieren in der Regel mit breiteren Branchenabgrenzungen, wäh-

135 Vgl. J. Fourastié (1954) S. 84.

rend die Autoren, welche einen dominierenden Einfluß der Angebotsseite unterstellen, zu recht darauf aufmerksam machen, daß die Feinstruktur der Bedürfnisse durch das Anbieterverhalten erheblich beeinflußt wird. Inwieweit Nachfragestrukturwandlungen aber tatsächlich autonom oder angebotsinduziert erfolgen, wird sich auch empirisch nur sehr schwer klären lassen, da bei empirischen Untersuchungen die Nachfragestruktur isoliert gar nicht ermittelt werden kann[136]. Ermittelt wird die Entwicklung der Umsatzstruktur, die aber noch keinen Aufschluß darüber gibt, ob der Primärimpuls des Strukturwandels von der Angebots- oder von der Nachfrageseite ausgeht. Selbst Nachfrageüberhänge sind kein sicheres Indiz dafür, daß die Angebotsstruktur einem autonomen Nachfragestrukturwandel folgt. Die Frage nach dem Primärimpuls läßt sich auch dann nicht allgemeingültig beantworten, wenn sich Normalstrukturen für bestimmte Entwicklungsniveaus der Volkswirtschaft empirisch nachweisen ließen, da die dabei herausgestellte Strukturdeterminante „Pro-Kopf-Einkommen“ ebenfalls noch keinen Aufschluß darüber gibt, ob sich primär bestimmte Angebotskonstellationen oder aber Elemente der Nachfragestruktur mit dem Pro-Kopf-Einkommen ändern.

Insoweit ergibt sich für die Analyse des Strukturwandels eine merkwürdige Konsequenz. Obwohl diese Analyse von Anfang an empirisch orientiert war, gewissermaßen aus der empirischen Wachstumsforschung hervorgegangen ist und obwohl sie zweifellos eine Reihe von Hypothesen über die mutmaßlichen Determinanten des Strukturwandels formuliert hat, ist es ihr bislang noch nicht gelungen, die Frage, welches die entscheidende Strukturdeterminante ist, empirisch zu klären. Die Grenzen empirischer Forschung in einem interdependenten Systemzusammenhang werden damit allzu deutlich.

Dem widerspricht nicht, daß sich in Einzelfällen durchaus nachweisen läßt, daß etwa die Inventionen den Investitionen zeitlich folgen, der Impuls also von der Nachfrageseite ausgeht, oder daß sich in anderen Fällen zeigt, daß Produkt- und Verfahrensinnovationen Nachfragebooms auslösen, die ohne FE-Aktivitäten der Anbieter nicht zustande kämen, oder daß Situationen eintreten, in denen Starrheiten des Faktorangebots die Intensität des Strukturwandels bestimmen. Derartige Untersuchungen bestätigen geradezu die Vermutung, daß es ein allgemeingültiges Erklärungsmuster nicht gibt. Für den einzelnen Bereich kommt es daher in entscheidendem Maße darauf an, die für ihn im jeweiligen Zeitpunkt relevanten Expansions- bzw. Kontraktionsimpulse zu erkennen und ihnen durch geeignete Maßnahmen Rechnung zu tragen. Dabei stellt sich insbesondere auch die Frage nach der Konstellation der mittelbaren Determinanten der Wachstumsdifferenzierung, also etwa der Stärke des Wettbewerbs oder der Stärke des Produktivitätsbewußtseins. Darüber hinaus besteht für die Wirtschaftspolitik die Aufgabe, durch den Einsatz geeigneter Instrumente zur Förderung des Strukturwandels beizutragen, etwa indem sie finanzielle Expansionshindernisse abbaut bzw. die Mobilität des Faktors Arbeit fördert.

136 Vgl. H. Schmucker (1964) S. 106 f.

### *4. Zusammenfassung: Die Bedeutung des wirtschaftlichen Wachstums und des Wettbewerbs für den Strukturwandel*

Am Ende des ersten Teils dieser Arbeit war die Frage nach der Hauptrichtung des Kausalnexus zwischen wirtschaftlichem Wachstum und Strukturwandel gestellt worden. Die Darstellung der Bestimmungsgründe des Strukturwandels hat gezeigt, daß sich diese Frage nicht eindeutig beantworten läßt. Allgemein ergeben sich als Facit aus den vorgetragenen Überlegungen aber wohl die folgenden Einsichten.

1. Der Strukturwandel einer Volkswirtschaft ist ein vielschichtiges Phänomen. Konzentriert man sich allein auf den Wandel der Güterstruktur, also auf die Änderung der Zahl, der Qualitätsmerkmale und der relativen Häufigkeit der umgesetzten Güter, so ist dieser Wandel verknüpft mit dem Wandel von Markt-, Unternehmens-, Produktions- und Produktivitätsstruktur sowie verbunden mit dem Wandel der Nachfragestruktur.

2. Strukturwandel ergibt sich als Folge von Wachstumsdifferenzen der Sektoren, Branchen, Märkte und Unternehmungen einer Volkswirtschaft. Die unmittelbaren Determinanten der Wachstumsdifferenzierung sind die Differenzierung der Produktivitätsentwicklung, der quantitativen Faktoren sowie der Nachfrageentwicklung. Diese unmittelbaren Determinanten werden von einer Reihe von mittelbaren Determinanten bestimmt, die entweder auf der Angebotsseite des Wirtschaftsgeschehens liegen, wie etwa das technologische und finenzielle Potential, das Produktivitätsbewußtsein und die Flexibilität der Produktionsfaktoren, oder die von der Nachfrageseite her einwirken.

3. Sowohl vom Einfluß der Angebots- als auch der Nachfragefaktoren her läßt sich die enge Verknüpfung des Strukturwandels mit dem Wachstumsprozeß aufzeigen. Was die Angebotsfaktoren anlangt, so war im ersten Teil hervorgehoben worden, daß Wachstum vornehmlich durch Produktivitätssteigerungen bewirkt wird und daß diese nicht in allen Bereichen der Wirtschaft gleichmäßig auftreten. Wachstum ist die Folge einzelwirtschaftlicher Wachstumsimpulse, die von einzelnen, möglicherweise wechselnden Bereichen ausgehen[137]. Wachstum ist also fortschritts- und damit strukturabhängig. Nunmehr konnte gezeigt werden, daß die Fortschrittsaktivitäten der einzelnen Bereiche ihrerseits Strukturwandel auslösen, daß das Ausmaß des Strukturwandels maßgeblich vom Ausmaß der Fortschrittsaktivitäten bestimmt wird. Insoweit ist der Strukturwandel Begleiterscheinung bzw. Folge des Wachstumsprozesses. Andererseits kann sich ein Wachstumsprozeß nur dann fortsetzen, wenn dem Kreationsprozeß ein Diffusionsprozeß folgt, d.h. wenn die produktiveren Bereiche sich auf Kosten der weniger produktiven ausdehnen können, wenn also ein nachhaltiger Strukturwandel stattfindet. Nicht nur – wie zuvor beschrieben – eine bestimmte Struktur, sondern auch struktureller Wandel ist eine Voraussetzung für die Fortführung eines einmal eingeleiteten Wachstumsprozesses.

137 Vgl. M. Neumann (1968) S. 81 und S. 193.

4. Während die Produktivitätsdifferenzierungen der Bereiche die Impulse für Strukturwandel liefern, hängt der Erfolg von Produktivitätssteigerungsversuchen wesentlich vom Verhalten der Nachfrager, insbesondere dem Vorhandensein progressiver Konsumenten, ab. In Verbindung mit einer vertikal mobilen Gesellschaftsstruktur erweist sich wiederum der Wachstumsprozeß selbst als Auslöser von Nachfragestrukturwandel. Je größer das Wachstum der Einkommen und damit der Abbau eines wesentlichen constraint der Güternachfrage, um so nachhaltiger kann sich der Nachfragestrukturwandel nach Maßgabe der jeweiligen Bedürfnishierarchie vollziehen. Steigende Einkommen ermöglichen das Überwechseln auf neue Güterkategorien und damit den Wandel der Nachfragestruktur. Daraus folgt erneut, daß das Ausmaß des Strukturwandels von der Höhe des Wirtschaftswachstums abhängt. Allerdings stellt sich die Frage, ob bei einer Beschleunigung des Wandels der Nachfragestruktur die Anpassungsflexibilität der Produktionsfaktoren ausreicht. Ist das nicht der Fall, so wird die Intensität des Strukturwandels nicht primär von der Nachfrage, sondern von der Flexibilität der Produktionsfaktoren bestimmt[138]. Bei ausreichend vorhandenen bzw. flexiblen Faktoren vollzieht sich der Strukturwandel aber wohl um so leichter, je höher die Wachstumsrate des Systems ist, da sich der Strukturwandel dann mehr oder weniger ausschließlich in Expansionsdifferenzen niederschlägt und die Zahl der absolut schrumpfenden Bereiche niedrig ist[139].

5. Wird insoweit der positive Einfluß des Wachstums auf den Strukturwandel hervorgehoben und der interdependente Charakter von Wachstum und Strukturwandel herausgestellt, so ist andererseits zu bedenken, daß ein wachstumsbedingter Wandel der Nachfragestruktur auch geeignet sein kann, die Produktivitätssteigerungs- und Wachstumsrate der Volkswirtschaft zu drosseln, wenn sich die Nachfrage auf jene Bereiche konzentriert, in denen sich nur geringe Produktivitätssteigerungen erzielen lassen, und wenn die Nachfrage jene Bereiche vernachlässigt, in denen erhebliche Produktivitätsreserven liegen[140]. Es erscheint allerdings kaum gerechtfertigt, in diesem Fall von Wachstumsverlusten infolge negativer Struktureffekte zu sprechen und sogar eine korrigierende wirtschaftspolitische Einflußnahme zu fordern[141]. Das Wachstumsziel sollte im Hinblick auf das Ziel der Wohlstandssteigerung definiert werden, wobei die Höhe des Wohlstands sich nicht nur in der absoluten Höhe des Güterberges, sondern auch in seiner Zusammensetzung dokumentiert. Insoweit fordert das Prinzip der Konsumentensouveränität, daß sich die Struktur des Güterangebots den Strukturwandlungen der Nachfrage in jedem Fall anpaßt.

---

138 Vgl. dazu S. Clasen (1966) S. 115 ff.

139 Zum Zusammenhang zwischen Wachstumsrate der Gesamtproduktion und dem Anteil der Bereiche, in denen die Produktion zunimmt, vgl. M. Neumann (1968), S. 128 ff.

140 Vgl. dazu Sachverständigenrat zur Begutachtung der gesamtwirtschaftlichen Entwicklung (1965) S. 144.

141 Wie etwa F. Redl (1963/64) S. 84.

6. Wenn wirtschaftliches Wachstum einerseits von Strukturwandel begünstigt wird bzw. hohes Wachstum den Strukturwandel beschleunigt und wenn das Wachstum andererseits, wie im ersten Teil dargelegt, wesentlich von der Stärke des Wettbewerbs abhängt, so ist damit bereits die Verbindung zwischen Strukturwandel und Wettbewerb geknüpft. Die vermutete enge Verbindung zwischen strukturellem Wandel und Wettbewerb hat sich im Zuge der Beantwortung der Frage nach den Determinanten des Strukturwandels bestätigt.

Wenn Wachstumsdifferenzierungen zwischen den Sektoren, Branchen, Märkten und Unternehmungen als Folge von Unterschieden in der Produktivitätsentwicklung, der Entwicklung der quantitativen Komponenten sowie der Nachfrage auftreten, so läßt sich zeigen, daß derartige Differenzierungen als Folge von Wettbewerbsprozessen auftreten. Die Differenzierung der Produktivitätsentwicklung ergibt sich als Folge von Erkenntnis-, Inventions- und Innovationsanstrengungen der Anbieter, die als wettbewerbliche Vorstoßaktionen interpretiert werden können. Auch die Diffusionsanstrengungen, d.h. die Informations-, Lern- und Diffusionsprozesse i.e.S., können als wettbewerbliche Verhaltensweisen angesehen werden. Insoweit ist das Ausmaß der Produktivitätsdifferenzierungen abhängig von den Wettbewerbsbedingungen auf den Gütermärkten. Da zum erfolgreichen Ablauf von Diffusionsprozessen ferner eine hohe Faktorenflexibilität erforderlich ist, hängt das effektive Ausmaß des Strukturwandels auch von den Wettbewerbsbedingungen auf den Faktormärkten ab. Schließlich ist die Intensität des Strukturwandels abhängig von den Verhaltensweisen der Nachfrager, deren kompetitive Wirtschaftsgesinnung im Sinne des Wunsches, die individuelle Nachfragestruktur an die Nachfragestruktur der nächst höheren Schicht anzupassen, den Wandel der Güterstruktur beschleunigt. Demgemäß ist das Wettbewerbsverhalten der Anbieter und Nachfrager auf Güter- und Faktormärkten eine Determinante der Intensität des Strukturwandels.

7. Während diese allgemeine Aussage wohl ohne weiteres akzeptiert werden kann, bereitet es erhebliche Schwierigkeiten, die Beziehungen zwischen der Stärke des Wettbewerbs und der Intensität des Strukturwandels im einzelnen herauszuarbeiten. Insbesondere stellt sich die Frage, ob Wettbewerb stets Strukturwandel nach sich zieht und ob man an der Intensität des Strukturwandels die Intensität des Wettbewerbs ablesen kann[142]. Dies ist offenbar schon deshalb nicht möglich, da nicht jeder Strukturwandlungsprozeß als Wettbewerbsprozeß interpretiert werden kann. Die Darstellungen zur Theorie der Marktstrukturphasen und des Marktstrukturwandels haben gezeigt, daß zwischen kurzfristig reversiblen Marktstrukturschwankungen und kurzfristig nicht reversiblen Marktstrukturveränderungen unterschieden werden muß. Während Marktstrukturschwankungen möglicherweise als Wettbewerbsprozesse interpre-

142 Wie es z.B. A.D.H. Kaplan (1964) tut.

tierbar sind, in denen einzelne Anbieter Vorstoßaktionen unternehmen und andere darauf reagieren, ist bei nicht reversiblen Konzentrationsprozessen die Gefahr der langfristigen Reduzierung der Wettbewerbsintensität virulent. Angesichts der engen Verknüpfung zwischen Marktstruktur- und Marktentwicklungsphasen bzw. der engen Beziehung zwischen dem Wachstum der Unternehmungen, der Märkte, denen sie angehören, der Branchen, denen diese Märkte zuzuordnen sind, sowie der Sektoren, denen die jeweiligen Branchen zuzurechnen sind, erweist sich die Frage, welche Prozesse als Wettbewerbsprozesse zu interpretieren sind und welche nicht, von generellem Interesse für alle Strukturwandlungsvorgänge.

Darüber hinaus stellt sich die Frage, ob bei konstanten Strukturen in jedem Fall zu vermuten ist, daß es an Wettbewerb fehlt. Auch dies wird man verneinen müssen, da gerade ein intensiver Wettbewerb sich darin dokumentieren kann, daß es keinem der Akteure gelingt, Vorsprungspositionen gegenüber anderen Marktteilnehmern zu erringen. Damit ist die Frage nach den Kriterien, mit deren Hilfe man die Stärke des Wettbewerbs diagnostizieren kann, bzw. die Frage nach den Determinanten des Wettbewerbs angesprochen. Angesichts der Bedeutung des Wettbewerbs für das wirtschaftliche Wachstum und den Wandel volkswirtschaftlicher Strukturen ist die Relevanz dieser Frage unbestreitbar.

*Dritter Teil*

# WETTBEWERB UND WETTBEWERBSDETERMINANTEN

## A. Der Begriff des Wettbewerbs und die Aufgaben der Wettbewerbstheorie

### I. Zur Problematik des Wettbewerbsbegriffs

Trotz der zuvor angedeuteten Probleme bei der Festlegung des Wachtstumsbegriffs und trotz der beschriebenen Begriffskonfusion bezüglich des Konzepts der Wirtschaftsstruktur und des Strukturwandels zeigt es sich, daß der Wettbewerb der begrifflich unklarste der drei hier zu behandelnden ökonomischen Prozesse ist. „,. . . unter Nationalökonomen herrscht . . . eine erstaunliche Unsicherheit im Gebrauch des Begriffs ‚Wettbewerb' "[1]. In vielen Fällen wird auf einen Versuch, Wettbewerb zu definieren, völlig verzichtet[2]. Dies muß um so mehr überraschen, als die fundamentale Bedeutung des Wettbewerbs als Koordinierungsinstrument und Leistungsstimulator einer Marktwirtschaft üblicherweise aktzeptiert und einmütig hervorgehoben wird. Über die Frage, welche Prozesse im einzelnen als Wettbewerbsprozesse angesehen werden können und welche nicht, bestehen aber erhebliche Unklarheiten, die sich in divergierenden Definitionsansätzen niederschlagen.

1. Eine erste Ursache für divergierende Wettbewerbsdefinitionen ist formaler Natur. So ist die Frage der Definition eines ökonomischen Vorgangs stets eng verbunden mit der Frage seiner Meßbarkeit. Versuche einer Messung können sich dabei entweder auf den Vorgang selbst, auf die Wirkungen, die er zeitigt, oder aber auf die Voraussetzungen, unter denen er sich entwickelt, beziehen. Gemäß den drei denkbaren Fragestellungen ‚was kann Wettbewerb bewirken? – was ist Wettbewerb? – woraus entsteht Wettbewerb?'[3] lassen sich drei Definitionsansätze unterscheiden:

– Definition des Wettbewerbs mit Hilfe der ihm übertragenen Funktionen bzw. anhand seiner Wirkungen (Wirkungsdefinition)[4],

---

1 E. Sohmen (1971) S. 99. Vgl. auch F. Machlup (1965) S. 36 f.

2 Was bereits von Knight beklagt worden ist. Vgl. F.H. Knight (1935) S. 49. Vgl. dazu auch H. Schmidbauer (1974) S. 18.

3 Vgl. H.B. Giesel (1975) S. 13.

4 Beispiele finden sich bei J.S. Bain (1968) S. 14, C.E. Ferguson (1964) S. 56 ff., insb. S. 79 f. Ähnlich auch H. Arndt (1952) S. 51 u. S. 111.

– Definition des Wettbewerbs mittels der für die Realisierung der Funktionen notwendigen Marktprozesse und Verhaltensweisen (Prozeß- bzw. Verhaltensdefinition)[5],
– Definition des Wettbewerbs mit Hilfe der für den Ablauf des Prozesses notwendigen Voraussetzungen bzw. Determinanten (Determinantendefinition).

Diese Dreiteilung hat allerdings zu einer bedenklichen Entwicklung der Wettbewerbstheorie Anlaß gegeben. Als in der neoklassischen Preistheorie sowie in der Theorie des funktionsfähigen Wettbewerbs der Versuch unternommen wurde, die drei Kategorien inhaltlich zu präzisieren und als dabei vornehmlich Marktstrukturmerkmale als Wettbewerbsdeterminanten genannt wurden[6], verwandelte sich die logisch richtige Kausalbeziehung ‚Determinanten – Marktprozeß – Wirkungen' in eine vermeintliche Kausalbeziehung 'Marktstruktur – Marktverhalten – Marktergebnisse'[7]. Auf die Strukturkonzepte und ihre Problematik wird im folgenden noch einzugehen sein[8].

Darüber hinaus werden die drei Kategorien nicht nur zur Definition des Wettbewerbs herangezogen, sondern sie finden auch als Kriterien, mit deren Hilfe die Intensität des Wettbewerbs zu diagnostizieren ist, sowie als Ansatzpunkte für wirtschaftspolitische Eingriffe zur Sicherung des Wettbewerbs Verwendung[9].

2. Die zweite Ursache für divergierende Wettbewerbsdefinitionen ist darin zu sehen, daß ein materieller Dissens besteht, welche Funktionen dem Wettbewerb im einzelnen zu übertragen sind und ob die Funktionen miteinander vereinbar sind oder nicht (Dilemma- versus Harmoniethese). Während die Frage,

---

5 Prozeßdefinitionen finden sich z.B. bei H. Arndt (1949) S. 252, J.M. Clark (1954) S. 317 ff., J.M. Clark (1955) S. 457, J. Downie (1958) S. 60 ff. sowie H. Brems (1951) S. 54. An den Zielsetzungen und Verhaltensmustern orientieren sich u.a. W.A. Jöhr (1966) S. 90, K. Borchardt, W. Fikentscher (1957) S. 15, A.E. Ott (1959a) S. 44, H. Schlögl (1972) S. 58 ff., P. Oberender (1975) S. 131 f. und H. Schumacher (1976b) S. 46 f.

6 Zu den Determinantendefinitionen zählen insbesondere noch jene Ansätze, in denen die Wettbewerbsfreiheit als zentrale Wettbewerbsvoraussetzung erscheint. Vgl. z.B. E. Hoppmann (1972) S. 9 f.

7 Vgl. dazu E. Hoppmann (1967b) S. 146 ff. sowie St. H. Sosnick (1958) S. 380 ff.

8 Dabei ist nicht nur die Gleichsetzung von Struktur und Determinanten bedenklich, sondern auch die mehr oder weniger exklusive Interpretation der Wirkungen im Sinne so spezifischer Marktergebnisse wie Wachstum, technischer Fortschritt usw. Auch Marktstrukturen sind Ergebnisse von Marktprozessen und insoweit Folgen des Wettbewerbsprozesses. In diesem Sinne dürfte unter Umständen auch die Definition von C.D. Edwards (1949) S. 9 zu verstehen sein.

9 Bezüglich ihrer Eignung als Diagnose- und Therapieinstrumente ergeben sich bei den einzelnen Kriteriengruppen aber erhebliche Zweifel. So scheiden insbesondere Ergebnisnormen als ausschließliche Diagnose- und auch als Therapiekriterien aus, da die Beurteilung von Marktergebnissen stets einen Vergleich mit nicht bekannten hypothetischen Ergebnissen voraussetzt und da es sich in einer freiheitlichen Wirtschaftsordnung verbietet, gewünschte Marktergebnisse qua administrativen Akt herbeizuführen. Gleiches gilt für Verhaltensnormen, sofern in ihnen ein positives Tun gefordert wird. Vgl. dazu E. Hoppmann (1967b) S. 170 ff. und S. 177 ff. sowie I. Schmidt (1973) S. 62.

ob die verschiedenen Funktionen kompatibel sind oder nicht, eine theoretische Frage darstellt, welche prinzipiell empirisch überprüfbar ist, läßt sich der Dissens bezüglich der Zusammensetzung des Katalogs der Funktionen nicht beseitigen, da er auf Werturteilen beruht. Das Konzept des funktionsfähigen Wettbewerbs ist demzufolge ein normatives[10]. Angesichts unterschiedlicher Zusammensetzung des Katalogs der gewünschten Wettbewerbswirkungen etwa bezüglich des Gewichts ökonomischer bzw. außerökonomischer Funktionen oder des Gewichts sog. statischer bzw. sog. dynamischer Funktionen resultieren divergierende Vorstellungen über den dazu am besten geeigneten Marktprozeßablauf (etwa Gewinneliminierungsprozeß oder zyklischer Marktprozeß) sowie divergierende Vorstellungen über die hierzu erforderlichen Wettbewerbsvoraussetzungen. Erhebliche Meinungsverschiedenheiten bestehen beispielsweise über die wettbewerbsoptimale Marktstruktur (etwa vollständige Konkurrenz oder weites Oligopol).

Divergierende Kataloge von Wettbewerbsvoraussetzungen entspringen aber nicht notwendigerweise divergierenden Zielkatalogen. Selbst bei weitgehender Übereinstimmung bezüglich der Wettbewerbsfunktionen lassen sich alternative Hypothesen darüber formulieren, unter welchen Voraussetzungen sich die gewünschten Ergebnisse einstellen.

3. Divergierende Meinungen bezüglich der Definition des Wettbewerbs resultieren schließlich aus unterschiedlichen theoretischen bzw. methodologischen Positionen. So besteht Uneinigkeit darüber, ob es überhaupt zulässig sei, den Wettbewerb auf die Realisierung konkreter Ziele hin zu definieren[11], oder ob Wettbewerb lediglich ein ökonomischer Vorgang sei, von dem man aufgrund logischer Deduktion sowie empirischer Erfahrung vermuten kann, daß er als „systembegründendes Prinzip“[12] einer Marktwirtschaft gute ökonomische Ergebnisse erbringt[13]. Neigt man der zweiten Auffassung zu, so versteht man den Wettbewerb als einen permanenten Such- und Entdeckungsprozeß[14], d.h. als einen offenen Prozeß, dessen Ergebnisse lediglich in Form von Mustervoraussagen, nie aber in Form von Einzelvoraussagen prognostiziert werden können. Sofern Einzelergebnisse aber nicht konkret voraussagbar sind, scheiden ergebnisorientierte Definitionen des Wettbewerbs aus. Sofern auch der Prozeßablauf als offen akzeptiert wird, scheiden Verhaltensdefinitionen aus, soweit sie Wettbewerbsverhalten positiv und im einzelnen festlegen. Auch Strukturdefinitionen sind dann abzulehnen, weil durch die Vorgabe einer gewünsch-

---

10 Vgl. F. Machlup (1965) S. 37 und S. 46.

11 Hoppmann spricht von einem reduktionstheoretischen Ansatz sowie von wohlfahrtsökonomischer Zielbestimmung. Vgl. E. Hoppmann (1974b) S. 256 ff., ders. (1968b) S. 77.

12 E. Hoppmann (1972) S. 9.

13 Hoppmann spricht von einem systemtheoretischen Ansatz. Vgl. E. Hoppmann (1974b) S. 256 ff.

14 Im Sinne von F.A. v. Hayek (1968).

ten Struktur die Offenheit des Prozesses nicht mehr gewährleistet ist[15]. An die Stelle des Ergebnis-Verhalten-Struktur-Schemas der Wettbewerbsdefinition tritt dann eine Definition, die an der Wettbewerbsfreiheit als zentraler Determinante von Wettbewerbsprozessen anknüpft. Diese Auffassung gipfelt in der Schlußfolgerung, daß es zweckmäßig sei, auf jegliche wirkungsorientierte Kennzeichnung des Wettbewerbs, also etwa auf die Begriffe „workable" oder „effective competition" bzw. „funktionsfähiger Wettbewerb" völlig zu verzichten und nur noch von Wettbewerb zu sprechen[16].

Die Ablehnung einer wirkungsorientierten Wettbewerbsdefinition sowie der Ausweis des Wettbewerbs als eines Prozesses, dessen Ergebnisse im einzelnen offen und prinzipiell unbekannt sind, führt schließlich dazu, alle Versuche einer positiven Definition des Wettbewerbsprozesses zurückzuweisen. Versuche, den Wettbewerb „positiv im einzelnen" zu beschreiben, seien verfehlt, Wettbewerb sei nur negativ zu definieren als Abwesenheit von Wettbewerbsbeschränkungen, also als Fehlen jener Praktiken, die die Wettbewerbsfreiheit von Marktteilnehmern beeinträchtigen[17].

Im Rahmen des Freiheitsansatzes wird darauf verzichtet, spezifische Intensitätsmaße zu entwickeln, da jede Forderung nach einem konkreten Ausmaß an Freiheitsspielraum der Forderung nach Offenheit der Prozesse widerspräche. Andererseits wird nicht verkannt, daß es erforderlich ist festzulegen, wann die Freiheitsbereiche der Marktteilnehmer noch hinreichend groß sind. Dennoch wird aber weniger die Frage nach der jeweiligen Höhe der Marktmacht gestellt, sondern es wird versucht, jene Verhaltensweisen zu identifizieren, durch welche Marktmacht entsteht bzw. sich vergrößert[18].

## II. Die Aufgaben der Wettbewerbstheorie

Wie in der Wachstumstheorie und in der Theorie des Strukturwandels lassen sich in der Wettbewerbstheorie drei Grundfragestellungen unterscheiden:

1. In welcher Weise wirkt der Wettbewerb auf andere ökonomische bzw. außerökonomische Variable ein? Begünstigt wirtschaftlicher Wettbewerb also beispielsweise das Wachstum der Wirtschaft bzw. sichert er den Wirtschaftssubjekten eine ausreichende Zahl von Wahlmöglichkeiten?

2. Welches sind die Determinanten des Wettbewerbs und wie groß ist ihre jeweilige Bedeutung?

---

15 Vgl. dazu J.M. Clarks Argumentation gegen das Modell der vollständigen Konkurrenz (1955) S. 455 f. sowie den entsprechenden Einwand K. Biedenkopfs gegen das weite Oligopol (1968) S. 10 f.

16 Vgl. E. Hoppmann (1967b) S. 180.

17 Vgl. E. Hoppmann (1968a) S. 15 und S. 48.

18 Vgl. dazu im einzelnen E. Hoppmann (1968a) S. 15 f. sowie ders. (1972) S. 16 f.

3. Welches sind die Bedingungen für das Entstehen spezifischer Verlaufsformen des Wettbewerbsprozesses, also beispielsweise solcher Prozesse, aus denen ein Höchstmaß an vorhandenem technischem Wissen in der Wirtschaft zur Anwendung gelangt?

Wie zuvor dargestellt, soll sich die Analyse der drei ökonomischen Prozeßphänomene jeweils auf die Frage nach den Determinanten des Phänomens konzentrieren und insoweit einen Beitrag zu dem Versuch liefern, das jeweilige Phänomen zu erklären. Ein derartiges Vorgehen ist aber nur denkbar und sinnvoll, wenn über den zu erklärenden Vorgang Einigkeit herrscht. Bezüglich des Wettbewerbs heißt das, daß eine eindeutige und möglichst allgemein akzeptierte Wettbewerbsdefinition vorliegen müßte. Demgegenüber haben die zuvor zitierten Definitionsversuche gezeigt, daß bezüglich einer adäquaten Beschreibung des Wettbewerbsprozesses erhebliche Meinungsverschiedenheiten bestehen.

Damit stellt sich die Frage, ob die Suche nach den Wettbewerbsdeterminanten nicht von vornherein zum Scheitern verurteilt ist, zumal die oben vorgetragenen Definitionen das Spektrum der Meinungen nur angedeutet haben und sich mit Mason möglicherweise resignierend feststellen läßt, daß „... there are as many definitions of ‚effective' or ‚workable' competition as there are effective or working economists“[19].

Zweifellos kann im Rahmen dieser Arbeit auf die Einzelheiten der Diskussion, wie sie in jüngster Zeit auch in Deutschland etwa im Rahmen der Hoppmann-Kantzenbach-Kontroverse[20] sowie der Hoppmann-Tolksdorf-Kontroverse[21] abgehandelt worden sind, nicht vertieft eingegangen werden. Das scheint andererseits auch nicht erforderlich zu sein, da ein Blick auf die Hauptlinien der Wettbewerbstheorie zeigen wird, daß sich trotz erheblicher Abweichung in der Detailaussage dennoch eine gemeinsame Basis für die folgende Frage nach den Wettbewerbsdeterminanten finden läßt. Eine solche Basis ist gegeben, da über einige der wesentlichen Eigenschaften des Wettbewerbs offensichtlich doch Einigkeit besteht. So konstatiert auch Sohmen, daß dem „beängstigend harten Krieg der Worte ... oft eine überraschende Einmütigkeit der Taten“ folgt[22]. Diese Basis wird sich zugleich als eine geeignete Grundlage erweisen, einen Bezug zum Wachstum und zum Strukturwandel herzustellen.

19 E.S. Mason (1959) S. 381.

20 Vgl. u.a. E. Hoppmann (1966a) S. 286 ff., E. Kaufer (1966) S. 481 ff., E. Heuß (1967) S. 411 ff., E. Kantzenbach (1967/68) S. 193 ff., E. Kaufer (1967/68)S. 242 ff., E. Hoppmann (1967/68) S. 251 ff.

21 Vgl. u.a. M. Tolksdorf (1969) S. 61 ff., E. Hoppmann (1973) S. 161 ff., M. Tolksdorf (1973) S. 543 ff., E. Hoppmann (1974b) S. 256 ff. sowie D. Schmidtchen (1976/77) S. 428 ff.

22 E. Sohmen (1971) S. 118.

## B. Der Beitrag der Wettbewerbstheorie zur Erforschung der Wettbewerbsdeterminanten

Im folgenden soll untersucht werden , welche Wettbewerbsdeterminanten in den einzelnen historischen Epochen der Wettbewerbstheorie herausgearbeitet worden sind. Nun hat die Diskussion des Wettbewerbsbegriffs gezeigt, daß die Frage nach den Wettbewerbsdeterminanten von der Frage nach den zugrundeliegenden Zielvorstellungen und dem darauf ausgerichteten Prozeßablauf nicht abgetrennt werden kann. Bei der Darstellung der einzelnen Theorieansätze kann es daher nicht genügen, nur die jeweiligen Determinanten zu nennen, da diese ohne Erläuterung der Wettbewerbsfunktionen und der Prozeßvorstellung nicht verständlich wären. Ein – allerdings stets kurzer – Rückgriff auf die Funktionen und den Prozeß ist daher erforderlich.

Schwierigkeiten bereitet es, die Beiträge der Wettbewerbstheorie zu systematisieren und chronologisch einzuordnen. Es dürfte müßig sein, hier eine ausführliche Diskussion um Begriffe und exakte chronologische Abgrenzung zu führen. An der üblichen Einteilung in drei Phasen[1] soll im Prinzip festgehalten werden. Diese Phasen sind aber weniger als chronologisch aufeinanderfolgende Entwicklungsabschnitte, sondern als Phasen divergierender methodologischer Ansätze zu verstehen. Es wird unterschieden zwischen einer ersten Phase der klassischen Wettbewerbstheorie, einer zweiten Phase, in der die Wettbewerbstheorie versucht, die Implikationen der neoklassischen Preistheorie nutzbar zu machen, und einer dritten Phase der neoklassischen Wettbewerbstheorie. Dabei wird als neoklassische Preistheorie jener methodologische Ansatz bezeichnet, der darauf abstellt, wirtschaftliche Fragestellungen aus dem gesamtgesellschaftlichen Zusammenhang herauszulösen und sie einer rein ökonomischen Betrachtung zu unterwerfen. Insoweit könnte man auch von einer Phase der „Reinen Ökonomie" sprechen[2]. In diese Phase gehören neben der Preistheorie im engeren Sinn auch wesentliche Teile des workable-competition-Ansatzes. Demgegenüber wird unter die neoklassische Wettbewerbstheorie auch die Theorie der Industrial Organization subsumiert. Zuweilen werden die Begriffe ‚Wettbewerbstheorie' und ‚theory of industrial organization' ohnehin synonym verwendet[3].

1 Vgl. B. Suviranta (1956). Zur Kritik an dieser Phaseneinteilung vgl. K. Herdzina (1975) S. 16 f.

2 Vgl. E. Hoppmann (1968b) S. 70 ff. Zweifellos ist die Bezeichnung ‚neoklassische Theorie' für die Phase der Reinen Ökonomie irreführend, doch hat sich dieser Terminus weitgehend durchgesetzt. Vgl. auch den Begriff der ‚neoklassischen Wachstumstheorie'. Die Bezeichnung ist zudem Ursache weiterer begrifflicher Unklarheiten, als damit auch noch zwischen einer neoklassischen Preistheorie als Reiner Ökonomie und der Politischen Ökonomie der Neoklassischen Wettbewerbstheorie zu unterscheiden ist. Hoppmann hat daher einmal vorgeschlagen, von einer neuklassischen Wettbewerbstheorie zu sprechen. Vgl. E. Hoppmann (1966a) S. 290.

3 Vgl. E. Kaufer (1967) S. 95 ff., H. Schumacher (1976a) S. 151 nennt die Industrial Organization Analysis die empirisch ausgerichtete Variante der Wettbewerbstheorie.

Diese Einteilung zeigt, daß eine Einordnung in historisch chronologische Epochen kaum sinnvoll ist, sondern daß es sich vielmehr um zwei entgegengesetzte Entwicklungstendenzen handelt, die aber zeitlich weitgehend parallel nebeneinander herlaufen. Die Hervorhebung der rein ökonomischen Perspektive setzt historisch schon sehr früh mitten in der sog. klassischen Epoche, genaugenommen schon bei Ricardo[4], spätestens aber bei Cournot ein. Ebenso ist die Geburtsstunde der neoklassischen Wettbewerbstheorie, die sich wie die klassische Theorie als „Politische Ökonomie" versteht, kaum exakt zu fixieren, da sie sich über die Aussagen diverser Neoklassiker, über das amerikanische Antitrust und das englische Common Law direkt bis zu den klassischen Nationalökonomen zurückverfolgen läßt[5]. Will man dennoch einen Zeitpunkt festlegen, zu dem sie sich auch in der theoretischen nationalökonomischen Diskussion sprunghaft entfaltete, so sind in der Tat die 1930er Jahre zu nennen, in denen sich in den USA die Forschungsrichtung der Industrial Organization und in Deutschland das Konzept des Neoliberalismus entwickelten[6]. Dennoch sind die Verknüpfungen zwischen neoklassischer Wettbewerbstheorie und neoklassischer Preistheorie, insbesondere zwischen der Theorie der Industrial Organization und der Theorie des funktionsfähigen Wettbewerbs nicht zu übersehen und häufig sogar sehr eng, zumal die Autoren ihre Positionen verschiedentlich geändert und präzisiert und den jüngsten Forschungsergebnissen entsprechend modifiziert und komplettiert haben[7].

## I. Der politökonomische Ansatz der klassischen Theorie

### *1. Wettbewerbsfunktionen und Wettbewerbsprozeß*

Auch wenn das Konzept des Wettbewerbs bereits in der nationalökonomischen Literatur der vorklassischen Epoche gebräuchlich war und seine Wirkungen von Autoren wie Becher, Cantillon, Turgot, Quesnay, Hume und Steuart beschrieben worden waren[8], so ist Adam Smith für viele Nationalökonomen doch der „prophet of competition"[9]. Die Ursache für ein derartiges Urteil liegt darin, daß Smith im Wettbewerb zwar auch, aber nicht ausschließlich, ein Instrument sah, dem die Tendenz innewohnt, die Preise zu senken und übermäßige Gewinne abzubauen. Der Wettbewerb war für ihn darüber hin das Organisationsprinzip einer freiheitlichen Wirtschaft, die er als ein „System nicht-autoritärer sozialer Kontrolle"[10] dem Merkantilismus als ordnungspolitische Alternative entgegenstellte. Dieses System basierte, „allowing every man to pursue his own interest his own way, upon the liberal plan of equality, liberty and

4 Vgl. E. Kaufer (1967b) S. 327.
5 Vgl. E. Hoppmann (1968b) S. 85 ff.
6 Vgl. E. Hoppmann S. 86 sowie E. Kaufer (1976b) S. 219.
7 Zu einer entsprechenden Einteilung der Wettbewerbsleitbilder vgl. neuerdings H. Bartling (1980) S. 9 ff.
8 Vgl. P.J. McNulty (1967) S. 395 ff. sowie ders. (1968) S. 647.
9 J.M. Clark (1961) S. 24.
10 E. Hoppmann (1968b) S. 81.

justice“[11]. Im freien Wettbewerb sah er eine Kraft, die einmal bewirkt, daß die ihrem Eigeninteresse folgenden Wirtschaftssubjekte unbewußt – „as . . . led by an invisible hand“[12] – ein Maximum an allgemeiner Wohfahrt schaffen[13], und die andererseits den Freiheitsspielraum der am Wirtschaftsprozeß Beteiligten sichert. Insoweit ist der Wettbewerb nicht nur ein Phänomen, das unter ökonomischen Aspekten zu beurteilen ist, sondern er hat auch „soziale und politische Relevanz“[14]. Die klassische Lehre versteht sich daher als Politische Ökonomie.

Angesichts der zentralen Bedeutung des Wettbewerbs als Koordinierungsmechanismus und System wirtschaftlicher Freiheit muß es überraschen, daß Smith – wie auch viele klassische Ökonomen nach ihm – wenig unternahm, um dieses Konzept zu präzisieren. Immerhin lassen seine eher sporadischen Erläuterungen die folgenden Schlußfolgerungen zu.

Der Wettbewerb ist ein dynamischer Marktprozeß, der sich aus bestimmten, unabhängigen Verhaltensweisen der Marktteilnehmer, insbesondere Preiszugeständnissen, ergibt. Bei einem Nachfrageüberhang werden einige Nachfrager „be willing to give more. A competition will immediately begin among them“[15]. Entsprechend werden sich die Anbieter bei einem Angebotsüberhang gegenseitig unterbieten und „The market price will sink more or less below the natural price, according as the greatness of the excess increases more or less the competition of the sellers, . . .“[16]. Demgemäß wird ein Marktzutritt weiterer Anbieter Preise und Gewinne reduzieren[17], während in jenen Bereichen, aus denen sich Anbieter zurückziehen, der Wettbewerbsdruck nachläßt[18]. An anderer Stelle hebt Smith die fortschrittsfördernde Wirkung des Wettbewerbsverhaltens hervor, das von einem Nachfrageanstieg ausgelöst wird: „The increase of demand . . . encourages production, and thereby increases the competition of the producers, who, in order to undersell one another, have recourse to new divisions of labour and new improvements of art, which might never otherwise have been thought of“[19]. Damit ist ein nachfrageinduzierter Fortschritt, der durch Wettbewerb als Entdeckungsverfahren realisiert wird, aufgezeigt.

Wettbewerb ist für Smith und die Mehrzahl der klassischen Nationalökonomen demnach ein Typ von unabhängigem Marktverhalten, welches bewirkt, daß sich der Marktpreis der Güter auf dem natürlichen Preis einpendelt, und das darüber hinaus den natürlichen Preis durch Verbesserungen der Technik senkt, die ohne Wettbewerb nicht entdeckt worden wären.

11. A. Smith (1937) S. 627 f.
12 A. Smith S. 423.
13 Vgl. P.J. McNulty (1968b).
14 E. Hoppmann (1968b) S. 80.
15 A. Smith (1937) S. 56.
16 A. Smith S. 57.
17 A. Smith S. 87.
18 A. Smith S. 93.
19 A. Smith S. 706.

### 2. Die Wettbewerbsdeterminanten

Freier Wettbewerb stellt sich jedoch nicht automatisch ein. Die Folge ist, daß der Marktpreis unter Umständen für längere Zeit über dem natürlichen Preis liegen kann. Die Ursachen dafür sind neben natürlichen Hindernissen für eine Ausdehnung des Angebots Monopolstellungen und Privilegien, aber auch das Bemühen der jeweils am Markte tätigen Unternehmen, die Höhe ihrer Gewinne geheimzuhalten[20]. Während sich aber solche Geheimnisse in der Regel nicht lange aufrechterhalten lassen, beruhen dauerhafte Monopolstellungen und Privilegien vorwiegend auf staatlichen Maßnahmen. Smith spricht von „monopoly granted either to an individual or to a trading company"[21]. Die vorrangige Aufgabe des Staates besteht folglich darin, Monopolstellungen und Privilegien zu beseitigen, d.h. Gewerbefreiheit zu schaffen, und die Versuche der Unternehmer, sich abzusprechen, nicht noch zu begünstigen[22].

Smith's Position bezüglich des Einflusses der Zahl der Marktteilnehmer auf die Intensität des Wettbewerbs ist nicht ganz eindeutig. Klar ist, daß sich eine Monopolstellung und Wettbewerb ausschließen. Zwar betont Smith einmal, daß die Wettbewerbsintensität mit der Zahl der Anbieter steigt, zumal Absprachen und Zusammenschlüsse um so leichter erfolgen können, je niedriger die Zahl der Marktteilnehmer ist[23], aber selbst bei zwei Anbietern ist Wettbewerb möglich. Andererseits können auch zwei Anbieter eine Branche monopolisieren[24]. Wichtiger als die Zahl der gerade am Markt befindlichen Teilnehmer scheint ihm die Freiheit des Marktzutritts und des Marktaustritts zu sein. Die Intensität des Wettbewerbs wird darüber hinaus eher von der Marktlage als von der Marktform bestimmt[25].

Smith unterscheidet demnach offenbar die folgenden Wettbewerbsdeterminanten[26]:

1. Die Wirtschaftssubjekte müssen ein ausreichendes Wissen über die Marktverhältnisse, also Markttransparenz (*Tr*) besitzen.
2. Die Wirtschaftssubjekte müssen eine auf Eigeninteresse ausgerichtete Wirtschaftsgesinnung (*E*) aufweisen, die sie veranlaßt, ihre Aktivitäten stets in jene Bereiche zu verlagern, in denen überdurchschnittliche Lohn- und Gewinnchancen bestehen.
3. Damit dieses Bestreben sich in unabhängigen Wettbewerbshandlungen niederschlägt, muß der Staat eine Rahmenordnung (*O*) schaffen, welche insbeson-

20 Vgl. A. Smith (1937) S. 59 ff.
21 A. Smith S. 61.
22 Vgl. A. Smith S. 128 f.
23 Vgl. A. Smith S. 342 und S. 126
24 Vgl. A. Smith S. 343.
25 Vgl. auch P.J. McNulty (1967) S. 399.
26 Vgl. dazu auch den Katalog bei G.J. Stigler (1957) S. 1 ff.

dere durch die Errichtung von Gewerbefreiheit bzw. durch die Abschaffung von Monopolen und Privilegien gekennzeichnet ist[27].

Sofern Gewerbefreiheit besteht, die Wirtschaftssubjekte stets die bestmögliche Anlage ihres Kapitals suchen und sie gegebene Chancen erkennen, wird die Zahl der Marktteilnehmer in der Regel so hoch sein, daß Absprachen nur schwer zu treffen sind. Es gilt also

$$W = W(Tr, E, O), \qquad (3.1)$$

wobei die Wettbewerbsintensität im einzelnen noch von der jeweiligen Marktlage mitbestimmt sein wird.

Smith und die Mehrzahl der klassischen Nationalökonomen konzentrierten sich vor allem auf die dritte Bedingung für das Entstehen von Wettbewerb. In den staatlich geduldeten bzw. geförderten Wettbewerbsbeschränkungen sieht er demnach auch die Hauptursache für die zum Teil gravierenden Unterschiede in den Lohn- und Gewinnraten[28]. Demgegenüber waren die Klassiker bezüglich der beiden ersten Determinanten offensichtlich optimistisch. Dies gilt insbesondere für Ricardo, der das Streben der Kapitalisten nach der jeweils besten Vermögensanlage als gegeben ansieht[29] und der seine Analyse daher von vornherein auf solche Güter beschränkt, die dem Wettbewerbsmechanismus voll unterworfen sind[30].

Andererseits sahen die Klassiker durchaus, daß es Situationen gab, in denen sich trotz weitgehender Realisierung der ordnungspolitischen Voraussetzungen ein Wettbewerb bzw. die gewünschten Wettbewerbswirkungen nicht oder nur sehr zögernd einstellten. Insbesondere J.St. Mill verweist auf den Tatbestand, daß es trotz fehlender natürlicher und künstlicher Wettbewerbshemmnisse Bereiche gibt, in denen es nicht zu einem Wettbewerbsverhalten kommt und statt dessen Tradition und Gewohnheit die Preis- und Einkommensbildung bestimmen[31].

Trotz der Eindeutigkeit ihres wirtschaftspolitischen Programms mangelte es dem Wettbewerbskonzept der Klassiker an analytischer Präzision. Ziel der nachfolgenden Forschung war es daher, die spezifischen Marktbedingungen, unter denen sich Wettbewerb einstellt, herauszuarbeiten. Bei diesem Versuch ergaben sich jedoch einmal eine gewisse Einseitigkeit der Betrachtung und zudem ein Mißverständnis, zu deren Entstehung Smith möglicherweise selbst mit beigetragen hat. Obwohl er den freien Wettbewerb als das politisch-normative

27 Zu den Einzelheiten des politischen Programms der Klassiker vgl. insb. B. Suviranta (1956) S. 5 ff., zu der tatsächlich realisierten Wirtschaftspolitik R.L. Crouch (1967) S. 199 ff.

28 Vgl. A. Smith (1937) S. 99 und S. 118 ff.

29 Vgl. D. Ricardo (1972) S. 79.

30 Vgl. D. Ricardo S. 36.

31 Vgl. J.St. Mill (1888) S. 147 ff.

Ideal einer freien Gesellschaftsordnung ansah, betonte er dessen ökonomische Wirkungen und innerhalb dieser seine Eigenschaft, den Marktpreis auf den natürlichen Preis zurückzuführen. Daneben hat er – entgegen seiner grundsätzlich dynamischen Interpretation des Wettbewerbs – den natürlichen Preis mit dem Wettbewerbspreis identifiziert: „The price of monopoly is ... the highest which can be got. The natural price, or the price of free competition, on the contrary, is the lowest which can be taken, ... the lowest which the sellers can commonly afford to take, and at the same time continue their business"[32]. Insoweit hat er zu der folgenden Fehlinterpretation beigetragen, den Wettbewerb als einen Zustand anzusehen, der dadurch gekennzeichnet ist, daß Marktpreis und natürlicher Preis übereinstimmen[33]. Der Verbreitung dieses Mißverständnisses hat möglicherweise auch die Untersuchung von Cournot gedient, obwohl dieser eigentlich nur die Situation beschreiben wollte, in der die „Wirkungen des Wettbewerbs ... ihre Grenze erreicht" haben[34].

Cournots Position ist im folgenden aufgegriffen worden und hat sich mehr und mehr durchgesetzt. Diese Entwicklung implizierte jedoch eine Wandlung des Wettbewerbskonzepts von der dynamischen Verhaltenskategorie zur statischen Ergebniskategorie, wobei darüber hinaus die rein ökonomischen Ergebnisse des Wettbewerbs im Vordergrund des Interesses standen.

## II. Der reduktionstheoretische Ansatz der neoklassischen Preistheorie

### *1. Intention und Grundhypothese des reduktionstheoretischen Ansatzes*

Die Phase der neoklassischen Preistheorie und der Versuche, ihre Aussagen wettbewerbstheoretisch nutzbar zu machen, ist im wesentlichen durch die folgenden Intentionen, Entwicklungen und Implikationen gekennzeichnet.

Die zentrale Intention dieses Ansatzes besteht zunächst darin, die vage Wettbewerbsdefinition der Klassiker zu präzisieren und insbesondere die spezifischen Marktbedingungen herauszuarbeiten, unter denen sich Wettbewerb einstellt. Dabei konzentriert sie sich einseitig auf die rein ökonomischen Wirkungen des Wettbewerbs und innerhalb dieses Aspekts zunächst auf die Frage, unter welchen Bedingungen der Marktpreis zum natürlichen Preis tendiert bzw. unter welchen Bedingungen ein gegebener Faktorbestand in die optimale Verwendung gebracht wird, also auf das Allokationsproblem. Erst im späteren Verlauf der Entwicklung wird die Frage nach den fortschrittsfördernden Marktbedingungen aufgeworfen. Die Suche nach den jeweiligen M a r k t bedingungen ist zugleich Ausdruck der Intention, sich auf die rein ökonomischen Determi-

32 A. Smith (1937) S. 61.
33 So z.B. die ausdrückliche Definition durch J.E. Cairnes. Vgl. G.J. Stigler (1957) S. 4.
34 A. Cournot (1924) S. 78. Vgl. dazu auch P.J. McNulty (1967) S. 399 f.

nanten der Wettbewerbsintensität zu beschränken, also etwa psychologische oder soziologische Komponenten außer acht zu lassen, nicht zuletzt, um die Frage zu beantworten, wie angesichts des Tatbestandes der Güterknappheit das ökonomische Prinzip verwirklicht werden kann[35].

Die fortschreitende Präzisierung der Wettbewerbsdefinition über die Beiträge von Cournot, Jevons und anderen bis zur Formulierung des Modells der vollständigen Konkurrenz durch J.B. Clark und Knight[36] sowie die damit einhergehende Entwicklung der Marktformenlehre zeigt nun aber, daß möglicherweise die sogenannten marktmorphologischen Gegebenheiten als Bestimmungsgründe der Preisbildung infrage kommen. Zumindest für die Marktform des homogenen Polypols läßt sich zeigen, daß die Marktstrukturbedingungen dem einzelnen, völlig machtlosen Marktteilnehmer – sofern er nicht ausscheiden möchte – nur eine einzige Form des Marktverhaltens offenlassen, nämlich die der gewinnmaximierenden Mengenanpassung an einen sich anonym am Markte bildenden Preis. Aus diesem Verhalten resultieren dann zwangsläufig bestimmte Marktergebnisse, wie die Übereinstimmung von Grenzkosten, Durchschnittskosten und Preis bzw. die optimale Allokation der Ressourcen. Insoweit ist die Marktstruktur die Determinante des Marktverhaltens und der Marktergebnisse. Doch diese Aussage gilt allein für die – lediglich als gedanklicher Grenzfall anzusehende – Marktform des homogenen Polypols. In allen übrigen Marktformen läßt sich ein eindeutiger Schluß von der marktmorphologischen Konstellation auf das Marktverhalten nicht ziehen, zumindest nicht in dem Sinn, daß genau definierte Verhaltensweisen nachweisbar sind[37].

Die Marktform kann das Marktverhalten und die Marktergebnisse demnach zwar beeinflussen, aber nicht im einzelnen determinieren[38]. Allerdings ist eine Determinierung des Verhaltens ‚im einzelnen' auch gar nicht erforderlich. Für die Ableitung wettbewerbstheoretischer Implikationen genügt es, lediglich zwischen wettbewerblichem und nichtwettbewerblichem Verhalten zu unterscheiden bzw. verschiedene Wettbewerbsintensitäten zu definieren und jeweils zu fragen, welche von diesen Verhaltenstypen in den einzelnen Marktstrukturkonstellationen wahrscheinlich sind. Hierüber lassen sich nun aufgrund empirischer Beobachtung und mittels theoretischer Deduktion nomologische Hypothesen formulieren[39].

35 Vgl. E. Hoppmann (1968b).
36 Vgl. dazu im einzelnen G.J. Stigler (1957) S. 5 ff.
37 Vgl. die diesbezüglichen Ergebnisse der Untersuchung von A.E. Ott (1959a) S. 112 ff.
38 Vgl. E. Hoppmann (1968b) S. 72.
39 Vgl. E. Hoppmann S. 74.

Die allen folgenden Konzepten gemeinsame Hypothese lautet, daß die Wettbewerbsintensität eine Funktion der Marktstruktur ist,

$$W = W(StA_M)^{40}, \tag{3.2}$$

wobei sich die konkreten Ausprägungen dieser Hypothese aber mehr oder weniger stark unterscheiden. Diese Formulierung unterstreicht noch einmal den reduktionstheoretischen Ansatz. Nach den Determinanten der Marktstruktur wird nicht gefragt. Sie erscheint im Rahmen des vorliegenden Erklärungsansatzes als exogene Variable.

Sind die entsprechenden Hypothesen formuliert, so besteht die Möglichkeit, sie zur Grundlage wohlfahrtsökonomischer Aussagen zu machen. Werden Ziele wie optimale Allokation der Ressourcen oder wirtschaftliches Wachstum vorgegeben, so kann eine wirtschaftspolitische Empfehlung für die Realisierung derjenigen Marktstruktur ausgesprochen werden, von der aufgrund der Hypothese zu erwarten ist, daß aus ihr jenes Marktverhalten erwächst, welches zum Erreichen des jeweiligen Ziels erforderlich ist. Auf die Problematik dieses Vorgehens wird im folgenden noch einzugehen sein.

Bevor die wichtigsten Strukturhypothesen vorgestellt werden, ist noch einmal auf die Problematik des Begriffs der Marktstruktur einzugehen. Bislang war allein von der Marktform die Rede. Die Marktform umfaßt nach gängiger preistheoretischer Interpretation den Markttyp, wobei nach dem Kriterium des Homogenitätsgrades der Güter und dem Ausmaß an Markttransparenz zwischen vollkommenen und unvollkommenen Märkten unterschieden wird, sowie die Marktbesetzung, das heißt die Zahl und gegebenenfalls die Marktanteilsverteilung der Marktteilnehmer. Zur Kennzeichnung des umfassenderen Konzepts der Marktstruktur werden in der Regel weitere Merkmale wie etwa die Höhe der Markteintrittsschranken, der Grad der Teilbarkeit der Produktionsfaktoren und andere genannt. Die Kataloge der Strukturmerkmale sind zuweilen so umfassend, daß der Versuch, alle nur denkbaren Tatbestände einzubeziehen, welche das Marktverhalten möglicherweise beeinflussen, offensichtlich wird[41]. Eine derartig umfassende Strukturdefinition ist abzulehnen. Erstens gehen damit viele Merkmale ein, die nicht als Strukturmerkmale im zuvor definierten Sinn (Zahl und relative Häufigkeit der Teilgrößen) interpretierbar sind, also in Machlups zweite Kategorie fallen. Zweitens ist bei Verwendung derartig zahlreicher Strukturmerkmale jeder Markt strukturell einmalig. Marktvergleiche, die zu aussagefähigen Urteilen über den Einfluß der Marktstruktur auf das Marktverhalten führen sollen, werden dadurch praktisch unmöglich gemacht[42].

---

40 Die Analyse bezieht sich im folgenden auf den Anbieterwettbewerb und – vereinfachend – auf die Marktmorphologie der Angebotsseite, für die die Strukturhypothesen in der Regel auch formuliert sind.

41 Bei St. H. Sosnick (1958) findet sich ein Katalog von 62 Strukturelementen.

42 Vgl. J.S. Bain (1968) S. 9.

Außerdem wird die Frage, ob die Struktur das Verhalten determiniert, definitorisch mit ja beantwortet und damit sinnlos, wenn alle Tatbestände, die das Marktverhalten beeinflussen, als Strukturmerkmale bezeichnet werden. Im folgenden soll daher der Strukturbegriff im Sinne der Marktform verwendet werden, also insbesondere die Zahl der Anbieter ($Z_A$), den Homogenitätsgrad der Güter bzw. den Grad der Produktdifferenzierung (*Pd*) und gegebenenfalls das Ausmaß an Markttransparenz (*Tr*) umfassen. In diesem Sinne sind auch die meisten Strukturhypothesen formuliert worden, wobei Modifikationen bei einzelnen Autoren vorkommen.

## 2. *Allokationsorientierte Wettbewerbskonzepte*

### a) Wettbewerbsfunktionen und Wettbewerbsprozeß

In der neoklassischen Preistheorie steht die Allokationsfrage im Mittelpunkt des Interesses. Zweck allen Wirtschaftens sei die Befriedigung der Bedürfnisse der Konsumenten. Ein Maximum an Bedürfnisbefriedigung ist erreicht, wenn Güterzusammensetzung und Faktorallokation dem Pareto-Kriterium genügen. Dies ist erfüllt, wenn auf allen Märkten der Volkswirtschaft die Marktform des homogenen Polypols realisiert und ein entsprechendes gesamtwirtschaftliches Mikrogleichgewicht erreicht ist. Die betreffende Situation wird sodann als perfect competition bzw. vollständige Konkurrenz bezeichnet.

Diese Interpretation wirft zumindest zwei Probleme auf. Das terminologische Problem besteht darin, daß ein Zustand, in dem keinerlei dynamische Kräfte mehr wirken, als Wettbewerb bezeichnet wird[43]. Diesen Mangel haben eine Reihe von Neoklassikern auch gesehen. Offensichtlich verstanden die meisten von ihnen den Wettbewerb weiterhin als einen dynamischen Marktprozeß im Sinne von Smith. So formuliert etwa Marshall: „The strict meaning of competition seems to be the racing of one person against another, with special reference to bidding for the sale or purchase of anything“[44]. Den dynamischen Verhaltensaspekt betont auch J.B. Clark[45], und Knight hält die Identifikation des Wettbewerbs mit dem Modell des perfect competition, an der er selbst maßgeblichen Anteil hat, für einen der größten terminologischen Fehlgriffe[46]. Dennoch bleibt zu konstatieren, daß ihnen allen eine adäquate theoretische Präzisierung ihrer dynamischen Vorstellung nicht gelang[47].

43 Vgl. dazu insb. F.A. v. Hayek (1952) S. 122 ff.
44 A. Marshall (1890) S. 5.
45 Vgl. P.J. McNulty (1968) S. 648 FN 5.
46 Vgl. F. Knight (1946) S. 102.
47 Vgl. auch Sh. Peterson (1957) S. 65 ff. Zur Diskussion über die Position der Neoklassiker vgl. auch H.-G. Krüsselberg (1969) S. 89 ff.

Immerhin könnte der so definierte Zustand doch noch etwas mit Wettbewerb zu tun haben, als er eine Situation beschreibt, der ein dynamischer Wettbewerbsprozeß vorausgegangen ist. Für Cournot ist der unbeschränkte Wettbewerb eine Situation, in der die Wirkungen des Wettbewerbs ihre Grenzen erreicht haben. Doch auch diese Interpretation wird dem Phänomen Wettbewerb insoweit nicht gerecht, da er so allein als ein Anpassungsvorgang an exogene Datenänderungen bzw. als ein Prozeß der Gewinneliminierung verstanden wird.

Das zweite Problem betrifft die wohlfahrtstheoretischen Implikationen des Modells selbst. Zwar wird bei vollständiger Konkurrenz ein Pareto-Optimum erreicht, doch es ist keineswegs sichergestellt, daß es nicht weitere Optima gibt, die dem bei vollständiger Konkurrenz realisierten möglicherweise überlegen sind. Diese Frage ist Ursache für die Bildung alternativer Hypothesen über die optimale Marktstruktur gewesen, welche nunmehr kurz vorzustellen sind.

#### b) Hypothesen über die allokationsoptimale Marktstruktur

(1) *Cournot-Pareto-Hypothese:* Sofern bei vollständiger Konkurrenz ein Wohlfahrtsmaximum erreicht wird, muß die wirtschaftspolitische Empfehlung dahin gehen, diese Marktform auf allen Märkten zu verwirklichen. Dem steht entgegen, daß die Modellprämissen so extrem sind, daß sie in der Realität nicht voll verwirklicht werden können. Daraus kann man aber möglicherweise den Schluß ziehen, daß die vollständige Konkurrenz zumindest als wirtschaftspolitisches Ideal zu interpretieren ist, dem man sich so weit wie möglich anzunähern habe. Demnach gilt es, die strukturellen Marktgegebenheiten der Realität, also insbesondere die Zahl der Anbieter sowie den Vollkommenheitsgrad des Marktes, den Modellanforderungen anzunähern. Dieser Forderung liegt die Hypothese zugrunde, daß eine Annäherung in den marktstrukturellen Voraussetzungen in jedem Fall eine Annäherung an die als optimal bezeichneten Marktergebnisse nach sich zieht. Stark verkürzt lautet die Hypothese: Mit steigender Anbieterzahl auf dem Markt (und zunehmender Marktvollkommenheit) steigt die Wettbewerbsintensität, und es verbessern sich die Marktergebnisse. (Vgl. dazu Abb. 5a)[48].

---

48 Für Cournot ist der unbeschränkte Wettbewerb ein Grenzfall besonders extremen Wettbewerbs, den er durch Vermehrung der Anbieterzahl aus dem Monopol- und Dyopolmodell heraus entwickelt. Vgl. A. Cournot (1924) S. 68 ff. Im Cournot-Modell bestimmt sich die umgesetzte Menge nach der Formel

$$x = \frac{Z_A}{Z_A + 1} \cdot x_W \quad (x_W = \text{Menge bei unbeschränktem Wettbewerb}),$$

also im Monopol $x = 1/2\, x_W$, im Dyopol die bekannte 2/3 Lösung, bei drei Anbietern $x = 3/4\, x_W$ usw. Daraus resultiert eine degressive Funktion für die umgesetzte Menge als Maß für den Grad der Marktversorgung (Marktergebnisse) bzw. der Wettbewerbsintensität.

Die Cournot-Pareto-Hypothese ist von einer Reihe von Autoren, insbesondere innerhalb der neoklassischen und neoliberalen Schule, die sich allerdings nicht mit dem statischen Konkurrenzmodell identifizieren, sowie in der workable-competition-Literatur vertreten worden[49], hat in Deutschland sogar Eingang in die Begründung des Regierungsentwurfes zum GWB gefunden[50], und sie hat überdies zu Bemühungen Anlaß gegeben, die Wohlfahrtsverluste, die aus Abweichungen von der vollständigen Konkurrenz resultieren, theoretisch zu definieren und empirisch zu ermitteln[51].

(2) *Kaldor-Clark-Hypothese:* Die Hypothese, daß eine Annäherung in den Modellprämissen in jedem Fall auch eine Annäherung an die gewünschten Marktergebnisse nach sich zieht, ist schon früh bezweifelt und durch Gegenbeispiele erschüttert worden. So zeigt Kaldor, daß bei fehlender Güterhomogenität die Erleichterung der Marktzutrittsmöglichkeiten und damit die Vergrößerung der Zahl der Anbieter zu Überkapazitäten führt, die Marktergebnisse sich also wieder verschlechtern[52] (vgl. Abb. 5b). Diesen Gedanken verallgemeinert J.M. Clark in seinem ersten workable-competition-Beitrag[53], Lipsey und Lancaster bauen ihn zum sog. Second-Best-Konzept aus[54]. Die Hypothese lautet demgemäß, daß sich einzelne Abweichungen in den Modellprämissen gegenseitig zu kompensieren vermögen (Gegengiftthese[55]), so daß es erforderlich sein kann, bei Nichterfüllung einzelner Prämissen weitere Abweichungen in anderen Prämissen zuzulassen, um auf diesem Wege zumindest die zweitbesten Marktergebnisse zu erreichen.

(3) *Bücher-Sraffa-Hypothese:* Während die Ergebnisse der vollständigen Konkurrenz in den ersten beiden Hypothesen noch nicht infragegestellt werden, entsteht im Anschluß an die Veröffentlichungen von Bücher und insbesondere von Sraffa die increasing-returns-Diskussion[56]. Dabei wird die Auffassung vertreten, daß ein positiver Zusammenhang zwischen der Anbieterzahl und der Effizienz des Marktes nicht besteht. Der gängige Konkurrenz-Monopol-Vergleich arbeite mit der Unterstellung gleicher Kostenstrukturen. Dies sei angesichts der Größendegression, die aus dem Massenproduktionsgesetz erwächst, nicht zulässig. Gute Marktergebnisse können nur erreicht werden, wenn große Unternehmen, und das heißt wenige Unternehmen auf jedem Markt, anbieten. Die Hypothese, die sich aus einem Teilgebiet der Preistheorie, der Produk-

---

49 Vgl. u.a. G.J. Stigler (1942) S. 2 f., F.A. Lutz (1953) S. 258, L. Miksch (1937) S. 22 f. Zur workable-competition-Literatur vgl. St. H. Sosnick (1958).

50 Diese Vorstellung wurde bei der Verabschiedung des GWB allerdings aufgegeben. Vgl. dazu E. Hoppmann (1968a) S. 9 FN 2.

51 Vgl. u.a. A.C. Harberger (1954) S. 77 ff., D. Schwartzman (1960) S. 627 ff.

52 Vgl. N. Kaldor (1935) S. 33 ff.

53 Vgl. J.M. Clark (1940) S. 241 ff.

54 Vgl. R.G. Lipsey; K. Lancaster (1956-57) S. 11 ff.

55 Vgl. E. Hoppmann (1967b) S. 153.

56 Vgl. K. Bücher (1910) sowie P. Sraffa (1926) S. 535 ff.

tions- und Kostentheorie, herleiten läßt, lautet, daß die Marktergebnisse sich mit sinkender Anbieterzahl verbessern (vgl. Abb. 5c)[57]. Zwar wird nicht etwa behauptet, daß die Wettbewerbsintensität mit sinkender Anbieterzahl zunimmt, aber die Effizienz der Unternehmen steigt, so daß es erforderlich wird, sich mit der Existenz oligopolistischer oder sogar monopolistischer Marktstrukturen abzufinden.

(4) *Chamberlin-Clark-Hypothese:* Weitere Zweifel an der wohlfahrtsökonomischen Implikation des Modells der vollständigen Konkurrenz beziehen sich auf die ihr zugrunde liegende Prämisse, daß das Güterangebot auf dem Markt homogen zu sein hat. Doch eine solche Situation könne überall dort, wo aufgrund divergierender Geschmacksrichtungen eine Nachfrage nach einer Vielfalt von Produktvarianten besteht, nicht zum Ideal erhoben werden. Das Idealkonzept sei in diesem Fall ein differenziertes Güterangebot bzw. ein gesunder Grad der Vielfalt (vgl. Abb. 5d). Daraus ergibt sich ein wohlfahrtsökonomisches Plädoyer für monopolistic bzw. workable competition[58].

Die Gegenüberstellung der Hypothesen zeigt, daß die Meinungen über die allokationstechnisch optimale Marktstruktur erheblich divergieren und daß dies nicht nur infolge abweichender Zielvorstellungen der Fall ist. Vielmehr werden, selbst wenn gleiche Zielvorstellungen bestehen, unterschiedliche Marktstrukturen als optimal identifiziert. So erwächst aus der Gegenüberstellung von Hypothese (1) und Hypothese (3) möglicherweise das sog. Dilemma-Problem. Wenn zur Realisierung optimaler Marktergebnisse zwei einander widersprechende Voraussetzungen erfüllt sein müssen, besteht die Gefahr, daß die Marktergebnisse so oder so schlecht sind. Bei einer atomistischen Struktur können die Unternehmen nicht effizient sein, bei einer oligopolistischen oder gar monopolistischen müssen sie es nicht und werden sie es nicht sein, da kein Wettbewerbsdruck sie dazu zwingt. Weitere abweichende Positionen ergeben sich, wenn der bislang noch nicht berücksichtigte Aspekt der Realisierung von technischem Fortschritt einbezogen wird.

---

57 Der Funktionsverlauf entspricht einer umgedrehten L-förmigen langfristigen Stückkostenkurve, da sowohl zwischen Betriebsgröße und Anbieterzahl als auch zwischen der Höhe der Stückkosen und den Marktergebnissen eine inverse Beziehung unterstellt wird (z.B. hohe Stückkosten = schlechte Marktergebnisse und umgekehrt). Bei Unterstellung einer U-förmigen langfristigen Stückkostenkurve ändert sich die Marktergebnisfunktion entsprechend.

58 Vgl. E.H. Chamberlin (1950) S. 85 ff., J.M. Clark (1958) S. 474 ff.

### *3. Fortschrittsorientierte Wettbewerbskonzepte*

#### a) Wettbewerbsfunktionen und Wettbewerbsprozeß

Die Vorstellungen bezüglich der fortschrittsoptimalen Marktstruktur sind insbesondere als Antithesen zur Cournot-Pareto-Hypothese entwickelt worden. Den Ausgangspunkt bildet dabei die Ablehnung der rein allokationstechnischen Orientierung der Fragestellung sowie der daraus resultierenden statischen Version des Wettbewerbskonzepts. So sei es weniger wichtig, permanent nach der optimalen Allokation gegebener Ressourcen zu fragen, sondern die Bedingungen für das Wachstum des Produktionsapparates zu erforschen. Nach Schumpeter wird Wohlstandssteigerung weniger durch Verbesserung der Allokation gegebener Faktoren, sondern vielmehr durch neue Kombinationen erreicht. Ein System, das zu jedem Zeitpunkt seine Möglichkeiten optimal ausschöpft, kann gerade deshalb einem System, das dies zu keinem Zeitpunkt tut, unterlegen sein[59].

Damit verbunden ist die Ablehnung der vollständigen Konkurrenz als wirtschaftspolitisches Ideal[60] sowie der daraus abgeleiteten Hypothese, daß sich die Wettbewerbsintensität bei Annäherung an ihre marktstrukturellen Voraussetzungen erhöht. Einerseits sei es widersinnig, einen Zustand totaler Ruhe zum wirtschaftspolitischen Ideal zu erheben; allenfalls seien die Kräfte, die zu ihm hintendieren, positiv zu bewerten. Andererseits sei aber die Betonung der gewinneliminierenden Funktion des Wettbewerbs nicht nur einseitig, sondern im Hinblick auf das Ziel des wirtschaftlichen Wachstums sogar negativ, da Gewinne oder zumindest Gewinnanreize notwendig sind, um fortschrittsförderndes, innovatives Verhalten auszulösen. Derartiges Verhalten wird jedoch, je weiter man sich den Modellgegebenheiten annähert, infolge sinkender Möglichkeiten und Fähigkeiten der Marktteilnehmer immer schwächer werden. Das vollständige-Konkurrenz-Gleichgewicht bezeichnet schließlich eine Situation, die aus sich heraus keinerlei Kräfte entwickelt, die auf Veränderung, insbesondere auf technischen Fortschritt, hinwirken.

Aus dieser Kritik heraus entwickelt Schumpeter aber seinerseits eine einseitige Prozeßvorstellung, indem er zu stark die innovatorische Phase des Wettbewerbsprozesses betont. Nicht der Tendenz zum Gleichgewicht oder gar dem Gleichgewicht selbst habe die Aufmerksamkeit der Ökonomen zu gelten, sondern der Aufbrechung bestehender Gleichgewichtssituationen durch die Entwicklung neuer Techniken und neuer Güter. Demgegenüber verweisen jüngere Wettbewerbstheoretiker immer wieder darauf, daß der Wettbewerbsprozeß nur als zyklischer Marktprozeß beschrieben werden kann, der sich aus einer gewinndifferenzierenden, gleichgewichtsaufbrechenden und einer gewinnivellierenden,

59 Vgl. J.A. Schumpeter (1950) S. 138.
60 Vgl. J.A. Schumpeter S. 139 ff.

wieder zum Gleichgewicht zurückführenden Phase zusammensetzt. Sobald einer der beiden Prozesse gegenüber dem anderen die Oberhand gewinnt, findet der Wettbewerb sein Ende[61].

### b) Hypothesen über die fortschrittsoptimale Marktstruktur

(1) *Schumpeter-Galbraith-Hypothese:* Nach Auffassung von Schumpeter, Galbraith und anderen sind insbesondere die marktmächtigen Großunternehmen die Träger des technischen Fortschritts, also jene Akteure, die den Prozeß der schöpferischen Zerstörung durch die Einführung neuer Güter und Produktionsverfahren, durch die Erschließung neuer Rohstoffquellen und neuer Märkte sowie durch marktstrukturverändernde Neuorganisation vorantreiben. Dieser Wettbewerb der Großen sei ungleich wirkungsvoller als die Preiskonkurrenz des traditionellen Konkurrenz-Modells[62].

Zwar wird in der Schumpeterschen Argumentation der Markt und damit auch die Marktstruktur selbst zur abhängigen Variablen des Unternehmerverhaltens, doch da der Autor nicht deutlich genug macht, ob er primär die absolute Größe der Unternehmen oder ihre Marktposition als Ursache der fortschrittsauslösenden Aktivitäten ansieht, resultiert in der Interpretation vieler seiner Anhänger daraus die im Wachstumsteil dieser Arbeit als dritte Neo-Schumpeter-Hypothese bezeichnete Aussage: Je niedriger die Anbieterzahl auf dem Markt, um so intensiver ist der den technischen Fortschritt und das Wachstum induzierende Wettbewerb (vgl. Abb. 5e). Wie in der Bücher-Sraffa-Hypothese werden die besseren Marktergebnisse der Marktformen mit wenigen Großunternehmen herausgestellt, im Gegensatz zu dieser handelt es sich jedoch um einen dynamischen Ansatz der Wettbewerbsinterpretation. Damit verschwindet auch das Dilemma zwischen Wettbewerbs- und Effizienzerfordernissen.

(2) *Phillips-Kantzenbach-Hypothese:* In einigen der vorangegangenen Hypothesen klang bereits der Gedanke an, das strukturelle Optimum nicht in extremen, sondern in mittleren Marktkonstellationen zu suchen. Demnach gebe es nicht nur Mindestvoraussetzungen für das Entstehen funktionsfähigen Wettbewerbs, sondern auch strukturelle Obergrenzen, an denen der Wettbewerb bzw. die positiven Wettbewerbswirkungen enden. Eine gewisse Logik, wettbewerbliches Verhalten eher in mittleren Marktkonstellationen zu vermuten, ergibt sich bereits aus der preistheoretischen Definition des Monopols und des homogenen Polypols. Beide Marktformen stellen Situationen dar, in denen jegliches wettbewerbliche Verhalten ex definitione unmöglich ist[63]. Hinweise darauf, daß extreme Marktkonstellationen in jedem Fall eine niedrige Wettbewerbsintensität implizieren, finden sich in der Literatur daher recht häufig, unter ande-

61 Vgl. H. Arndt (1952) u.a. S. 38 f.
62 Vgl. J.A. Schumpeter (1950) S. 140 f.
63 Vgl. P.J. McNulty (1968) S. 641.

rem bei J.M. Clark und bei H. Arndt[64]. Besonders prononciert wird die These jedoch von A. Phillips und von E. Kantzenbach vertreten.

Nach Kantzenbach steigt die potentielle Wettbewerbsintensität mit zunehmender oligopolistischer Interdependenz, das heißt mit zunehmender Marktvollkommenheit und abnehmender Anbieterzahl[65]. Bezogen auf die Anbieterzahl ist sie also im Polypol niedrig und im Oligopol hoch, möglicherweise sogar so hoch, daß sie überoptimal wird und in ruinösen Wettbewerb entartet. Allerdings steigt mit zunehmender oligopolistischer Interdependenz auch die Möglichkeit und die Neigung zu wettbewerbsbeschränkenden Praktiken[66], so daß die effektive Wettbewerbsintensität mit weiter sinkender Anbieterzahl (enges Oligopol) wieder zurückgeht. Eine optimale Wettbewerbsintensität werde demgemäß im „Bereich weiter Oligopole mit mäßiger Produktdifferenzierung“[67] erreicht (vgl. Abb. 5f).

Demgegenüber umfaßt die Hypothese von Phillips[68] neben den eigentlichen Marktstrukturmerkmalen ‚Zahl der Marktteilnehmer‘ und ‚Machtverteilung‘, d.h. dem absoluten und relativen Konzentrationsgrad[69], weitere Wettbewerbsdeterminanten: den Grad der interfirm organization, die Homogenität der Zielvorstellungen der Marktteilnehmer und die Höhe des Drucks marktexterner Kräfte. Darüber hinaus bezieht Phillips seine Analyse von vornherein ausschließlich auf oligopolistische Marktbeziehungen, da Polypole seiner Ansicht nach in eine Kette von Oligopolgruppen zerfallen. Nach Phillips nimmt Wettbewerb die Form interdependenter Rivalität an. Diese Rivalität steigt mit zunehmender Zahl der Anbieter in der Oligopolgruppe, woraus zunächst Verbesserungen der Marktergebnisse resultieren. Die positiven Wirkungen steigender Rivalität enden jedoch bei einem bestimmten Rivalitätsgrad, von dem ab wegen „excess rivalry“[70] Überkapazitäten, zu starke Gewinnschrumpfungen und damit zurückgehende Fortschrittsraten auftreten. Allerdings werde eine excess rivalry in der Regel durch das Ausscheiden von Anbietern oder aber durch zunehmende Kartellierung und abgestimmtes Verhalten (steigende Formalisierung der interfirm organization) wieder abgebaut[71]. Das strukturelle Optimum wird also auch von Phillips – nur mit einer etwas anderen Begründung als bei Kantzenbach – bei mittleren Anbieterzahlen vermutet (vgl. Abb. 5f)[72].

---

64 Vgl. J.M. Clark (1961) S. 481, H. Arndt (1949) S. 239 ff.
65 Vgl. E. Kantzenbach (1966) S. 38 ff.
66 Ebenso argumentiert A.E. Ott (1959a) S. 45 ff.
67 E. Kantzenbach (1966) S. 49. Eine ähnliche Hypothese wird von W. Zohlnhöfer (1968) S. 13 formuliert.
68 Vgl. A. Phillips (1962) S. 21 ff. Vgl. auch ders. (1960) S. 602 ff.
69 Vgl. auch W. Zohlnhöfer (1968) S. 13.
70 A. Phillips (1962) S. 38.
71 Vgl. A. Phillips S. 40.
72 Alle o.a. Hypothesen sind hier nur in ihren Grundzügen dargestellt worden, um sie besser vergleichbar zu machen. Auch Abb. 5 gibt stark vergröbernd nur einige zentrale Aussagen der betreffenden Hypothesen wieder.

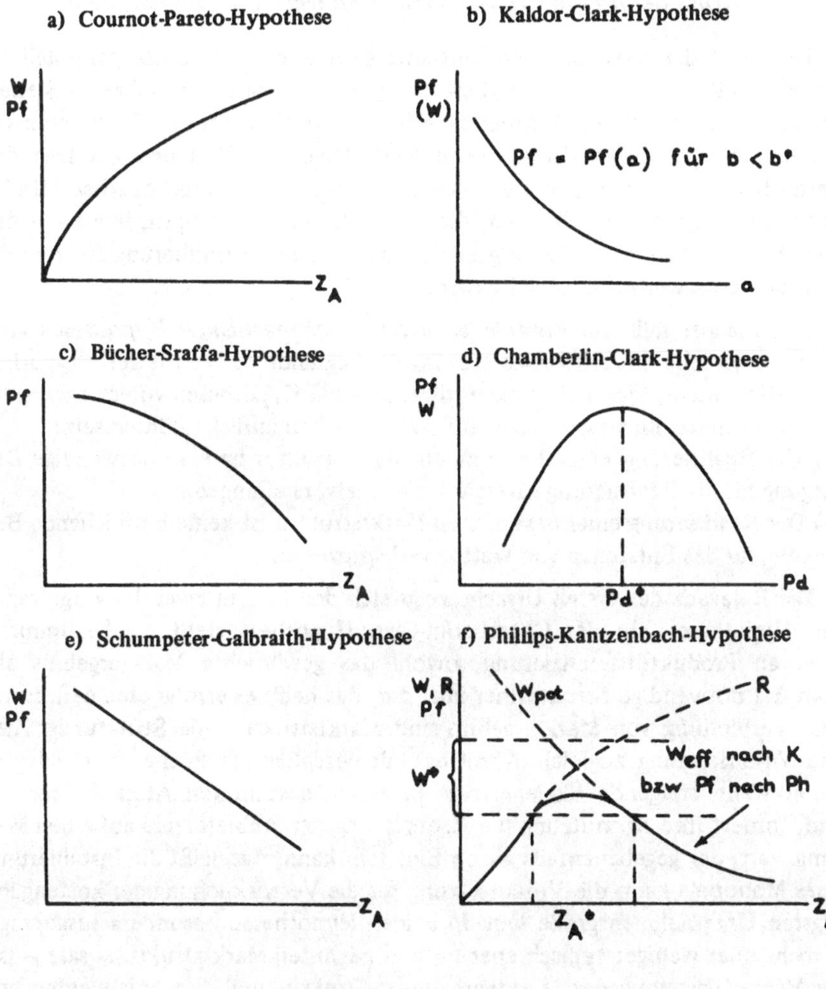


Abb. 5. Approximative Darstellung diverser Strukturhypothesen bezüglich einzelner Marktstrukturkomponenten

| | | |
|---|---|---|
| W | = | Wettbewerbsintensität |
| R | = | Rivalitätsgrad nach Phillips |
| Pf | = | Marktergebnisse (Performance) |
| $Z_A$ | = | Zahl der Anbieter |
| a; b: | | beliebige Strukturkomponenten |
| Pd | = | Grad der Produktdifferenzierung |

b*; Pd*; W*; $Z_A$* : Optimalsituationen

## III. Politökonomischer Ansatz und empirische Fundierung in der neoklassischen Wettbewerbstheorie

### *1. Kritik der preistheoretisch fundierten Wettbewerbshypothesen*

Die Kritik der neoklassischen Wettbewerbstheorie an den zuvor dargestellten preistheoretisch fundierten Wettbewerbshypothesen setzt an mehreren Stellen an. So wird insbesondere kritisiert: die Widersprüchlichkeit der Hypothesen sowie ihre mangelnde Präzision, die fehlende Operationalität des Ansatzes, die Vernachlässigung des Strukturwandels und generell die reduktionstheoretische Basis des Konzepts. Im Rahmen dieser Kritik muß sich zeigen, inwieweit die preistheoretischen Hypothesen geeignet sind, bei der Formulierung einer explikativen Wettbewerbstheorie mitzuwirken.

1. Zunächst fällt die *Vielzahl einander widersprechender Hypothesen* auf. Eine einheitliche, preistheoretisch zwingend begründbare Wettbewerbshypothese existiert nicht. Wenn aber derart divergierende Hypothesen vorgetragen werden, so kann das im wesentlichen auf zwei Ursachen zurückzuführen sein:
(1) Die Realisierung einer bestimmten Marktstruktur ist eine notwendige Bedingung für die Realisierung divergierender Zielvorstellungen.
(2) Die Realisierung einer bestimmten Marktstruktur ist keine hinreichende Bedingung für das Entstehen von Wettbewerbsprozessen.

Die Relevanz der ersten Ursache zeigt sich deutlich an zwei der vorgetragenen Hypothesen. In der Chamberlin-Clark-Hypothese stellt ein bestimmter Grad an Produktdifferenzierung sowohl das gewünschte Marktergebnis als auch das notwendige Strukturmerkmal dar, das heißt es erfolgt eine definitorische Verbindung von Marktergebnis und Marktstruktur, die Struktur ist Ziel und Voraussetzung zugleich. Ähnliches gilt bezüglich der Bücher-Sraffa-Hypothese. Wenn steigende Skalenerträge in einem bestimmten Ausmaß gegeben sind, fordert ihre Ausnutzung die Reduzierung der Anbieterzahl auf einen Maximalwert, der gegebenenfalls gleich Eins sein kann, das heißt die Installierung eines Monopols kann die Voraussetzung für die Verwirklichung der kostengünstigsten Unternehmensgröße sein. In beiden Hypothesen besonders ausgeprägt – mehr oder weniger typisch aber für den gesamten Marktstrukturansatz – ist die Vernachlässigung des Marktverhaltens. Struktur und Ergebnis werden bei Chamberlin-Clark definitorisch verbunden, was nicht ausschließt, daß man eine solche Situation workable competition nennt. In der Bücher-Sraffa-Hypothese wird von der Struktur auf das Ergebnis geschlossen, vom Marktverhalten bzw. der Wettbewerbsintensität ist überhaupt nicht die Rede.

Damit ist zum zweiten Ursachenkomplex übergeleitet. Zur Stützung der jeweiligen Hypothese werden von den Autoren eine Reihe von divergierenden Begründungen vorgetragen. So steige mit sinkender Anzahl der Anbieter die oligopolistische Interdependenz, gleichzeitig der Finanzierungsspielraum der einzelnen Anbieter für Innovationen und Anpassungsinvestitionen und folglich die Wettbewerbsintensität[73]. Demgegenüber nehme der Wettbewerbsdruck mit steigender Anbieterzahl zu, weil dann die Marktanteile und die absoluten Unternehmensgrößen sinken, wodurch die Gefährdung der Unternehmen steigt[74], oder aber der Wettbewerbsdruck steige mit wachsender Zahl, weil die Kommunikationsmöglichkeiten zwischen den Unternehmen sinken[75]. In diese Richtung weist auch die Cournot-Pareto-Hypothese gemäß der alten Vermutung von Smith, daß sich mit steigender Zahl die Absprachemöglichkeiten verringern. Ferner wird darauf hingewiesen, daß die Aussicht, Pioniergewinne eine zeitlang konservieren zu können, ein wesentlicher Stimulans für innovatorische Aktivitäten sei[76].

Der Katalog der jeweils plausiblen Begründungen zeigt, daß die Mehrzahl der Hypothesen offenbar auf der Hervorhebung und Verabsolutierung einzelner struktureller Einflußfaktoren beruht, welche als Bestimmungsgründe des Marktverhaltens der Unternehmungen zweifellos von Bedeutung sind, doch es bleibt fraglich, ob diesen Einflußfaktoren das jeweils unterstellte Gewicht zukommt, um Wettbewerbsverhalten auszulösen. Hinzu kommt, daß das Wettbewerbsverhalten nicht umfassend definiert wird, sondern daß stets Teilaspekte eines solchen Verhaltens betont werden. Bezüglich eines dieser Teilaspekte, der Neigung zur FE-Tätigkeit, ist aber noch einmal darauf hinzuweisen, daß sich hier möglicherweise drei Determinanten unterscheiden lassen, die jeweils eine der Marktformen begünstigen: während im Monopol die Furcht, schnell eingeholt zu werden, am niedrigsten ist, ergibt sich im Oligopol das höchste Existenzrisiko bei Unterlassung von FE, während im Polypol die Hoffnung auf Expansion am größten ist[77]. Es bleibt zu konstatieren, daß jeweils nur ein mögliches Verhalten deduziert wird und daß der Versuch, die Bedingungen zu nennen, unter denen Wettbewerbsverhalten „möglichst *zuverlässig* zu erwarten ist“[78], nicht gelingt.

2. Der zweite Kritikansatz betrifft die *mangelnde Präzision* der Konzepte. So ist es etwa im Rahmen des von Kaldor und Clark formulierten Second-Best-Ansatzes bislang noch nicht gelungen, allgemein festzulegen, welche Abweichungen von der vollständigen Konkurrenz geeignet sind, andere zu kompensieren. Plausible Einzelbeispiele sind kein Ersatz für einen allgemeinen theoretischen Ansatz. Generell ist zu beobachten, daß die Verfechter mittlerer Marktstrukturen die Grenzen der sog. Optimalstruktur nicht fixieren. Eine

---

73 Vgl. E. Kantzenbach (1966) S. 44.
74 So fordert J.M. Clark (1961) S. 481: „a substantial number of firms small enough . . . to have strong competitive incentives“.
75 Vgl. A. Phillips (1962) S. 29.
76 Vgl. W. Zohlnhöfer (1968) S. 11 f.
77 Vgl. J. Tabbert (1974) S. 23 ff.
78 W. Zohlnhöfer (1968) S. 12.

Tendenz ist allerdings zu beobachten: räumt man den Allokationsaspekt die Priorität ein, so werden eher polypolistische Marktstrukturen präferiert (Ausnahme: Bücher-Sraffa-Hypothese), legt man dagegen mehr Gewicht auf den Fortschrittsaspekt, so wird die Wirksamkeit oligopolistischer Marktstrukturen behauptet[79].

Angesichts der vagen Formulierungen der Konzepte der mittleren Marktstruktur stellt sich ohnehin die Frage nach dem analytischen Wert der Aussagen sowie ihrer empirischen Relevanz. Die preistheoretischen Modelle des zeitlosen Monopols ohne jegliche Substitutionskonkurrenz und des homogenen Polypols stellen ohnehin nur gedankliche Konstruktionen extremer Bedingungskonstellationen und ihrer Implikationen dar, welche empirisch leer sind. Somit verbleiben im Rahmen des Marktformenschemas das Oligopol (möglicherweise unterteibbar in ein enges und ein weites) sowie das heterogene Polypol, zumindest solange man symmetrische Marktformen unterstellt. Bezüglich des Polypols ist aber die Frage zu stellen, ob es, sofern man wettbewerbliche Marktbeziehungen zwischen den Anbietern analysiert, nicht ohnehin in eine Kette von unternehmensbezogenen, oligopolistischen Teilmärkten zerfällt[80]. Somit bleiben oligopolistische Marktbeziehungen übrig, und es fragt sich, ob die Wettbewerbsintensität mit steigender Anbieterzahl zunimmt oder ob sie abnimmt. Kantzenbach und Phillips geben einander widersprechende Antworten, was nicht überraschen kann, denn bezüglich des oligopolistischen Verhaltens lehrt selbst ein Blick auf die im Rahmen der Preistheorie entwickelten Modelle, daß das Spektrum möglicher Verhaltensweisen in dieser Marktform am weitesten ist und sich a-priori-Aussagen über das Marktverhalten nicht machen lassen. Es ist daher zu vermuten, daß das Marktverhalten nicht primär von der Anbieterzahl abhängt, sondern von anderen Determinanten, vielleicht durchaus auch von Marktstrukturkomponenten wie der Marktanteilsverteilung. Die Wettbewerbsbedingungen in asymmetrischen Marktformen, also im Teilmonopol und im Teiloligopol, werden im Rahmen der genannten Strukturhypothesen jedoch allenfalls angedeutet, nicht aber im einzelnen analysiert.

3. Darüber hinaus ist die *mangelnde Operationalität* des Marktstrukturkonzepts zu kritisieren. Will man die Intensität des Wettbewerbs mit Hilfe der jeweiligen Marktstruktur ermitteln, so setzt das eine Diagnose der Struktur voraus. Im Rahmen des preistheoretischen Paradigmas ist das kein Problem. Die Preistheorie untersucht Angebot und Nachfrage für ein Gut *X*, und sie leitet für einen gegebenen Zeitraum unter Zugrundelegung eines konstanten Marktes, einer konstanten Marktstruktur und eines Marktverhaltens, das von vornherein nicht auf die Veränderung des Marktes ausgerichtet ist, Preis und umgesetzte Menge des Gutes ab. Der Markt ist also gegeben, das Gut ist defi-

79 In diesem Sinne argumentiert auch E. Kantzenbach (1966) S. 48.

80 Zum Konzept der Kettenoligopole vgl. u.a. A. Henderson (1954) S. 565 und A. Phillips (1962) S. 23 ff.

niert. Eine eindeutige Gutsdefinition ist aber nur bei homogenen Gütern möglich. Demgegenüber stellt sich bei heterogenen Gütern stets die Frage, ob sie bereits so heterogen sind, daß sie nicht mehr in Substitutions- bzw. in Konkurrenzbeziehung stehen, oder ob sie noch nicht so heterogen sind. Wer die Wettbewerbsintensität auf dem Markt ermitteln möchte, muß zunächst feststellen, welches der Wettbewerbsbereich, das heißt der relevante Markt ist. Nun hat die ökonomische Theorie zwar eine Reihe von Maßen für den Heterogenitätsgrad der Güter entwickelt, etwa das Ausmaß an funktionaler und reaktiver Austauschbarkeit, die man mit Hilfe von Kreuzpreiselastizitäten messen kann[81], aber sie kann kein Urteil darüber fällen, bei welchem Wert der Kreuzpreiselastizität die Marktgrenze liegt. Dieses Urteil ist ein Werturteil und bleibt im Antitrust-Prozeß dem Richter vorbehalten.

Auch wenn dieses Verfahren auf den ersten Blick willkürlich erscheinen mag, so wäre eine irgendwie geartete a-priori-Festlegung des relevanten Marktes ihrerseits nicht sinnvoll. Der relevante Markt ist nämlich nicht, wie in der Preistheorie und in den genannten Hypothesen unterstellt wird, ein Datum, sondern eine Variable. Er unterliegt der Beeinflussung durch die Unternehmungen, die ihre Produkte durch Preisveränderungen sowie andere absatzpolitische Maßnahmen von denen anderer Anbieter abheben können, so daß ein eigener Markt entsteht oder sich zumindest die Marktstruktur wandelt, da sich der Heterogenitätsgrad der Güter und die Gewichtsverteilung der Anbieter auf dem Markt verändern. Ebenso sind Annäherungen an andere Anbieter entsprechend leicht zu vollziehen. Eine sich möglicherweise permanent wandelnde Größe ist jedoch kaum geeignet, als Wettbewerbskriterium zu dienen.

4. Damit ist der vierte Kritikpunkt bereits angesprochen. In den Marktstrukturen ist eine *Markstrukturveränderung ausgeschlossen*. Untersucht werden die mutmaßlichen Wettbewerbswirkungen exogen vorgegebener Strukturen. Diese Art der Betrachtung ist extrem einseitig und in ihrer Beschränkung um so schwerwiegender, als damit das Spektrum denkbarer Wettbewerbsaktivitäten in unzulässiger Weise verkleinert wird. Im Anschluß an Schumpeter, Arndt und Clark ist aber wohl unbestritten, daß innovatorische Vorstöße, das Schaffen neuer Märkte und damit Absetzaktionen von anderen Anbietern als wettbewerbliches Verhalten bezeichnet werden können. Ebenso ist im Verfolgungsvorgang von Anbietern, in ihrem Eindringen in den neu geschaffenen Markt, im Imitationsbemühen und dem Versuch der Wiederannäherung an denjenigen, der sich abgesetzt hat, möglicherweise eine wettbewerbliche Aktion zu erblicken. Der wettbewerbliche Marktprozeß ist also ein Vorgang, in dem die Marktstruktur einem laufenden Wandel unterliegen kann.

---

81 Allerdings kann nicht gesagt werden, daß das Problem der Marktabgrenzung theoretisch bereits befriedigend gelöst wäre. Vgl. E. Kaufer (1967a) S. 5ff. sowie H. Winterstein (1971) S. 129 ff.

Trotz dieser Einsicht bleibt aber zu konstatieren, daß die Frage, wann derartige Prozesse als wettbewerbliche Prozesse ablaufen und wann nicht, im einzelnen möglicherweise nur sehr schwer beantwortet werden kann. Wenn heterogenisierende Absetzaktionen dem Ziel dienen, eine dauerhafte Monopolstellung zu erringen, und wenn in Verfolgung dieses Ziels Maßnahmen Anwendung finden, welche die Imitationsmöglichkeiten von anderen Anbietern beschränken (z.B. durch Verhinderung des Zugangs zu produktionsnotwendigen Ressourcen bzw. Eintrittshindernisse anderer Art), wird ein Marktstrukturwandel die Folge sein, an dessen Ende eine Struktur steht, die zukünftiges Wettbewerbsverhalten möglicherweise erheblich erschwert. Bei allen Absetzaktionen ist demgemäß nicht nur der Vorgang als solcher, sondern es sind alle ihn begleitenden Aktionen und ihre Wirkungen auf die Wettbewerbsfähigkeit der übrigen Marktteilnehmer zu berücksichtigen.

Ebenso kann eine Annäherungsaktion beispielsweise allein dem Ziel dienen, den relevanten Markt zu vergrößern, um dadurch den eigenen Marktanteil optisch zu verkleinern und in Zukunft Klagen wegen Mißbrauchs einer marktbeherrschenden Position zu vermeiden. Entscheidend für die Beurteilung des Wettbewerbs ist also nicht die jeweilige Marktstruktur, die auf in Bewegung befindlichen Märkten ohnehin nur eine kaum aussagefähige Momentaufnahme sein kann, sondern die marktverändernde Aktion. Diese Aktion ist auf ihre Wettbewerbswirkungen hin zu untersuchen, wobei auch ihre Auswirkungen auf die zukünftige Marktstruktur von Interesse sind. Denn zweifellos ist die Erkenntnis der Marktstrukturkonzepte richtig, daß die Marktstrukturen – bzw. bestimmte Strukturmerkmale – das Wettbewerbsverhalten der Marktteilnehmer beeinflussen, problematisch ist jedoch die Hypothese, daß sie die Wettbewerbsintensität festlegen oder auch nur maßgeblich bestimmen. Zudem verleitet sie die Wirtschaftspolitiker zu der leichtfertigen Annahme, man brauche nur bestimmte Marktstrukturen zu installieren, also „Marktformeninterventionismus“[82] zu betreiben, um ein wettbewerbliches Verhalten mit technischem Fortschritt und wirtschaftlichem Wachstum als Wettbewerbsfolgen zu induzieren.

5. Die Kritik bezüglich der Vernachlässigung des Marktstrukturwandels berührt bereits den *reduktionstheoretischen Ansatz* als Ganzes. Unbestreitbar ist zwar, daß im Rahmen der ökonomischen Theorie, welche auf der Formulierung nomologischer Hypothesen über die Determinanten des Wirtschaftsprozesses beruht, Abstraktionen in der Weise erforderlich sind, daß bestimmte Variable im jeweiligen Untersuchungszusammenhang als exogen angesehen werden müssen. Aber es ist der Gewinnung von Erkenntnissen über den Wirtschaftsprozeß wenig dienlich, wenn ausgerechnet jene Variablen als exogen betrachtet werden, welche der permanenten Beeinflussung der

82 Vgl. die gemeinsame Stellungnahme der Autoren des Sammelbandes „Wettbewerb als Aufgabe“: *Zur Reform des Rechts der Wettbewerbsbeschränkungen,* S. 11.

Wirtschaftssubjekte unterliegen. Wirtschaftliche Strukturen sind nicht naturgegeben, und Strukturwandel fällt ebensowenig vom Himmel wie technischer Fortschritt. Marktstrukturen wandeln sich durch Aktionen der Wirtschaftssubjekte, sind also die Folge von Marktverhalten. Ohne Zweifel können die Marktstrukturen auch das Marktverhalten der Wirtschaftssubjekte beeinflussen. Aber gerade weil sie es können, gilt es, den strukturverändernden Aktionen der Wirtschaftssubjekte besondere Aufmerksamkeit zu schenken.

Während im Rahmen der preistheoretisch begründeten Wettbewerbshypothesen ein einseitiger Wirkungszusammenhang mit der Marktstruktur als Ursache und dem Marktverhalten sowie den Marktergebnissen als Folge unterstellt wird, wobei das Marktverhalten in der Regel aber kaum Beachtung findet, gilt es im Rahmen der neoklassischen Wettbewerbstheorie, dem zirkularen Charakter der drei Kategorien Rechnung zu tragen. Dabei ist primär das Marktverhalten einschließlich seiner Wirkungen zu untersuchen. Nach Maßgabe der Wirkungen ist dann zwischen wettbewerblichem und wettbewerbsbeschränkendem Verhalten zu unterscheiden und es sind die Voraussetzungen für das Entstehen wettbewerblichen Verhaltens zu suchen. Die Marktstruktur wird im Rahmen dieser Fragestellung zweimal auftauchen, als ein Ergebnis (von mehreren) des Marktverhaltens und als ein Bestimmungsfaktor (von mehreren) des Marktverhaltens. Der modernen Wettbewerbstheorie stellt sich daher weniger die Aufgabe, über die Richtigkeit der vorliegenden Marktstrukturhypothesen zu spekulieren, sondern die Wechselwirkungen zwischen Marktverhalten und Marktstruktur mit Hilfe empirischer Untersuchungen weiter zu erforschen.

Die Problematik des reduktionstheoretischen Ansatzes wird aber nicht allein in seiner Beschränkung auf rein ökonomische Determinanten des Wettbewerbsverhaltens, sondern auch in seiner Beschränkung auf die rein ökonomischen Wirkungen des Wettbewerbs gesehen. Wettbewerb ist nach Auffassung der Vertreter der neoklassischen Wettbewerbstheorie nicht nur ein Instrument zur Realisierung guter ökonomischer Ergebnisse, sondern auch ein Prozeß, in dem sich wirtschaftliche Freiheit manifestiert. Insoweit wird eine Überwindung der rein ökonomischen Perspektive und eine Rückkehr zur Politischen Ökonomie der Klassiker propagiert. Die Wettbewerbstheorie muß dabei allerdings jene „strukturellen" Wandlungen in Rechnung stellen, die sich seit der Zeit der Klassiker vollzogen haben und die das Gesicht der modernen Industriewirtschaft prägen, nämlich unter anderem das Bestehen von Mehrprodukt-, Mehrbetriebs- und Mehrstufenunternehmungen sowie das Vordringen neuer Eigentums- und Organisationssysteme.

## 2. Die Grundpositionen der neoklassischen Wettbewerbstheorie

Als neoklassische Wettbewerbstheorie soll jener politökonomische Ansatz bezeichnet werden, welcher in klassischer Tradition freien Wettbewerb zur wirtschaftspolitischen Norm erhebt und der sich – in Auseinandersetzung mit der rein preistheoretischen Analyse – aus den wettbewerbspolitischen Erfahrungen insbesondere des amerikanischen Antitrust entwickelt hat. In Deutschland hat der Neoliberalismus einen eigenen Beitrag zur Entwicklung des Konzepts geleistet. Allerdings ist speziell die Position der Neoliberalen häufig Gegenstand von Mißverständnissen gewesen, da einige den von ihnen gewünschten Koordinationsmechanismus des freien Wettbewerbs mit dem in der Preistheorie für das statische Wettbewerbsmodell verwendeten Terminus „vollständige Konkurrenz“ belegten und ihn zum Teil mit Attributen versahen, die als Prämissen bzw. Implikationen des statischen Modells fungieren[83]. Demgegenüber haben sich andere Autoren, insbesondere Hayek, Röpke und Lutz, immer wieder deutlich gegen das statische Modell und den preistheoretischen Ansatz ausgesprochen[84]. In jüngster Zeit ist die neoklassische Position in Deutschland vor allem von Hoppmann in einer Reihe von Beiträgen umfassend dargestellt worden[85].

### a) Wettbewerbsfunktionen und Wettbewerbsprozeß

Hoppmann[86] unterscheidet zwei Zielkomplexe der Wettbewerbspolitik, die Schaffung von wirtschaftlicher Freiheit und die Erzielung guter ökonomischer Ergebnisse[87]. Was den ersten Zielkomplex anlangt, so könne eine freie Wirtschaft ohnehin nur als Wettbewerbswirtschaft verstanden werden. Normativer Ausgangspunkt des neoklassischen wie auch des klassischen Ansatzes ist die Sicherung von wirtschaftlicher Handlungs- und Entschließungsfreiheit. Darüber hinaus zwingt der Wettbewerb die Marktteilnehmer zur Steigerung ihrer Leistung, insbesondere bewirkt er Kostensenkungen, Qualitätsverbesserungen, Verbreiterung der Produktpalette und technischen Fortschritt. Wettbewerb schafft insoweit individuelle Vorteile für die Marktgegenseite, das heißt ökonomische Vorteilhaftigkeit. Die ökonomischen Ergebnisse des Wettbewerbs

---

83 Zur Position von W. Eucken vgl. E. Hoppman (1968a) S. 96 f.

84 Vgl. F. A. v. Hayek (1952) S. 122 ff., W. Röpke (1965) S. 33, F.A. Lutz (1956) S. 30 ff.

85 Bemerkenswerte Beiträge finden sich ferner bei F.-U. Willeke (1973) und (1980), bei J. Röpke (1977) und D. Schmidtchen (1978).

86 Zur folgenden Darstellung vgl. insbesondere E. Hoppmann (1967a) (1967b) sowie (1968a).

87 Hoppmann spricht zwar zunächst von Zielen der Wettbewerbspolitik, identifiziert diese Ziele aber mit den Wirkungen eines freien Wettbewerbs. Vgl. u.a. (1967b) S. 148 f.

können aber im einzelnen nicht vorausgesagt werden. Daher impliziert der neoklassische Ansatz eine Ablehnung jeglicher Marktergebnistests, aber auch die Ablehnung einer Definition des Wettbewerbsprozesses, da nicht nur die Marktergebnisse, sondern auch die Prozeßabläufe im einzelnen unbekannt sind. Der Wettbewerb ist ein Such-, Informations- und Lernprozeß.

Obwohl es unmöglich ist, den Prozeßablauf im einzelnen zu definieren, besteht jedoch die Notwendigkeit, den freien Wettbewerb gesetzlich zu normieren, da nicht davon ausgegangen werden kann, daß er sich von selbst einstellt. Es gilt also, ein Begriffssystem zu schaffen, mit dessen Hilfe beurteilt werden kann, ob freier Wettbewerb vorliegt oder nicht. Das Beurteilungskriterium ist jedoch in der Zielsetzung der Wettbewerbspolitik bzw. der Etikettierung des Wettbewerbs bereits enthalten. Der Wettbewerb ist frei, wenn er nicht durch irgendwelche Hindernisse beschränkt wird, wobei sich zwischen nicht vermeidbaren natürlichen und künstlichen Hindernissen unterscheiden läßt.

Freier Wettbewerb wird demnach als unbeschränkter Wettbewerb definiert, der sich einstellt, wenn Wettbewerbsfreiheit herrscht, also keine Wettbewerbshindernisse errichtet werden. Da das Phänomen der Wettbewerbsfreiheit aber viele Aspekte hat und die einzelnen Freiheitsdimensionen zum Teil substitutiv sind, stellt sich die Frage nach der optimalen Kombination der einzelnen Freiheiten. Eine eindeutige Antwort auf diese Frage läßt sich jedoch nicht geben, der unbeschränkte Wettbewerb kann nicht als Modell konstruiert werden. Zum Zwecke der Diagnose von Wettbewerbsbeschränkungen genügt es jedoch, die einzelnen Arten der Freiheitsbeschränkung zunächst zu identifizieren. Dabei verwendet die neoklassische Wettbewerbstheorie ein begriffliches Instrumentarium, das im wesentlichen der workable-competition-Literatur entstammt. Dieses Instrumentarium erlaubt es zugleich, einen Einblick in die generelle Prozeßvorstellung des Konzepts zu gewinnen. Innerhalb der Marktprozesse lasse sich zwischen dem Austausch- und dem Parallelprozeß unterscheiden. Im Rahmen des Austauschprozesses stellt sich die Frage, wie viele alternative Wahlmöglichkeiten dem Marktteilnehmer offenstehen. Einschränkungen der Wahlfreiheit liegen vor, wenn sich die Substitutionsmöglichkeiten für die Marktgegenseite verringern. Im Rahmen des Parallelprozesses ist nach der Freiheit aller Akteure (d.h. der tatsächlichen und der potentiellen Wettbewerber) zum Einsatz aller Wettbewerbsparameter zu vorstoßendem und nachfolgenden Wettbewerbsaktionen zu fragen. Wettbewerbsbeschränkungen sind zu verstehen als künstliche Hindernisse für Innovationen oder Imitationen, für aktive oder potentielle Wettbewerber bzw. für den Einsatz gewünschter Wettbewerbsparameter.

Daraus erhellt, daß die neoklassische Wettbewerbstheorie den Wettbewerb als einen dynamischen Marktprozeß interpretiert, der sich in Vorstoß und

Verfolgung äußert. Da künstliche Wettbewerbsbeschränkungen außer vom Staat insbesondere durch unternehmerische Praktiken verursacht werden, sind sie nur mit Hilfe von Marktverhaltenstests feststellbar.

#### b) Die Wettbewerbsdeterminanten

Zur Beantwortung der Frage nach den Wettbewerbsdeterminanten der neoklassischen Wettbewerbstheorie bedarf es einer Vorbemerkung[88]. Angesichts der Tatsache, daß wirtschaftliche Freiheit stets nur relativ interpretiert werden kann, sind gewisse Freiheitsbeschränkungen unvermeidlich. Im einzelnen ist daher festzulegen, welche Freiheitsbeschränkungen noch tolerierbar sind und welche nicht, das heißt wann die Wettbewerbsbeschränkung als wesentlich angesehen werden muß. Freier Wettbewerb wird also definiert als Abwesenheit von wesentlichen Wettbewerbsbeschränkungen. Diese Normierung unterscheidet sich fundamental vom Konzept des funktionsfähigen (oder wesentlichen) Wettbewerbs. Während dieses den tatsächlichen Wettbewerb normiert, verlangt die neoklassische Theorie lediglich das Bestehen von „Freiheit zu Wettbewerb“[89]. Die Normierung des tatsächlichen Wettbewerbs verbiete sich, da der Ablauf und die Ergebnisse dieses Prozesses prinzipiell unbekannt sind. Ob sich bei Vorliegen von Wettbewerbsfreiheit aber ein wesentlicher Wettbewerb, das heißt ein intensiver Wettbewerbsprozeß, einstellt, ist nicht unbedingt gesagt. Dazu müssen weitere Bedingungen erfüllt sein. Zunächst muß zumindest bei einem Teil der Marktteilnehmer eine Neigung zum Wettbewerbsverhalten (spirit of competition) vorhanden sein, welche die Wettbewerber veranlaßt, ihren Freiheitsspielraum auch zu nutzen. Die neoklassische Auffassung geht allerdings dahin, daß es diesen spirit of competition grundsätzlich gibt. Doch selbst wenn Wettbewerbsfreiheit und der spirit of competition vorliegen, kann es sein, daß sich ein intensiver Wettbewerbsprozeß nicht entwickelt, da es an Anlässen für wettbewerbliche Vorstoßaktionen mangelt. Derartige Anlässe stellen insbesondere Inventionen, Nachfrageänderungen oder Änderungen des Faktorangebots dar.

Doch die Frage der Intensität des Wettbewerbsprozesses spielt im Rahmen des neoklassischen Ansatzes keine Rolle. Entscheidend ist, ob die Wettbewerbsfreiheit wesentlich beschränkt ist, nicht dagegen, ob der Wettbewerb wesentlich ist. Ein Wesentlicher-Wettbewerb-Test setzt stets den nicht vollziehbaren Vergleich mit einem unbekannten, hypothetischen Marktverlauf voraus.

Obwohl der Wettbewerb im Rahmen der neoklassischen Wettbewerbstheorie bewußt nicht positiv beschrieben wird, lassen sich dennoch die Bedingungen nennen, unter denen er – nicht dagegen eine bestimmte Wettbewerbsintensität – sich einstellt. Es sind[90]

---

88 Zum folgenden vgl. E. Hoppmann (1967b) S. 176 f.
89 E. Hoppmann (1967b) S. 176. (im Original kursiv)
90 Vgl. E. Hoppmann (1968a) S. 11.

- das Fehlen natürlicher Wettbewerbshemmnisse, das heißt Wettbewerb muß im jeweiligen Bereich möglich sein; ansonsten liegt ein Ausnahmebereich vor,
- es muß Wettbewerbsfreiheit gegeben sein,
- es muß eine Wettbewerbsneigung (spirit of competition) bestehen.

Da die erste der drei Bedingungen lediglich eine allgemeine Voraussetzung dafür darstellt, daß ein Bereich überhaupt wettbewerblich organisiert werden kann, scheidet sie als Wettbewerbsdeterminante aus[91]. Der Wettbewerb ist also eine Funktion der Wettbewerbsfreiheit (*Fr*) und der Wettbewerbsneigung (*WN*):

$$W = W(Fr, WN). \tag{3.3}$$

Ob sich ein intensiver Wettbewerbsprozeß einstellt, hängt davon ab, ob Möglichkeiten zu wettbewerblichen Aktivitäten bestehen.

Auf die verschiedenen Probleme, die das neoklassische Wettbewerbskonzept und seine wettbewerbspolitische Anwendung aufwirft, kann hier nicht im einzelnen eingegangen werden. So ist beispielsweise zu fragen, ob der Aufbau des Konzepts in der Weise, daß es Freiheit als Voraussetzung und als Ergebnis des Wettbewerbs zugleich beschreibt, als gelungen bezeichnet werden kann. Einen entsprechenden Tautologievorwurf hatte bereits Sosnick gegen das Alternativen-Konzept von Edwards erhoben, den Hoppmann allerdings zurückweist[92]. Fraglich bleibt jedoch, ob Wettbewerb überhaupt bewirken kann, daß stets Wahlfreiheit zwischen mehreren Alternativen besteht. In negativer Formulierung wäre zu fragen, ob nicht auch eine Herabsetzung der Substituierbarkeit von Gütern mit Wettbewerb vereinbar ist. Um innovatorischen Wettbewerb nicht auszuschließen, muß das offenbar möglich sein, und entsprechend stellt Hoppmann fest: „Die Anzahl der Anbieter kann klein sein, selbst ein einziger Anbieter ist mit Wettbewerb vereinbar“[93].

Von Interesse für die folgenden Untersuchungen ist allein die Frage, ob die genannten Wettbewerbsdeterminanten hinreichend und ob sie operational im Hinblick auf eine wettbewerbspolitische Normierung sind. Angesichts der Zielformulierung des Konzepts, nach welchem dem Freiheitsziel offensichtlich die Priorität eingeräumt wird und gute ökonomische Ergebnisse nur als ein in seinem Umfang unbekanntes Produkt anfallen, an dessen tatsächlichem Ausmaß man auch nie eine irgendwie geartete Funktionsfähigkeit des Wettbewerbs ex post feststellen kann, müssen die Bedingungen als hinreichend angesehen

91 Solange lediglich natürliche Hindernisse vorliegen, ist der Wettbewerb unvollkommen, aber nicht beschränkt. Vgl. E. Hoppmann (1967b) S. 160.

92 Vgl. E. Hoppmann (1967b) S. 182 FN 15.

93 E. Hoppmann (1967b) S. 165.

werden. Fraglich ist lediglich, ob man grundsätzlich unterstellen kann, daß es eine Wettbewerbsneigung gibt bzw. ob es ausreicht, wenn diese Neigung nur bei einem Teil der Marktteilnehmer vorhanden ist.

Demgegenüber ist die Frage nach der Operationalität etwas zurückhaltender zu beantworten. Die Vertreter des neoklassischen Konzepts gestehen auch zu, daß das Konzept schwerwiegende Abgrenzungsprobleme aufwirft. Dies sei angesichts der Notwendigkeit, Marktprozesse offen zu halten, unvermeidlich und darüber hinaus erwünscht, da jegliche Festlegung des Wettbewerbs im Rahmen von Ergebnis-, Verhaltens- oder Strukturkriterien die Offenheit des Prozesses einschränkt und höchstwahrscheinlich die ökonomischen Ergebnisse verschlechtert. Dennoch stellt sich im Einzelfall sehr konkret die Frage, ob etwa eine Beschränkung des Freiheitsbereichs des Imitators, welche den des Innovators ausdehnt, oder ob eine Beschränkung des Freiheitsbereichs des Innovators zugunsten des Imitators vertretbar ist. Es ist zweifelhaft, ob man bei der Beantwortung einer solchen Frage ohne einen Blick auf die aus der jeweiligen Freiheitsbeschränkung möglicherweise resultierenden Marktergebnisse auskommt.

Es ist offenbar zumindest erforderlich, die sehr allgemein formulierte Wettbewerbsbedingung „Wettbewerbsfreiheit" zu konkretisieren, da es nicht darum geht, ob Freiheit realisiert wird oder nicht, sondern weil stets das Problem zu lösen ist, wer über wieviel Freiheit verfügt und welche Freiheitsbeschränkungen noch tolerierbar sind. Wenn man zudem geneigt ist, das generelle Vorliegen einer Wettbewerbsneigung in Frage zu stellen, so gilt es ferner, die Bedingungskonstellationen, unter denen sie auftritt, zu untersuchen. Hierzu ist es erforderlich, über die tatsächlichen Abläufe von Marktprozessen möglichst viele Informationen einzuholen und Erfahrungen zu sammeln. Diesem Ziel dient die Industrial Organization Analysis.

### *3. Die empirische Fundierung in der Industrial Organization Analysis*

#### a) Untersuchungsobjekt, Methoden und Basis der Analyse

Im Rahmen dieser Arbeit ist es nicht möglich, das Spektrum der Fragestellungen sowie auch nur die wichtigsten Untersuchungsergebnisse der Industrial Organization Analysis (IOA) vorzustellen. Dies wird deutlich, wenn man einen Blick auf das Untersuchungsobjekt der Analyse wirft, wie es in dem Standardwerk von Scherer formuliert ist: „. . . the field is concerned with how productive activities are brought into harmony with society's demands for goods and services through some organizing mechanism such as free market, and how variations and imperfections in the organizing mechanism affect the degree of success achieved by producers in satisfying society's wants"[94]. Dabei gilt das Hauptaugenmerk dem industriellen Sektor.

---

94 F.M. Scherer (1970) S. 1.

Die Frage nach der Funktionsweise der Marktwirtschaft ist auch Gegenstand der traditionellen mikroökonomischen Theorie, doch unterscheidet sich die IOA von der Mikrotheorie durch die Fülle der von ihr untersuchten Variablen und ihren direkten empirischen Bezug. Dazu ist jedoch die Kenntnis der ökonomischen Theorie, der statistischen Methoden und auch der historisch-institutionellen Entwicklungen erforderlich.

Nicht ganz unumstritten ist dagegen, welche Gebiete zur IOA zu rechnen sind. Während Schumacher bei der IOA einen Mangel an organisationstheoretischer Fundierung feststellt[95], beruft sich Bain ausdrücklich auf das Werk von Berle und Means[96]. Ursache des Urteils von Schumacher könnte aber sein, daß das Gewicht preistheoretischer Hypothesen in der IOA zunächst noch sehr stark war[97]. Dies unterstreicht auch ein Blick auf ihre historische Entwicklung, die sich nicht zuletzt in der thematischen Gewichtung der beiden Standardwerke von Bain und Scherer dokumentiert. Bain stellt die Beziehungen zwischen Marktstruktur und Marktergebnissen in den Mittelpunkt seiner Analyse und geht prinzipiell von der Hypothese aus, daß sich die Marktergebnisse auf die Marktstruktur zurückführen lassen[98]. Demgegenüber steht im Zentrum der Forschung von Scherer das Marktverhalten[99].

Dennoch bildet auch in der jüngeren Entwicklung der IOA die Vorstellung des „causal flow from market structure ... to conduct and performance“[100] den Ausgangspunkt der Analyse. Sie wird allerdings in dreifacher Hinsicht erweitert[101]. Zunächst enthält – im Gegensatz zu den einfachen preistheoretisch fundierten Wettbewerbshypothesen – der Komplex der Marktstruktur spezifische unternehmensstrukturelle Faktoren wie „vertical integration“ und „conglomerateness“. Zweitens wird eine weitere Kategorie in das Grundschema eingeführt: die „basic conditions“, welche Struktur, Verhalten und Ergebnisse beeinflussen. Im Rahmen dieser allgemeinen Grundlagen tauchen auf der Angebotsseite zentrale Einflußfaktoren wie Verfügbarkeit von Rohstoffen, Stand der Technologie, aber auch psychologische, soziologische, politische und institutionelle Faktoren auf wie „business attitudes“, „socioeconomic values of the business community“ und „environment of laws and government policies“. Als basic conditions der Nachfrageseite erscheinen unter anderem die Kaufgewohnheiten der Nachfrager, Nachfrageelastizitäten und die Wachstumsrate der Nachfrage. Als dritte Erweiterung werden schließlich Rückkopplungseffekte vom Verhalten auf Struktur und basic conditions und von der Struktur auf die basic

95 Vgl. H. Schumacher (1976 a) S. 151.
96 Vgl. J.S. Bain (1964) S. 28.
97 J.S. Bain S. 28 bezieht sich auch ausdrücklich auf die Preistheorie.
98 Er zeigt allerdings anhand seiner empirischen Forschung, daß diese Hypothese stark relativiert werden muß. Vgl. J.S. Bain (1968) S. 430 ff., insb. S. 464 ff.
99 Vgl. F.M. Scherer (1970) S. 6.
100 F.M. Scherer, S. 5.
101 Zum folgenden vgl. F.M. Scherer S. 4 ff.

conditions berücksichtigt. Obwohl speziell Scherer sich diesen Rückwirkungen nur am Rande widmet, läßt sich der Schluß ziehen, daß damit an die Stelle der Hypothese von der einseitigen Kausalbeziehung Struktur – Verhalten – Ergebnis das „Paradigma der ‚zirkularen Verknüpfung' "[102] tritt, zumal bezüglich einiger der basic conditions ohnehin zu fragen ist, ob sie nicht eher in die Kategorien des Marktverhaltens oder der Marktergebnisse einzuordnen sind.

Damit ist die Weite des Untersuchungsobjektes gekennzeichnet. Ziel ist die Erforschung der Funktionsweise des marktwirtschaftlichen Systems und der in ihm ablaufenden Marktprozesse. Damit erfolgt die Integration der Wettbewerbstheorie in einer allgemeinen Theorie des einzelwirtschaftlichen Wachstums der Unternehmungen und der Märkte und des Strukturwandels der Wirtschaft. Die empirische Basis der Forschung ist dabei durch eine Reihe von typischen Kennzeichen der modernen Industriewirtschaft gegeben, insbesondere durch das Nebeneinander verschiedener Unternehmungstypen (Klein- und Großunternehmen, Einprodukt- und Mehrproduktunternehmen, Einbetrieb- und Mehrbetriebunternehmen, Einstufen- und Mehrstufenunternehmen, eigentümerkontrollierte und managerkontrollierte sowie funktional und divisional organisierte Unternehmen) sowie durch das Vorliegen divergierender Zielsysteme und divergierender Expansionskräfte auf der Angebots- und der Nachfrageseite der Märkte. Auf dieser Basis gilt es, die Frage zu stellen, unter welchen spezifischen Bedingungen Wettbewerbsprozesse ablaufen und wann der Wettbewerb Beschränkungen unterliegt.

#### b) Die Wettbewerbsdeterminanten

Die angedeutete Breite des Untersuchungsgegenstandes zeigt, daß als mutmaßliche Wettbewerbsdeterminanten alle bereits genannten Variablen infrage kommen, so daß eine Wettbewerbsfunktion sich möglicherweise wie folgt formulieren läßt:

$$(3.4) \qquad W = W(StA_U, StA_M, StA_{PF}, StA_T, Zi, StN, E, O, \ldots).$$

Dabei ist die Unternehmensstruktur ($StA_U$) u.a. durch den Diversifikationsgrad ($d$), die Zahl der Betriebe pro Unternehmen ($pl$), die Zahl der Produktionsstufen im Unternehmen ($st$), das Kontrollsystem ($k$) und die Organisationsstruktur ($o$) zu umreißen, während die Marktstruktur ($StA_M$) u.a. die Zahl der Unternehmen auf dem Markt ($Z_A$), ihre Marktanteilsverteilung (bzw. den relativen Konzentrationsgrad, also etwa $K_4$ oder $K_8$) sowie den Grad der Produktdifferenzierung ($Pd$) umfaßt. Diese Determinanten sowie auch die Produktionsfaktorenstruktur ($StA_{PF}$), die Produktivitätsstruktur ($StA_T$), das Zielsystem ($Zi$), die Nachfragestruktur ($StN$), die Wirtschaftsgesinnung ($E$) und die wirtschaftspolitischen Faktoren ($O$) sind aber nicht nur statisch zu interpretie-

102 E. Hoppmann (1974a) S. 12.

ren. Vielmehr dürften zumindest bei einigen von ihnen auch ihre Veränderungsraten in der Zeit die Wettbewerbsintensität der einzelnen Bereiche der Volkswirtschaft erheblich beeinflussen.

In einem System zirkularer Verknüpfung ist es zugleich einleuchtend, daß der Katalog der Wettbewerbsdeterminanten nie vollständig formuliert werden kann[103]. Wettbewerbsprozesse sind offene Marktprozesse in einem offenen Wirtschaftssystem, dessen Entwicklung nicht im einzelnen vorhersehbar ist. Es gilt daher, die Entwicklungsprozesse des marktwirtschaftlichen Systems laufend zu beobachten und die Wechselwirkungen zwischen dem Marktverhalten der Beteiligten und der Veränderung seiner Determinanten zu analysieren. Diesem Ziel dient die Industrial Organization Analysis. Dabei unterliegt sie allerdings der Einschränkung, daß sie ihre Untersuchungen nie auf den Wettbewerbsprozeß als Ganzes, der als solcher undefiniert bleiben muß, beziehen kann. Die empirischen Tests können stets nur einen Bildausschnitt über den Einfluß einzelner Determinanten (z.B. der Unternehmensorganisation) auf einzelne Aspekte des Wettbewerbsprozesses (z.B. FE-Neigung, Innovationshäufigkeit, Diffusionsgeschwindigkeit) liefern. Das Bild des interdependenten Gesamtprozesses wird sich dabei nie vollständig zeichnen lassen, es ist aber laufend zu ergänzen.

## C. Die Determinanten des Wettbewerbs: Versuch einer Systematik

Das theoretische Gerüst der klassischen und der neoklassischen Wettbewerbstheorie einschließlich der Forschungsergebnisse der Industrial Organization Analysis sowie die diversen, im Rahmen der Preistheorie formulierten Wettbewerbshypothesen liefern trotz erheblicher Divergenzen in den Einzelaussagen möglicherweise die Basis für die Formulierung einer Wettbewerbstheorie, die sich als Versuch versteht, Wettbewerbsprozesse zu erklären. Die gemeinsame Basis besteht formal zunächst darin, daß der Wettbewerb als ein Marktprozeß interpretiert wird, welcher – sofern er keinen Beschränkungen unterworfen ist – gute ökonomische Ergebnisse produziert. Über den Inhalt dieser Ergebnisse gibt es Meinungsverschiedenheiten, die sich aber unter Umständen ausräumen lassen. Auch bezüglich der Wettbewerbsdeterminanten hat es den Anschein, daß ein großer Teil der Divergenzen auf einer unterschiedlichen Gewichtung der Faktoren beruht. So formulieren die klassische und neoklassische Wettbewerbstheorie die Wettbewerbsdeterminanten vergleichsweise vage und sehen einzelne von ihnen als unproblematisch, d.h. als prinzipiell realisiert an. Demgegenüber heben die preistheoretisch fundier-

103 Vgl. G.J. Stigler (1957) S. 14.

ten Hypothesen wohl zu einseitig einzelne, mögliche Determinanten heraus und verabsolutieren sie. Die Industrial Organization Analysis präsentiert zudem eine kaum übersehbare Fülle von Einzelaussagen, die es zu ordnen gilt. Es wird sich allerdings zeigen, daß die Wettbewerbsdeterminanten der einzelnen theoretischen Ansätze offensichtlich auf zwei Argumentationsebenen angesiedelt sind und daß sich die unterschiedlichen Positionen einander annähern lassen, wenn zwischen unmittelbaren und mittelbaren Wettbewerbsdeterminanten unterschieden wird. Doch zunächst ist die Basis der Wettbewerbstheorie bezüglich der Wettbewerbswirkungen und des Wettbewerbsprozesses zu umreißen.

## I. Grundlegung der Wettbewerbstheorie: Wettbewerbswirkungen, Wettbewerbsprozeß und Wettbewerbsdeterminanten

### *1. Die Wettbewerbswirkungen*

1. Dem Ziel, das zentrale ökonomische Problem der Knappheit der Güter bzw. der Produktionsmittel zumindest zu mildern, dient der Versuch, das Niveau der Güterproduktion zu erhöhen sowie die Zusammensetzung, also die Struktur der Güterproduktion zu verbessern[1]. Der Wirtschaftsprozeß dokumentiert sich damit als ein Vorgang der permanenten Suche nach Möglichkeiten der Verbesserung der Güterversorgung. Dazu ist es insbesondere erforderlich, das technische Wissen der Gesellschaft zu erhöhen und das jeweils vorhandene, nach Hayek über die Gesellschaft verstreute Wissen[2] optimal zu nutzen und zu verbreiten. Als ein besonders geeignetes Instrument zur Minderung des Knappheitsproblems wird der marktwirtschaftliche Preisbildungsmechanismus angesehen. Mit Hilfe dieses Mechanismus werden die Wirtschaftssubjekte laufend darüber informiert, welche Güter und Leistungen von der Gesellschaft besonders begehrt werden[3].

Der Preisbildungsprozeß kann aber nur dann reibungslos funktionieren, wenn – unter anderem – Wettbewerb herrscht. Der Wettbewerb stellt also ein Such- und Entdeckungsverfahren dar, das zudem der Verbreitung von Informationen dient. Allerdings ist der wettbewerbliche Marktprozeß ein offener Prozeß, dessen Ergebnisse im einzelnen unbekannt sind. Wären sie von vornherein bekannt, d.h. wäre das Wirtschaftsgeschehen im einzelnen determiniert, so wäre der Preismechanismus und mit ihm der Wettbewerb überflüssig.

---

1 Darüber hinaus ist das Problem der Güterverteilung zu lösen. Vgl. E. Sohmen (1976) S. 2 ff.

2 Vgl. F.A. v. Hayek (1968) S. 7

3 Vgl. dazu U. Müller (1975) S. 55 ff.

Die Ergebnisse bzw. Wirkungen des Wettbewerbs sind also im einzelnen nicht voraussehbar. Diese Tatsache kann aber nicht daran hindern, hinsichtlich der Wettbewerbswirkungen allgemein formulierbare Erwartungen (Muster-Voraussagen) auszusprechen. Auf der Basis allgemein formulierter Erwartungen ist sogar ein weitgehender Konsens der Nationalökonomen feststellbar. Die allgemein erwarteten ökonomischen Wettbewerbswirkungen lassen sich im wesentlichen wie folgt ausdrücken[4]:

Wettbewerb schafft gute ökonomische Ergebnisse, die sich jeweils in direkten Vorteilen für die Marktgegenseite und darüber hinaus gegebenenfalls in Vorteilen für weitere Wirtschaftssubjekte niederschlagen[5].

(1) Wettbewerb führt zur Anpassung der Güterzusammensetzung und des Faktoreinsatzes an die autonomen Veränderungen der Nachfragestruktur, wobei es allerdings stets schwer sein wird, zwischen autonomen und angebotsinduzierten Nachfragestrukturänderungen zu unterscheiden. Derartige Anpassungsprozesse können darüber hinaus sowohl in den expandierenden als auch in den kontrahierenden Bereichen Fortschrittsaktivitäten auslösen bzw. die Anwendung und Verbreitung von technischem Wissen (etwa infolge von Skalenwachstum) ermöglichen.

(2) Wettbewerb führt zur Erhöhung und Verbreitung des technischen Wissens, d.h. er bewirkt die Schaffung neuer oder qualitativ verbesserter Produkte und die Verbesserung der Produktionsverfahren. Damit schafft er zunächst individuelle Vorteile für die Marktgegenseite. Durch Produktinnovationen ermöglicht er den progressiven Konsumenten ein Abheben von den übrigen Konsumschichten, durch Produktdiffusion und Verfahrensfortschritt eröffnet er den übrigen Nachfragern die Chance, das Konsumniveau höherer Konsumschichten zu erreichen. Erhöhungen und die Verbreitung von technischem Wissen bieten aber nicht nur den unmittelbaren Marktpartnern auf der Marktgegenseite Vorteile, sondern lösen unter Umständen Kettenreaktionen aus und bringen Vorteile auch für zunächst unbeteiligte Wirtschaftssubjekte, wenn neue Erkenntnisse sich als nutzbringend auch für andere Branchen, Märkte und Unternehmungen erweisen. Ein irgendwo in der Wirtschaft ausgelöster Fortschrittsprozeß kann ähnliche Prozesse auf anderen Märkten induzieren und damit für weitere Bereiche ökonomische Vorteile bringen.

(3) Wettbewerb verhindert das Entstehen funktionsloser Einkommen auf den Gütermärkten, insbesondere das Entstehen funktionsloser Unternehmergewinne. Er bringt insoweit Vorteile für die Marktgegenseite, da diese derartige Einkommen durch Zahlung überhöhter Preise aufzubringen hätte. Durch diese

4 Zu entsprechenden Katalogen der erwarteten Wettbewerbswirkungen vgl. z.B. J.M. Clark (1961) S. 63 ff., E. Kantzenbach (1966) S. 16 ff.

5 E. Hoppmann (1968a) S. 17 ff. hebt nur auf die unmittelbaren Vorteile für die Marktgegenseite ab.

Wirkung trägt der Wettbewerb aber grundsätzlich dazu bei, eine leistungsgerechte Primärverteilung zu realisieren, die ihrerseits die Grundlage staatlicher Umverteilungsmaßnahmen bilden kann[6]. Darüber hinaus leistet er dadurch möglicherweise einen Beitrag zur Verbesserung des sozialen Klimas.

2. Nach allgemein vertretener Auffassung ist der Wettbewerb aber nicht nur erwünscht, weil er bestimmte ökonomische Wirkungen zeitigt, sondern weil er zugleich jenen Koordinationsmechanismus der freien Preisbildung ermöglicht, der seinerseits geeignet ist, das Planungs- und Koordinationsproblem einer Volkswirtschaft auf der Basis individueller und freier Einzelentscheidungen zu lösen. Insoweit bekennen sich die Anhänger des marktwirtschaftlichen Ordnungsprinzips zur wirtschaftspolitischen Grundentscheidung für den Primat des Wettbewerbs[7]. Entsprechend sieht auch die neoklassische Wettbewerbstheorie im Wettbewerb ein „Ziel in sich selbst", weil sich in ihm bestimmte Formen von wirtschaftlicher Freiheit manifestieren[8].

Hoppmann deklariert demgemäß wirtschaftliche Freiheit bzw. die Wettbewerbsfreiheit als eine Zielsetzung der Wettbewerbspolitik[9]. Fraglich ist allerdings, ob die angesprochene Zielsetzung der Wettbewerbs p o l i t i k auch als eine Wirkung des W e t t b e w e r b s interpretiert werden kann, ob Wettbewerb also ein Instrument darstellt, welches in jedem Fall in der Lage ist, den Freiheitsspielraum der an ihm Beteiligten zu erhöhen bzw. aufrechtzuerhalten. Dies ist möglicherweise nicht der Fall. Die wirtschaftliche Freiheit als eine Folge von Wettbewerb bzw. als Wettbewerbswirkung zu interpretieren, erscheint daher einigermaßen problematisch. Dementsprechend wird auch von Hoppmann attestiert, daß sich die Freiheitsbereiche der Wirtschaftssubjekte im Wettbewerbsprozeß ständig verschieben[10]. Andererseits setzt Wettbewerb voraus, daß „Freiheit zu Wettbewerb erstens besteht und zweitens auch erhalten bleibt"[11]. Diese Position ermöglicht es nun, den Aufbau des Konzepts insoweit zu modifizieren, daß Wettbewerbsfreiheit nicht als Folge des Wettbewerbs, sondern als eine Voraussetzung erscheint, um

(1) mit ihr einen Teil der allgemeinen wirtschaftlichen Freiheit zu sichern, die ihrerseits nur einen Aspekt der individuellen Freiheit im gesamten gesellschaftlichen Bereich darstellt[12],

---

6 Vgl. E. Kantzenbach (1966) S. 16.
7 Vgl. K. Schiller (1965) S. 214. Vgl. auch E. Kantzenbach (1968) S. 171 ff.
8 Vgl. E. Hoppmann (1966a) S. 289.
9 Vgl. ders. (1967a) S. 231 und ders. (1968a) S. 12.
10 Vgl. E. Hoppmann (1968b) S. 90.
11 Ders. (1967a) S. 231.
12 Vgl. ders. (1967b) S. 149 f.

(2) einen Wettbewerbsprozeß zu ermöglichen, der gute ökonomische Ergebnisse im zuvor angesprochenen Sinn nach sich zieht[13].

Auf Wettbewerbsfreiheit als Voraussetzung für Wettbewerb wird im folgenden zurückzukommen sein.

## *2. Wettbewerbsprozeß und Wettbewerbsverhalten*

### a) Der Wettbewerb als zyklischer Marktprozeß

Wettbewerb ist nach herrschender Meinung ein dynamischer Marktprozeß. Selbst die Autoren, die ihn in nicht adäquater theoretischer Einengung mit dem Modell des homogenen Polypols umschrieben haben, meinten eigentlich den Anpassungsprozeß an diese Marktform, nicht aber den Endstand selbst, wenn sie vom Wettbewerb sprachen. Nach heute gängiger Interpretation umfaßt der Wettbewerb aber nicht allein die Phase der Gewinnivellierung und -eliminierung, das heißt den Anpassungsprozeß, sondern ebenso die Phase der Gewinndifferenzierung, das heißt den Vorgang der Absetzung einzelner Anbieter von anderen, im Falle von Fortschrittsaktivitäten also den Fortschrittsprozeß. Insoweit sind diverse Formulierungen gebräuchlich. Man spricht vom vorstoßenden und nachfolgenden, vom individualisierenden und nivellierenden Wettbewerb[14], vom Wettbewerb der Bahnbrecher und dem der Nachahmer[15], vom innovatorischen bzw., um Vorstoßaktionen nicht allein auf Innovationen zu beschränken, vom initiatorischen und imitatorischen Wettbewerb[16] sowie vom Widerstreit monopolisirender und polypolisierender Kräfte[17].

Im Rahmen des Gesamtprozesses ergeben sich Umverteilungen und Rückverteilungen des Präferenzpotentials für die einzelnen Anbieter. Die Initiatoren realisieren leistungsbezogene Vorsprungsgewinne, welche von den Imitatoren wieder abgebaut werden. Dazu bedarf es bestimmter Verhaltensreaktionen der Nachfrager, auf die im folgenden aber nicht weiter eingegangen werden soll[18].

Diese Interpretation des Wettbewerbs im Sinne eines dynamischen Marktprozesses entspricht auch der Position der neoklassischen Wettbewerbstheorie,

13 Zum entsprechenden Aufbau des Konzepts vgl. auch K. Herdzina (1973a) S. 280 ff.
14 Vgl. H. Arndt (1976) S. 40 und S. 48.
15 Vgl. ders. (1952) S. 35 ff.
16 Vgl. E. Hoppmann (1968a) S. 42.
17 Vgl. U. Müller (1975) S. 17 f. und ders. (1978) S. 1559. Diese Begriffsbildung knüpft allerdings wieder an die Marktformenlehre an. Zumindest bezüglich der Nivellierungsphase ist der Arndt'sche Begriff des isopolistischen Prozesses geeigneter. Vgl. H. Arndt (1952) S. 83 ff.
18 Vgl. dazu im einzelnen K. Herdzina (1973b) S. 77 ff. Vgl. auch G. Scherhorn (1977) S. 20 ff.

obwohl sie besonderes Gewicht auf die Feststellung legt, daß der Wettbewerb nicht im einzelnen positiv definierbar und insbesondere nicht positiv normierbar ist. Dennoch sind aber allgemeine Muster-Voraussagen auch über den Prozeßablauf möglich. Keine Aussage ist allerdings möglich über die Wettbewerbsintensität, da diese auch vom Ausmaß der Datenänderungen abhängt, welche erst initiatorische Wettbewerbsaktionen hervorrufen können. Mangels Datenänderungen könnte das im Extremfall bedeuten, daß sich kein Prozeß mehr einstellt und ein wettbewerbliches Marktgeschehen in der Tat durch einen Zustand total vollzogener Anpassung zu kennzeichnen wäre. Doch ist dies wohl nur ein gedanklicher Grenzfall. In der wirtschaftlichen Wirklichkeit sind Datenänderungen nicht die Ausnahme, sondern schon deshalb die Regel, weil es nie möglich sein wird, vollständige Information zu erlangen. Wie zuvor beschrieben, bewirkt bereits der permanente Vorgang der Informationsgewinnung und des Lernens der Nachfrager, daß sich die Nachfragestruktur laufend verändert. Möglichkeiten für initiatorische Vorstoßaktionen sind also stets gegeben, zumal die Nachfragestruktur durch Aktionen der Anbieter beeinflußt werden kann.

### b) Zur Abgrenzung von wettbewerblichem und nichtwettbewerblichem Marktverhalten

Auch wenn unter den Wettbewerbstheoretikern heute weitgehend Einigkeit darüber besteht, daß man den Wettbewerb in der dargestellten Weise allgemein und positiv im Sinne einer Muster-Voraussage beschreiben kann, so ist andererseits klar, daß diese allgemeine Beschreibung noch nicht ausreicht, um wettbewerbliches von nichtwettbewerblichem Marktverhalten abzugrenzen. Zwar wird man ex post wohl von einem wettbewerblichen Marktprozeß sprechen können, wenn er sich als Abfolge vorstoßender und nachfolgender Aktionen, also als ein Prozeß der Marktstrukturschwankung bzw. als ein reversibler, zyklischer Marktprozeß gezeigt hat. Wenn sich in dem Prozeß die Positionen der Wettbewerber lediglich temporär verschoben haben, besteht Grund zu der Annahme, daß die Wettbewerber bzw. einzelne von ihnen in ihrer Handlungsfreiheit nicht unzumutbar beschränkt worden sind. Für die Wettbewerbspolitik erhebt sich jedoch stets die Frage, ob die einzelne Aktion den Auftakt eines zyklischen Marktprozesses bildet oder ob sie, indem sie die Wettbewerbsfreiheit von aktuellen und potentiellen Wettbewerbern maßgeblich einschränkt, den Auftakt eines Verwandlungsprozesses darstellt[19], in dem sich die Marktstruktur dauerhaft ändert und auf eine Konstellation zusteuert, aus welcher heraus in Zukunft Wettbewerbsaktionen kaum noch vollziehbar sind.

---

19 Zu den Begriffen 'zyklischer Marktprozeß' und 'Verwandlungsprozeß' vgl. H. Arndt (1966b) S. 12 ff.

Erforderlich ist also eine Erfassung des Marktverhaltens und eine Katalogisierung einzelner Verhaltenstypen in der Weise, daß zwischen wettbewerblichem und nichtwettbewerblichem Marktverhalten unterschieden werden kann. Der Versuch einer entsprechenden Katalogisierung stößt jedoch auf erhebliche Schwierigkeiten. Sehr allgemein, aber durchaus treffend, ist der Wettbewerb als ein Prozeß interpretiert worden, der unter Ungewißheit abläuft[20]. Als Wettbewerbsverhalten kann also ein Marktverhalten bezeichnet werden, das nicht auf eine Beseitigung der Ungewißheit hinausläuft[21]. Der Wettbewerb muß ein offener Prozeß bleiben; alle Versuche, die Ergebnisse von Marktprozessen ex ante festzulegen, sind mit Wettbewerb nicht vereinbar. Das schließt nicht aus, daß jeder Marktteilnehmer sich bemühen wird, möglichst viele Informationen über die zukünftige Marktentwicklung und auch über das mutmaßliche Verhalten von Konkurrenten zu gewinnen. Doch alle Versuche, die Unsicherheit des Marktprozesses kollektiv abzubauen bzw. Marktkonstellationen zu errichten, in denen das Unsicherheitspotential prinzipiell niedriger ist, insbesondere Versuche, den Freiheitsspielraum anderer Marktteilnehmer so weit einzuengen, daß deren Verhalten mehr oder weniger determiniert ist, sind mit Wettbewerb nicht vereinbar. Allerdings ist es mißverständlich, wenn man derartige Verhaltensweisen als oligopolistisch – im Gegensatz zu wettbewerblichem, polypolistischem Verhalten – bezeichnet, da diese Terminologie wiederum zu eng am statischen Marktstrukturkonzept anknüpft[22].

Eine eindeutige Klassifikation des Marktverhaltens bzw. die Einordnung verschiedener Verhaltensweisen in die Kategorien des Wettbewerbsverhaltens und des nichtwettbewerblichen Verhaltens ist nicht möglich. Denkbar ist allenfalls das Aufstellen eines Katalogs von Verhaltenstypen, von denen mit hinlänglicher Sicherheit gesagt werden kann, in welche der Kategorien sie gehören. Ein solcher Katalog könnte möglicherweise wie folgt aussehen[23]:

(1) *Kreatives Marktverhalten* umschreibt zunächst alle Versuche, sich durch Innovationen gegenüber Mitbewerbern einen Wettbewerbsvorsprung zu verschaffen. Es besteht in der Entwicklung neuer oder verbesserter Produkte und Produktionsverfahren sowie in der Verbesserung der Vertriebs- und Absatzmethoden. Zentrale Wettbewerbsparameter sind das Produkt selbst bzw. dessen Qualität, der Preis, die Absatzmethoden und insbesondere eine entsprechende Neuerungswerbung. Kreatives Marktverhalten umfaßt jedoch nicht allein Fortschrittsaktivitäten im engeren Sinn. Die Aktion der Anbieter kann auch in der

---

20 Vgl. E. Heuß (1968) S. 52 f., E. Hoppmann (1968a) S. 90., P. Oberender (1975) S. 131.

21 Vgl. H. Schumacher (1976b) S. 46 f.

22 Vgl. z.B. H. Schlögl (1972) S. 61 f. sowie P. Oberender (1973) S. 25 ff.

23 Zu den folgenden Verhaltenstypen (1) – (3) vgl. H. Walter (1969a) S. 550 ff., zum Typ (5) vgl. H. Schlögl (1972) S. 61 f., zu den übrigen Typen vgl. W. Zohlnhöfer (1968) S. 26 ff., der Strategien der Integration, der Kooperation und der Monopolisierung unterscheidet.

spontanen Anpassung an Änderungen der Nachfragestruktur bestehen. Insoweit kommen auch Erweiterungen, Verkleinerungen und Umstellungen des Produktionsprogramms bzw. des Sortiments sowie zum Beispiel Standortveränderungen als Wettbewerbsparameter in Frage.

(2) *Adaptives Marktverhalten* umfaßt alle Versuche, die Vorsprungspositionen, die durch kreatives Marktverhalten entstanden sind, mit Hilfe von Imitation oder durch eigene Entwicklung neuer Güter und Produktionsverfahren usw. wieder abzubauen, um verlorene Käuferpräferenzen zurückzugewinnen. Als Wettbewerbsparameter dienen alle bereits genannten Faktoren.

(3) *Konsolidierendes Marktverhalten* zielt auf die Stabilisierung von erreichten Wettbewerbspositionen ab. An die Stelle spektakulärer Neuerungsaktivitäten treten möglicherweise nur noch marginale Qualitätsverbesserungen, Produktdifferenzierung, Aktivierung von Serviceleistungen und alle Versuche, Image und Good Will aufzubauen und zu erhalten.

(4) *Integrierendes Marktverhalten* geht über die unter (3) genannten Stabilisierungsaktivitäten hinaus und stellt den Versuch dar, weitere Sicherheit durch horizontale, vertikale oder diagonale Integration, also durch eine möglichst dauerhafte Änderung der Unternehmens- und Marktstruktur zu gewinnen. Ziel der Aktivitäten ist nicht das Erringen einer temporären Vorsprungsposition, durch die der Marktanteil von Konkurrenten zwar reduziert wird, diese als unabhängige Existenzen aber erhalten bleiben und reagieren können, sondern die endgültige Reduzierung der Zahl der Wettbewerber. Gelingt eine solche Reduzierung, so bewirkt sie eine Stärkung der eigenen Marktposition und einen Abbau von Unsicherheit. Je umfassender die Reduzierung gelingt, um so wahrscheinlicher wird es sein, daß im Marktgeschehen die Verhaltenstypen (5), (6) und (7) Platz greifen.

(5) *Konkludentes Marktverhalten* bedeutet, daß die Akteure ihre marktpolitischen Maßnahmen so treffen, daß sie von vornherein in einem schlüssigen Zusammenhang stehen. An die Stelle der ex-post-Koordination der Wirtschaftspläne tritt eine ex-ante-Koordination des Marktprozesses. Absprachen bzw. Informationsaustausch zwischen den Marktteilnehmern sind dabei nicht unbedingt erforderlich. Es genügt eine entsprechende Erfahrung bezüglich des Marktverhaltens der Konkurrenten. Über derartige Erfahrungen verfügen die Marktteilnehmer insbesondere bei einer eng begrenzten Anzahl sowie bei weitgehend abgeschlossener Marktentwicklung, das heißt in der Stagnationsphase des Marktes.

(6) *Kooperatives Marktverhalten*[24] beinhaltet alle Versuche der Marktteilnehmer, durch Absprachen die Zahl der verwendeten Wettbewerbsparameter

---

24 Im deutschen Wettbewerbsrecht wird zwischen Kartellen und Kooperationen unterschieden, wobei Kooperationen (zwischenbetriebliche Zusammenarbeit) nicht mit

zu reduzieren bzw. die Marktergebnisse umfassend im vorhinein festzulegen. Die Grenzen zwischen konkludentem (Bsp. Preisführerschaft) und kooperativem Marktverhalten (alle Arten von Kartellen) sind fließend.

(7) *Diskriminierendes Marktverhalten*[25] umfaßt alle Versuche der Behinderung, Unterwerfung und Beseitigung von tatsächlichen und potentiellen Wettbewerbern, etwa durch die Errichtung von Eintrittsschranken oder durch Boykott, Drohung und die Ausübung von Zwang auf Marktpartner und Konkurrenten.

Der vorliegende Katalog entbindet allerdings noch nicht von der Aufgabe, einzelne Verhaltensweisen, wie sie in der Realität anzutreffen sind, zuzuordnen. Das kann zum Teil erhebliche Schwierigkeiten bereiten. Darüber hinaus ist auch die beabsichtigte Einordnung der sieben Verhaltenstypen in die Kategorien des Wettbewerbsverhaltens und des nichtwettbewerblichen Verhaltens nicht problemlos. Einigermaßen eindeutig als Wettbewerbsverhalten sind wohl die Verhaltenstypen (1) und (2) zu bezeichnen, während Typ (7) in die Kategorie des wettbewerbsbeschränkenden Verhaltens gehört. Schwierigkeiten bereitet jedoch der gesamte Zwischenbereich. Das konsolidierende Marktverhalten wird man zunächst durchaus noch zum Wettbewerbsverhalten zählen können, doch wird im einzelnen schwer zu entscheiden sein, ob durch Konsolidierungsversuche nicht doch andere Marktteilnehmer behindert werden. Integrierendes Marktverhalten reduziert demgegenüber die Zahl der Marktteilnehmer und bildet möglicherweise eine Vorstufe für eindeutig wettbewerbsbeschränkende Praktiken. Andererseits dienen Fusionen unter Umständen der Errichtung effizienterer Unternehmensgrößen in produktionstechnischer, organisatorischer, beschaffungs-, absatz- und finanzierungstechnischer Hinsicht. Fusionen sind also nicht per se wettbewerbsbeschränkend, insbesondere dann nicht, wenn durch den Zusammenschluß mehrerer kleiner Unternehmen einem bislang dominierenden Anbieter ein potenter Konkurrent erwächst. Allerdings bergen Fusionen stets die Gefahr zukünftiger Wettbewerbsbeschränkungen, da sie unter Umständen die Chancen für konkludentes Verhalten verbessern. Gerade bezüglich des konkludenten Verhaltens bestehen aber die größten Schwierigkeiten, es eindeutig zu definieren und in praxi auch nachzuweisen. Schließlich kann selbst kooperatives Marktverhalten in bestimmten Situationen wettbewerbsintensivierend wirken, wenn es etwa als Maßnahme zur Stärkung der Position kleiner und mittlerer Unternehmen gegen übermächtige Konkurrenten dient.

---

der Absicht, den Wettbewerb zu beschränken, sondern mit dem Ziel, die Leistung zu steigern, erfolgen. Diese nicht unproblematische Unterscheidung soll hier nicht übernommen werden.

25 Auch der Begriff der Diskriminierung wird üblicherweise enger im Sinne einer unterschiedlichen Behandlung von Zulieferern und Abnehmern verwendet.

Aufgrund der Schwierigkeiten, Wettbewerbsverhalten von wettbewerbsbeschränkendem Verhalten eindeutig abzugrenzen, soll im folgenden allein auf das kreative und das adaptive Verhalten zurückgegriffen werden. Der Wettbewerbsprozeß wird also verstanden als Abfolge kreativen und adaptiven Marktverhaltens der Wirtschaftssubjekte. Zeigen die Marktteilnehmer kreatives und adaptives Wettbewerbsverhalten, so resultiert daraus jener Marktprozeß, dessen Wirkungen zuvor als Anpassung von Guterzusammensetzung und Faktoreneinsatz an die Veränderungen der Nachfragestruktur, als Erhöhung und Verbreitung des technischen Wissens und als Verhinderung des Entstehens funktionsloser Einkommen beschrieben worden sind. Die Determinanten dieser beiden Typen von Marktverhalten sind zu ermitteln.

### *3. Unmittelbare und mittelbare Wettbewerbsdeterminanten*

Die Gegenüberstellung der Aussagen der verschiedenen Ansätze innerhalb der Wettbewerbstheorie hat eine Fülle von Wettbewerbsdeterminanten zutage gefördert, für die es auf den ersten Blick kaum eine gemeinsame Basis zu geben scheint. Eine genauere Analyse der Determinanten zeigt jedoch, daß diese offenbar auf zwei verschiedenen Argumentationsebenen angesiedelt sind. Im folgenden soll daher zwischen

- den unmittelbaren Wettbewerbsdeterminanten und ihren Komponenten sowie
- deren Bestimmungsfaktoren, das heißt den mittelbaren Wettbewerbsdeterminanten, unterschieden werden.

Der Wettbewerbsprozeß wurde zuvor definiert als eine Abfolge von kreativen und adaptiven Verhaltensweisen. Dieses Marktverhalten erwächst aber beispielsweise nicht unmittelbar aus einzelnen wirtschaftspolitischen Gegebenheiten oder aus bestimmten unternehmensstrukturellen Faktoren. Diese Faktoren können lediglich Bestimmungsgründe eines Gesamtkomplexes von Anreizen und Möglichkeiten sein, welche die unmittelbaren Wettbewerbsdeterminanten bilden und die nunmehr zu beschreiben sind.

Ein wettbewerbliches Marktverhalten wird von den Anbietern gewählt, wenn sie einmal die Möglichkeit dazu haben und wenn sie darüber hinaus bereit oder geneigt sind, entsprechend zu handeln. Die Möglichkeit zum Wettbewerbsverhalten (*WM*) und die Neigung oder Bereitschaft zum Wettbewerbsverhalten (*WN*) bilden die unmittelbaren Wettbewerbsdeterminanten[26]

$$W = W(WM, WN). \qquad (3.5)$$

26 Zu einer ausführlichen Darstellung der unmittelbaren Wettbewerbsdeterminanten vgl. K. Herdzina (1973b) S. 70 ff.

Die Möglichkeit zum Wettbewerbsverhalten besteht für ein Unternehmen, wenn es gegebene Chancen zu kreativem und adaptivem Marktverhalten erkennt, das heißt wenn es über Markttransparenz (*Tr*) verfügt[27], wenn es bezüglich der von ihm gewünschten Wettbewerbsaktionen keinerlei Beschränkungen unterworfen ist, das heißt wenn Wettbewerbsfreiheit (*Fr*) gegeben ist[28], und wenn es darüber hinaus in der Lage ist, die gewünschte Aktion auch durchzuführen, wenn es also die Fähigkeit (*Fg*) zu kreativem und adaptivem Marktverhalten besitzt[29],

$$(3.6) \qquad WM = WM(Tr, Fr, Fg)\,.$$

Die Neigung des einzelnen Anbieters zum Wettbewerbsverhalten (der spirit of competition) ist abhängig von seiner Wirtschaftsgesinnung (*E*), insbesondere von der Stärke seines Erfolgsstrebens[30] und seiner Risikobereitschaft, vom Ausmaß der relativen Expansionschancen (*Ch*), welche der Markt bietet, also von der Höhe der Erfolgsaussichten bzw. vom Grad der Bedrohung des Anbieters, sowie von der Stärke des Wettbewerbszwanges (*Zw*) bzw. – negativ formuliert – von dem Ausmaß der Möglichkeiten, dem wettbewerblichen Marktprozeß gegebenenfalls auszuweichen,

$$(3.7) \qquad WN = WN(E, Ch, Zw)\,.$$

Damit sind die unmittelbaren Wettbewerbsdeterminanten und ihre Komponenten dargestellt, und es zeigt sich, daß die klassische und die neoklassische Wettbewerbstheorie primär auf dieser ersten Argumentationsebene operieren[31]. Darüber hinaus stellt sich nunmehr die Frage, wovon die Wettbewerbsmöglichkeit und die Wettbewerbsneigung sowie deren jeweilige Komponenten ihrerseits abhängen, welches also die mittelbaren Wettbewerbsdeterminanten sind. Im Rahmen des preistheoretisch orientierten Ansatzes sind eine Reihe von generellen Hypothesen bezüglich des Einflusses marktstruktureller Faktoren auf die Wettbewerbsintensität formuliert worden. Daneben finden sich aber auch sehr differenzierte Hypothesen über die Einwirkung der Marktstruktur auf einzelne Aspekte der Wettbewerbsmöglichkeit und der Wettbewerbsneigung, etwa auf die Innovationsneigung und -möglichkeit, die Anpassungsnei-

---

27 Hierbei läßt sich zwischen der objektiven Erkennbarkeit von Chancen und der subjektiven Fähigkeit, sie zu sehen, unterscheiden.

28 Möglicherweise läßt sich hier zwischen Eintritts-, Eindringungs- und Anpassungsfreiheit differenzieren.

29 Hier ist zwischen qualitativer und quantitativer Fähigkeit zu entsprechenden Aktionen zu unterscheiden.

30 Welches von internen und externen Antrieben bestimmt wird.

31 So nennt die neoklassische Wettbewerbstheorie die Wettbewerbsneigung und Wettbewerbsfreiheit, also eine Komponente der Wettbewerbsmöglichkeit, als Determinanten. Zum Katalog der unmittelbaren Wettbewerbsdeterminanten vgl. auch die Determinanten des Pleiopols nach Machlup, der mehrere der oben genannten Komponenten ebenfalls herausstellt. Vgl. F. Machlup (1966) S. 206.

gung und -möglichkeit sowie die Neigung und Möglichkeit zur Wettbewerbsbeschränkung[32]. Im Rahmen der Industrial Organization Analysis werden eine Reihe zusätzlicher Strukturgrößen sowie basic conditions genannt, und es wird ihr Einfluß auf einzelne Ausprägungen des Marktverhaltens empirisch überprüft. Die Hypothesen des preistheoretischen Ansatzes sowie des Konzepts der Industrial Organization bewegen sich also vorrangig auf der zweiten Argumentationsebene der mittelbaren Wettbewerbsdeterminanten.

Nun hat die Diskussion des preistheoretischen Ansatzes aber gezeigt, daß die diesbezüglichen Hypothesen durch ein hohes Maß an Widersprüchlichkeit und durch mangelnde Präzision gekennzeichnet sind. Auch die bislang vorliegenden Forschungsergebnisse der Industrial Organization haben zum Teil stark divergierende Fakten zutage gefördert. Es ist daher zu konstatieren, daß die Frage nach den mittelbaren Wettbewerbsdeterminanten und ihrem jeweiligen Einfluß auf die unmittelbaren Determinanten als derzeit noch weitgehend ungeklärt angesehen werden muß. Eine Reihe von mutmaßlichen Determinanten sind genannt, aber die Art und die Stärke des Einflusses auf die Wettbewerbsneigung und die Wettbewerbsmöglichkeit ist größtenteils offen und zum Teil auch widersprüchlich, so daß lediglich sehr allgemein

$$(3.8)\qquad \left\{ \begin{matrix} WM\,(Tr, Fr, Fg) \\ WN\,(E, Ch, Zw) \end{matrix} \right\} = f \left\{ \begin{matrix} StA_M\,[Z_A, K_x, Pd] \\ StA_U\,[d, pl, st, k, o] \\ Gr_U, StA_T, StA_{PF}, \\ StN, \Delta StN, O, \dots \end{matrix} \right\}$$

formuliert werden kann[33]. Lediglich einige Tendenzaussagen sowie einige Aussagen über bestimmte Extremsituationen lassen sich als vermutlich plausible Hypothesen formulieren und finden zum Teil auch eine empirische Stütze. Die empirischen Untersuchungen bestätigen jedoch immer wieder, daß die relevanten Marktzusammenhänge aufgrund zahlreicher Interdependenzen bzw. zirkularer Verknüpfung ein System komplexer Phänomene bilden.

## II. Der Einfluß zentraler Wettbewerbsdeterminanten auf die Möglichkeit und die Neigung zum Wettbewerbsverhalten

Wenn im folgenden der Einfluß einiger zentraler, mittelbarer Wettbewerbsdeterminanten auf die Möglichkeit und die Neigung zum Wettbewerbsverhalten dargestellt wird, so dokumentiert sich darin bereits eine gewisse Einschränkung

32 Vgl. E. Kantzenbach (1966) S. 43 und S. 89 f. sowie ders. (1967/68) S. 216 ff. und S. 226.

33 Dabei umschreiben die in den eckigen Klammern befindlichen Größen die verschiedenen Dimensionen der Markt- und der Unternehmensstruktur. $K_x$ steht für die concentration ratio (also etwa $K_4$ oder $K_8$), $Gr_U$ für die Unternehmensgröße.

der Fragestellung. Es ist in vielen Fällen nicht möglich, eine schlüssige Antwort auf die Frage nach dem Einfluß dieser Determinanten auf das Marktverhalten zu geben, da einzelne Determinanten widersprüchliche Wirkungen zeitigen und da die Wettbewerbsintensität bislang generell nicht gemessen werden kann. Daher beziehen sich die empirischen Untersuchungen stets nur auf einzelne Aspekte des Wettbewerbsprozesses wie die FE-Aktivität, die Diffusionsgeschwindigkeit usw. Die wichtigsten Ergebnisse empirischer Untersuchungen bezüglich des Fortschrittsprozesses wurden in den ersten beiden Teilen dieser Arbeit bereits erwähnt und müssen hier nicht noch einmal wiederholt werden.

### *1. Die Marktstruktur als Wettbewerbsdeterminante*

Das Facit der preistheoretisch fundierten Wettbewerbshypothesen liegt im wesentlichen in der Aussage, daß die für einen dynamischen Wettbewerbsprozeß günstigste Marktkonstellation eine mittlere Marktform ist. Der Aussagewert dieser Erkenntnis scheint allerdings dann nicht allzu hoch zu sein, wenn damit lediglich theoretische Grenzsituationen ausgeschlossen werden. Jegliche weitere Einengung ist andererseits problematisch, und alle Versuche, innerhalb der mittleren Marktformen eindeutige Beziehungen etwa zwischen Anbieterzahl und Wettbewerbsintensität abzuleiten, sind angesichts divergierender Einflüsse (z.B. steigende oligopolistische Interdependenz, aber auch zunehmende Absprachemöglichkeiten bei sinkender Zahl) offenbar reine Spekulation. Immerhin läßt sich auch aus der Grobaussage ein gewisser wettbewerbspolitischer Nutzen ziehen, sofern sich für die Hypothese empirische Bestätigungen finden. Insbesondere sehr hohe absolute und relative Konzentration scheint nichtwettbewerbliches Marktverhalten zu begünstigen, vor allem wenn sie infolge hoher Marktschranken die Wettbewerbsfähigkeit potentieller Konkurrenten beeinträchtigt und auch deren Wettbewerbsneigung aufgrund der geringen Chancen, auf dem Markte dauerhaft Fuß zu fassen, herabsetzt. Im Falle hoher relativer Konzentration, also ungleicher Marktanteilsverteilung, gelten die gleichen Einschränkungen für die bereits am Markte befindlichen kleinen Konkurrenten. Schließlich ist bei sehr wenigen großen Anbietern die Chance zu konkludentem und kooperativem, möglicherweise auch zu diskriminierendem Marktverhalten gegenüber den kleinen Konkurrenten hoch.

Speziell für entsprechende Wirkungen in hochkonzentrierten Branchen gibt es empirische Belege. So findet Downie bestätigt, daß der Innovationsmechanismus in hochkonzentrierten Bereichen nur schwach ist, das heißt daß es offensichtlich von bestimmten Konzentrationsschwellen ab keine wirksamen, den Konzentrationsgrad wieder senkenden, innovativen Gegenkräfte mehr gibt[34]. Die monopolistische Konkurrenzschwelle nach Arndt ist dann überschritten, was sich in niedrigen Fortschrittsaktivitäten niederschlägt. „. . . very

34 Vgl. J. Downie (1958) S. 133 ff.

high concentration ... is apt to retard progress by restricting the number of independent sources of initiative and by dampening firms' incentive to gain market position through accelerated research and development"[35]. Entsprechend findet auch Bain bei sehr hohem Konzentrationsgrad ($K_8$ über zwei Drittel), bei hohen Marktschranken und insbesondere dort, wo beides zusammenfällt, eindeutig schlechtere Marktergebnisse, nämlich chronische Übergewinne, die ein Indiz für schwachen Wettbewerb sein könnten[36]. Von Bedeutung sind ferner seine Untersuchungen zur Produktdifferenzierung. In hochkonzentrierten Branchen mit hohen Eintrittsschranken ist in der Regel auch der Grad der Produktdifferenzierung hoch. Hohe Produktdifferenzierung erfordert hohe Absatzkosten und erhöht die Marktschranken, vermindert also die Möglichkeit zum Wettbewerbsverhalten für potentielle Konkurrenten und stabilisiert insoweit den Konzentrationsgrad[37].

Diese Zusammenhänge zeigen einerseits die Problematik des konsolidierenden Marktverhaltens auf, sie belegen aber ferner, daß eine Konstellation mit hohem Konzentrationsgrad, hohen Marktschranken und hoher Produktdifferenzierung offenbar für Bereiche typisch ist, die die Expansionsphase des Marktes bereits hinter sich haben, da hier ehemals kreatives und adaptives Marktverhalten zumindest schon durch konsolidierendes Verhalten abgelöst worden ist. Demnach scheinen hohe Konzentrationsgrade eher in den späten als in den frühen Marktphasen wettbewerbsbeschränkendes Marktverhalten zu implizieren, da sie dann mit strukturstabilisierendem Marktverhalten verbunden sind. Somit scheint aber eher die Marktphase als die Marktstruktur das Marktverhalten zu beeinflussen.

Darüber hinaus zeigen die empirischen Untersuchungen, daß es im Bereich mittlerer Marktformen keine signifikanten Zusammenhänge zwischen Marktform und Marktverhalten gibt. Das kann unter anderem deshalb nicht überraschen, da sich auch die mittleren Marktformen in sehr unterschiedlichen Ausprägungen präsentieren. So können auf einzelnen Märkten Unternehmen unterschiedlichster Größe und unterschiedlichster interner Struktur aufeinander treffen. Wenn von der Unternehmensgröße und der internen Unternehmensstruktur ein Einfluß auf das Marktverhalten ausgeht, so kann er den der Marktstruktur möglicherweise überlagern.

35 F.M. Scherer (1970) S. 377.
36 Vgl. J.S. Bain (1968) S. 438 ff.
37 Vgl. J.S. Bain S. 458 f. und S. 466 f.

## *2. Unternehmensstrukturelle Faktoren als Wettbewerbsdeterminanten*

### a) Unternehmensgröße und Wettbewerb

Die Grundlage der Diskussion über den Einfluß der Unternehmensgröße auf das Marktverhalten bildet die zweite Neo-Schumpeter-Hypothese, nach welcher insbesondere Großunternehmen den technischen Fortschritt vorantreiben. Da Wettbewerbsverhalten im Sinne von kreativem Marktverhalten auch das Auslösen von Fortschrittsprozessen umfaßt, ist insoweit auf eine höhere Wettbewerbsaktivität der Großunternehmen geschlossen worden. Die zur Stützung der Hypothese vorgetragenen Argumente beziehen sich primär auf die Möglichkeit zum Wettbewerbsverhalten. So wird vermutet, daß Großunternehmen über ein größeres personelles, finanzielles und technologisches Potential verfügen. Spezialisten mit größerer technischer und kaufmännischer Erfahrung würden gegebene Marktchancen schneller erkennen (Markttransparenz) und die Fähigkeit besitzen, sie zu nutzen (qualitative Wettbewerbsfähigkeit). Das dazu erforderliche technologische Potential sei in Form von Kapazitätsreserven vorhanden, gegebenenfalls stünden erforderliche Finanzierungsmittel in Form von Gewinnpolstern bereit oder sie könnten per Kapitalmarktfinanzierung schnell beschafft werden, so daß auch die quantitative Wettbewerbsfähigkeit im Vergleich zu derjenigen der Kleinunternehmen ungleich höher sei.

Die Kritik an der Hypothese hat demgegenüber nicht nur die vermutlich geringere Wettbewerbsneigung der Großunternehmen in den Vordergrund gestellt, sondern darüber hinaus ihre Anpassungsfähigkeit in Frage gestellt. Das zentrale Argument lautet, daß große, kapitalintensive und hochspezialisierte Unternehmen nicht in der Lage seien, sich schnell genug an diverse Datenänderungen anzupassen[38]. Da kreatives Marktverhalten im hier definierten Sinn aber auch die Anpassung an autonome Nachfrageänderungen umfaßt und adaptives Marktverhalten die Anpassung an Aktionen von kreativen Unternehmen erfordert, wird damit die Fähigkeit der Großunternehmen zum Wettbewerbsverhalten bestritten. In neuerer Zeit steht demgegenüber die Frage der FE-Aktivitäten im Vordergrund der Diskussion. Dabei haben – wie zuvor beschrieben – die empirischen Tests gezeigt, daß es eine einzige FE-optimale Unternehmensgröße nicht gibt[39].

Die Forschungsergebnisse der Industrial Organization bezüglich der wettbewerbsoptimalen Unternehmensgröße haben darüber hinaus gezeigt, daß es wenig Sinn hat, die These derart global zu formulieren und zu diskutieren. Gerade Großunternehmen unterscheiden sich wesentlich voneinander bezüglich ihres

---

38 Vgl. E. Schmalenbach (1949) S. 83 ff. Vgl. auch E.T. Penrose (1959) S. 105.

39 Vgl. E. Kantzenbach (1970) insb. S. 228.

Kontrollsystems, ihres Diversifikationsgrades und ihrer Organisationsstruktur[40], auch wenn sich offensichtlich eine Tendenz in der Weise abzeichnet, daß mit steigender Größe eher Managerkontrolle vorliegt, der Diversifikationsgrad steigt und das divisionale Organisationsprinzip an Bedeutung gewinnt[41]. Insoweit wird es erforderlich, die Implikationen des Kontrollsystems, des Diversifikationsgrades und der Organisationsform für das Marktverhalten zu analysieren.

**b) Kontrollsystem, Diversifikationsgrad und Wettbewerb**

Trotz der Fülle von Untersuchungen kann von einer hinlänglichen Klärung der Frage, in welcher Weise unternehmensstrukturelle Faktoren das Marktverhalten beeinflussen, bislang nicht gesprochen werden. Eine solche Klärung scheint angesichts der Komplexität der Zusammenhänge und der nicht lösbaren Aufgabe, Wettbewerbsverhalten eindeutig zu definieren, auch prinzipiell nicht möglich zu sein. So sind bislang einerseits lediglich Vorfragen empirisch getestet worden wie die, welche Zielfunktionen für die einzelnen Systeme typisch sind. Andererseits ist untersucht worden, inwieweit bestimmte Marktergebnisse wie die Höhe des Gewinns bzw. der Wachstumsrate mit der internen Unternehmensstruktur korrelieren. Bezüglich des Zusammenhanges zwischen interner Unternehmensstruktur und Wettbewerbsverhalten ist nach dem derzeitigen Stand der Erkenntnis kaum mehr möglich als sich mit der Formulierung plausibler Hypothesen zu begnügen. Diese Hypothesen können hier nicht ausführlich analysiert werden. Die folgende Darstellung beschränkt sich daher auf einige zentrale Zusammenhänge.

Die Diskussion über das System des managerial capitalism geht im Prinzip davon aus, daß die Motivation der Manager eher auf Unternehmenswachstum als auf Gewinnmaximierung ausgerichtet ist und daß die Manager darüber hinaus nach Sicherheit[42] sowie nach der Erringung von wirtschaftlicher Macht und Prestige[43] streben. Während aus dem Wachstumsmotiv allein durchaus eine Neigung zum Wettbewerbsverhalten ableitbar wäre, bewirken das Sicherheits- und das Machtstreben, eher risikoarme Wege der Unternehmensexpansion einzuschlagen und Unternehmenswachstum mehr durch integrierendes als durch kreatives Marktverhalten zu erreichen. Diese Tendenz wird durch eine mangelhafte Kontrolle seitens des Kapitalmarktes ermöglicht bzw. durch gleichgerichtete Interessen der Aktionäre begünstigt. Die externen Antriebe zu wettbewerblichem Marktverhalten sind offenbar schwach. Wachstums-, Sicherheits- und Machtstreben begünstigt zudem die Erhöhung des Diversifikationsgrades.

---

40 Ferner bezüglich des Grades der vertikalen Integration und der Zahl der Betriebe.
41 Vgl. A.D. Chandler jr. (1962) S. 19 f., M. Gort (1962) S. 85, P.R. Rumelt (1974) S. 69 ff.
42 Vgl. z.B. R.M. Cyert; J.G. March (1963) S. 118 f.
43 Vgl. O.E. Williamson (1964) S. 32.

Die Einflüsse der Diversifikation bzw. hoher Diversifikationsgrade auf das Marktverhalten sind vielfältig und widersprüchlich. So werden insbesondere die folgenden wettbewerbsintensivierenden bzw. wettbewerbsbeschränkenden Wirkungen der Diversifikation gegenübergestellt[44]. Mit dem Diversifikationsgrad der Unternehmen steige deren Informations- und Planungskapazität und damit ihre Fähigkeit, Marktchancen zu erkennen und zu nutzen (Markttransparenz und qualitative Wettbewerbsfähigkeit). Diversifizierte Großunternehmen verfügen über nicht ausgelastete Kapazitäten, die zur Anlage in neuen Märkten drängen[45]. Mit dem Diversifikationsgrad steigt auch das finanzielle Potential und die Möglichkeit der unternehmensinternen Subventionierung neuer Aktivitäten, da Monopol- oder Pioniergewinne von anderen Märkten verwendet werden können, so daß selbst hohe Finanzierungsanforderungen kein Eintrittshindernis darstellen[46]. Damit verfügen diversifizierte Unternehmen über eine hohe quantitative Wettbewerbsfähigkeit, und sie stellen infolge ihrer Fähigkeit zu adaptivem Marktverhalten eine permanente potentielle Konkurrenz für Märkte mit hohen Gewinnchancen dar. Doch nicht nur die Möglichkeit zu adaptivem, sondern auch die Möglichkeit und vor allem die Neigung zu kreativem Marktverhalten steigen mit dem Diversifikationsgrad, da diversifizierte Unternehmen größere Möglichkeiten zur Nutzung von FE-Ergebnissen besitzen als Unternehmen mit einem oder wenigen Produkten[47]. Zudem sinke mit dem Diversifikationsgrad das Einzelrisiko, so daß die Anforderungen an die Risikobereitschaft geringer werden, woraus sich eine höhere Neigung zum Wettbewerbsverhalten ableiten ließe.

Die Fähigkeit des diversifizierten Unternehmens, Risiken zu streuen, kann jedoch auch in der Weise interpretiert werden, daß sich damit der Grad der Bedrohung des Unternehmens reduziert und als Folge davon der Zwang, aber auch die Neigung insbesondere zum kreativen Marktverhalten abnimmt. Wie sich die Verminderung des Gesamtrisikos des Unternehmens auf die Risikobereitschaft auf den Einzelmärkten auswirkt, dürfte jedoch a priori nicht zu beantworten und möglicherweise nicht unabhängig von der Organisationsform des Unternehmens sein.

Eine im Vergleich zu nichtdiversifizierten Unternehmen niedrigere Wettbewerbsneigung der Konglomerate wird darüber hinaus wie folgt begründet. Mit steigendem Diversifikationsgrad vergrößert sich die Komplexität der Marktbeziehungen, insbesondere der Grad der Interdependenz der Konglomerate untereinander. Sofern sie nicht ohnehin schon die Einflußsphären anderer Konglomerate respektieren, wodurch sie eher als potentielle Konkurrenz der Kleinen, nicht aber als potentielle Konkurrenz untereinander auftreten, ist

44 Eine ausführliche Darstellung findet sich bei H. Schumacher (1976b) S. 112 ff.
45 Vgl. E.T. Penrose (1959) S. 112, J.C. Narver (1967) S. 66.
46 Vgl. M. Gort (1962) S. 103.
47 Vgl. R.R. Nelson (1959) S. 297 ff.

ihr Interesse an Wettbewerbsaktionen gegenüber anderen diversifizierten Unternehmen, mit denen häufig nicht nur Konkurrenz-, sondern auch Zulieferer- und Abnehmerbeziehungen bestehen, gering. Damit erhöht sich die Möglichkeit, reziproke Geschäftsbeziehungen aufzubauen. An die Stelle wettbewerblichen Marktverhaltens tritt dann konkludentes und kooperatives Verhalten, das heißt die Errichtung sog. interfirm organizations im Sinne von Phillips und Williamson[48].

Mit steigendem Diversifikationsgrad wächst aber nicht nur die Möglichkeit zu reziproken Absprachen, sondern auch die Chance, kleineren Unternehmen gegenüber reziproken Zwang auszuüben[49], der so weit gehen kann, daß die kleineren Unternehmen in eine totale Abhängigkeitsposition geraten und möglicherweise sogar verdrängt werden. Damit wird wettbewerbliches Verhalten durch diskriminierendes und integrierendes Verhalten ersetzt, durch welches die Wettbewerbsfreiheit dieser Marktteilnehmer eingeschränkt oder sogar total beseitigt wird. Reziproke Geschäftsbeziehungen bilden darüber hinaus ein erhebliches Eintrittshindernis für potentielle Wettbewerber, deren Wettbewerbsfreiheit dadurch ebenfalls beschränkt wird.

Die marktzutrittsbeschränkende Wirkung diversifizierter Unternehmen auf einzelnen Märkten kann aber noch in zwei weiteren Sachverhalten gesehen werden. Aufgrund der Praxis der Konglomerate, konsolidierte Geschäftsabschlüsse vorzulegen und die effektiven Gewinnspannen auf Einzelmärkten durch entsprechende Gemeinkostenzurechnung und interne Verrechnungspreise zu verschleiern, vermindert sich für potentielle Konkurrenten die Möglichkeit, die Gewinnchancen auf den jeweiligen Märkten zu erkennen[50], wodurch sich ihre Möglichkeit zum Wettbewerbsverhalten reduziert. Darüber hinaus sinkt ihre Wettbewerbsneigung, da sie schwer abschätzen können, ob das diversifizierte Unternehmen bei einem Marktzutritt nicht sofort mit einem Preiskampf antwortet und wie lange es gegebenenfalls bereit ist, sein Angebot auf dem Markt trotz Verlust aufrechtzuerhalten[51].

Diese Überlegungen zeigen, daß diversifizierte Unternehmen erhebliche Möglichkeiten besitzen, sich dem Zwang des Wettbewerbs zu entziehen, wodurch zugleich ihre Neigung zum Wettbewerbsverhalten sinkt. Nur in einem Fall erbringt der Versuch, dem Wettbewerbsdruck auszuweichen, positive Wirkungen. Wenn Konglomerate stagnierende oder schrumpfende Märkte, in denen der Wettbewerbsdruck zunimmt, rechtzeitig verlassen und ihre Ressourcen in neue Expansionsbereiche transferieren, erhöht sich dadurch die Flexibilität der Produktionsfaktorenstruktur. Doch davon abgesehen besteht dauerhaft die Gefahr, daß die Konglomerate die Möglichkeit und Neigung anderer

48 Vgl. A. Phillips (1960) S. 602 ff., O.E. Williamson (1965) S. 579 ff.
49 Vgl. J.C. Narver (1967) S. 112 f.
50 H. Schumacher (1976b) S. 162 spricht von Informationsvernichtung.
51 Vgl. A. Gutowski (1971) insb. S. 20 ff.

Marktteilnehmer zum Wettbewerbsverhalten reduzieren. Diese negativen Wettbewerbswirkungen gilt es gegenüber den möglichen positiven Effekten abzuwägen. Offensichtlich gibt es auch bezüglich des Diversifikationsgrades einen Schwellenwert, nach dessen Überschreiten sich die Interessensphären der Unternehmen so stark berühren oder bereits überlagern, daß die Wettbewerbskräfte erlahmen. Ein solcher kritischer Diversifikationsgrad existiert offenbar auch bezüglich der Effizienz der einzelnen Unternehmen, welche bei sehr hohem Diversifikationsgrad niedriger ist als bei einem mittleren Grad[52].

#### c) Organisationssystem und Wettbewerb

Für die Beantwortung der Frage, inwieweit die diversifizierten Unternehmen von ihren Möglichkeiten zu nichtwettbewerblichem Marktverhalten Gebrauch machen, genügt es aber nicht, allein auf den Diversifikationsgrad abzustellen. Die Anwendung wettbewerbsbeschränkender Praktiken erfolgt offenbar weniger, wenn die Unternehmen ein divisionales Organisationssystem aufweisen. Die wettbewerblichen Wirkungen des Übergangs zur divisionalen Organisationsform, das heißt zum profit-center Konzept, werden überwiegend positiv beurteilt. So wird betont, daß das höhere Maß an Entscheidungsfreiheit, das die Divisionsleiter genießen, ihren Ehrgeiz, ihre Initiative, ihr Verantwortungsbewußtsein, kurz ihr Erfolgsstreben und ihre Risikobereitschaft erhöht[53]. Wenn Investitions- und Wettbewerbsentscheidungen auf der Divisionsebene getroffen werden, entfällt oder vermindert sich zumindest die Neigung zur Tolerierung von Interessensphären anderer Konglomerate, zur Anwendung von Reziprozitätspraktiken und zur Verdrängung von Konkurrenten mit Hilfe finanzieller Transaktionen aus anderen Unternehmensbereichen[54]. Möglicherweise verbindet sich mit dem Übergang zum Divisionalsystem trotz Managerkontrolle des Gesamtunternehmens eine gewisse Tendenz zur Rückkehr zu gewinnorientiertem Marktverhalten. Darüber hinaus wird die gegenüber der funktionalen Organisationsform wesentlich größere Flexibilität des Divisionalsystems hervorgehoben[55].

Es zeigt sich, daß die Auswirkungen der Veränderungen der internen Unternehmensstruktur auf die Möglichkeit und die Neigung zum Wettbewerbsverhalten äußerst vielschichtig sind. Während der Übergang zur Managerkontrolle in Verbindung mit einem Diversifikationsgrad, der gewisse Schwellen überschreitet, eher wettbewerbsmindernd wirkt, scheint in der Durchsetzung des Divisionalprinzips ein gewisser Korrekturmechanismus aufzutreten. Zwar ist der Übergang zur divisionalen Organisationsform bei steigendem Diversifikations-

52 Vgl. dazu entsprechende Testergebnisse bei P.R. Rumelt (1974) S. 126.
53 Vgl. H. Schumacher (1976a) S. 157 f.
54 Vgl. ders. (1976b) S. 125, S. 145 und S. 149.
55 Vgl. auch E. Kaufer (1976a) S. 170.

grad nicht zwingend, aber wohl auch für die Unternehmen selbst vorteilhaft und zudem empirisch belegbar[56]. Die Frage, inwieweit sich wettbewerbsmindernde Auswirkungen hoher konglomerater Verflechtung durch den Übergang zum Divisionalsystem kompensieren lassen und welches die wettbewerbsoptimale interne Unternehmensstruktur darstellt, wird sich jedoch kaum beantworten lassen. Darüber hinaus ist eine solche Frage insoweit wenig sinnvoll, da sie wie die Frage nach der wettbewerbsoptimalen Marktstruktur rein statischen Charakter hätte[57]. Auch hier hat der Wettbewerb als Such- und Informationsverfahren möglicherweise dazu beigetragen, das Divisionalprinzip zu entdecken, von dem heute zum Teil ein wenig euphorisch behauptet wird, daß es „die Vorteile kleiner selbständiger Unternehmen mit den Vorteilen der Großunternehmung" verknüpft[58].

### *3. Wirtschaftliches Wachstum und Wachstumsdifferenzen (Strukturwandel) als Wettbewerbsdeterminanten*

#### a) Marktentwicklungstyp und Marktverhalten

Während sich ein dominierender Einfluß der Marktstruktur auf das Marktverhalten nur in extremen marktstrukturellen Konstellationen nachweisen läßt und der Einfluß beobachtbarer Wandlungen der internen Unternehmensstruktur ambivalent ist, klang in einer Reihe von Hinweisen immer wieder an, daß sich der Charakter der Marktprozesse im Verlauf der Marktentwicklung selbst ändert. Im Wachstumsteil dieser Arbeit wurde die von Schmookler vorgetragene Hypothese dargestellt, daß das Ausmaß der FE-Aktivität (der Inventionstätigkeit) von der Nachfrageentwicklung bestimmt wird. Da FE-Aktivität eine Art von kreativem, wettbewerblichem Marktverhalten darstellt, ist damit bereits ein Hinweis auf die Wettbewerbswirkungen eines bestimmten Marktexpansionstyps gegeben. Im Rahmen der neoklassischen Wettbewerbstheorie wird die Auffassung vertreten, daß die Intensität des Wettbewerbs von dem Ausmaß abhängt, in dem Inventionen, Nachfrage- und Faktorangebotsänderungen vorstoßende Wettbewerbsaktivitäten ermöglichen, denen sich nachahmende Aktionen anschließen[59].

Divergierende Expansionsraten lassen sich zunächst im Zeitablauf für jeden einzelnen Markt nachweisen, divergierende Expansionsraten verschiedener Märkte in der gleichen Zeitperiode sind Ausdruck des strukturellen Wandels einer Volkswirtschaft. Damit stellt sich die Frage, inwieweit das Marktverhalten

56 Vgl. P.R. Rumelt (1974) S. 69 ff. Zu weiteren Tests vgl. H. Schumacher (1976b) S. 92 ff.
57 Vgl. ders. (1976a) S. 164.
58 H. Schumacher (1976b) S. 89.
59 Vgl. E. Hoppmann (1967b) S. 176.

durch die Wachstumsrate des jeweiligen Marktes bzw. durch die Intensität des Strukturwandels der Volkswirtschaft bestimmt wird.

Wenn dieser Frage im folgenden nachgegangen wird, so heißt das nicht, daß die umgekehrte Abhängigkeit des Wachstums und des Strukturwandels vom Ausmaß des Wettbewerbs übersehen wird. Der interdependente Charakter aller drei Phänomene wird vielmehr deutlich werden, da der Wettbewerb seinerseits – wie zuvor beschrieben – Wachstums- und Strukturveränderungswirkungen zeitigt. In der jeweiligen Wachstumsrate eines Marktes schlagen sich nicht nur bestimmte Entwicklungen der Nachfrage, sondern auch die entsprechenden Anbieteraktivitäten und damit wettbewerbliches oder nichtwettbewerbliches Marktverhalten nieder. Ausgangspunkt der Analyse an dieser Stelle soll jedoch eine zunächst vorgegebene Wachstumsrate des jeweiligen Marktes sein, deren Auswirkungen auf das Marktverhalten es zu präzisieren gilt. Im Anschluß wird stets kurz darzustellen sein, welche Rückwirkungen auf das Wachstum und den Strukturwandel daraus zu erwarten sind.

Die Entwicklung eines Marktes folgt möglicherweise dem von verschiedenen Autoren unterstellten typischen Marktentwicklungsphasenschema[60]. Da sich durchaus aber auch abweichende Expansionsverläufe vorstellen und empirisch nachweisen lassen[61], soll die Frage des Marktverhaltens im folgenden nicht anhand der vier typischen Entwicklungsphasen beantwortet werden, sondern es soll auf das Schema alternativer Marktentwicklungstypen zurückgegriffen werden, das im zweiten Teil dieser Arbeit verwendet wurde und in dem neben der Produktivitäts- und der Nachfrageentwicklung auch der Grad der Faktormobilität Berücksichtigung fand. Demgemäß wird das marktexpansionsbedingte Marktverhalten in den drei Expansions- und den beiden Kontraktionstypen untersucht[62].

#### b) Marktverhalten auf expandierenden Märkten

1. Als *Expansionstyp 1* wurde zuvor eine Marktentwicklung bezeichnet, welche ein überdurchschnittliches Wachstum und damit strukturelle Positionsgewinne des betreffenden Bereiches aufweist. Die Ursachen dafür liegen in einer überdurchschnittlichen Nachfrageexpansion und einem hohen technologischen Potential, welches mit Hilfe autonomer oder nachfrageinduzierter FE-Aktivitä-

60 Zum Einfluß der Marktentwicklungsphase auf das Marktverhalten vgl. neuerdings auch H.-E. Lampe (1979) S. 271 ff.

61 Zur Kritik am Marktphasenschema vgl. u.a. K. Hoffmann (1972) S. 48 ff. und S. 96 ff.

62 Der Stagnationstyp wird nicht gesondert behandelt, da er keine erwähnenswerten Wirkungen auf das Marktverhalten zeitigt. Es ist aber daran zu erinnern, daß es sich in allen fünf Fällen um Grundtypen handelt, in denen bestimmte Bedingungskonstellationen idealtypisch hervorgehoben werden. In der Realität sind weitere Zwischenformen anzutreffen.

ten Produkt- und Verfahrensfortschritte ermöglicht. Sowohl die Nachfrageimpulse als auch das technologische Potential wirken also positiv auf die Entwicklung des Bereiches ein.

Da die Wettbewerbsneigung unter anderem von den relativen Expansionschancen abhängt, sollen diese noch etwas näher charakterisiert werden. Ist das auslösende Moment eine Nachfrageexpansion, so ergeben sich Gewinn- und Wachstumschancen für die Unternehmen. Ebenso eröffnet Produkt- und Verfahrensfortschritt solche Chancen. Produktfortschritt eröffnet die Chance, neue Märkte zu schaffen und auf ihnen zunächst eine Pionierposition einzunehmen. Verfahrensfortschritt eröffnet die Chance, durch Preispolitik die Marktposition auf dem vorhandenen Markt, der dadurch möglicherweise auch erweitert wird, zu verbessern. Gegebenenfalls besteht die Möglichkeit einer wechselseitigen Induktion von Angebots- und Nachfrageexpansion, die den Unternehmen, die in diesem Prozeß die Führungsrolle übernehmen, laufend Pionierpositionen einbringt.

Derartig günstige Expansionschancen haben Auswirkungen auf die übrigen Komponenten der Neigung und der Möglichkeit zum Wettbewerbsverhalten. Erwartete bzw. tatsächlich eingetretene Marktexpansion wirkt stimulierend auf das Erfolgsstreben und die Risikobereitschaft der Anbieter. Dies gilt für die bereits am Markte tätigen ebenso wie für potentielle Wettbewerber[63]. Die Marktentwicklung erweist sich zudem als günstig sowohl im Hinblick auf gewinn- als auch auf umsatzorientierte Zielvorstellungen und bietet allen Beteiligten noch weitgehende Möglichkeiten, die Marktgegebenheiten nach ihren Vorstellungen zu gestalten[64]. Das Sicherheitsmotiv tritt zurück bzw. wird insoweit wirksam, als es für den einzelnen angesichts einer dynamischen Marktentwicklung geradezu zwingend wird, den Anschluß nicht zu verpassen. Daraus folgt, daß die Marktteilnehmer einem gewissen Zwang zum wettbewerblichen Marktverhalten unterliegen. Je höher etwa die Diffusionsgeschwindigkeit von Neuerungen ist, um so stärker wird der Wettbewerbszwang[65]. Ausweichmöglichkeiten, etwa Absprachen, werden durch den Zutritt neuer Anbieter erschwert und in der Regel auch gar nicht gesucht. Die Neigung zum Wettbewerbsverhalten ist hoch[66].

Auch die Möglichkeit zu wettbewerblichem Verhalten ist gegeben. Zwar ist das Ausmaß der zukünftigen Nachfrageentwicklung und die Richtung der tech-

63 Vgl. H. Schumacher (1976b) S. 105 f. Vgl. auch K.P. Kruber (1973) S. 189.
64 Vgl. E. Heuß (1968) S. 51, E. Kaufer (1976b) S. 212.
65 Vgl. E. Streissler (1976) S. 63 ff.
66 Vgl. auch R. Fischer (1973) S. 245 f.

nischen Entwicklung äußerst unsicher, das heißt die Erwartungstransparenz[67] ist niedrig, doch kann ein „Mindestmaß an Ungewißheit“[68] geradezu als Voraussetzung für die Aufrechterhaltung des Wettbewerbs angesehen werden, da aus ihr ein weiterer Zwang zur wettbewerblichen Aktivität erwächst. Demgegenüber ist das Ausmaß an Information über die aktuelle Marktsituation, die Bedingungstransparenz[69], in der Regel hoch, denn technische Neuheiten und Nachfrageexpansion haben die Aufmerksamkeit auf den betreffenden Bereich gelenkt.

Die Wettbewerbsfreiheit im Sinne der Eintritts-, Eindringungs-, Anpassungs- bzw. der allgemeinen Handlungsfreiheit ist aufgrund der noch offenen Marktentwicklung generell hoch. Die Wachstumschancen animieren zum Markteintritt[70]. Der Markteintritt kann von den am Markte befindlichen Anbietern in der Regel nicht eingeschränkt werden, die Eintrittsschranken sind also niedrig. Marktzutritt verhindert die Versuche, nichtwettbewerbliche Freiheitsbeschränkungen durchzusetzen, doch die Aktionen der Marktteilnehmer richten sich ohnehin weniger gegeneinander, sondern zielen auf weitere Marktexpansion ab. Auch die Wettbewerbsfähigkeit ist hoch, da die Markt- und Umsatzexpansion finanzielle Spielräume für weiteres Unternehmenswachstum schafft.

Das bei einer derartigen Marktentwicklung zu erwartende Marktverhalten deutete sich bereits an. Vorsprungsgewinne lassen sich erzielen und Marktanteile sind zu sichern durch eine expansive und fortschrittsorientierte Investitionspolitik[71]. Es dominieren demnach kreatives und adaptives Marktverhalten, d.h. der Wettbewerbsprozeß kann dem Idealbild des aus Vorstoß- und Verfolgungsphase bestehenden zyklischen Marktprozesses entsprechen.

Die Folgen eines derartigen Marktverhaltens für das Wachstum des Marktes sind offensichtlich. Durch Fortschritts- und Anpassungsaktivitäten werden Erkenntnis- und Inventionsprozesse, Informations- und Lernprozesse sowie Innovations- und Diffusionsprozesse ausgelöst, die das technologische Potential des betreffenden Bereiches noch erweitern. Dadurch wird die Wachstumsrate des Bereiches von der Angebotsseite, aber auch von der insoweit stimulierten Nachfrageseite her weiter erhöht, und es wird der Strukturwandel zu seinen Gunsten beschleunigt.

2. Im *Expansionstyp 2* gehen demgegenüber positive Impulse nur von der Nachfrageentwicklung aus, während das technologische Potential keine Fortschrittseffekte ermöglicht, wobei gewisse Skalen- und Lerneffekte allerdings nicht auszuschließen sind. Die relativen Expansionschancen richten sich ganz nach dem Ausmaß der Nachfrageexpansion, können also möglicherweise sehr

---

67 Vgl. A. Woll (1967) S. 209 ff.
68 E. Heuß (1968) S. 51.
69 Vgl. A. Woll (1967) S. 209 f.
70 Vgl. E. Heuß (1968) S. 323 f.
71 Vgl. H. Schlögl (1972) S. 90.

hoch sein, doch sie sind nicht auch noch durch technischen Fortschritt kumulierbar. Der einzelne Anbieter hat demzufolge keine Möglichkeit, seinen Konkurrenten durch Produkt- oder Verfahrensfortschritte zuvorzukommen. Es lassen sich keine neuen Märkte erschließen, es gilt lediglich, den Anteil am wachsenden alten Markt zu sichern oder auszubauen.

Diese Konstellation wirkt sich auf die übrigen Determinanten der Wettbewerbsneigung in der Weise aus, daß die Risikobereitschaft nicht mehr so hoch und der Wettbewerbszwang nicht mehr so stark ist wie beim zuvor behandelten Typ. Zwar gibt es Chancen für eine Umsatzausweitung, aber kaum noch Gewinnsteigerungsaussichten. Daher ist in der Regel die Marktzutrittsneigung potentieller Konkurrenten erheblich niedriger. Wenn Marktzutritt weitgehend unterbleibt, ist auch der Kreis der Marktteilnehmer geschlossen und die Möglichkeit zu kooperativem Marktverhalten kann sich erhöhen.

Die Komponenten der Wettbewerbsmöglichkeit sind im Prinzip weiterhin günstig. Da die technologische Basis sich nicht verändert, ist die Markttransparenz zumindest in dieser Hinsicht hoch. Wenn die Nachfrageexpansion sehr kontinuierlich erfolgt, besteht sogar die Gefahr, daß sich der Grad der Unsicherheit zu stark reduziert. Die Freiheit des Marktzutritts hängt von der Lage der mindestoptimalen Größe ab. Angesichts des wachsenden Marktes sind die Finanzierungsspielräume ausreichend.

Das aus der beschriebenen Bedingungskonstellation erwachsende Marktverhalten dürfte im Prinzip aus kreativem Marktverhalten im Sinne der Anpassung an den Wandel der Nachfragestruktur und aus adaptivem Marktverhalten bestehen. Da die Fortschrittsmöglichkeiten fehlen bzw. äußerst niedrig sind, ist es aber denkbar, daß Versuche unternommen werden, die eigene Marktposition auf andere Weise zu sichern oder auszubauen. Neben kreatives und adaptives Marktverhalten tritt zunächst das konsolidierende Marktverhalten. Eine weitere Möglichkeit, die eigene Position gegenüber Konkurrenten zu verbessern, besteht darin, kleinere Mitwettbewerber zu verdrängen oder zu übernehmen. Sofern andererseits Marktzutritt unterbleibt, verbessern sich dadurch die Absprachemöglichkeiten. Ansätze zu diskriminierendem, integrierendem und kooperativem Verhalten werden also bereits vorhanden sein, auch wenn sie je nach dem Ausmaß der Nachfragesteigerung unter Umständen noch nicht allzu stark ins Gewicht fallen dürften.

Die Folgen derartiger Verhaltensweisen für das Wachstum des Marktes und die Intensität des Strukturwandels sind vergleichsweise neutral. Die Anpassung erfolgt gemäß dem Ausmaß des Nachfragestrukturwandels. Wesentliche Verzögerungen oder Beschleunigungseffekte treten nicht auf. Wirtschaftliches Wachstum erfolgt ausschließlich im Sinne der Allokationsverbesserung und nach Maßgabe der Skalen- und Lerneffekte.

3. Im *Expansionstyp 3* werden die aus positiven Nachfrageimpulsen und einer positiven technologischen Basis erwachsenden Expansionstendenzen durch extreme Ressourcen-, insbesondere Rohstoffknappheit bzw. durch mangelnde Faktormobilität blockiert oder verlangsamt. Die relativen Expansionschancen des Bereiches hängen nun davon ab, inwieweit es gelingt, die Ressourcenknappheit zu überwinden. Für den einzelnen Anbieter lassen sich drei Lösungswege aufzeigen, um die gewünschte Expansion doch zu erreichen. Er kann versuchen, mobilitätssteigernde Maßnahmen verschiedener Art zu ergreifen, beispielsweise Informations- und Ausbildungsaufwendungen zu tätigen. Er kann zweitens versuchen, durch FE-Anstrengungen im Rahmen eines Erkenntnis- und Inventionsprozesses die Erschließung und Nutzbarmachung von Ersatzressourcen zu beschleunigen. Er kann drittens aber auch danach trachten, die gegebenen Ressourcen an sich zu ziehen und sie im günstigsten Fall zu monopolisieren.

Welcher dieser Wege beschritten wird, hängt von den jeweiligen Erfolgsaussichten ab. Je schwieriger und kostenintensiver die beiden ersten Alternativen sind, um so eher wird bei allen Konkurrenten eine Neigung bestehen, den bequemeren dritten Weg zu wählen. Dieser Weg wird darüber hinaus um so eher beschritten werden, je ungleichmäßiger die Größenverteilung der Konkurrenten ist. Während die Großen möglicherweise das finanzielle Potential besitzen, um einen Verdrängungswettbewerb einzuleiten, ist die Handlungsfreiheit der kleineren Unternehmen vermutlich erheblich eingeschränkt. Ergibt sich als Folge davon eine zunehmende relative und absolute Konzentration, so werden die Wettbewerbsmöglichkeiten immer ungleichmäßiger und die Wettbewerbsneigung sinkt immer mehr. Die Wettbewerbsneigung der Großen sinkt, weil sie die Möglichkeit haben, sich dem Wettbewerbsdruck zu entziehen, die Wettbewerbsneigung der Kleinen sinkt, weil sie keine Chancen mehr sehen, sich im Wettbewerb zu behaupten.

Die entsprechenden Marktverhaltensweisen zeichnen sich damit bereits ab. Sofern einer der beiden ersten Wege oder beide zugleich eingeschlagen werden können, ist es denkbar, daß zumindest von einigen ein kreatives und adaptives Verhalten gewählt wird, woraus auch für die übrigen ein Zwang zum Wettbewerbsverhalten erwächst. In diesem Falle wird sich eine Beschleunigung des Strukturwandels und als Folge davon wirtschaftliches Wachstum ergeben.

Sind die Erfolgsaussichten der beiden ersten Wege dagegen gering, so wird seitens der marktstärkeren Unternehmen diskriminierendes Marktverhalten in Form von Eintrittssperren, Boykotten, Kopplungsverträgen und der Ausübung von reziprokem Zwang Platz greifen. Mit Hilfe von integrierendem Marktverhalten, insbesondere durch rückwärtige vertikale Integration, wird versucht werden, sich vor allem knappe Rohstoffe und Energie zu sichern. Durch horizontale Integration werden Konkurrenten ausgeschaltet, durch diagonale Integration werden Finanzierungsspielräume für weitere Wettbewerbsbeschränkungen geschaffen oder erweitert. Erst wenn alle Möglichkeiten der Diskriminierung und Verdrängung von Kleinen ausgeschöpft sind, wird man sich darauf besinnen, die unter Umständen gegebenen Chancen zur Steigerung der Faktormobilität und zur Entwicklung von Ersatzressourcen doch noch zu nutzen. Inwieweit dieser Weg beschritten wird, dürfte nicht unabhängig von dem dann erreichten Konzentrationsgrad sein. Liegt er über dem von Bain genannten Schwellenwert, so dürfte die Neigung und die Möglichkeit zu reziproken Absprachen bzw. allgemein zu konkludentem und kooperativem Marktverhalten hoch sein. In diesem Fall wird der Strukturwandel abgebremst und es werden Wachstumschancen vergeben.

#### c) Marktverhalten auf schrumpfenden Märkten

1. Im *Kontraktionstyp 1* erwachsen aus einer unterdurchschnittlichen Nachfrageexpansion bzw. einem absoluten Nachfragerückgang negative Nachfrageimpulse, die infolge positiven technologischen Potentials gebremst, aber nicht dauerhaft aufgehalten werden können. Die relativen Expansionschancen für den gesamten Markt sind also negativ. Bei absolut rückläufiger Nachfrage erfolgen sogar Umsatzeinbußen für die Unternehmungen. Der Grad der Bedrohung ist dementsprechend hoch. Aufgrund der positiven technologischen Basis ergeben sich jedoch zumindest für einzelne Anbieter unter Umständen sogar Expansionschancen, wenn es ihnen gelingt, durch technische Verbesserungen eine Vorsprungsposition zu erreichen, die sich auf dem geschrumpften Markt später möglicherweise halten läßt.

Bevor die Auswirkungen dieser Konstellation auf das Marktverhalten untersucht werden, ist das ihr adäquate Wettbewerbsverhalten kurz zu charakterisieren. Gewünscht wird kreatives Marktverhalten in zweifacher Hinsicht, als Anpassung an die Veränderung der Nachfragestruktur in Form von Kapazitätsdrosselung und gegebenenfalls Marktaustritt sowie als Versuch, die Produktivität zu steigern, um den (relativen) Nachfragerückgang zu bremsen.

Ob Versuche zur Steigerung der Produktivität unternommen werden, hängt davon ab, wie hoch die Chancen eingeschätzt werden, den Nachfragerückgang aufzuhalten. Erschwerend für die Aufnahme von FE-Aktivitäten wirkt allerdings der enger gewordene Finanzierungsspielraum. Ob und in welchem Ausmaß Unternehmen abwandern, hängt von einer Reihe weiterer Faktoren ab, die nicht nur von dem Kontraktionsprozeß dieses Marktes bestimmt werden. Zunächst ist es von Bedeutung, ob andere Märkte deutliche Expansionschancen bieten und ob der Marktzutritt dorthin frei ist. Zweitens wird die Wirtschaftsgesinnung der Unternehmenseigner und -leiter entscheidend sein. Während flexible Unternehmer rasch neue Betätigungsfelder suchen, werden konservative

Unternehmer unter Inkaufnahme von Einkommenseinbußen versuchen, unter allen Umständen auf dem angestammten Markt zu verbleiben. Uneinheitlich dürfte auch das Verhalten diversifizierter Unternehmungen sein. Während sie – insbesondere bei divisionaler Organisationsform – zum Teil solche Märkte schnell verlassen, wenn die Rentabilität sinkt, können sie aber auch versuchen, ihre Marktposition hart zu verteidigen. Gewinne aus anderen Produktionsrichtungen bilden den dazu erforderlichen Finanzierungsrückhalt. Marktaustrittsschranken (barriers to exit) in Form hoher Sachkapitalbestände können die Neigung, die Marktposition zu verteidigen, noch erhöhen. Sind die Finanzierungsreserven sowie die Sachkapitalbestände ungleich verteilt, so besteht für die stärkeren Unternehmen noch die Möglichkeit, ihre Position durch Verdrängen von Kleinen zu halten oder sogar auszubauen.

Diese Andeutungen zeigen, daß in einer derartigen Marktsituation wettbewerbliches Verhalten in Form von FE-Aktivitäten zwar vorkommen kann, aber doch vergleichsweise selten sein dürfte. Allerdings ist es gerade in dieser Situation angebracht und auch empirisch zu belegen, daß im Rahmen der gegebenen Technik nach Kosteneinsparungsmöglichkeiten, etwa dem Abbau von X-inefficiencies bzw. von organizational slack, gesucht wird. Inwieweit wettbewerbliches Verhalten in Form freiwilligen Ausscheidens gewählt wird, hängt von den zuvor genannten Faktoren ab. Bei ungleicher Machtverteilung auf dem Markt ist allerdings die Wahrscheinlichkeit, daß es zu wettbewerbsbeschränkendem Verhalten kommt, sehr hoch. Sobald die Marktenge von den Konkurrenten erkannt worden ist, werden sie versuchen, sie durch Verdrängung anderer zu beseitigen[72]. Sobald in einer kleinen Gruppe von Anbietern darüber hinaus erkannt wird, daß sich die Aktionen einzelner stets unmittelbar gegen andere richten und daß man sich nur gegenseitig behindert und blockiert[73], wird die Neigung zur Kooperation zunehmen. Solange der Markt lediglich unterproportional wächst oder stagniert, wird ein abgestimmtes Verhalten etwa in Form der marktanteilsstabilisierenden Politik der fixen Preisrelationen[74] gewählt werden, während bei rückläufiger Nachfrage Zuflucht zu Kartellabsprachen genommen wird. Der volkswirtschaftliche Strukturwandel wird dadurch blockiert oder zumindest verzögert, Wachstumseinbußen sind die Folge.

2. Der *Kontraktionstyp 2* ist überdies noch dadurch gekennzeichnet, daß keine Chancen zur Realisierung von technischem Fortschritt gegeben sind. Nachfrageimpulse und technologisches Potential wirken also negativ. Da Fortschrittsaktivitäten aber bereits bei dem zuvor beschriebenen Kontraktionstyp relativ unwahrscheinlich waren, wird sich die Entwicklung in der vorliegenden Situation im Prinzip ähnlich darstellen. Wiederum wird die Beantwortung der Frage, ob es zu wettbewerblichen Abwanderungsprozessen oder zu Versuchen

72 Vgl. H. Schlögl (1972) S. 102.
73 Vgl. E. Heuß (1968) S. 54 f.
74 Vgl. ders. (1966) S. 462 f., ders. (1965) S. 92 ff.

kommt, die eigene Marktposition unter Ausübung von Marktmacht zu halten und gleichzeitig andere zu verdrängen[75], vom Ausmaß der relativen Konzentration, vom Diversifikationsgrad, von der internen Organisationsstruktur, von der Wirtschaftsgesinnung der Beteiligten sowie davon abhängen, ob auf anderen Märkten Expansionschancen bestehen. Sind bestimmte Konzentrations- und Diversifikationsschwellen überschritten, so wird es bei nichtwettbewerblicher Wirtschaftsgesinnung bzw. unflexibler Organisationsform zunächst zu diskriminierendem und integrierendem und schließlich zu konkludentem und kooperativem Marktverhalten kommen. Auf der Grundlage stillschweigender oder sogar vertraglich abgesicherter Übereinkunft kann dann noch der Versuch unternommen werden, den Nachfragerückgang etwa durch „geplanten Verschleiß"[76] temporär oder dauerhaft aufzuhalten. Wiederum werden der Strukturwandel und das Wachstum durch ein derartiges Verhalten gebremst. (Zur Übersicht über die Auswirkungen der einzelnen Marktentwicklungstypen vgl. Abb. 6).

---

75 Verdrängungswettbewerb ist nicht grundsätzlich negativ zu beurteilen, sofern dabei nur die Marginalanbieter ausscheiden und die leistungsfähigeren Marktteilnehmer überleben. Doch das ist beim Bestehen von Machtpositionen keineswegs sicher. Vgl. u.a. E. Kantzenbach (1966) S. 45.

76 Vgl. I. Schmidt (1976). Vgl. auch E. Heuß (1968) S. 55.

| | Marktentwicklungstyp | | | | |
|---|---|---|---|---|---|
| | Nachfrage-impulse | technolog. Potential | Faktor-mobilität | dominierendes Marktverhalten | Rückwirkungen auf Strukturwandel und Wachstum |
| Expans. typ 1 | + | + | + | kreativ, adaptiv | beschleunigend |
| Expans. typ 2 | + | – | + | kreativ, adaptiv konsolidierend | neutral |
| Expans. typ 3 | + | + | – | a. kreativ, adaptiv<br>b. diskriminierend, integrierend, konkludent, kooperativ | beschleunigend<br>bremsend |
| Kontrak. typ 1 | – | + | +<br>– | a. kreativ, adaptiv<br>b. konsolidierend, diskriminierend, integrierend, konkludent, kooperativ | beschleunigend<br>bremsend |
| Kontrak. typ 2 | – | – | – | diskriminierend, integrierend, konkludent kooperativ | bremsend |

Abb. 6. Beziehungen zwischen Marktentwicklungstyp und Marktverhalten sowie Rückwirkungen auf Strukturwandel und Wachstum

*Vierter Teil*

# WACHSTUM, STRUKTURWANDEL UND WETTBEWERB ALS INTERDEPENDENTER PROZESS

## I. Resümee: Die Determinanten von Wachstum, Strukturwandel und Wettbewerb

1. Im ersten Teil der Arbeit wurde versucht, die *Determinanten des Wachstums* zu ermitteln und dabei insbesondere den Einfluß des Wettbewerbs und des Strukturwandels auf das Wachstum herauszuarbeiten. Dazu war es zunächst erforderlich, den Wachstumsbegriff zu klären. Der bislang dominierenden Interpretation folgend und um insbesondere auch Verbesserungen der Güterzusammensetzung einbeziehen zu können, wurde der outputbezogene Definitionstyp gewählt und Wachstum als Steigerung des Sozialprodukts definiert.

Auf dieser Grundlage wurde nach dem Beitrag der Wachstumstheorie zur Erforschung der Determinanten des Wachstums und ihrer jeweiligen Bedeutung für das Wachstum gefragt. In der historischen Entwicklung der Wachstumstheorie ist dieser Frage jedoch nicht immer mit gleicher Intensität nachgegangen worden. Speziell die moderne Wachstumstheorie hat sich vorwiegend der Frage nach den Bedingungen eines gleichgewichtigen Wachstums gewidmet und sich demzufolge fast ausschließlich auf die unmittelbaren Wachstumsdeterminanten Arbeit und Sachkapital konzentriert. Demgegenüber waren der wachstumstheoretische Ansatz der Klassiker, der frühen Neoklassiker sowie die Beiträge der diversen Entwicklungstheoretiker breiter ausgelegt. Bei ihnen finden sich zahlreiche Hinweise auf jene Kräfte, welche – als mittelbare Wachstumsdeterminanten – die Produktivität der quantitativen Faktoren zu steigern in der Lage sind.

In der klassischen Wachstumstheorie kommt dem Strukturwandel als Wachstumsdeterminante entscheidende Bedeutung zu. Nachfragestrukturverschiebungen zugunsten des produktiveren industriellen Sektors wirken produktivitäts- und damit sozialproduktsteigernd. Weitere Produktivitätssteigerungen durch technischen Fortschritt sind darüber hinaus in der Lage, die wachstumsbegrenzenden Wirkungen des Ertragsgesetzes zu kompensieren und einen dauerhaften Wachstumsprozeß zu ermöglichen.

Wichtigste Voraussetzung für die produktivitätssteigernde Anpassung des Angebots an die Nachfrage und für Realisierung von technischem Fortschritt ist die Existenz von Wettbewerb. Der Wettbewerb stellt die zentrale Wachstumsdeterminante dar. Intensiver Wettbewerb, wie übrigens auch die investitionserhöhende Sparneigung und Akkumulationsbereitschaft, erwachsen aus einer positiven Einstellung zum Wirtschaften (Wirtschaftsgesinnung) sowie einer freiheitlichen Wirtschaftsordnung, in welcher dem Individuum der Freiheitsspielraum zum Streben nach Wohlstand eingeräumt und erhalten wird.

An der klassischen Sicht ändert sich auch in der frühen neoklassischen Phase nichts Wesentliches, allerdings verschiebt sich das Gewicht der Analyse zum Reallokationsaspekt. Damit werden Strukturwandel und Wettbewerb zu zentralen Wachstumsdeterminanten, auch wenn die entsprechende Analyse kaum unter der Überschrift „Wachstum der Volkswirtschaft" geführt wird und sie andererseits durch die exklusive Diskussion einer wohlfahrtsökonomisch formulierbaren Optimalstruktur den eigentlichen wettbewerblichen Anpassungsprozessen kaum Raum widmet.

Während sich die frühe Neoklassik der Verfeinerung des Wettbewerbkonzepts widmet, konzentriert sich die Entwicklungstheorie auf die sozio-ökonomischen Determinanten des Wachstums. Sie knüpft damit an Aussagen an, welche in der Klassik insbesondere bei J.St. Mill betont worden waren. Für die Entwicklungstheoretiker sind geistiges Kapital und Motivation unverzichtbare Voraussetzungen für einen Wachstumsprozeß, der sich nur als ein Prozeß tiefgreifenden strukturellen Wandels vollziehen kann.

Demgegenüber tritt in der postkeynesianischen und der jüngeren neoklassischen Wachstumstheorie die Frage nach den Wachstumsdeterminanten in den Hintergrund. Im Mittelpunkt der Analysen steht die Frage nach den Bedingungen gleichgewichtigen Wachstums, d.h. den Bedingungen konjunktureller und säkularer Wachstumsstabilität. Sofern struktureller Wandel in Mehr-Sektoren-Modellen behandelt wird, dient er nicht der Beantwortung der Frage, welche Strukturverschiebungen wachstumshemmend oder -beschleunigend wirken, sondern es wird vorrangig darüber nachgedacht, welche Arten von Strukturwandel mit der Bewegung bzw. der Erreichung eines gleichgewichtigen Wachstumspfades kompatibel sind. Auch der Wachstumsbeitrag des Wettbewerbs wird in den entsprechenden Modellen nicht thematisiert, sofern man davon absieht, die Prämisse vollständiger Konkurrenz in der Weise sehr fragwürdig zu interpretieren, daß vollständige Konkurrenz auf allen Märkten die Voraussetzung für Wachstum sei.

Das Verdienst der jüngeren Neoklassik liegt andererseits darin, das Augenmerk auf den technischen Fortschritt gelenkt zu haben. Auch wenn einzelne Neoklassiker den technischen Fortschritt lediglich als makroökonomische Restgröße messen und die Frage nach Vehikeln und Ursachen vernachlässigen, so ist mit der Hervorhebung des Fortschritts als Wachstumsmotor eine Verbindung zu alten klassischen Hypothesen geknüpft. Die moderne Theorie des technischen Fortschritts untersucht die Ursachen des Fortschritts und begibt sich notwendigerweise zurück auf die mikroökonomische Ebene. Damit treten angebots- und nachfragestrukturelle Faktoren bzw. der Wandel von Angebots- und Nachfragestruktur, wie er sich in wettbewerblichen Marktprozessen dokumentiert, wieder in den Vordergrund. Die Wachstumstheorie wird zu einer Theorie des einzelwirtschaftlichen Wachstums und der durch Wettbewerbsprozesse ausgelösten Wachstumsdifferenzen, d.h. des strukturellen Wandels.

Versucht man, die Aussagen der ökonomischen Theorie zur Frage nach den Wachstumsdeterminanten zusammenzufassen und aus der Sicht des derzeitigen Erkenntnisstandes zu interpretieren, dann ergibt sich folgendes Bild. Der Wachstumsprozeß kann im wesentlichen mit dem Prozeß des technischen Fortschritts identifiziert werden. Technischer Fortschritt kann aber nicht als ein abrupter Produktivitätssteigerungsmechanismus interpretiert werden, sondern er zerfällt in eine Sequenz von Einzelprozessen. Dabei lassen sich Erkenntnis- und Inventionsprozesse, Innovations- und Diffusionsprozesse, sowie Informations- und Lernprozesse unterscheiden, wobei die drei ersten als Kreationsprozesse, die drei letzten als Diffusionsprozesse i.w.S. bezeichnet werden können. Damit sich die gewünschte Sequenz einstellt, müssen verschiedene komplementäre Voraussetzungen erfüllt sein, unter denen in einer Marktwirtschaft dem Wettbewerb die zentrale Bedeutung zukommt. Kreations- und Diffusionsprozesse sind die Folge wettbewerblichen Marktverhaltens im Sinne von kreativem und adaptivem Verhalten.

Wirtschaftswachstum als ein Verfahren zur Steigerung des Wohlstandes kann möglicherweise auch interpretiert werden als Verbesserung der Güterzusammensetzung und des Faktoreneinsatzes gemäß den Veränderungen der Nachfragestruktur, das heißt als ein Reallokationsprozeß. Damit dieser Prozeß ohne Verzögerungen ablaufen kann, müssen wiederum komplementäre Voraussetzungen erfüllt sein, insbesondere müssen die Produktionsfaktoren flexibel sein, und es muß Wettbewerb herrschen.

Anpassungen an Änderungen der Nachfragestruktur implizieren aber, daß nicht alle Bereiche der Wirtschaft gleich schnell wachsen. Auch Fortschrittsprozesse treten nicht in allen Bereichen gleichmäßig auf. Beide Prozesse können sich darüber hinaus gegenseitig induzieren, da Nachfrageexpansion einen Anreiz zu Fortschrittsaktivitäten liefert und Fortschrittsprozesse ihrerseits nachfragestimulierend wirken können. Wachstum ist also ein Produkt von Wachstumsimpulsen, die jeweils von den einzelnen Bereichen der Wirtschaft ausgehen. Wachstum ist ein Ungleichgewichtsprozeß, der sich unter strukturellem Wandel vollzieht und dessen Ausmaß unter anderem davon abhängt, ob der erforderliche Strukturwandel reibungslos vollzogen wird oder ob ihm Hindernisse entgegen stehen.

Die Höhe des Wirtschaftswachstums wird also maßgeblich beeinflußt von der Stärke des Wettbewerbs und vom Ausmaß an struktureller Flexibilität, welche die Intensität des Strukturwandels der Volkswirtschaft bestimmt. Im Zusammenhang mit der Stärke des Wettbewerbs ist auf die zentrale Bedeutung der Wirtschaftsgesinnung und Leistungsmotivation, sowie der ordnungspolitischen Gegebenheiten hinzuweisen. Für die Bedeutung von Wettbewerb und Motivation für das Wachstum von Volkswirtschaften liegen recht deutliche empirische Belege vor.

2. Im zweiten Teil der Arbeit wurde versucht, die *Determinanten des Strukturwandels* zu ermitteln und dabei insbesondere den Einfluß des Wachstums der Wirtschaft und des Wettbewerbs auf die Intensität des Strukturwandels herauszuarbeiten. Das Konzept der ökonomischen Struktur wurde dabei im Sinne des inneren Aufbaus ökonomischer Größen, d.h. durch die Zahl, Qualität und relative Häufigkeit der Teile einer ökonomischen Größe definiert (statistischer Strukturbegriff). Dabei wurde die Möglichkeit eines kurzfristig sich vollziehenden Strukturwandels und eines reversiblen Strukturwandels bewußt einbezogen. Als wettbewerbs- und wachstumsrelevante Strukturphänomene wurden das Konzept der Angebots- und Nachfragestruktur in den Mittelpunkt der Untersuchung gestellt, wobei innerhalb der Analyse der Angebotsstruktur die Güter- und die Marktstruktur von besonderem Interesse waren.

In der historischen Entwicklung der ökonomischen Theorie sind bezüglich der Thematisierung des Strukturwandels und seiner Determinanten zwei Entwicklungstendenzen zu beobachten. Während die klassische Theorie im Rahmen ihrer Analyse des Marktmechanismus den wettbewerbsbedingten Strukturwandel behandelt, verengt sich die neoklassische Preis- und Wachstumstheorie zu einem Theoriekomplex, in dem der Strukturwandel kaum noch eine Rolle spielt. Bei entsprechend rigoroser Formulierung der Prämissen der vollständigen Konkurrenz sind Strukturwandlungsprozesse überhaupt nicht mehr analysierbar. Es werden lediglich die Bedingungen für eine permanent realisierte Optimalstruktur formuliert. Die im Rahmen der Preistheorie entwickelte Marktformenlehre behandelt daher auch weniger die Entstehung und Veränderung von Märkten und Marktformen, sondern sie diskutiert die Implikationen alternativer Marktstrukturen auf vorgegebenen Märkten. Sie analysiert keine Wettbewerbsprozesse, sondern das statische Wettbewerbsgleichgewicht. Demgegenüber analysieren die Entwicklungstheorien explizit den Strukturwandel der Volkswirtschaft und fragen nach den Determinanten der Änderung der Anteile einzelner Sektoren an der volkswirtschaftlichen Güterproduktion (Drei-Sektoren-Hypothese), nach den Determinanten der Änderung der Anteile einzelner Branchen an dem Produktionsvolumen ihres Sektors bzw. der Volkswirtschaft (Hypothesen über interindustriellen Strukturwandel), nach den Determinanten der Änderung der Anteile einzelner Güter am Produktionsvolumen ihrer Branche, ihres Sektors oder der Volkswirtschaft (Marktentwicklungsphasentheorie) sowie nach den Determinanten der Änderung der Marktanteile einzelner Unternehmen an der Produktion einzelner Güter (Marktstrukturtheorien und Konzentrationstheorien).

Dabei zeigt sich, daß innerhalb der verschiedenen Ansätze der Entwicklungstheorie eine weitgehende Übereinstimmung in den Erklärungsmustern besteht. Angebotsseitige Determinanten wie das Fortschrittspotential des Sektors, der Branche, des Marktes sowie des Unternehmens, sowie nachfragebezogene Determinanten wie Einkommenselastizitäten nach den Produkten des Sektors, der Branche, des Marktes bzw. des Unternehmens bestimmen deren relative Expansionschancen. Dabei unterstellen die diversen Theorien sowohl für die Angebotsfaktoren als auch für die Nachfragefaktoren Entwicklungen, welche nichtlineare S-förmige Verläufe der Expansion einzelner Güter begünstigen. Von einzelnen Autoren wird allerdings die Möglichkeit eines Abweichens des angebotsbedingten vom nachfragebedingten Expansionsmuster sehr deutlich herausgestellt.

Die vorgetragenen Erkenntnisse der Entwicklungstheorien lassen sich unmittelbar zur Konstruktion einer Theorie des Strukturwandels nutzbar machen, in welcher dem Wachstumsprozeß selbst sowie der Wettbewerbsintensität als Determinante des Strukturwandels eine maßgebliche Rolle zufällt. Strukturwandel ist die Folge von Wachstumsdifferenzen der Sektoren, Branchen, Märkte und Unternehmungen. Das Ausmaß der Wachstumsdifferenzierung wird durch die Differenzierung von drei unmittelbaren Determinanten bestimmt: der Produktivitätsentwicklung, der Flexibilität der Produktionsfaktoren sowie der Nachfrageentwicklung. Mit der divergierenden Produktivitätsentwicklung wird der Wachstumsprozeß selbst zum Auslöser strukturellen Wandels. Inwieweit die durch Produktivitätsdifferenzierung ausgelösten Impulse zu einem nachhaltigen Strukturwandel führen, hängt dann vom Ausmaß der Nachfragereaktionen sowie der Flexibilität der quantitativen Produktionsfaktoren ab. Beide steigen vermutlich mit zunehmendem Wachstum der Volkswirtschaft.

In Verbindung mit den Aussagen im ersten Teil der Arbeit wird damit der interdependente Charakter von Wachstum und Strukturwandel deutlich. Wachstum als differenzierender Produktivitätssteigerungs-, Nachfragestrukturwandlungs- und mobilitätsfördernder ökonomischer Prozeß löst zunächst Wandlungen der Angebotsstruktur aus. Der Wachstumsprozeß kann sich aber nur dann nachhaltig fortsetzen, wenn der Strukturwandel seinerseits nicht behindert wird, d.h. wenn die produktiveren Bereiche auf Kosten der weniger produktiven expandieren können. Eine wesentliche Voraussetzung dafür ist gegeben, wenn Wettbewerb herrscht, und zwar Wettbewerb sowohl zwischen den Produzenten, um produktivitätssteigernde Wachstumsimpulse auszulösen bzw. die Diffusion des technischen Fortschritts herbeizuführen, zwischen den Nachfragern, um den Prozeß von Vorstoß und Imitation auch auf dieser Seite des Marktes zu bewirken, sowie auf den Faktormärkten, um die Produktionsfaktorflexibilität zu erhöhen.

Der wettbewerbsbedingte, durch Wachstumsimpulse ausgelöste und seinerseits wachstumsbeschleunigende Prozeß des strukturellen Wandels ist ferner abhängig vom Bestehen eines sozioökonomischen und institutionellen Umfeldes, das insbesondere durch eine solche Prozesse begünstigende Motivation der Wirtschaftssubjekte sowie das Fehlen wirtschaftspolitisch bedingter Hindernisse gekennzeichnet ist.

Obwohl die Theorie des Strukturwandels von ihren Anfängen an empirisch orientiert war, hat sie bislang nicht klären können, welcher der unmittelbaren und mittelbaren Determinanten des Strukturwandels die zentrale Bedeutung zukommt. Die Vermutung liegt nahe, daß es zumindest unter den unmittelbaren Determinanten keine dominierende gibt, d.h. daß sie alle als notwendige, keine für sich allein aber als hinreichende Bedingung angesehen werden können. Immerhin spricht viel für die Vermutung, daß die Entwicklung der volkswirtschaftlichen Grobstruktur primär von der Nachfrage bestimmt wird, während die Feinstruktur der Bedürfnisse durch Initiativen der Anbieter maßgeblich beeinflußt werden kann.

Auf der Basis der drei den Strukturwandel bestimmenden Primärfaktoren (Produktivitätsentwicklung, Nachfrageentwicklung, Produktionsfaktorenflexibilität) läßt sich ein System von positiven und negativen Entwicklungskonstellationen (Marktentwicklungstypen) für einzelne Sektoren, Branchen, Märkte und Unternehmungen bilden, das sich für die Verknüpfung des Wachstums- und Strukturwandlungsprozesses mit dem Wettbewerb nutzbar machen läßt.

3. Im dritten Teil der Arbeit wurde versucht, die *Determinanten des Wettbewerbs* zu ermitteln und dabei insbesondere nach dem Einfluß des Wachstums und des Strukturwandels zu fragen. Die Analyse der Determinanten des Wettbewerbs wird jedoch dadurch erheblich erschwert, daß es eine allgemein akzeptierte Wettbewerbsdefinition nicht gibt. Da die Frage nach den Wettbewerbsdefinitionen unabhängig von der zugrunde liegenden Wettbewerbsdefinition bzw. Wettbewerbsvorstellung gar nicht beantwortet werden kann, ist ein Rückgriff auf die unterschiedlichen Definitionsansätze unumgänglich. Dabei zeigt es sich aber, daß trotz erheblicher Meinungsverschiedenheiten der Autoren bezüglich der zu erwartenden Wettbewerbswirkungen, des dafür erforderlichen Prozeßablaufes und des dabei notwendigen Marktverhaltens dennoch eine gemeinsame Basis existiert.

Als allgemein akzeptierte Wettbewerbswirkungen gelten die Anpassung von Güterzusammensetzung und Faktoreneinsatz an die Änderungen der Nachfragestruktur, die Erhöhung und Verbreitung des technischen Wissens und damit die Realisierung von technischem Fortschritt sowie die Verhinderung des Entstehens bzw. der Abbau funktionsloser Einkommen. Während sich der reduktionstheoretische Ansatz der neoklassichen Preistheorie auf diese rein ökonomischen Wettbewerbswirkungen konzentriert, betonen die Vertreter der klassischen und neoklassischen Wettbewerbstheorie, ohne die ökonomischen Wirkungen zu leugnen, die außerökonomischen Wirkungen des Wettbewerbs, welche darin bestehen, daß dieser den Koordinationsmechanismus einer auf individuellen und freien Einzelentscheidungen basierenden Wirtschaftsordnung ermöglicht und sich in ihm demgemäß wirtschaftliche Freiheit manifestiert.

Bezüglich des Wettbewerbsprozesses ist zu konstatieren, daß er – trotz unterschiedlicher Akzentsetzung im Laufe des historischen Entwicklungsprozesses der Theorie – nach herrschender Meinung als zyklischer Marktprozeß, der sich in Vorstoß und Verfolgung der Marktteilnehmer dokumentiert, verstanden wird. In diesem Sinn kann kreatives und adaptives Marktverhalten mit hinlänglicher Sicherheit als Wettbewerbsverhalten deklariert werden, während bezüglich des konsolidierenden, des integrierenden, des konkludenten, des kooperativen und des diskriminierenden Marktverhaltens zumindest erhebliche Zweifel bestehen. Im Einzelfall dürfte es sogar sicher sein, daß es sich um wettbewerbsbeschränkendes Marktverhalten handelt.

Die Aussagen der verschiedenen Ansätze der Wettbewerbstheorie bezüglich der Wettbewerbsdeterminanten sind zwar vordergründig extrem widersprüchlich, doch zeigt es sich, daß sie offenbar auf zwei Argumentationsebenen liegen und daß sie sich durchaus miteinander verbinden lassen. Während die klassische und neoklassische Wettbewerbstheorie primär auf der Basis der unmittelbaren Wettbewerbsdeterminanten „Wettbewerbsmöglichkeit" (einschließlich Wettbewerbsfreiheit) und „Wettbewerbsneigung" argumentiert, stellt die neoklassische Preistheorie vornehmlich auf die mittelbaren Determinanten, insbesondere auf die Marktstruktur ab. Im empirischen Ansatz der Industrial Organization Analysis finden sich darüber hinaus Hinweise auf den Einfluß unternehmensstruktureller Faktoren auf das Wettbewerbsverhalten der Marktteilnehmer.

In jüngerer Zeit ist zunehmend der Einfluß der Marktphase bzw. des Marktentwicklungstyps in den Vordergrund des Interesses gerückt. Dabei scheint sich zu bestätigen, daß das Marktverhalten maßgeblich vom Marktentwicklungstyp beeinflußt wird. Offensichtlich ist auf wachsenden Märkten ohne Mobilitätshindernisse die Neigung und Möglichkeit zu wettbewerblichem Marktverhalten am höchsten. Demgegenüber sind beide um so niedriger, je stärker die Marktentwicklung zur Stagnation und schließlich zur Kontraktion tendiert. Auch im Falle von Ressourcenbeschränkung und fehlender Faktormobilität wird wettbewerbliches Marktverhalten mehr oder weniger schnell durch wettbewerbsbeschränkendes Verhalten ersetzt.

Die tendenzielle Zuordnung von Expansionstypen und Wettbewerbsverhalten bzw. Stagnations- und Kontraktionstypen und nichtwettbewerblichem Marktverhalten kann nun insoweit nicht überraschen, als die Marktphase ihrerseits eine Funktion des Marktverhaltens ist. Die Marktphase ist ein Produkt des jeweiligen Anbieter- und Nachfragerverhaltens und insoweit abhängig von der wirtschaftlichen Einstellung der sie prägenden Wirtschaftssubjekte. Nach Heuß

„stellt doch der Markt ... nur das Ebenbild eines bestimmten Unternehmertypus dar. Hieraus folgt, daß mit der Unternehmertypologie die Markttypologie bereits vorgezeichnet ist“[1]. Diese Aussage läßt sich nun insoweit ergänzen, als der Marktentwicklungstyp seinerseits das Verhalten der Marktteilnehmer prägt.

Zwischen Marktentwicklungstyp und Marktverhalten bestehen also interdependente Beziehungen. Andererseits ist der Marktentwicklungstyp nicht die einzige Determinante des Marktverhaltens. Es hat sich gezeigt, daß es markt- und unternehmensstrukturelle Konstellationen gibt, die für das Entstehen einer Wettbewerbsneigung sowie bezüglich der Möglichkeit zum Wettbewerbsverhalten ungünstig sind. Als besonders ungünstige marktstrukturelle Konstellation muß ein hoher absoluter Konzentrationsgrad angesehen werden. Die Neigung und Möglichkeit zu konkludentem und kooperativem Marktverhalten sind hier extrem hoch. Ebenso ist eine Erhöhung der relativen Konzentration negativ zu beurteilen, da sie bei den Großen die Neigung zum Wettbewerbsverhalten verringert, hingegen die Neigung und Möglichkeit zum diskriminierenden und integrierenden Verhalten erhöht, während sie die Wettbewerbsmöglichkeit der Kleinen einschränkt und damit auch ihre Wettbewerbsneigung schwächt. Auch bezüglich des konglomeraten Unternehmenswachstums scheint es Schwellenwerte zu geben, von denen ab die Auswirkungen auf die Wettbewerbsneigung negativ werden.

Säkulare Konzentrationsprozesse einschließlich der konglomeraten Konzentration stellen demgemäß ein potentiell wettbewerbsminderndes Element dar. Ließen sich hohe Konzentrationsgrade vermeiden, so bestünde auch in späteren Marktphasen eher die Chance, daß es zu wettbewerblichen Ausscheidungsprozessen kommt, welche nicht durch Machtelemente verzerrt werden. Als einzige säkulare Entwicklungstendenz, welche die Wettbewerbsmöglichkeit und vor allem die Wettbewerbsneigung eher erhöht, erscheint die Ausbreitung der divisionalen Unternehmensorganisation. Inwieweit sie allerdings ein Mittel bildet, das mehr sein kann als lediglich ein gewisser Korrekturmechanismus zur Ausdehnung diversifizierter Großunternehmen, läßt sich beim derzeitigen Stand der Entwicklung noch nicht abschließend beurteilen.

## II. Die zikulare Verknüpfung von Wachstum, Strukturwandel und Wettbewerb

Als Facit ergibt sich demgemäß die Interdependenz von Wachstum, Strukturwandel und Wettbewerb, sowie ihre gemeinsame Abhängigkeit von sozioökonomischen, institutionellen und wirtschaftspolitischen Faktoren. Der ungleichgewichtige, mit Strukturwandel ver-

1 E. Heuß (1965) S. 15.

bundene Wachstumsprozeß einer Volkswirtschaft wird maßgeblich beeinflußt von der Neigung und der Möglichkeit zum Wettbewerbsverhalten. Günstig für wettbewerbliches Marktverhalten sind andererseits expansive und kontraktive Impulse in den einzelnen Bereichen der Wirtschaft, das heißt ein von Strukturwandel begleiteter Wachstumsprozeß. Es gilt auch in dieser Beziehung das Paradigma der zirkularen Verknüpfung.

Diese Erkenntnis schließt nicht aus, eine Hauptwirkungsrichtung des Kausalprozesses anzunehmen. Unter der Voraussetzung, daß eine konsequente Wirtschafts- und Wettbewerbspolitik insbesondere das Erfolgsstreben der Wirtschaftssubjekte fördert, daß sie ihnen nichtwettbewerbliche Ausweichmöglichkeiten verbaut, daß sie ihre Wettbewerbsfreiheit sichert und ihre Fähigkeit zum Wettbewerbsverhalten im Einzelfall stärkt, werden sich aufgrund gegebener Wettbewerbsmöglichkeit und Wettbewerbsneigung wettbewerbliche Marktprozesse einstellen. Diese werden in der Regel in Form von zyklischen Marktprozessen ablaufen und als Fortschritts- und Anpassungsprozesse einen Wandel der Wirtschaftsstruktur sowie Wachstum auslösen (durchgezogene Pfeile in Abb. 7). Die Höhe des Wachstums und die Intensität des Strukturwandels bzw. die sich im Zuge des Prozesses herausbildenden Markt- und Unternehmensstrukturen werden allerdings Rückwirkungen auf die Wettbewerbsmöglichkeit und die Wettbewerbsneigung zeitigen (gestrichelte Pfeile in Abb. 7).

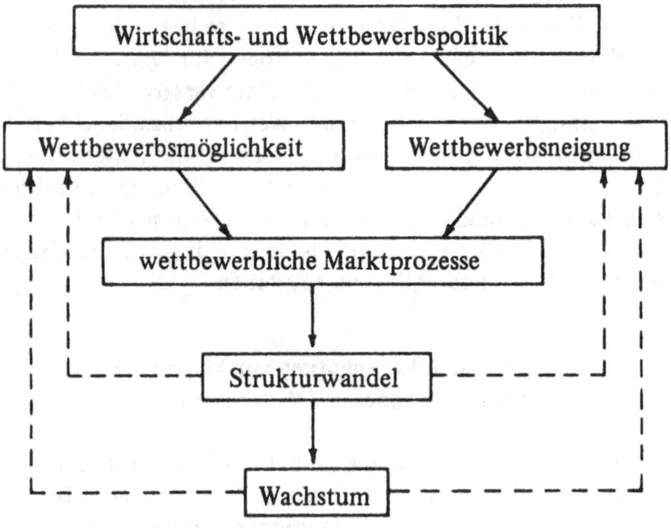


Abb. 7

In dem damit umrissenen interdependenten Wettbewerbs-, Strukturwandlungs- und Wachstumsprozeß bereitet eine Prozeßvoraussetzung allerdings erhebliche Schwierigkeiten. Während eine hohe Anpassungsflexibilität einerseits unabdingbare Voraussetzung für das Zustandekommen des Prozesses ist, ist es andererseits theoretisch denkbar, daß eine zu hohe Flexibilität den Wettbewerbsprozeß lähmt, da Anpassungsverzögerungen eine Voraussetzung für das Entstehen von Vorsprungspositionen darstellen. Es scheint allerdings, als habe sich im Wirtschaftsprozeß ein gewisser Selbsthilfemechanismus gegen das Entstehen einer zu hohen Anpassungsflexibilität bereits herausgebildet. Die meisten Unternehmen verwenden im Zweifel mehr Energie darauf, neue Produkte und Produktqualitäten auf den Markt zu bringen, als die Produktionsverfahren zu verbessern.[2]. Es dominiert demgemäß der Produktfortschritt gegenüber dem Verfahrensfortschritt, es dominiert der Produkt- und Qualitätswettbewerb gegenüber dem Preiswettbewerb.

Die Entscheidung für den Produktfortschritt und den Produktwettbewerb bringt zunächst jedem einzelnen Unternehmen Vorteile, da Produktinnovationen nicht unmittelbar imitierbar sind und die Chance auf einen Vorsprungsgewinn eröffnen. Darüber hinaus erbringt Produktfortschritt den Nachfragern insoweit Vorteile, als er es den progressiven Konsumenten ermöglicht, sich abzusetzen, und er den folgenden Konsumschichten Anreize für imitierenden Konsum liefert. Über die damit einhergehende Schaffung neuer Bedürfnisse verhindert der Produktfortschritt möglicherweise einen Rückgang der Konsumquote und des Arbeitsangebots. Durch die Aufrechterhaltung eines ausreichenden Nachfragevolumens und eines entsprechenden Angebotspotentials trägt er dazu bei, eine gewisse Wachstumsdynamik und eine Tendenz zum Strukturwandel zu gewährleisten, welche ihrerseits wettbewerbsintensivierend wirken.

## III. Ein wirtschafts- und wettbewerbspolitischer Ausblick

Damit zeichnen sich die Aufgaben für die Wirtschafts- und Wettbewerbspolitik im wesentlichen ab. Ihre Maßnahmen müssen in erster Linie auf die Steigerung der Wettbewerbsmöglichkeit und der Wettbewerbsneigung abzielen. Soweit die Wettbewerbsmöglichkeit und die Wettbewerbsneigung von marktstrukturellen Faktoren beeinflußt werden, gilt es, die Tendenz zu jenen marktstrukturellen Konstellationen zu stoppen, welche ein nichtwettbewerbliches Marktverhalten begünstigen. Die Wirtschaftspolitik hat also vornehmlich den säkularen Konzentrationsprozeß im Bereich der bereits marktstarken Unternehmungen zu brechen. Da diejenigen Markt- und

2 Das schließt nicht aus, daß sie an Verfahrensfortschritt interessiert sind. In der Regel erwerben sie den Verfahrensfortschritt aber durch den Kauf von Produktionsmitteln von den Produzenten der Produktionsmittel, für die deren Verbesserung aber wiederum Produktfortschritt darstellt. Vgl. dazu und zu den folgenden Überlegungen K. Borchardt (1965) S. 117 ff.

Unternehmensstrukturen, welche ein nichtwettbewerbliches Marktverhalten begünstigen, ihrerseits vorwiegend das Produkt von nichtwettbewerblichem, insbesondere von integrierendem und diskriminierendem Marktverhalten sind, muß die Wirtschaftspolitik alle Maßnahmen ergreifen, um derartige Aktivitäten zu verhindern oder zumindest zu erschweren. Sie muß bei der Beurteilung des Marktverhaltens vor allem dann besonders wachsam sein, wenn der jeweilige Markt aus einer expansiven Entwicklung in eine Stagnations- bzw. Kontraktionsphase übergeht. Durch die Erschwerung von integrierendem und diskriminierendem Marktverhalten erhöht sich auch der Zwang zum Wettbewerbsverhalten; konkludentes und kooperatives Marktverhalten ist nicht mehr so leicht möglich. Wird integrierendes Marktverhalten eingeschränkt, so dürften sich auch die wachstumsorientierten Unternehmensleiter notgedrungen wieder stärker dem kreativen und adaptiven Marktverhalten zuwenden.

Der Zwang zum Wettbewerbsverhalten erhöht sich auch durch Öffnung der Märkte, unter anderem durch außenwirtschaftliche Liberalisierung. Gleichzeitig muß die Wirtschaftspolitik kooperatives Marktverhalten zur Schließung der Märkte, insbesondere von bereits marktstarken Unternehmungen, untersagen und ahnden. Die Möglichkeit zum Wettbewerbsverhalten ist schließlich zu sichern durch Maßnahmen zur Erhöhung der Markttransparenz sowie durch Erhöhung der Wettbewerbsfähigkeit, insbesondere nicht marktstarker kleiner und mittlerer Unternehmen.

Durch das Zusammenspiel aller Maßnahmen zur Verhinderung von wettbewerbsbeschränkendem Verhalten wird sich einerseits die Neigung der marktstärkeren Unternehmen zum Wettbewerbsverhalten erhöhen, zum anderen wird damit der Freiheitsspielraum insbesondere der kleinen Unternehmen erweitert. Auf diese Weise steigt nicht nur deren Wettbewerbsmöglichkeit, sondern auch ihre Wettbewerbsneigung, da sie wieder Chancen für selbständige wirtschaftliche Aktivität sehen. Eine derartige Politik dient der Förderung des Wettbewerbsverhaltens, der Erleichterung des strukturellen Wandels und der Realisierung von Wachstum zugleich. Wenngleich Maße für die Intensität des Wettbewerbs fehlen, findet Görgens doch empirisch bestätigt, daß sich bei hohem außenwirtschaftlichem Liberalisierungsgrad, niedrigem volkswirtschaftlichem Planungsgrad und strenger Wettbewerbsgesetzgebung und -rechtsprechung offenbar Marktprozesse einstellen, die das Wachstum fördern[3].

Darüber hinaus muß die Wirtschaftspolitik versuchen, die Mobilität der Produktionsfaktoren zu steigern. Immobile Produktionsfaktoren, welche die Expansionschancen der Expansionsbereiche reduzieren und den Kontraktionsprozeß der schumpfenden Bereiche aufhalten, verstärken in beiden Bereichen die Neigung, zu nichtwettbewerblichem Marktverhalten überzugehen. Sie erschweren den strukturellen Wandel und haben Wachstumseinbußen zur Folge.

3 Vgl. E. Görgens (1969) S. 214 ff.

Insoweit stellt auch die Wirtschafts- und Wettbewerbspolitik eine bedeutende Determinante des Wettbewerbs, des Strukturwandels und des Wachstums dar[4]. Es ist hier nicht möglich, die spezifischen Ausprägungen einer derartigen Politik im einzelnen zu diskutieren. Es war lediglich anzudeuten, wie eine auf die Erhöhung der Wettbewerbsneigung und der Wettbewerbsmöglichkeit ausgerichtete Politik im Grundsätzlichen anzulegen ist.

4 Zur Bedeutung der staatlichen Rahmenbedingungen für den Strukturwandel vgl. Ch. Thoben (1977) S. 29 ff. und E.-J. Horn; K.-D. Schmidt; W.-D. Zumpfort (1977) S. 41 ff.

# LITERATURVERZEICHNIS

## Abkürzungsverzeichnis der Zeitschriften

| | |
|---|---|
| AER (PP) | American Economic Review (Papers and Proceedings) |
| Eca | Economica |
| EJ | Economic Journal |
| ER | Economic Record |
| HBR | Harvard Business Review |
| HJb | Hamburger Jahrbuch |
| JB | Journal of Business |
| JEL | Journal of Economic Literature |
| JNSt | Jahrbücher für Nationalökonomie und Statistik |
| JPE | Journal of Political Economy |
| JSw | Jahrbuch für Sozialwissenschaft |
| QJE | Quarterly Journal of Economics |
| REStat | Review of Economics and Statistics |
| REStud | Review of Economic Studies |
| SEJ | Southern Economic Journal |
| SJ | Schmollers Jahrbuch (ab 1972 ZWS) |
| SZ | Schweizerische Zeitschrift für Volkswirtschaft und Statistik |
| WA | Weltwirtschaftliches Archiv |
| WiSt | Wirtschaftswissenschaftliches Studium |
| Wisu | Das Wirtschaftsstudium |
| WuW | Wirtschaft und Wettbewerb |
| ZfgSt | Zeitschrift für die gesamte Staatswissenschaft |
| ZfN | Zeitschrift für Nationalökonomie |
| ZWS | Zeitschrift für Wirtschafts- und Sozialwissenschaften |
| ZVP | Zeitschrift für Verbraucherpolitik |

## A. Sammelbände

(1) Ausgewählte Probleme der Wachstumspolitik (Hrsg. G. Bombach; B. Gahlen; A.E. Ott) Tübingen 1976.

(2) Beiträge zur Wachstumspolitik (Hrsg. H.K. Schneider) Schriften des VfS, NF Bd. 55 Berlin 1970.

(3) Bildungsinvestitionen und Wirtschaftswachstum (Hrsg. K. Hüfner) Stuttgart 1969.

(4) Business Concentration and Price Policy (Hrsg. G.J. Stigler) Princeton 1955.

(5) Business Organization and Public Policy (Hrsg. H.J. Levin) New York 1958.

(6) The Corporate Economy-Growth, Competition, and Innovative Potential (Hrsg. R. Marris u. A. Wood) London–Basingstoke 1971.

(7) Forschungsökonomie und Forschungspolitik (Hrsg. J. Naumann) Stuttgart 1970.

(8) Grundlagen der Wettbewerbspolitik (Hrsg. H.K. Schneider) Schriften des VfS, NF 48, Berlin 1968.

(9) Innovation in der Wirtschaft (Hrsg. O. Hatzold) München 1970.

(10) Die Konzentration in der Wirtschaft (Hrsg. H. Arndt) Schriften des VfS, NF 20 I –III, Berlin 1960.

(11) Die Konzentration in der Wirtschaft (Hrsg. H. Arndt) Schriften des VfS, NF 20 I, 2. Aufl. Berlin 1971.

(12) Die Konzentration in der Wirtschaft (Hrsg. F. Neumark) Schriften des VfS, NF Bd. 22, Berlin 1961.

(13) Monopoly and Competition and their Regulation (Hrsg. E.H. Chamberlin) London 1954.

(14) Probleme der Wachstumstheorie (Hrsg. B. Gahlen und A.E. Ott) Tübingen 1972.

(15) Probleme der Wettbewerbstheorie und -politik (Hrsg. G. Bombach; B. Gahlen; A.E. Ott) Tübingen 1976.

(16) Probleme des Strukturwandels und der Strukturpolitik (Hrsg. G. Bombach, B. Gahlen, A.E. Ott) Tübingen 1977.

(17) The Rate and Direction of Inventive Activity: Economic and Social Factors (Hrsg. National Bureau of Economic Research) Princeton 1962.

(18) Strukturwandel und makroökonomische Steuerung. Festschrift für Fritz Voigt (Hrsg. S. Klatt und M. Willms) Berlin 1975.

(19) Strukturwandlungen der Deutschen Volkswirtschaft (Hrsg. B. Harms) 2 Bände 1928, 2. Aufl. Berlin 1929.

(20) Strukturwandlungen einer wachsenden Wirtschaft, Erster Band (Hrsg. F. Neumark) Schriften des VfS, NF 30 I, Berlin 1964.

(21) Strukturwandlungen einer wachsenden Wirtschaft, Zweiter Band (Hrsg. F. Neumark) Schriften des VfS, NF 30 II, Berlin 1964.

(22) Technischer Fortschritt – Kritische Beurteilung von Meß- und Prognosekonzepten – (von G. Bombach; N. Blattner u.a.) Kommission für wirtschaftlichen und sozialen Wandel, Bd. 95, Göttingen 1976.

(23) Technischer Fortschritt und Unternehmensgröße (Hrsg. B. Röper) Schriftenreihe WuW, Heft 14, Düsseldorf 1973.

(24) Technischer Fortschritt – Ursache und Auswirkung wirtschaftlichen Handelns – (Hrsg. Ifo-Institut für Wirtschaftsforschung), München 1974.

(25) Theorien des einzelwirtschaftlichen und des gesamtwirtschaftlichen Wachstums (Hrsg. W. Krelle) Schriften des VfS, NF 34, Berlin 1965.

(26) Theorien des sozialen Wandels (Hrsg. W. Zapf) 2. Aufl., Köln-Berlin 1970.

(27) Theories of Economic Growth (B.F. Hoselitz u.a.) Glencoe/Ill. 1960.

(28) Wachstum und Entwicklung der Wirtschaft (Hrsg. H. König) Köln-Berlin 1968.

(29) Wandlungen der Wirtschaftsstruktur in der Bundesrepublik Deutschland (Hrsg. H. König) Schriften des VfS, NF 26, Berlin 1962.

(30) Wettbewerb als Aufgabe – Nach zehn Jahren Gesetz gegen Wettbewerbsbeschränkungen – (Hrsg. E.-J. Mestmäcker) Bad Homburg v.d.H. - Berlin-Zürich 1968.

(31) Wettbewerbstheorie (Hrsg. K. Herdzina) Köln 1975.

## B. Einzelveröffentlichungen

*Abbott, L.* (1958) Qualität und Wettbewerb. München-Berlin.

*Abramovitz, M.* (1937/38) Monopolistic Selling in a Changing Economy. QJE 52, S. 191, deutsch in: A 31, S. 301.

– (1952) Economics of Growth. In: A Survey of Contemporary Economics, Vol. II, (Hrsg. v. B.F. Haley), Homewood/Ill., S. 132.

– (1956) Resource and Output Trends in the U.S. Since 1870. AER PP 46, S. 5.

– (1962) Economic Growth in the United States. A Review Article. AER 52, S. 762.

*Adelman, I.* (1961) Theories of Economic Growth and Development. Stanford.

*Aitchison, J.; Brown, J.A.C.* (1954/55) A Synthesis of Engel-Curve Theory. REStud 22, S. 35.

*Akerman, J.* (1951) Das Problem der wirtschaftlichen Entwicklung. ZfgSt 107, S. 577.

– (1960) Theory of Industrialism. Lund.

*Albach, H.* (1965) Zur Theorie des wachsenden Unternehmens. In: A 25, S. 9.

*Allen, R.G.D.* (1972) Makroökonomische Theorie. Berlin.

*Arndt, H.* (1949) Konkurrenz und Monopol in Wirklichkeit. JNSt 161, S. 222.

– (1952) Schöpferischer Wettbewerb und Klassenlose Gesellschaft. Berlin.

– (1966a) Mikroökonomische Theorie. 1. Band, Marktgleichgewicht. Tübingen.

– (1966b) Mikroökonomische Theorie. 2. Band, Marktprozesse. Tübingen.

– (1972) Marktmacht auf der Nachfrageseite. WuW 22, S. 84.

– (1976) Kapitalismus, Sozialismus, Konzentration und Konkurrenz. Tübingen.

*Arndt, H.; Ollenburg, G.* (1971) Begriff und Arten der Konzentration. In: A 11, S. 3.

*Arrow, K.J.* (1962) The Economic Implications of Learning by Doing. REStud 29, S. 155.

*Bain, J.S.* (1941) The Profit Rate as a Measure of Monopoly Power. QJE 55, S. 271.

– (1954) Economies of Scale, Concentration and the Condition of Entry in Twenty Manufacturing Industries. AER 44, S. 15.

– (1958) Advantages of the Large Firm. In: A 5, S. 160.

– (1964) The Theory of Monopolistic Competition After Thirty Years. The Impact on Industrial Organization. AER PP 54, S. 28.

– (1968) Industrial Organization. Second Edition. New York-London-Sydney.

*Barger, H.* (1969) Growth in Developed Nations. REStat 51, S. 143.

*Bartling, H.* (1980) Leitbilder der Wettbewerbspolitik. München.

*Bauer, Ch.* (1976) Ansätze zu einer mikroökonomischen Theorie des technischen Fortschritts. In: A 22, S. 357.

*Baumol, W.J.* (1951) Economic Dynamics. 2. Aufl., New York 1959.

– (1959) Business Behavior, Value and Growth. New York.

*Besters, H.* (1966a) Theorien zur wirtschaftlichen Entwicklung. In: Entwicklungspolitik. Handbuch und Lexikon (Hrsg. H. Besters, E. Boesch) Stuttgart-Berlin-Mainz, Sp. 243.

– (1966b) Wirtschaftliche Entwicklung und wirtschaftliches Wachstum. In: Entwicklungspolitik, a.a.O., Sp. 1672.

– (1979) Neue Wirtschaftspolitik durch Angebotslenkung. Baden-Baden.

*Biedenkopf, K.* (1968) Wettbewerb zwischen Freiheitsidee und Pragmatismus. WuW 18, S. 3.

*Blair, J.M.* (1948) Technology and Size. AER PP 38, S. 121.

– (1960) On the Causes of Concentration. In:A 10, S. 823.

*Blattner, N.* (1976a) Die Theorie des wirtschaftlichen Wachstums als Ausgangspunkt einer wirtschaftspolitisch relevanten Untersuchung des technischen Fortschritts. In: A 22, S. 291.

– (1976b) Wettbewerbspolitische Implikationen neuerer Ansätze in der Theorie der Firma. In: A 15, S. 227.

– (1977a) Volkswirtschaftliche Theorie der Firma. Berlin-Heidelberg-New York.

– (1977b) Zur Relevanz der organisatorischen Struktur für die Theorie der Firma. JSw 28, S. 112.

*Bodenhöfer, H.J.* (1973) X-Effizienz, Innovations-Effizienz und wirtschaftliches Wachstum. ZWS 93, S. 671.

– (1976) Ökonomische Aspekte des „Wiederholten Lernens" (Recurrent Education). ZWS 96, S. 303.

*Bombach, G.* (1959) Quantitative und monetäre Aspekte des Wirtschaftswachstums. In: Finanz- und währungspolitische Bedingungen stetigen Wirtschaftswachstums (Hrsg. W.G. Hoffmann) Schriften des VfS, N.F. 15, Berlin, S. 154.

– (1960a) Die Stabilität der industriellen Produktivitätsstruktur. ZfgSt 116, S. 18.

– (1960b) Wirtschaftswachstum und Stabilität. In: Wachstum und Konjunktur (Hrsg. G. Bombach u.a.), Darmstadt-Opladen.

– (1964a) Der Strukturbegriff in der Ökonomie. In: A 20, S. 10.

– (1964b) Von der Neoklassik zur modernen Wachstums- und Verteilungstheorie. SZ 100, S. 399.

– (1965) Wirtschaftswachstum. HdSw 12, S. 763.

*Borchardt, K.; Fikentscher, W.* (1957) Wettbewerb, Wettbewerbsbeschränkung, Marktbeherrschung. Stuttgart.

*Borchardt, K.* (1965) Die Veränderlichkeit der Konsumgüterstruktur in der wachsenden Wirtschaft. In: A 25, S. 113.

*Boulding, K.E.* (1953) The Organizational Revolution. New York.

*Brandt, K.* (1963) Konkurrenzprobleme im wirtschaftlichen Wachstum . ZfgSt 119, S. 218.

*Brems, H.* (1951) Cartels and Competition. WA 66 I, S. 51.

*Brozen, Y.* (1951) Invention, Innovation, and Imitation. AER PP 41, S. 239.

*Bücher, K.* (1910) Das Gesetz der Massenproduktion. ZfgSt 66, S. 429.

*Burns, A.F.* (1934) Production Trends in the United States since 1870. New York.

*Busse von Colbe, W.* (1964) Die Planung der Betriebsgröße. Wiesbaden.

*Buttrick, J.* (1960) Toward a Theory of Economic Growth: The Neoclassical Contribution. In: A 27, S. 155.

*Carter, F.; Williams, B.R.* (1957) Industry and Technical Progress. London-New York-Toronto.

*Cassel, G.* (1918) Theoretische Sozialökonomie. 5. Aufl., Leipzig 1932.

*Chamberlin, E.H.* (1933) The Theory of Monopolistic Competition. Cambridge/Mass., 8. Aufl., 1969.

– (1950) Product Heterogenity and Public Policy. AER PP 40, S. 85, deutsch in: A 31, S. 161.

*Chandler, A.D.jr.* (1962) Strategy and Structure. Cambridge/Mass.

*Chenery, H.B.* (1960) Patterns of Industrial Growth. AER 50, S. 624.

*Chenery, H.B.; Taylor, L.* (1968) Development Patterns: Among Countries and Over Time. REStat 50, S. 391.

*Clapham, J.H.* (1922) Of Empty Economic Boxes. EJ 32, S. 305.

*Clark, C.* (1940) The Conditions of Economic Progress. 3. Aufl., London-New York 1960.

– (1976) Der zweite Bericht des Club of Rome. HJb 21, S. 333.

*Clark, J.M.* (1940) Toward a Concept of Workable Competition. AER 30, S. 241, deutsch in: A 31, S. 143.

– (1954) Competition and the Objectives of Government Policy. In: A 13, S. 317.

– (1955) Competition: Static Models and Dynamic Aspects. AER PP 45, S. 450.

– (1958) The Uses of Diversity: Competitive Bearings of Diversities in Cost and Demand Functions. AER PP 48, S. 474.

– (1961) Competition as a Dynamic Process. Washington.

*Clasen, S.* (1966) Die Flexibilität der volkswirtschaftlichen Produktionsstruktur. Göttingen.

*Clinard, M.B.* (1964) The Theoretical Implications of Anomie and Deviant Behavior. In: Anomie and Deviant Behavior, London, S. 1.

*Comanor, W.S.* (1965) Research and Technical Change in the Pharmaceutical Industry. REStat 47, S. 182, deutsch in: A 7, S. 251.

– (1967) Market Structure, Product Differentiation, and Industrial Research. QJE 81, S. 639.

*Cournot, A.* (1924) Untersuchungen über die mathematischen Grundlagen der Theorie des Reichtums. Jena.

*Crouch, R.L.* (1967) Laissez-Faire in Nineteenth Century Britain: Myth or Reality? The Manchester School of Economic and Social Studies 35, S. 199.

*Cyert, R.M.; March, J.G.* (1963) A Behavioral Theory of the Firm. Englewood Cliffs/N.J.

*Denison, E.F.* (1962) Education, Economic Growth, and Gaps in Information. JPE 70, Suppl., S. 124.

– (1964) Measuring the Contribution of Education (and the Residual) to Economic Growth. In: The Residual Factor and Economic Growth (Hrsg. OECD), Paris, S. 13.

– (1967) Why Growth Rates Differ. Washinton.

*Dennison, S.R.* (1957) Does Bigness make for Efficiency? In: Economics (Hrsg. G.D.H. Cole), Edinburgh, S. 269.

*Deutsche Bundesbank* (1973) Das Produktionspotential in der Bundesrepublik Deutschland. In: Monatsberichte der Deutschen Bundesbank, 25. Jg., Nr. 10, S. 28.

*Domar, E.D.* (1946) Capital Expansion, Rate of Growth, and Employment. Ectra 14, S. 137, deutsch in: A 28, S. 55.

– (1952) Economic Growth. An Econometric Approach. AER PP 42, S. 479.

*Dorfman, R.; Samuelson, P.A.; Solow, R.M.* (1958) Linear Programming and Economic Analysis. New York-Toronto-London.

*Dorner, K.* (1964) Strukturverschiebungen in modernen Industriewirtschaften. Diss. Köln.

*Downie, J.* (1958) The Competitive Process. London.

*Dürr, E.* (1964) Wachstumstheorie und Wachstumspolitik. JNSt 176, S. 385 und S. 523.

– (1970) Wachstumspolitisch relevante Ergebnisse der Wachstumstheorie. In: A 2, S. 1.

– (1977) Wachstumspolitik. Bern-Stuttgart.

*Duesenberry, J.S.* (1949) Income, Saving, and the Theory of Consumer Behavior. Cambridge/Mass.

*Edding, F.* (1976) Ökonomische Probleme des Recurrent-Education-Konzepts. ZWS 96, S. 287.

*Edwards, C.D.* (1949) Maintaining Competition. New York-Toronto-London.

– (1955) Conglomerate Bigness as a Source of Power. In: A 4, S. 331.

– (1960) Size of Markets, Scale of Firms, and the Character of Competition. In: Economic Consequences of the Size of Nations (Hrsg. E.A.G. Robinson), London, S. 117.

*Ehrlicher, W.* (1964) Probleme der langfristigen Strukturwandlungen des Kapitalstocks. In: A 21, S. 871.

– (1965) Ansätze zu einer makroökonomischen Theorie der Marktformen. JNSt 178, S. 297.

*Eisen, R.* (1973) „Fortschrittsinduzierter" technischer Fortschritt und Kapitalakkumulation in einem neoklassischen Wachstumsmodell. JNSt 188, S. 97.

*Engel, E.* (1857) Die vorherrschenden Gewerbszweige in den Gerichtsämtern mit Beziehung auf die Productions- und Consumtionsverhältnisse des Königreichs Sachsens.

*Enke, H.; Gschwendner, H.; Körber-Weik, M.; Lindner, H.* (1980) Struktur, Konjunktur und Wirtschaftswachstum. Tübingen.

*Eucken, W.* (1950a) Grundlagen der Nationalökonomie. 6. Aufl., Berlin-Göttingen-Heidelberg.

– (1950b) Technik, Konzentration und Ordnung der Wirtschaft. Ordo 3, S. 3.

*Fabricant, S.* (1940) The Output of Manufacturing Industries 1899-1933. New York.

*Faehndrich, H.* (1964) Die Determinanten der Wirtschaftsstruktur. Versuch einer systematischen Darstellung. ZfN 23, S. 200.

*Felderer, B.* (1973) Der Zusammenhang zwischen Allokation von Produktionsfaktoren und wirtschaftlichem Wachstum. ZfgSt 129, S. 589.

*Fels, G.; Schatz, K.W.; Wolter, F.* (1970) Sektoraler Strukturwandel im weltwirtschaftlichen Wachstumsprozeß. Die Weltwirtschaft. Tübingen, Heft 1, S. 49.

– (1971) Der Zusammenhang zwischen Produktionsstruktur und Entwicklungsniveau – Versuch einer Strukturprognose für die westdeutsche Wirtschaft. WA 106 I, S. 240.

*Ferguson, C.E.* (1964) A Macroeconomic Theory of Workable Competition. Durham/N.C.

*Fettel, J.* (1959) Die Betriebsgröße (Versuche, sie zu messen – Faktoren, die sie beeinflussen). In: Betriebsgröße und Unternehmungskonzentration. Nürnberger Abhandlungen zu den Wirtschafts- und Sozialwissenschaften. Heft 10, Berlin, S. 61.

*Feuerstack, R.* (1975) Unternehmenskonzentration. Neuwied.

*Fischer, R.* (1973) Wachstum, Effizienz und Marktverhalten konglomerater Unternehmen. WuW 23, S. 245.

*Fisher, A.G.B.* (1933) Capital and the Growth of Knowledge. EJ 43, S. 379.

– (1935) The Clash of Progress and Security. London.

– (1939) Production, Primary, Secondary and Tertiary. ER 15, S. 24.

– (1952) A Note on Tertiary Production. EJ 62, S. 820.

*Fleck, F.H.* (1973) Die ökonomische Theorie des technischen Fortschritts und seine Identifikation. Meisenheim.

*Fleischmann, G.* (1972) Wettbewerb und Innovation. HJb 17, S. 31.

*Florence, P.S.* (1953) The Logic of British and American Industry. London.

*Forstmann, A.* (1952) Zur Frage der Kausalität wirtschaftlicher Veränderungen. SJ 72, S. 549 und S. 669.

*Fourastié, J.* (1954) Die große Hoffnung des zwanzigsten Jahrhunderts. Köln-Deutz.

*Frey, B.S.* (1972) Zur gegenseitigen Einwirkung von Politik und Wachstum. In: A 14, S. 321.

*Gäfgen, G.* (1970) Strukturpolitik. Staatslexikon, 11. Band, Freiburg, Sp. 386.

*Gahlen, B.* (1968) Die Überprüfung produktionstheoretischer Hypothesen für Deutschland (1850-1913). Tübingen.

– (1972a) Der Informationsgehalt der neoklassischen Wachstumstheorie für die Wirtschaftspolitik. Tübingen.

– (1972b) Technischer Fortschritt und wirtschaftliches Wachstum. Empirische Analyse. In: A 14, S. 197.

– (1973) Einführung in die Wachstumstheorie. Band 1. Tübingen.

*Galbraith, J.K.* (1952) American Capitalism. The Concept of Countervailing Power. Revised Edition, London 1957.

*Gerdsmeier, G.* (1972) Grundlagenkritik preistheoretischer Modelle. Berlin.

*von Gersdorff, R.C.J.* (1975) Toward a General Theory of Stages of Growth. In: A 18, S. 173.

*Gerstenberger, W. u.a.* (1977) Konzeption einer Strukturberichterstattung für die Bundesrepublik Deutschland – Möglichkeiten und Grenzen der Analyse sektoraler Strukturentwicklungen. Ifo-Institut, München.

*Geyer, H.* (1958) Untersuchungen über die Theorie des dynamischen makroökonomischen Kernprozesses. Berlin.

*Giersch, H.* (1956) Stufen und Fortschrittsperioden der wirtschaftlichen Entwicklung. ZfN 15, S. 61.

– (1960) Allgemeine Wirtschaftspolitik. Erster Band: Grundlagen. Wiesbaden.

– (1964) Aufgaben der Strukturpolitik. HJb 9, S. 61.

– (1971) Wachstumsförderung durch Geldwertschwund? In: Wirtschaftswachstum durch Geldwertschwund? Heidelberg, S. 55.

*Giesel, H.B.* (1975) Unternehmungswachstum und Wettbewerb. Baden-Baden.

*Gilboy, E.W.* (1956) Elasticity, Consumption, and Economic Growth. AER PP 46, S. 119.

*Görgens, E.* (1969) Wettbewerb und Wirtschaftswachstum. Freiburg.

– (1972) Klassifikation ohne Theorie? Ein Beitrag zur Kontroverse über W.G. Hoffmanns Industrialisierungsstadien, WA 108, S. 648.

– (1975a) Die Drei-Sektoren-Hypothese. WiSu 4, S. 287.

– (1975b) Wandlungen der industriellen Produktionsstruktur im wirtschaftlichen Wachstum. Bern.

– (1977) Investitionsquote und Kapitalkoeffizient als Anknüpfungspunkte wachstumspolitischer Empfehlungen. WiSt 6, S. 103.

*Görzig, B.; Kirner, W.* (1978) Konzeption einer Strukturberichterstattung für die Bundesrepublik Deutschland. Berlin.

*Gort, M.* (1962) Diversification and Integration in American Industry. Princeton.

*Grefermann, K.; Oppenländer, K.H.; u.a.* (1974) Patentwesen und technischer Fortschritt. Teil I: Die Wirkung des Patentwesens im Innovationsprozeß. Göttingen.

*Grabowski, H.G.* (1968) The Determinants of Industrial Research and Development: A Study of the Chemical, Drug, and Petroleum Industries. JPE 76, S. 292.

*Gries, W.* (1971) Ausbildung, Forschung und Wirtschaftswachstum. Meisenheim.

*Griliches, Z.* (1973) Research Expenditures and Growth Accounting. In: Science and Technology in Economic Growth (Hrsg. B.R. Williams), London-Basingstoke, S. 59.

*Gutenberg, E.* (1963) Grundlagen der Betriebswirtschaftslehre, Erster Band, Die Produktion. 8./9. Aufl., Berlin-Göttingen-Heidelberg.

*Gutowski, A.* (1971) Konglomerate Unternehmensgröße und wirtschaftliche Macht. Tübingen.

*Haerry, H.* (1954) Die Intensität des Wettbewerbs. Winterthur.

*Hagen, E.E.* (1962) On the Theory of Social Change. Homewood/Ill.

*Hahn, F.H.; Matthews, R.C.O.* (1964) The Theory of Economic Growth: A Survey. EJ 74, S. 779.

*Hahn, H.* (1964) Unterschiede der Entwicklung von Produktivität, Lohn und Preisniveau in den einzelnen Wirtschaftsbereichen der Bundesrepublik. In: A 21, S. 650.

*Hamberg, D.* (1966) R & D: Essays on the Economics of Research and Development. New York.

*Harberger, A.C.* (1954) Monopoly and Resource Allocation. AER PP 44, S. 77.

*Harcourt, G.C.* (1969) Some Cambridge Controversies in the Theory of Capital. JEL 7, S. 369.

*Harrod, R.F.* (1939) An Essay in Dynamic Theory. EJ 49, S. 14, deutsch in: A 28, S. 35.

– (1948) Towards a Dynamic Economics. London. Deutsche Übersetzung: Dynamische Wirtschaft. Wien-Stuttgart (1949).

– (1960) Second Essay in Dynamic Theory. EJ 70, S. 277, deutsch in: A 28, S. 203.

*Hart, P.E.; Prais, S.J.* (1956) The Analysis of Business Concentration. Journal of the Royal Statistical Society 119, S. 150.

*v. Hayek, F.A.* (1952) Der Sinn des Wettbewerbs. In: F.A. v. Hayek, Individualismus und wirtschaftliche Ordnung. Erlenbach-Zürich, S. 122.

– (1968) Der Wettbewerb als Entdeckungsverfahren. Kiel.

– (1972) Die Theorie komplexer Phänomene. Tübingen.

*Heckscher, E.F.* (1932) Der Merkantilismus. Jena.

*Hedtkamp, G.* (1974) Wirtschaftssysteme. München.

*Heflebower, R.B.* (1951) Economics of Size. JB 24, S. 253.

*Helmstädter, E.* (1958) Produktionsstruktur und Wachstum. JNSt 169, S. 173,

– (1965) Investitionsquote und Wachstumsrate bei Harrod-neutralem Fortschritt. JNSt 178, S. 90.

– (1967) Komponenten des Wachstums. Der Volkswirt, S. 1961.

– (1970) Die Innovation als Element der wirtschaftlichen Expansion, In: A 9, S. 17.

– (1974) Wirtschaftswachstum und Wirtschaftsordnung. In: A 24, S. 19.

*Hemmer, H.-R.* (1972) Strukturprobleme des Wirtschaftswachstums. Freiburg.

*Henderson, A.* (1954) The Theory of Duopoly. QJE 68, S. 565.

*Hennipman, P.* (1954) Monopoly: Impediment or Stimulus to Economic Progress? In: A 13, S. 421.

*Herdzina, K.* (1970) Konzept und Voraussetzungen des funktionsfähigen Wettbewerbs. Diss. Köln.

– (1973a) Marktstruktur und Wettbewerb. ZWS 93, S. 267.

– (1973b) Oligopolistische Interdependenz, funktionsfähiger Wettbewerb und Wettbewerbsvoraussetzungen. JSw 24, S. 55.

– (1975) Zur historischen Entwicklung der Wettbewerbstheorie. In: A 31, S. 15.

*Hesse, H.; Gahlen, B.* (1965) Das Wachstum des Nettoinlandprodukts in Deutschland, 1850 – 1913. ZfgSt 121, S. 452.

*Heubes, J.* (1972) Die produktionstheoretischen Grundlagen der Wachstumstheorie. In: A 14, S. 26.

*Heuß, E.* (1965) Allgemeine Markttheorie. Tübingen - Zürich.

– (1966) Die oligopolistische Verhaltensweise als evolutorischer Prozeß. JNSt 179, S. 452.

– (1967) Zum heutigen Stand der Wettbewerbstheorie in Deutschland. Ordo 18, S. 411.

– (1968) Die Wettbewerbs- und Wachstumsproblematik des Oligopols. In: A 8, S. 50, ferner in: A. 31, S. 315.

*Hicks, J.R.* (1963) The Theory of Wages (1932), 2. Aufl, London.

*Higgins, B.* (1959) Economic Development, Problems, Principles and Policies. New York.

*Hirschmann, A.O.* (1958) The Strategy of Economic Development. New Haven – London, 8. Aufl., 1964.

*Hoffmann, K.* (1972) Der Produktlebenszyklus. Freiburg.

*Hoffmann, L* (1965) Entwicklungstheorien des ausgewogenen und unausgewogenen Wachstums: Eine Gegenüberstellung. ZfgSt 121, S. 523.

*Hoffmann, W.G.* (1931) Stadien und Typen der Industrialisierung. Jena.

– (1940) Wachstum und Wachstumsformen der englischen Industriewirtschaft von 1700 bis zur Gegenwart. Jena.

– (1958) Zur Vorausschätzbarkeit von Produktivitätsveränderungen im Wachstumsprozeß. ZfgSt 114, S. 66.

– (1959) Die Produktivitätsstruktur der Industrie in verschiedenen Entwicklungsstadien. ZfgSt 115, S. 536.

– (1962) Die Industriellen Lohnrelationen. In: A 29, S. 47.

– (1969) Stadien und Typen der Industrialisierung. WA 103 II, S. 321.

*Hofmann, W.* (1964) Wert- und Preislehre. Berlin.

– (1966) Theorie der Wirtschaftsentwicklung. Berlin.

*Hollander, S.* (1973) The Economics of Adam Smith. London.

*Hoppmann, E.* (1966a) Das Konzept der optimalen Wettbewerbsintensität. JNSt 179, S. 286.

– (1966b) Workable Competition (Funktionsfähiger Wettbewerb). Die Entwicklung einer Idee über die Norm der Wettbewerbspolitik. Zeitschrift des Bernischen Juristenvereins 102, S. 249.

– (1967a) Wettbewerb als Norm der Wettbewerbspolitik. Ordo 18, S. 77, wieder abgedruckt in: A 31, S. 230.

– (1967b) Workable Competition als wettbewerbspolitisches Konzept. In: Theoretische und institutionelle Grundlagen der Wirtschaftspolitik. Theodor Wessels zum 65. Geburtstag (Hrsg. H. Besters), Berlin, S. 145.

– (1967/68) Die Funktionsfähigkeit des Wettbewerbs. Bemerkungen zu Kantzenbachs „Erwiderung“. JNSt 181, S. 251.

– (1968a) Zum Problem einer wirtschaftspolitisch praktikablen Definition des Wettbewerbs. In: A 8, S. 9.

– (1968b) Zum Schutzobjekt des GWB. In: A 30, S. 61.

– (1969) Zur Mißbrauchsaufsicht über marktbeherrschende Unternehmen. Die Aussprache 19, S. 282.

– (1972) Fusionskontrolle. Tübingen.

– (1973) Zur ökonomischen Begründung von Ausnahmebereichen. JNSt 187, S. 161.

– (1974a) Die Abgrenzung des relevanten Marktes im Rahmen der Mißbrauchsaufsicht über marktbeherrschende Unternehmen. Baden-Baden.

– (1974b) Noch einmal zur ökonomischen Begründung von Ausnahmebereichen. JNSt 188, S. 256.

*Horn, E.-J.; Schmidt, K.-D.; Zumpfort, W.-D.* (1977) Konzeption einer Strukturberichterstattung für die Bundesrepublik Deutschland – Möglichkeiten und Grenzen der Analyse sektoraler Strukturentwicklungen. Kiel.

*Hoselitz, B.F.* (1960a) Sociological Aspects of Economic Growth. New York – London.

– (1960b) Theories of Stages of Economic Growth. In: A 27, S. 193.

– (1967) The Entrepreneurial Element in Economic Development. In: The Challenge of Development (R.J. Ward), Chicago, S. 122.

– (1969) Wirtschaftliches Wachtum und Sozialer Wandel. Berlin.

*Houthakker, H.S.* (1957) An International Comparison of Household Expenditure Patterns. Commemorating the Centenary of Engel's Law. Ectra 25, S. 532.

*Hymer, St.; Pashigian, P.* (1962) Firm Size and Rate of Growth. JPE 70, S. 556.

*Ifo-Institut für Wirtschaftsforschung* (1971) Technischer Fortschritt in den USA. Auswertung der amerikanischen Untersuchung „Technology and the American Economy". Berlin – München.

*Jewkes, J.; Sawers, D.; Stillerman, R.* (1969) The Sources of Invention. 2. Aufl., London-New York.

*Jochimsen, R.* (1966a) Marktform und wirtschaftliche Entwicklung. ZfgSt 122, S. 29.

– (1966b) Theorie der Infrastruktur. Tübingen.

*Jöhr, W.A.* (1966) Zur Diskussion über die Rolle der Konkurrenz in der modernen Wirtschaft. ZfN 26, S. 83.

*Johnson, H.G.* (1951) A Note on the Effect of Income Redistribution on Aggregate Consumption with Interdependent Consumer Preference. Eca 18, S. 295.

– (1969) Die Rolle des Geldes in einem neoklassischen Ein-Sektoren-Wachstumsmodell. In: H.G. Johnson, Beiträge zur Geldtheorie und Geldpolitik, Berlin, S. 155.

*Jüttner-Kramny, L.* (1975) Unternehmensgröße, Unternehmenskonzentration und technologische Entwicklung. Göttingen.

*Kade, G.* (1962) Die Grundannahmen der Preistheorie. Berlin-Frankfurt.

*Kaldor, N.* (1934) The Equilibrium of the Firm. EJ 44, S. 60.

– (1935) Market Imperfection and Excess Capacity. Eca 2, S. 33, deutsch in: A 31, S. 90.

– (1957) A Model of Economic Growth. EJ 67, S. 591.

– (1961) Capital Accumulation and Economic Growth. In: The Theory of Capital (Hrsg. F.A. Lutz, D.C. Hague), London-New York, S. 177.

*Kaldor, N.; Mirrlees, J.A.* (1962) A New Model of Economic Growth. REStud 29, S. 174, deutsch in: A 28, S. 97.

*Kantzenbach, E.* (1966) Die Funktionsfähigkeit des Wettbewerbs, 2. Aufl., Göttingen 1967.

– (1967/68) Das Konzept der optimalen Wettbewerbsintensität. JNSt 181, S. 193.

– (1968) Gedanken zur wirtschaftspolitischen Grundentscheidung. JSw 19, S. 171.

– (1970) Innovation und Unternehmensgröße. In: A 9, S. 220.

*Kaplan, A.D.H.* (1964) Big Enterprise in a Competitive System. 2. Aufl., Washington.

*Kaufer, E.* (1966) Kantzenbachs Konzept des funktionsfähigen Wettbewerbs. JNSt 179, S. 481.

– (1967a) Die Bestimmung von Marktmacht. Bern-Stuttgart.

– (1967b) Nochmals: Von der Preistheorie zur Wettbewerbstheorie. Ordo 18, S. 95, ferner in: A 31, S. 327.

– (1967/68) Das Konzept der optimalen Wettbewerbsintensität. Eine Replik. JNSt 181, S. 242.

– (1968) Die Ökonomie von Forschung und Entwicklung. In: A 30, S. 399.

– (1970) Patente, Wettbewerb und technischer Fortschritt. Bad Homburg v.d.H.

– (1971) Wettbewerbspolitik und Wirtschaftswachstum. In: Konzertierte Aktion (Hrsg. E. Hoppmann), Frankfurt, S. 315.

– (1973) Marktmacht und Innovation. In: Macht und ökonomisches Gesetz (Hrsg. H.K. Schneider; Ch. Watrin), Schriften des VfS, NF 74/I, Berlin S. 619.

– (1976a) Der Einfluß des Strukturwandels auf die Verteilung der Betriebs- und Unternehmensgrößen in der Industrie. In: Die gesamtwirtschaftliche Funktion kleiner und mittlerer Unternehmen (Hrsg. Ifo-Institut für Wirtschaftsforschung), München, S. 155.

– (1976b) Neue Wettbewerbstheorie. In: A 15, S. 199.

– (1977) Konzentration und Fusionskontrolle. Tübingen.

*Kaysen, C.; Turner, D. F.* (1965) Antitrust Policy. 2. Aufl., Cambridge/Mass.

*Kellerer, H.* (1960) Statistik im modernen Wirtschafts- und Sozialleben. Reinbek.

*Kellerer, H.; Schaich, E.* (1971) Statistische Probleme der Erfassung von Konzentrationsphänomenen. In: A 11, S. 41.

*Kendrick, J.W.* (1961) Productivity Trends in the United States. Princeton.

*Kennedy, K.A.* (1971) Productivity and Industrial Growth. The Irish Experience. Oxford.

*Kirzner, I.* (1973) Competition and Entrepreneurship. Chicago-London.

*Klatt, S.* (1959a) Die Theorie der Engel-Kurven. JSw 4/10, S. 274.

– (1959b) Zur Theorie der Industrialisierung. Köln-Opladen.

– (1975) Die Problematik einer Steuerung des Strukturwandels der Wirtschaft. In: A 18, S. 11.

– (1976) Zur sozialökonomischen Theorie des technischen Fortschritts. HJb 21, S. 87.

*Klauss, G.* (1975) Die Bestimmung von Marktmacht. Berlin.

*Kneschaurek, F.* (1964) Wachstumsbedingte Wandlungen der Beschäftigungsstruktur im industriellen Produktionssektor. In: A 21. S. 720.

*Knight, F.* (1935) The Ethics of Competition. New York.

– (1946) Immutable Law in Economics: Its Reality and Limitations. AER PP 36, S. 93.

*Knöpfle, R.* (1966) Der Rechtsbegriff 'Wettbewerb' und die Realität des Wirtschaftslebens. Köln-Berlin-Bonn-München.

*Koch, H.* (1959) Betriebsgröße. HdSw 2, S. 82.

*König, H.* (1966) Über einige Wachstumsprobleme in Zwei-Sektoren-Modellen bei Faktorsubstitutionalität. In: Beiträge zur Produktions- und Wachstumstheorie (Hrsg. W. Krelle), Schriften des VfS, NF 44, Berlin, S. 27.

– (1968) Ansätze und Probleme der Wachstumstheorie. In: A 28, S. 15.

*Kraus, W.* (1955) Monopole und Wettbewerb im wirtschaftlichen Wachstum. Wirtschaftspolitische Chronik, Heft 2/3.

*Krelle, W.* (1962) Verteilungstheorie. Tübingen.

– (1964) Ersetzung der Produktionsfunktion durch preis- und kapazitätsabhängige Produktionskoeffizienten. JNSt 176, S. 289.

– (1969) Produktionstheorie. Tübingen.

*Krelle, W.; Gabisch, G.* (1972) Wachstumstheorie. Berlin-Heidelberg-New York.

*Krengel, R.* (1964) Ursachen und Wirkungen der Strukturveränderungen des industriellen Anlagevermögens der Bundesrepublik. In: A 21, S. 740.

*Kruber, K.-P.* (1973) Unternehmensgrößen und Wettbewerb auf wachsenden Märkten. Baden-Baden.

*Krüsselberg, H.-G.* (1965) Organisationstheorie, Theorie der Unternehmung und Oligopol. Berlin.

– (1969) Marktwirtschaft und ökonomische Theorie. Freiburg.

*Kruse, A.* (1953) Geschichte der volkswirtschaftlichen Theorien. 3. Aufl., München.

*Kuhlo, K. Ch.* (1962) Die Wachstumsprognose, insbesondere auch die Prognose der Produktivitätsentwicklung. In: Diagnose und Prognose als wirtschaftswissenschaftliche Methodenprobleme (H. Giersch, K. Borchardt), Schriften des VfS, NF 25, Berlin, S. 215.

*Kuznets, S.* (1930) Secular Movements in Production and Prices. Boston-New York.

– (1957) Quantitative Aspects of the Economic Growth of Nations: II Industrial Distribution of National Product and Labor Force. Economic Development and Cultural Change, 5. Chicago/III.

*Lampe, H.-E.* (1979) Wettbewerb, Wettbewerbsbeziehungen, Wettbewerbsintensität. Baden-Baden.

*Lampert, H.* (1963) John Stuart Mill im Lichte seiner Entwicklungstheorie. JNSt 135, S. 301.

*Larner, R.J.* (1970) Management Control and the Large Corporation. New York.

*Lefeldt, M. u.a.* (1977) Konzeption einer Strukturberichterstattung für die Bundesrepublik Deutschland. Hamburg.

*Leibenstein, H.* (1966) Allocative Efficiency vs. "X-Efficiency". AER 56, S. 392.

– (1969) Organizational or Frictional Equilibria, X-Efficiency, and the Rate of Innovation. QJE 83, S. 600.

*Leipert, Ch.* (1975) Unzulänglichkeiten des Sozialprodukts in seiner Eigenschaft als Wohlstandmaß. Tübingen.

*Lenel, H.O.* (1968) Ursachen der Konzentration. 2. Aufl., Tübingen.

*Leontief, W.* (1951) The structure of the American Economy, 1919-1939, 2. Aufl., New York-London.

*Lerner, A.P.* (1933/34) The Concept of Monopoly and the Measurement of Monopoly Power. REStud 1, S. 157.

*Letiche, J.M.*(1960) Adam Smith and David Ricardo on Economic Growth. In: A 27, S. 65.

*Lewis, W.A.* (1956) Die Theorie des wirtschaftlichen Wachstums. Tübingen-Zürich.

*Lipsey, R.G.; Lancaster, K.* (1956/57) The General Theory of Second Best. REStud 24, S. 11.

*List, F.* (1841) Das Nationale System der Politischen Ökonomie. Basel-Tübingen 1959.

*Lutz, F.A.* (1953) Einwände gegen die Wettbewerbsordnung. Ordo 5, S. 245.

– (1956) Bemerkungen zum Monopolproblem. Ordo 8, S. 19.

*Machlup, F.* (1958) Structure and Structural Chance: Weaselwords and Jargon. ZfN 18, S. 280.

– (1962) The Supply of Inventors and Inventions. In: A 17, S. 143.

– (1965) Wettbewerb (III) Wirtschaftstheoretische Betrachtung. HdSw 12, S. 36.

– (1966) Wettbewerb im Verkauf. Göttingen.

*Maclaurin, W.R.* (1953) The Sequence from Invention to Innovation and its Relation to Economic Growth. QJE 67, S. 97.

*Majer, H.* (1976) Aspekte der Forschungs- und Entwicklungsaktivitäten kleiner und mittlerer Industriebetriebe. ZWS 96, S. 261.

*Malthus, Th. R.* (1820) Principles of Political Economy, 2. Aufl. 1836, Reprint Clifton/N.J. 1974.

– (1924/25) Eine Abhandlung über das Bevölkerungsgesetz. 2. Aufl., Jena.

*Mansfield, E.* (1962) Entry, Gibrat's Law, Innovation and the Growth of Firms. AER 52, S. 1023.

– (1963) The Speed of Response of Firms to New Techniques. QJE 77, S. 290.

– (1968a) Industrial Research and Technological Innovation. New York.

– (1968b) The Economics of Technological Change. New York.

– (1971) Technological Chance. New York.

*Marris, R.* (1967) The Economic Theory of 'Managerial Capitalism'. London-Melbourne-Toronto.

*Marshall, A.* (1890) Principles of Economics. 8. Aufl., London 1938.

*Mason, E.S.* (1959) Economic Concentration and the Monopoly Problem. Cambridge/Mass.

*Marx, K.* (1975a) Das Kapital. In: Karl Marx ökonomische Schriften. Erster, Zweiter und Dritter Band (hrsg. von H.J. Lieber und B. Kautsky), Darmstadt.

– (1975b) Zur Kritik der politischen Ökonomie. In: Karl Marx ökonomische Schriften, Dritter Band (hrsg. von H.J. Lieber und B. Kautsky), Darmstadt, S. 835.

*Massel, B.F.* (1961) A Disaggregated View of Technical Change. JPE 69, S. 447.

*Matthews, R.C O.* (1973) The Contribution of Science and Technology to Economic Development. In: Science and Technology in Economic Growth (Hrsg. B.R. Williams), London-Basingstoke.

*McClelland, D.C.* (1966) Die Leistungsgesellschaft, deutsche Übersetzung, Stuttgart-Berlin-Köln-Mainz.

*McClelland, D.C.; Winter, D.G.* (1969) Motivating Economic Achievement. New York-London.

*McKinley, E.* (1960) The Theory of Economic Growth in the English Classical School. In: A 27, S. 89.

*McNulty, P.J.* (1967) A Note on the History of Perfect Competition. JPE 75, S. 395, deutsch in: A 31, S. 54.

– (1968) Economic Theory and the Meaning of Competition. QJE 82, S. 639.

*Meadows, D. u.a.* (1972) Die Grenzen des Wachstums. Bericht des Clubs of Rome zur Lage der Menschheit. Stuttgart.

– (1974) Wachstum bis zur Katastrophe? Stuttgart.

*Mehler, F.* (1970) Ziel-Mittel-Konflikte als Problem der Wirtschaftspolitik. Berlin.

*Meier, G.M.; Baldwin, R.E.* (1957) Economic Development. Theory, History, Policy. New York-London-Sidney.

*Mensch, G.* (1975) Das technologische Patt. Frankfurt.

*Merton, R.K.* (1935) Fluctuations in the Rate of Industrial Inventions. QJE 49, S. 454.

*Mesarović, M.; Pestel, E.* (1974) Menschheit am Wendepunkt. 2. Bericht an den Club of Rome zur Weltlage. Stuttgart.

*Meyer, J.R.; Kuh, E.* (1957) The Investment Decision. Cambridge/Mass.

*Meyer-Dohm, P.* (1964) Der private Haushalt im Prozeß der Bedarfsdifferenzierung. In: A 20, S. 67.

*Michalski, W.* (1962) Technischer Fortschritt und Wirtschaftsordnung. HJb 7, S. 151.

*Miksch, L* (1937) Wettbewerb als Aufgabe. Stuttgart.

*Mill, J. St.* (1888) Principles of Political Economy. Peoples's Edition, London-New York.

*Minasian, J. R.* (1962) The Economics of Research and Development. In: A 17, S. 93.

*Müller, J.H.* (1967) Produktionstheorie. In: Kompendium der Volkswirtschaftslehre (Hrsg. W. Ehrlicher u.a.), Band 1, Göttingen, S. 75.

*Müller, U.* (1975) Wettbewerb, Unternehmenskonzentration und Innovation. Göttingen.

– (1978) Wettbewerbstheorie. In: Handwörterbuch der Volkswirtschaft (Hrsg. W. Glastetter, E. Mändle, U. Müller, R. Rettig), Wiesbaden, S. 1550.

*Narver, J.C.* (1967) Conglomerate Mergers and Market Competition. Berkeley-Los Angeles.

*Nelson, R.R.* (1959) The Simple Economics of Basic Scientific Research. JPE 67, S. 297.

– (1964) Aggregate Production Functions and Medium-Range Growth Projections. AER 54, S. 575.

*Neumann, M.* (1967a) Strukturwandel und harmonisches Wachstum. In: Theoretische und institutionelle Grundlagen der Wirtschaftspolitik. Theodor Wessels zum 65. Geburtstag (Hrsg. H. Besters), Berlin S. 253.

– (1967b) Konglomerate Konzentration und der industrielle Monopolisierungsgrad. ZfgSt 123, S. 668.

– (1968) Kapitalbildung, Wettbewerb und ökonomisches Wachstum. Berlin-Heidelberg-New York.

– (1969) Die Erfindungsindustrie – Eine Alternative zum Schumpeterschen Innovationsmodell. JSw 20, S. 310.

– (1970a) Ausgaben für Forschung und Bildung und die säkulare Wachstumsrate. Konjunkturpolitik 16, S. 178.

– (1970b) Wachstumsorientierte Wettbewerbspolitik. In: A 2, S. 222.

*Niehans, J.* (1954) Das ökonomische Problem des technischen Fortschritts. SchwZVSt 90, S. 145.

– (1963) Economic Growth with Two Endogenous Factors. QJE 77, S. 349, deutsch in: A 28, S. 225.

– (1964) Strukturwandlungen als Wachstumsprobleme. In: A 20, S. 18.

*Nordhaus, W.D.* (1969) Invention, Growth and Welfare – A Theoretical Treatment of Technological Change. Cambridge/Mass.

*v. Nussbaum, H.* (1973) Die Zukunft des Wachstums. Düsseldorf.

*Oberender, P.* (1973) Industrielle Forschung und Entwicklung. Bern-Stuttgart.

– (1975) Wettbewerbliche Marktprozesse und struktureller Nachfragerückgang. Ordo 26, S. 131.

*OECD.* (1968) Gaps in Technology. Paris.

*Oppenländer, K.H.* (1963) Die moderne Wachstumstheorie. Berlin-München.

– (1974) Wirkung des Patentwesens im Innovationsprozeß. Ifo-Schnelldienst, 27. Jg., Heft 10, S. 5.

– (1976) Investitionsinduzierter technischer Fortschritt. Berlin-München.

*Ott, A.E.* (1959a) Marktform und Verhaltensweise. Stuttgart.

– (1959b) Technischer Fortschritt. HdSw 10, S. 302.

*Paulsen, A.* (1964) Zum Begriff ‚Wirtschaftsstruktur'. ZfN 24, S. 302.

*Penrose, E.T.* (1959) The Theory of the Growth of the Firm. Oxford.

*Peterson, Sh.* (1957) Antitrust and the Classical Model. AER 47, S. 60.

*Petry, H.* (1969) Technischer Fortschritt, Integration, internationale Wettbewerbsfähigkeit und Unternehmensgröße. JNSt 183, S. 271.

*Pfanzagl, J.* (1966) Allgemeine Methodenlehre der Statistik I, 3. Aufl., Berlin.

*Phillips, A.* (1955) The Tableau Economique as a simple Leontief Model. QJE 69, S. 137.

– (1960) A Theory of Interfirm Organization QJE 74, S. 602.

– (1962) Market Structure, Organization and Performance. Cambridge/Mass.

*Pohl, H.-J.* (1970) Kritik der Drei-Sektoren-Theorie. Mitteilungen aus dem Institut für Arbeitsmarkt- und Berufsforschung, Heft 4, S. 313.

*Prosi, G.* (1966) Technischer Fortschritt als mikroökonomisches Problem. Bern-Stuttgart.

*Ramser, H.J.* (1976) Neuere Ansätze in der Theorie der Firma und ihre wettbewerbspolitischen Implikationen. In: A 15, S. 299.

– (1977) Unternehmensziel, Marktstruktur und gesamtwirtschaftliches Wachstum. ZfgSt 133, S. 47.

*Redl, F.* (1963/64) Die Zusammenhänge zwischen den Veränderungen der Nachfragestruktur und dem wirtschaftlichen Wachstum. Erster Teil, ZfN 23, S. 330, Zweiter Teil, ZfN 24, S. 61.

– (1964) Wirtschaftsstruktur und wirtschaftliches Wachstum. ZfN 23, S. 189.

*Redlich, F.* (1964) Der Unternehmer. Göttingen.

*Rettig, R.; Voggenreiter, D.* (1977) Makroökonomische Theorie. Tübingen-Düsseldorf.

*Ricardo, D.* (1923) Grundsätze der Volkswirtschaft und Besteuerung. 3. Aufl., Jena.

– (1972) Grundsätze der politischen Ökonomie und der Besteuerung. Frankfurt/M.

*Riese, H.* (1965) Mittelfristiges wirtschaftliches Wachstum und neoklassische Wachstumstheorie. Kyklos 18, S. 80.

– (1970) Das Ende einer Wachstumstheorie. Kyklos 23, S. 756.

– (1972) Schritte zu einer ökonomischen Theorie der Evolution. In: A 14, S. 379.

*Ritschl, H.* (1962) Wirtschaftssystem und technischer Fortschritt. Kyklos 15, S. 295.

*Robinson, E.A.G.* (1936) Betriebsgröße und Produktionskosten. Wien.

*Robinson J.* (1953/54) The Production Function and the Theory of Capital. REStud 21, S. 81.

*Röpke, J.* (1977) Die Strategie der Innovation. Tübingen.

*Röpke, W.* (1965) Wettbewerb (II) Ideengeschichte und ordnungspolitische Stellung. HdSw 12, S. 29.

*Rose, K.* (1956) Der Erkenntniswert der Wachstumsmodelle. JNSt 168, S. 321.

– (1962) Wachstums- und Konjunkturtheorie. JSw 13, S. 196.

- (1971) Grundlagen der Wachstumstheorie. Göttingen.

*Rostow, W.W.* (1960) The Stages of Economic Growth. Deutsch: Stadien wirtschaftlichen Wachstums. Göttingen.

*Rumelt, P.R.* (1974) Strategy, Structure, and Economic Performance. Boston.

*Ruttan, V.W.* (1959) Usher and Schumpeter on Invention, Innovation, and Technological Change. QJE 73, S. 596.

*Sachverändigenrat zur Begutachtung der gesamtwirtschaftlichen Entwicklung.* (1965) Jahresgutachten 1965/66, Stabilisierung ohne Stagnation. Stuttgart-Mainz.

*Salter, W.E.G.* (1960) Productivity and Technical Change. 2. Aufl., Cambridge 1969.

*Samuels, J.M.* (1965) Size and the Growth of Firms. REStud 32, S. 105.

*Sato, R.* (1963) Fiscal Policy in a Neoclassical Growth Model: An Analysis of Time Required for Equilibrating Adjustment. REStud 30, S. 16, deutsch in: A 28, S. 175.

*Scheper, W.* (1972) Die produktionstheoretischen Grundlagen der Wachstumstheorie. In: A 14, S. 1.

*Scheper, W.; Heinrichsmeyer, W.* (1970) Ein neoklassisches Wachstumsmodell mit mehreren Konsumgütern. ZfgSt 126, S. 433.

*Scheper, W.; Reichenbach, H.* (1973) Die Entwicklung der Anteile der Wirtschaftsbereiche am Bruttoinlandsprodukt – Eine Strukturprognose. WA 109, S. 291.

*Scherer, F.M.* (1965) Firm Size, Market Structure, Opportunity, and the Output of Patented Inventions. AER 55, S. 1097.

– (1968) Marktstruktur, Know-how für das Marketing und die technologische Lücke. Ordo 19, S. 159.

– (1970) Industrial Market Structure and Economic Performance. Chicago.

*Scherer, F.M.; Beckenstein, A.; Kaufer, E.; Murphy, R.D.* (1975) The Economics of Multi-Plant Operation: An International Comparisons Study. Cambridge/Mass.

*Scherhorn, G.* (1977) Über die Bedeutung des Verbraucherverhaltens für die Funktionsfähigkeit des Marktes. ZVP 1, S. 20.

*Schiller, K.* (1965) Wirtschaftspolitik. HdSw 12, S. 210.

*Schilling-Kaletsch, I.* (1976) Wachstumspole und Wachstumszentren. Hamburg.

*Schlögl, H.* (1972) Mehrproduktunternehmung, Marktentwicklung, Wettbewerb. Frankfurt/M.

*Schmalenbach, E.* (1949) Der freien Wirtschaft zum Gedächtnis. Köln-Opladen.

*Schmidbauer, H.* (1974) Allokation, technischer Fortschritt und Wettbewerbspolitik. Tübingen.

*Schmidt, I.* (1973) US-amerikanische und deutsche Wettbewerbspolitik gegenüber Marktmacht. Berlin.

– (1976) Geplanter Verschleiß. In: Handbuch des Verbraucherrechts (Hrsg. Arbeitsgemeinschaft der Verbraucher; Deutscher Gewerkschaftsbund), Neuwied, Gruppe 70.

*Schmidt, K.* (1972) Marktstruktur und wirtschaftliche Entwicklung, Berlin.

*Schmidtchen, D.* (1976/77) Wider den Vorwurf, das neoklassische Wettbewerbskonzept sei tautologisch: Eine Antikritik aus wissenschaftslogischer und markttheoretischer Sicht. JNSt 191, S. 428.

– (1978) Wettbewerbspolitik als Aufgabe. Baden-Baden.

*Schmitt-Rink, G.* (1975) Wachstumstheorie. Tübingen-Düsseldorf.

– (1976) Drei Stadien der modernen Wachstumstheorie. Wisu, S. 370 und S. 420.

*Schmookler, J.* (1954) The Level of Inventive Acitivity. REStat 36, S. 183.

– (1965) Technological Change and Economic Theory. AER PP 55, S. 335.

– (1966) Invention and Economic Growth. Cambridge/Mass.

– (1972) Patents, Invention, and Economic Change. Data and Selected Essays (Hrsg. Z. Griliches; L. Hurwicz), Cambridge/Mass.

*Schmucker, H.* (1964) Die langfristigen Strukturwandlungen des Verbrauchs der privaten Haushalte in ihrer Interdependenz mit den übrigen Bereichen einer wachsenden Wirtschaft. In: A 20, S. 106.

*Schneider, E.* (1954) Real Economies of Integration and Large-Scale Production versus Advantages of Domination. In: A 13, S. 203.

– (1964) Einführung in die Wirtschaftstheorie. II. Teil, 9.Aufl., Tübingen.

– (1965) Einführung in die Wirtschaftstheorie. IV. Teil, 2. Aufl., Tübingen.

*Schneider. H.K.* (1970) Wirtschaftspolitisch relevante Ergebnisse der Wachstumstheorie. In: A 2, S. 32.

*Scholz, L.* (1976) Technologisches Patt – Ursache von Strukturkrisen? ifo-Schnelldienst 29/30, S. 13.

*Scholz, L.; Uhlmann, L.* (1977) Technik-Indikatoren. Berlin-München.

*Schröder, D.* (1971) Wachstum und Gesellschaftspolitik. Stuttgart-Berlin-Köln-Mainz.

*Schuke, A.* (1977) Theorie des Unternehmens. Frankfurt-New York.

*Schumacher, H.* (1976a) Ansätze einer organisationstheoretischen Fundierung der Wettbewerbstheorie. HJb 21, S. 151.

– (1976b) Diversifikation, Wettbewerb und Strukturflexibilität. Göttingen.

*Schumpeter, J.A.* (1911) Theorie der wirtschaftlichen Entwicklung. 5. Aufl., Berlin 1952.

– (1950) Kapitalismus, Sozialismus und Demokratie. 2. Aufl., München.

– (1961) Konjunkturzyklen (1939), deutsche Übersetzung. Göttingen.

– (1965) Geschichte der ökonomischen Analyse. Göttingen.

*Schuster, H.; Biermann, H.* (1970) Neue Ansatzpunkte einer explikativen Wachstumstheorie. ZfgSt 126, S. 24.

*Schwabe, H.* (1868) Das Verhältnis von Miethe und Einkommen in Berlin. Berlin.

*Schwartzman, D.* (1960) The Burden of Monopoly. JEP 68, S. 627.

*Simon, H.A.; Bonini, C.P.* (1958) The Size Distribution of Business Firms. AER 48, S. 607.

*Siebert, H.* (1976) Einführung in die Volkswirtschaftslehre. Teil I: Markt- und Preistheorie. 5. Aufl., Stuttgart-Berlin-Köln-Mainz.

*Smith, A.* (1937) An Inquiry into the Nature and Causes of the Wealth of Nations. Cannan-Ausgabe New York.

– (1974) Der Wohlstand der Nationen. Aus dem Englischen übertragen und mit einer Würdigung von Horst Claus Recktenwald. München.

*Smyth, D.J.; Boyes, W.J.; Peseau, D.E.* (1975) Size, Growth, Profits and Executive Compensation in the Large Corporation – A Study of the 500 Largest United Kingdom and United States Industrial Corporations. London-Basingstoke.

*Sölter, A.* (1968) Ungleichgewichte zwischen Angebot und Nachfrage. WuW 18, S. 317.

*Sohmen, E.* (1971) Wettbewerbskonzeptionen und Wirtschaftspolitik. In: Verstehen und Gestalten der Wirtschaft. Festgabe für Friedrich A. Lutz zum 70. Geburtstag. (Hrsg. W. Bickel), Tübingen, S. 99.

– (1976) Allokationstheorie und Wirtschaftspolitik. Tübingen.

*Solow, R.M.* (1956) A Contribution to the Theory of Economic Growth. QJE 70 (1956), S. 65, deutsch in: A 28, S. 67.

– (1957) Technical Change and the Aggregate Production Function. REStat 39 (1957), S. 312.

– (1959) Investment and Technical Progress. In: Mathematical Methods in the Social Sciences (Hrsg. K.J. Arrow, S. Karlin, P. Suppes). Stanford.

– (1962) Technical Progress, Capital Formation, and Economic Growth. AER PP 52, S. 76.

– (1971) Some Implications of Alternative Criteria for the Firm. In: A 6, S. 318.

*Sombart, W.* (1928) Der moderne Kapitalismus, Erster, Zweiter und Dritter Band, München-Leipzig.

*Sosnick, St.H.* (1958) A Critique of Concepts of Workable Competition. QJE 72, S. 380.

*Spengler, J.J.* (1959/60) Adam Smith's Theory of Economic Growth, Teil I und II. SEJ 25 und 26.

– (1960a) John Stuart Mill on Economic Development. In: A 27, S. 113.

– (1960b) Mercantilist and Physiokratic Growth Theory. In: A 27, S. 3.

– (1965) Quesnay, philosophe, émpiriste, économiste. Auszüge in: Lebensbilder großer Nationalökonomen (Hrsg. H.C. Recktenwald), Köln-Berlin, S. 46.

*Sraffa, P.* (1926) The Laws of Returns under Competitive Conditions. EJ 36, S. 535, deutsch in: A 31, S. 62.

*Stavenhagen, G.* (1964) Geschichte der Wirtschaftstheorie. Göttingen.

*Stern, K.; Münch, P.; Hansmeyer, K.-H.* (1972) Gesetz zur Förderung der Stabilität und des Wachstums der Wirtschaft. Kommentar. 2.Aufl., Stuttgart-Berlin-Köln-Mainz.

*Stigler, G.J.* (1942) The Extent and Bases of Monopoly. AER PP 32, S. 1.

– (1957) Perfect Competition, Historically Contemplated. JPE 65, S. 1, deutsch in: A 31, S. 30.

*Streissler, E.* (1976) Diffusion des technischen Fortschritts und Wettbewerb. In: A 15, S. 63.

*Streissler, E. u. M.* (1966) Einleitung zu: Konsum und Nachfrage (Hrsg. E.u. M. Streissler), Köln-Berlin, S. 13.

*Suviranta, B.* (1956) The Viability of the Competitive Market. Cairo.

*Tabbert, J.* (1974) Unternehmensgröße, Marktstruktur und technischer Fortschritt – Eine empirische Untersuchung für die Bundesrepublik Deutschland. Göttingen.

*Thalheim, K.C.* (1939) Aufriß einer volkswirtschaftlichen Strukturlehre. ZfgSt 99, S. 464.

*Thoben, Ch.* (1977) Strukturdiagnose in der Marktwirtschaft. Berlin.

*Tolksdorf, M.* (1969) Hoppmanns neoklassische Wettbewerbstheorie als Grundlage der Wettbewerbspolitik. JNSt 183, S. 61.

– (1973) Zur ökonomischen Begründung von Ausnahmebereichen. JNSt 187, S. 543.

*Tuchtfeldt, E.* (1975) Alternative Strategien der Entwicklungspolitik. In: A 18, S. 205.

*Uhlmann, L.* (1970) Innovation und Strukturwandel. In: A 9, S. 49.

*United Nations* (1963) A Study of Industrial Growth. New York.

*Villard, H.H.* (1958) Competition, Oligopoly, and Research. JPE 66, S. 483.

*Viner, J.* (1952) Cost Curves and Supply Curves. In: Readings in Price Theory (Hrsg. G.J. Stigler; K.E. Boulding). Chicago-Homewood/Ill., S. 212.

*Vogt, W.* (1968) Theorie des wirtschaftlichen Wachstums. Berlin-Frankfurt/M.

*Vosgerau, H.-J.* (1972) Mehr-Sektoren-Wachstumsmodelle. In: A 14, S. 285.

*Vossen, A.* (1967) Neutraler technischer Fortschritt in multisektoralen Wachstumsmodellen. Diss. Köln.

*Walker, A.H.; Lorsch, J.W.* (1968) Organizational Choice: Product vs. Function. HBR 46, S. 129.

*Walter, H.* (1967) Investitionen und technischer Fortschritt in der neueren Wachstumstheorie und die Problematik wirtschaftspolitischer Rezepte. In: Theoretische und institutionelle Grundlagen der Wirtschaftspolitik. Theodor Wessels zum 65. Geburtstag (Hrsg. H. Besters). Berlin, S. 221.

– (1969a) Bemerkungen zum gegenwärtigen Stand der Wettbewerbstheorie. SJ 89, S. 541.

– (1969b) Der technische Fortschritt in der neueren ökonomischen Theorie. Berlin.

– (1970) Zusammenhang zwischen Forschung und Entwicklung, Innovation und technischem Fortschritt. In: A 9, S. 30.

– (1972) Technischer Fortschritt und wirtschaftliches Wachstum, Theoretische Analyse. In: A 14, S. 178.

– (1977) Technischer Fortschritt I: In der Volkswirtschaft. HdWW 7, Stuttgart-New York-Tübingen-Göttingen-Zürich, S. 569.

*Weber, W.* (1970) Wettbewerb und Wachstum. In: A 2, S. 158.

*v. Weizsäcker, C.Ch.* (1969) Forschungsinvestitionen und makroökonomische Modelle – Ein wirtschaftstheoretisches Dilemma? Kyklos 22, S. 454.

*Werner, J.* (1970) Wachstumspolitik als Rahmenpolitik und als Prozeßpolitik. In: A 2, S. 50.

*Wessels, Th.* (1961) Konzentration und Anpassungsprozesse. In: A 12, S. 348.

*Wicksell, K.* (1898) Geldzins und Güterpreise, Neudruck Aalen 1968.

*Willeke, F.-U.* (1973) Grundsätze wettbewerbspolitischer Konzeptionen. Tübingen.

– (1980) Wettbewerbspolitik. Tübingen.

*Williamson, O.E.* (1964) The Economics of Dsicreditionary Behavior: Managerial Objectives in a Theory of the Firm. Englewood Cliffs/N.J.

– (1965) A Dynamic Theory of Interfirm Behavior. QJE 79, S. 579.

– (1967) Hierarchial Control and Optimum Firm Size. JPE 75, S. 123.

*Winterstein, H.* (1971) Das Dilemma der Marktabgrenzung in der Preistheorie. SJ 91, S. 129.

*Wolfe, M.* (1955) The Concept of Economic Sectors. QJE 69, S. 402.

*Woll, A.* (1967) Zur wettbewerbspolitischen Bedeutung der Markttransparenz. In: Theoretische und institutionelle Grundlagen der Wirtschaftspolitik, Theodor Wessels zum 65. Geburtstag (Hrsg. H. Besters), Berlin, S. 199.

*Young, A.* (1928) Increasing Returns and Economic Progress. EJ 38, S. 527, deutsch in: A 31, S. 288.

*Zeitel, G.* (1964) Bestimmungsfaktoren der Preis- und Produktivitätsstruktur. In: A 21, S. 666.

*Zimmerman, L.J.* (1950) Die Bedeutung der Nachfrage- und Angebotselastizität für die Marktform. Zeitschrift für Ökonomie 1, S. 63.

– (1951) Versuche einer Theorie der Dynamik der Marktformen. München.

– (1952) The Propensity to Monopolize. Amsterdam.

*Zohlnhöfer, W.* (1968) Wettbewerbspolitik im Oligopol. Basel-Tübingen.

Kolibri 360 GmbH
Ferdinand-Jühlke-Straße 7
99095 Erfurt, Deutschland
produktsicherheit@kolibri360.de

Druck:
CPI Druckdienstleistungen GmbH
im Auftrag der
Kolibri 360 GmbH
Ferdinand-Jühlke-Str. 7
99095 Erfurt